Causalidade da Omissão Imprópria

93) Pressupostos do arresto 279
94) Admissão liminar: Petição inicial dirigida a TAF errado 280
95) Regra de apresentação de testemunhas 280
96) Admissão liminar: Reclamação de atos do órgão de execução fiscal sem conclusões 280
97) Tramitação processual 280
98) Tramitação processual 280
99) Convolação para o meio processual adequado 281
100) Métodos indiretos – casos em que a Autoridade Tributária pode lançar mão 281
101) Diferença entre contribuições e taxas 282

JUÍZO DE EXECUÇÃO FISCAL/RECURSOS CONTRAORDENACIONAIS 283

EXECUÇÃO FISCAL 283
1) Meio processual adequado para reação contra reversão fiscal 283
2) Conhecimento da prescrição: oposição à execução ou impugnação judicial? 284
3) Caso: Métodos indiretos, errónea quantificação da matéria tributável e exercício da gerência de facto 284
4) Responsabilidade tributária: devedor originário e subsidiariedade dos devedores subsidiários 286
5) Caso: Responsabilidade subsidiária dos gerentes por dívidas da devedora originária 286
6) Responsabilidade subsidiária: meio processual adequado de reação 287
7) Caso: Embargos de terceiro: penhora de conta bancária 288
8) Erro na forma de processo: oposição à execução *vs* embargos de terceiro 288
9) Caso: Responsabilidade subsidiária, reversão de dívida contra gerente de direito, presunção de gerência e ónus da prova 288
10) Gerência de facto: indícios 289
11) Gerência de facto: indícios 290
12) Caso: Responsabilidade entre cônjuges, (i)legitimidade para cobrança da dívida de IMI, falta de meação de bens após dissolução do casamento 290
13) Falta de notificação da responsável subsidiária: consequências 291
14) Caso: Cobrança coerciva das propinas universitárias, (des)necessidade da notificação e (in)exigibilidade da dívida 292
15) Suspensão do prazo de prescrição quanto ao responsável subsidiário no decorrer do processo de insolvência 293
16) Reversão da execução fiscal: ónus da prova 293

17) Meio processual/procedimental para arguir nulidade da citação em processo de execução fiscal 293
18) Apreciação da nulidade da citação – ato administrativo em matéria tributária ou ato de trâmite? 293
19) Meio procedimental de reação contra irregularidades em venda judicial no processo de execução fiscal 294
20) Benefício da excussão prévia: ónus da prova 294
21) Meio processual para reagir contra irregularidades ocorridas em venda judicial 295

CONTRAORDENAÇÕES TRIBUTÁRIAS 297
1) Juramento de testemunhas em audiência de processo contraordenacional 297
2) Caso: Ação inspetiva e apreensão de garrafões de bebida espirituosa sem apostilha de estampilha especial, obtenção de prova ilegal, princípio in *dubio pro reo* 297
3) Substituição de aplicação de coima por pena substitutiva de admoestação 298
4) Aplicação retroativa do regime de dispensa de coima 298
5) Aplicação retroativa do regime de dispensa de coima 299
6) Aplicação retroativa do regime de dispensa de coima – aplicação oficiosa? 299
7) Aplicabilidade do regime da dispensa de coima – falta de documentos, intervenção do juiz 299
8) Caso: Ação inspetiva e apreensão de garrafões de bebida espirituosa sem apostilha de estampilha especial, comercialização (ou não) da bebida 300
9) Nulidades insupríveis da decisão de aplicação de coima 301
10) Nulidades insupríveis da decisão de aplicação de coima 301
11) Nulidades insupríveis da decisão de aplicação de coima 301
12) Nulidades insupríveis da decisão de aplicação de coima 303

Causalidade da Omissão Imprópria

2023

Marcelo Almeida Ruivo

ALMEDINA

CAUSALIDADE DA OMISSÃO IMPRÓPRIA

AUTOR: Marcelo Almeida Ruivo

DIRETOR ALMEDINA BRASIL: Rodrigo Mentz
EDITORA JURÍDICA: Manuella Santos de Castro
EDITOR DE DESENVOLVIMENTO: Aurélio Cesar Nogueira
ASSISTENTES EDITORIAIS: Larissa Nogueira e Letícia Gabriella Batista
ESTAGIÁRIA DE PRODUÇÃO: Laura Roberti

DIAGRAMAÇÃO: Almedina
DESIGN DE CAPA: FBA

ISBN: 9786556279565
Setembro, 2023

Dados Internacionais de Catalogação na Publicação (CIP)
(Câmara Brasileira do Livro, SP, Brasil)

Ruivo, Marcelo Almeida
Causalidade da omissão imprópria / Marcelo Almeida Ruivo. -- São Paulo : Almedina, 2023.

ISBN 978-65-5627-956-5

1. Causalidade 2. Crime omissivo impróprio 3. Dever de cuidar 4. Direito penal 5. Responsabilidade (Direito) I. Título.

23-166007 CDU-343(81)

Índices para catálogo sistemático:

1. Brasil : Direito penal 343(81)
Eliane de Freitas Leite - Bibliotecária - CRB 8/8415

Este livro segue as regras do novo Acordo Ortográfico da Língua Portuguesa (1990).

EDITORA: Almedina Brasil
Rua José Maria Lisboa, 860, Conj.131 e 132, Jardim Paulista | 01423-001 São Paulo | Brasil
editora@almedina.com.br
www.almedina.com.br

Às memórias do meu avô materno, **Carlos Coutinho de Almeida**, e do meu pai, **Wilson Ruivo dos Santos**, exemplos de curiosidade, perseverança e dedicação.

NOTA DO AUTOR

A importância científica e frequência dos crimes omissivos impróprios têm crescido na América-latina e na Europa, intensificando os desafios na determinação dos limites e fundamentos para a realização da justiça penal. O debate sobre a causalidade da omissão imprópria possui aproximadamente duzentos anos de história, ao menos desde que Heinrich Luden destacou a relevância do tema no seu Tratado em 1836.

O propósito principal desta obra é contribuir para a segurança jurídica na interpretação do ordenamento penal, especificamente no reconhecimento do fenômeno omissivo impróprio e do método de imputação do resultado ao omitente.

O livro tem origem na Tese de Doutorado aprovada em provas públicas na Faculdade de Direito da Universidade de Coimbra, pelo júri formado pelos Senhores Professores Doutores Augusto Silva Dias (Faculdade de Direito da Universidade de Lisboa), Frederico Lacerda da Costa Pinto (Faculdade de Direito da Universidade Nova de Lisboa), Manuel da Costa Andrade, José de Faria Costa, Maria João Antunes, Paulo da Mota Pinto, Susana Aires de Sousa (todos da Faculdade de Direito da Universidade de Coimbra) e Rui de Figueiredo Marcos (presidente do júri em representação do Reitor da Universidade de Coimbra). O texto recebeu valiosas críticas e sugestões apontadas pelos membros do júri, a quem agradeço profundamente a leitura atenta da Tese e as gentis considerações, que permitiram o trabalho alcançar mais clareza, acessibilidade e expressividade dos argumentos. Para isso o texto da Tese ganhou alterações de estilo, sem contar com acréscimos bibliográficos.

Gostaria de agradecer especialmente ao meu orientador, Senhor Professor Doutor José de Faria Costa, pelo estímulo intelectual e exemplo do binômio liberdade/responsabilidade na investigação científica doutoral, bem como aos Senhores Professores Doutores Manuel da Costa Andrade, Anabela Miranda Rodrigues, Maria João Antunes, Cláudia Cruz Santos, Susana Aires de Sousa, Nuno Brandão e Sónia Fidalgo, todos da Faculdade de Direito da Universidade de Coimbra, pelo aprendizado jurídico, humano e cultural. Sou muito grato aos financiamentos científicos concedidos pela Fundação para a Ciência e Tecnologia de Portugal (FCT, 2010-2013) e pelo *Deutscher Akademischer Austauschdienst* da Alemanha (DAAD, 2014), bem como ao livre acesso ao acervo do *Max-Planck-Institut für ausländisches und internationales Strafrecht* de Freiburg na Alemanha, possibilitado pelo Professor Doutor Doutor h.c. mult. Ulrich Sieber (Diretor), Doutor Jan Simon (responsável pela América Latina) e Doutora Johanna Rinceanu (responsável pelos pesquisadores convidados).

Esta publicação não seria possível sem o apoio afetivo e intelectual de várias pessoas. Inicialmente destaco os Professores Doutores Fabio D'Avila e Paulo Vinicius Sporleder de Souza, que foram exemplos e incentivadores do retorno a Coimbra para o Curso de Doutoramento, e o Professor Doutor Pedro Adamy, amigo, incentivador do retorno à Europa e do estudo do idioma alemão.

Recordo os amigos companheiros de diálogo, troca de experiências e indicações bibliográficas durante a investigação no *Max-Planck-Institut*, especialmente os Professores Doutores Daniele Negri (Universidade de Ferrara), Gianluca Ruggiero (Universidade de Torino), Stefano Ruggeri (Universidade de Messina), Attilio Nisco (Universidade de Bolonha), Francesco Mazzacuva (Universidade de Parma) e Roberto Flor (Universidade de Verona) da Itália, Benjamin Vogel (*Max-Planck-Institut*) da Alemanha e Ali Bozbayindir (Universidade de Istambul) da Turquia.

No ano de conclusão da Tese e de retorno ao Brasil, agradeço os sábios conselhos e indicações literárias do Dr. Alberto Silva Franco.

Agradeço o amor e a tranquilidade oferecidos pela minha família, que soube lidar com a distância nos cinco anos em que morei na Europa, e à família Körner pelo amável acolhimento familiar no tempo em que vivi na sua Villa Lea em Freiburg, em especial à professora mestre Daniela Körner pelo ensino diário do alemão.

Na fase de revisão do livro para publicação, foi inestimável o estímulo cotidiano dos amigos de advocacia criminal do Alexandre Wunderlich Advogados: Professor Doutor Alexandre Wunderlich, Camile Eltz, Renata Saraiva, Marcelo Araujo, Luiza Martins, Cristiane Petró e Julia Rödel. A advocacia criminal e a vida ficam melhores na companhia de vocês.

Por fim, sou muito grato à curiosidade genuína de colegas que tem buscado ter acesso ao resultado desta pesquisa.

Porto Alegre/Moinhos de Vento, outono de 2023.

MARCELO ALMEIDA RUIVO

SUMÁRIO

NOTA DO AUTOR 7
SUMÁRIO 11

1ª PARTE – A IMPORTÂNCIA JURÍDICA E POLÍTICO CRIMINAL DA CAUSALIDADE

1. A SUPOSTA PRESCINDIBILIDADE DA CAUSALIDADE PARA A IMPUTAÇÃO DA OMISSÃO IMPRÓPRIA 23

2. CAUSALIDADE, LIBERDADE E INTENÇÃO. A COMPLEMENTARIDADE ENTRE CAUSA E FINALIDADE E A PERMANÊNCIA DA NOÇÃO CAUSAL NO TIPO OBJETIVO DO FINALISMO 33

3. INTRODUÇÃO À RELAÇÃO ENTRE A LEI CAUSAL E A LEI JURÍDICA 39

4. NOÇÕES ESTRUTURAIS 43
4.1. Noção de omissão 43
4.2. Noção de relação causal 44
4.3. Noção de causa 46
4.4. Noção de imputação penal 48

5. OS LIMITES DE LEGITIMIDADE PENAL DECORRENTES DO PRINCÍPIO DA CAUSALIDADE NOS CRIMES DE RESULTADO 53

5.1. A causalidade como pressuposto da ofensividade nos crimes de resultado (*nulla iuria sine causa*) e da fragmentariedade na intervenção penal 53
5.2. A causação da ofensa como pressuposto da imputação penal justa (*nulla imputatio poenali iusta sine causa*) e da realização da justiça penal nos crimes de resultado 60

2ª PARTE – A NATUREZA DA CAUSALIDADE DA OMISSÃO IMPRÓPRIA

1. A DOUTRINA DO DEVER JURÍDICO ANTECESSORA À DOUTRINA DA CAUSALIDADE: AMPLA RESPONSABILIDADE OMISSIVA 75

2. DOUTRINAS ETIOLÓGICAS DA CAUSALIDADE COMO FORÇA ATIVA NO PARADIGMA NATURALISTA 79
2.1. A doutrina da ação contemporânea – *aliud agere* (Luden, Redslob) 79
2.2. A doutrina da ação precedente (Krug, Glaser, Merkel) 86
2.3. A doutrina do efeito psíquico da omissão (Geyer) 91
2.4. A doutrina da interferência (Buri) 93
2.5. Avaliação geral das doutrinas etiológicas da causalidade estritamente como força ativa no paradigma naturalista 96

3. DOUTRINAS EMINENTEMENTE JURÍDICAS DA CAUSALIDADE DA OMISSÃO IMPRÓPRIA 103
3.1. O contexto das propostas 103
3.2. O surgimento da doutrina eminentemente jurídica da causalidade da omissão 108
3.2.1. A doutrina da "ampliação da causalidade" fundada no "juízo ético" das "regras de vida" (Bar) 108
3.2.2. A doutrina da causalidade a partir da vontade humana (Sigwart) 113
3.2.3. A doutrina da imputação na filosofia neokantista (Windelband)... 115
3.2.4. A doutrina da causalidade segundo a filosofia de Schopenhauer (Haupt) 118

3.2.5. A doutrina da "observação psicológica da causalidade" conforme a "finalidade do direito" (Rohland) ... 122
3.2.6. A doutrina da causalidade da "ordem social" (Kohler) ... 126
3.3. A doutrina da chamada "quase-causalidade" ("*Quasikausalität*") desenvolvida no pensamento austríaco ... 128
3.4. A causalidade como uma pura forma de pensamento (*Kausalität als eine reine Denkform*) ... 133
3.4.1. Introdução à compreensão da causalidade de Kant e de Hume ... 133
3.4.2. O desenvolvimento para a omissão imprópria (Eberhard Schmidt) 136
3.4.3. A causalidade lógico-jurídica na doutrina brasileira e italiana ... 139
3.5. A causalidade humana exclusiva (Antolisei) ... 145
3.6. A doutrina da causalidade no pensamento finalista ... 149
3.6.1. Hans Welzel ... 149
3.6.2. Maurach/Gössel/Zipf ... 154
3.7. Avaliação geral das doutrinas eminentemente jurídico-normativas: a persistência da perspectiva do positivismo-naturalista sobre a causalidade ... 157
3.7.1. O apego excessivo ao paradigma naturalista da realidade e ativo-essencialista da causalidade ... 158
3.7.2. A influência da filosofia kantiana ... 160
3.7.3. A prevalência da finalidade (utilidade) sobre o fundamento ... 161
3.7.4. Identificação entre os conceitos de causa e de força. O afastamento entre o poder de agir e o dever de agir ... 162
3.7.5. Ganhos compreensivos ... 164

6. CAUSALIDADE COMO IMPUTAÇÃO: DOUTRINAS NEGADORAS DA CAUSALIDADE DA OMISSÃO IMPRÓPRIA E O RETORNO À DOUTRINA DO DEVER PENAL ... 165
6.1. A premissa comum ... 165
6.1.2. A doutrina da imputação de Löning ... 167
6.1.3. As doutrinas da ação esperada ou da expectativa (*Erwartungstheorien*) ... 170
6.1.4. Franz von Liszt ... 171
6.1.5. Max Ernst Mayer ... 180
6.1.6. Hugo Meyer/ Phillip Allfeld ... 183

6.1.7. Edmund Mezger ... 185
6.2. A doutrina da diminuição do risco ... 188
6.2.1. A doutrina da imputação objetiva de Karl Larenz ... 190
6.2.2. A substituição da verificação do nexo de causalidade pela análise de risco. A omissão como não eliminação ou não diminuição do risco (Roxin e Stratenwerth) ... 192
6.2.3. Avaliação da doutrina da diminuição do risco ... 196
6.2.4. A hipertrofia da imputação no funcionalismo sistêmico de Günther Jakobs ... 199
6.2.5. Avaliação geral das doutrinas da causalidade como imputação ... 203

3ª PARTE – O RECONHECIMENTO DA CAUSALIDADE NA OMISSÃO IMPRÓPRIA. A NECESSÁRIA CO-CONDICIONALIDADE PARA OCORRÊNCIA DO RESULTADO

1. SÍNTESE DAS CONCEPÇÕES DOUTRINAIS SOBRE A CONDUTA OMISSIVA E A RESPECTIVA CAUSALIDADE ... 209
1.1. A conduta omissiva seria um nada em termos naturais, reais e ontológicos ... 209
1.2. A conduta omissiva só existiria como pura realidade jurídico-axiológica ... 213
1.3. A causalidade seria exclusivamente a descrição da ação que provoca mudanças ... 214
1.4. O omitir seria apenas deixar acontecer sem causar o resultado ... 216
1.5. A causalidade do agir e a do omitir seriam ontologicamente diversas ... 218
1.6. A conduta omissiva seria a inação ou deixar de fazer algo específico ... 219
1.7. A conduta omissiva seria a simples contrariedade à lei ... 220
1.8. A omissão seria apenas a formal negação da ação devida (contrariedade ao dever) ... 223
1.9. A conduta omissiva seria a simples contrariedade à expectativa ... 223
1.10. A conduta omissiva seria a ausência de eliminação da causa do resultado 225

2. O RECONHECIMENTO DA CAUSALIDADE PELA NORMA JURÍDICA ... 227

2.1. Sentido e eficácia da proibição com base na causalidade: observações legislativa e metodológica 228
2.2. Os componentes da lei causal: a força, a ausência da força impeditiva e o resultado 234
2.2.1. Analítica dos componentes da lei da causalidade 234
2.2.1.1. A contribuição da lógica para a solução do problema 234
2.2.1.2. O procedimento da análise lógica 237
2.2.2. O conteúdo ontológico-material das leis da mecânica 240
2.2.2.1. O sentido do fenômeno mecânico para além do positivismo naturalista 240
2.2.2.2. O fenômeno descrito nas leis da mecânica 243
2.3. A co-condicionalidade do resultado: a necessária ausência de impedimento do resultado 245
2.4. O reconhecimento da ontologia causal na incriminação de condutas 248

4ª PARTE – O FUNDAMENTO E A EXISTÊNCIA JURÍDICA DA OMISSÃO IMPRÓPRIA

1. A NECESSIDADE DE IDENTIFICAÇÃO DO FATO EXISTENTE (*EXISTENTIA FACTI*): FENÔMENO PRESSUPOSTO À DESCRIÇÃO LEGAL 255

2. OS CONCEITOS GERAL E PENAL DE OMISSÃO E OS SEUS RESPECTIVOS ELEMENTOS 263
2.1. Destinatário da norma 268
2.2. Valor comunitário tutelado pela norma penal 269
2.3. Norma penal preceptiva lastreada materialmente na relação de cuidado-de-perigo 270
2.4. Pessoa capaz de conhecer e cumprir o dever de agir 272
2.5. Preexistência do perigo ou do risco de surgimento do perigo ao bem jurídico 273
2.6. Resultado ofensivo ao bem jurídico 274
2.7. Conhecimento do sentido da norma e o do resultado causável pela conduta omissiva 275

3. A TÉCNICA DE TUTELA DA OMISSÃO IMPRÓPRIA ESTRUTURADA NA ASSOCIAÇÃO DE DUAS DESCRIÇÕES TÍPICAS: A CAUSAÇÃO COMISSIVA COMPLEMENTADA PELO COMANDO DE AGIR 277

4. O FUNDAMENTO DAS FONTES DO DEVER DE AGIR: EXPECTATIVA RAZOÁVEL DE PROTEÇÃO DO BEM JURÍDICO AMEAÇADO PELO CURSO CAUSAL PERIGOSO 287

5. A CAUSALIDADE COMO PRESSUPOSTO LÓGICO E FENOMENOLÓGICO DO DEVER DE AGIR 293

6. O PODER DE AGIR COMO PRESSUPOSTO LÓGICO-ONTOLÓGICO DO DEVER DE AGIR (ELEMENTO FORMAL E MATERIAL DO ILÍCITO OMISSIVO) 299

6.1. O limite lógico-ontológico do dever (*ad impossibilita nemo tenetur*) 304

6.2. O limite fático do comando típico do dever de agir 312

5ª PARTE – O MÉTODO DE VERIFICAÇÃO DA CAUSALIDADE DA OMISSÃO IMPRÓPRIA

1. O PROBLEMA DA PROVA DA CAUSALIDADE NO DIREITO E NO PROCESSO PENAL........................ 319

2. A RELAÇÃO ENTRE A CAUSALIDADE E OS SEUS MÉTODOS DE VERIFICAÇÃO NOS CRIMES COMISSIVOS E OMISSIVOS 321

3. O MÉTODO COMUM DE VERIFICAÇÃO DA CAUSALIDADE NA OMISSÃO IMPRÓPRIA E NOS CRIMES COMISSIVOS DE DANO.. 325

3.1. Os métodos diferentes... 325

3.2. O método comum à omissão imprópria e à comissão danosa baseado em partes distintas da cadeia causal................................. 326

4. OS MÉTODOS DE VERIFICAÇÃO E DE PROVA DA CAUSALIDADE 329
4.1. A fórmula da *conditio sine qua non* 329
4.1.1. A compreensão causal na origem da fórmula da *conditio sine qua non* (Stübel, Glaser e Buri) 329
4.1.2. A aplicação da fórmula da *conditio sine qua non* 339
4.1.3. Críticas ao método da *conditio sine qua non* 341
4.1.3.1. O suposto defeito do *regressus in infinitum* 341
4.1.3.2. O perigo de definição circular 344
4.1.3.3. Supostos limites de utilização da fórmula da c*ondito sine qua non* 345
4.1.3.3.1. Causalidade cumulativa 346
4.1.3.3.2. Causalidade alternativa ou adicional 347
4.1.3.3.3. Causalidade hipotética ou virtual 349
4.2. A fórmula da "condição conforme a lei" em substituição da *conditio sine qua non* 351
4.3. A fórmula da *conditio sine qua non* limitada ao conhecimento de leis causais 353

5. A FÓRMULA DA *CONDITIO SINE QUA NON* LIMITADA AO CONHECIMENTO DE LEIS CAUSAIS NOS CRIMES OMISSIVOS 355
5.1. A probabilidade próxima à certeza exigida para a comprovação da causação do resultado 356

6. A FÓRMULA DA *CONDITIO SINE QUA NON* NA INTERRUPÇÃO DO CURSO CAUSAL SALVADOR 361
Conclusões 362

REFERÊNCIAS 367

1ª PARTE

A IMPORTÂNCIA JURÍDICA E POLÍTICO CRIMINAL DA CAUSALIDADE

"Alles, was geschieht (anhebt zu sein),
setzt etwas voraus, worauf
es nach einer Regel folgt"

(Kant, *Kritik der reinen Vernunft*, A 189,
B, Zweite Analogie, Grundsatz der Erzeugung, L.26)

"Quem conhece as causas com mais exatidão,
e é mais capaz de as ensinar, é considerado
em qualquer espécie de ciência como mais filósofo"

(Aristóteles, *Metafísica*, 400 a.c., Livro I, 2^2 (2), p. 9)

A importância da investigação do nexo de causalidade funda-se na fenomenologia da prática criminal e na estrutura legal do código penal de diversos países, que descrevem o crime como causação do resultado ilícito, *v.g.*, art. 13, 18, II, 19, 33, §4º, 45, §3º do CP brasileiro. A importância da causalidade tem duas dimensões penais: a metodológica e a dogmática.

A dimensão metodológica cuida da construção da ciência jurídica, em atenção aos problemas dos fundamentos, limites, critérios e finalidades do direito. A dimensão dogmática (normativa) trata da realização prática do direito, por meio de conceitos doutrinais – que expressam a dimensão metodológica – para a orientação do intérprete do ordenamento na solução dos casos. A ciência jurídica e a prática do direito não são radicalmente independentes, também por isso é necessário estudar os limites de criação e interpretação do direito diante do fenômeno causal.

A relevância da causalidade para o direito penal tem sofrido críticas, por meio de concepções filosóficas apenas cognitivas ou lógico-analíticas da categoria do nexo de causalidade. Delas decorrem confusões conceituais com consequências nos planos metodológico e dogmático (prático-normativo). A receptividade das críticas mais radicais à causalidade não tem sido grande na prática judicial, mesmo assim, a sua influência científica não pode ser desconsiderada na formação do horizonte de possibilidades de entendimento do ordenamento penal.

1.
A SUPOSTA PRESCINDIBILIDADE DA CAUSALIDADE PARA A IMPUTAÇÃO DA OMISSÃO IMPRÓPRIA

> *"Ce que nous appelons hasard*
> *n'est et ne peut être*
> *que la cause ignorée d'un effet connu"*
>
> (Voltaire, *Dictionnaire philosophique*, 1829, v.2, p. 193)

As últimas décadas do século XX foram marcadas pela tendência de normativização profunda do direito penal e de afastamento do referencial material da relação de causalidade na Alemanha e Espanha. O início ocorreu por meio da recuperação da noção de imputação objetiva no começo do século XX[1] e ganhou força no funcionalismo alemão,[2] com refrações no direito penal espanhol[3] e, pontualmente, no italiano.[4] Esse

[1] Larenz, *Hegels Zurechnungslehre*, p. VII, 88-89.

[2] Roxin, "Gedanken zur Problematik der Zurechnung", p. 135; Jakobs, *Strafrecht*, p. 792, nm. 16 e 18. A rejeição do referencial ontológico da causalidade está em harmonia com alguns enunciados da doutrina funcionalista de Claus Roxin. Por exemplo, Fernanda Palma critica ponto de intencional afastamento das categorias ontológicas visível no esvaziamento da base ontológica do dolo para o preenchimento por um conteúdo meramente político-criminal (Palma, "Do sentido histórico do ensino", p. 443).

[3] Gimbernat Ordeig, "La causalidad en la omisión impropria", p. 72; Dopico Gómez-Aller, *Omisión y injerencia*, p. 29-34; Vives Antón, *Fundamentos del sistema penal*, p. 312 e ss.

[4] O pensamento dogmático e a prática jurisdicional italianas seguem massivamente fundadas na relação causal entre a conduta ofensiva e o resultado ofensivo. Episodicamente se identificam outras compreensões sem maior influência nos tribunais e na doutrina. Giorgio

entendimento nega a fundamentalidade do nexo de causalidade para a estruturação do pensamento penal, apresentando-o como dogma ou ilusão que confundiria a interpretação do direito.

O "dogma causal" deveria ser superado para a criação de nova dogmática, apta a satisfazer interesses axiológicos e político-criminais relativos aos crimes omissivos.[5] Segundo esse entendimento, a relação de causalidade seria entendida apenas como manifestação da energia mecânica, conforme as "concepções causal-naturalistas do delito", que deveriam ser superadas.[6]

O caminho para superação dos limites compreensivos do conceito ativo-essencialista de causa estaria no retorno à dogmática anterior à exigência da verificação da causalidade para a responsabilidade penal[7] e não na compreensão aprofundada do fenômeno causal omissivo. Dopico Gómez-Aller liga a necessidade de repensar a doutrina do tipo penal à concepção do "delito como infração de um dever", afastando-se do modelo clássico da conduta como causadora do resultado externo.[8] O aprimoramento da doutrina da imputação penal livraria a ciência penal do desafio de melhorar a resposta ao problema causal por meio da mudança da pergunta orientadora.[9]

Nesse entendimento, o conceito de dogma é concebido, segundo Theodor Viehweg, como o argumento capaz de ser aduzido sem sofrer direta oposição dialética ou demandar permanente fundamentação por longo

Licci entende haver uma "crise do modelo causal" para a qual aconselha a reconstrução normativa o nexo de causalidade, com base "categorias de previsibilidade e evitabilidade" em afastamento da ontologia do mundo natural (Licci, *Teorie causali*, p. 68, 75, 291 e 417). Licci concebe sua proposta de reconstrução normativa do nexo de causalidade muito próxima à doutrina da causalidade humana exclusiva de Francesco Antolisei (LICCI, *Teorie causali*, p. 417). Todavia, Antolisei pretendia uma genuína doutrina da causalidade para os crimes comissivos e omissivos – incluindo filtros normativos posteriormente à verificação causal – e não uma doutrina da imputação, com a integral reconstrução normativa da causalidade. Para maiores detalhes sobre a doutrina da causalidade humana, ver 2ª Parte, Capítulo III, Tópico 3.5.

5 Dopico Gómez-Aller, *Omisión y injerencia*, p. 29-30 e 34.

6 Dopico Gómez-Aller, *Omisión y injerencia*, p. 35.

7 Ver 2ª Parte, Capítulo I.

8 Dopico Gómez-Aller, *Omisión y injerencia*, p. 31.

9 Dopico Gómez-Aller, *Omisión y injerencia*, p. 33.

período.[10] A finalidade de obtenção de consenso doutrinal é inerente a qualquer proposta teórica, de modo que Dopico Gómez-Aller não chega a propor crimes omissivos sem qualquer referência dogmática. Ao contrário, almeja apenas "reconstruir o dogma da ingerência" desde novos elementos normativos baseados na violação de um dever em substituição ao clássico referencial ontológico e pré-jurídico do nexo causal.[11]

Em sentido semelhante, existe a crítica da "ilusão causal" apresentada por Vives Antón.[12] O ponto fundamental está na dificuldade de abarcar logicamente a variedade de concepções acerca do conceito de nexo causal na mesma categoria.[13] Seria "gramaticalmente impossível" tentar entender o procedimento lógico de modo exatamente igual em "toda classe de enunciados causais".[14]

Vives Antón repete a pergunta sobre as diferentes formas de causação da ação e da omissão,[15] identificando os planos causal e final como se fossem autônomos métodos de "predição" de condutas.[16] O autor parece interessado em manter o conceito geral de ação penal capaz de abarcar o agir e o omitir penalmente relevante. Para isso aproxima a pergunta causal do que ele entende ser "o seu originário sentido imputacional", que conecta ação com intencionalidade, para depois se afastar do que denomina como "ilusões descritivas".[17]

A distinção entre o conteúdo e o sentido da conduta é acentuada, sem deixar claro qual seria a forma de causação do resultado pelo omitir equivalente às ações e subordinada às normas proibitivas.[18] Vives Antón propõe também a responsabilização do omitente por outros caminhos, sem o enfrentamento específico do problema causal na realidade do fenômeno

[10] Dopico Gómez-Aller, *Omisión y injerencia*, p. 29 e 32.
[11] Dopico Gómez-Aller, *Omisión y injerencia*, p. 34.
[12] Vives Antón, *Fundamentos del sistema penal*, p. 312-315.
[13] Vives Antón, *Fundamentos del sistema penal*, p. 314.
[14] Vives Antón, *Fundamentos del sistema penal*, p. 314.
[15] Vives Antón, *Fundamentos del sistema penal*, p. 315.
[16] Vives Antón, *Fundamentos del sistema penal*, p. 315. Essa autonomia entre os planos não é plena, como será estudado no tópico seguinte.
[17] Vives Antón, *Fundamentos del sistema penal*, p. 604.
[18] Vives Antón, *Fundamentos del sistema penal*, p. 605.

omissivo.[19] Entende que a responsabilidade do omitente pelo resultado morte no homicídio não exigiria saber se a conduta omissiva causou a morte, e sim, se a "omissão" representaria efetivamente "um 'matar'".[20]

Ambos os afastamentos da definição de causa por meio do parcial reconhecimento da lei natural trazem os perigos da pura normativização e subjetivação da causalidade. Vives Antón conclui corretamente pelo reconhecimento da causação de resultados pelo agir e pelo omitir, ainda que não apresente a descrição das condições necessárias para a causação do resultado mediante cada modalidade de conduta. A preocupação da imputação penal deixa de ser a verificação da conduta causadora do resultado para assumir uma perspectiva de juízo valorativo – livre de verificação prévia dos elementos que Vives Antón entende como ilusórios.

A crítica de Vives Antón é mais direcionada à indefinição dos conceitos dogmáticos e à incoerência entre premissas de outros autores do que às características do fenômeno causal em si. Todavia, o estudo aprofundado do fenômeno causal é filosófica e metodologicamente fundamental para o reconhecimento ou a rejeição da relevância do conceito de causalidade em direito penal.

Alguns defensores da alegada crise da importância do nexo causal seguem o diagnóstico correto acerca da multiplicidade de noções da causalidade,[21] a fim de concluir excessivamente que a noção seria imprestável ao direito penal.[22] É justamente isso que está no núcleo da sugestão de abandono do referencial causal como solução para evitar o debate científico sobre a fundamentação e método de verificação da causalidade da omissão imprópria.

A existência de diversas percepções sobre o fenômeno causal e sobre o conceito de causa provam a persistência da relevância do nexo de cau-

19 Vives Antón, *Fundamentos del sistema penal*, p. 605-606.

20 Vives Antón, *Fundamentos del sistema penal*, p. 606.

21 Sobre diversas formas de conceber a causalidade ao longo dos anos e sobre as concepções das décadas de 60 e 80, respectivamente, Heyde, *Entwertung der Kausalität?*, p. 12-24, especialmente, p. 122-147. Já sobre o conceito de causa no sistema metafísico de Renè Decartes a Baruch Spinoza, na filosofia crítica de John Locke a Immanuel Kant, e no século XIX e XX, ver Sachsse, *Kausalität*, respectivamente, p. 30-36, 36-53 e 53-64.

22 Em sentido notavelmente crítico a essa visão, Donini, "Il garantismo", p. 924, nota 14, e 956-957.

salidade na cultura jurídica contemporânea. A causalidade mostra-se importante no conjunto de diversas perspectivas sobre a teoria do crime, debatidas por estudiosos dedicados à melhor compreensão – e não à rejeição – do conceito. O interesse para a discussão do melhor conceito já é indicativo da importância e da utilidade do conceito para a ciência e a aplicação prática do direito penal.

A ciência do direito penal teoriza sobre os fundamentos, limites e finalidades de intervenção penal na realidade social,[23] sempre tendo em consideração o direito positivo.[24] O eventual abandono da noção de causalidade para a teoria do crime não é decisão que cabe ao cientista do direito, diante da necessidade de explicar as referências legais de causação e de relação de causalidade nas partes geral e especial do Código Penal.

Na doutrina, tem-se sustentado argumento de aparência pluralista contra a hegemonia do nexo de causalidade na fundamentação ontológica da imputação penal. Para esse entendimento, os desafios contemporâneos do direito penal em determinados âmbitos de incriminação e em relação a conceitos como a "coação", supostamente exigiriam o convívio do parâmetro causal com outros elementos determinísticos ontológicos diversos da causalidade.[25]

Assim se acreditaria na existência de resultados sem a presença de uma "causa" anterior, de modo que esses não seriam explicáveis por meio de leis causais.[26] Isto é, o vínculo ontológico entre o elemento antecedente e o elemento consequente seria explicável ora por leis probabilísticas, ora por leis teleológicas (finalísticas).[27] Por essa razão, Pérez Barberá entende que a dogmática penal chegaria a supostas avaliações equivoca-

[23] Mesmo em âmbitos de profundo debate, como os conceitos de vida e de morte. A morte é um problema central da vida humana, objeto de "reflexões poéticas, de projeções, convicções ou de sentimentos religiosos", sendo pouco tratada por estudos jurídicos voltados especificamente ao entendimento da essência da morte e das suas consequências jurídicas (Costa, "O fim da vida", p. 107-108).

[24] Machado Neto, *Introdução à ciência do direito/1960*, p. 77.

[25] Pérez Barberá, *Causalidad, resultado*, p. 21 e 99.

[26] Pérez Barberá, *Causalidad, resultado*, p. 21 e 99.

[27] Pérez Barberá, *Causalidad, resultado*, p. 21.

das ao compreender diferentes fenômenos criminais sempre a partir da mesma presunção causal.[28]

O autor concebe que os crimes de resultado não teriam como pressuposto ontológico indispensável a verificação da relação de causalidade.[29] O argumento é sustentado por meio da ampliação da configuração clássica lógico-condicional da estrutura da norma penal. Deste modo, não se praticaria a aplicação da lei mediante o silogismo característico da causação, segundo o qual, caso ocorrer a conduta "*c*", então se causará o resultado "*r*". Isto é: "se *c*, então *r*". O alargamento do silogismo teria como objetivo superar problemas de verificação de elementos do tipo objetivo, admitindo também outros antecedentes ontológicos "a" – não causais –como capazes de realizar o resultado "r" do tipo objetivo, valendo então o silogismo: "se *a* então *r*".[30]

No pensamento de Pérez Barberá, os antecedentes admitidos como legítimos para a realização típica advêm de conceitos da filosofia de Mario Bunge.[31] Trata-se de compreensão fiel ao essencialismo ontológico do conceito de causa como força e distante das acepções gnosiológicas ou lógicas da causalidade.[32] Nesse entender, apenas os antecedentes de natureza ativa teriam a qualidade causal, conforme o conceito eficiente de causa.[33] O conceito de causa deveria manter-se atrelado à leitura do fenômeno causal praticada no pensamento naturalista moderno, segundo o qual a causa seria uma força.[34] Portanto, estaria negada a qualidade causal de todos os fenômenos que não empreendem essencialmente energia mecânica no mundo exterior.[35]

Segundo esse pensamento, as tentativas de reconhecer a causalidade da comissão por omissão deveriam ser abandonadas, dado que conduta do omitente não contribui com "princípio genético ou virtude produtiva" e, portanto, a causalidade apresentaria "nenhum papel" nos crimes

[28] PÉREZ BARBERÁ, *Causalidad, resultado*, p. 21.
[29] PÉREZ BARBERÁ, *Causalidad, resultado*, p. 61-62 e 123.
[30] PÉREZ BARBERÁ, *Causalidad, resultado*, p. 62.
[31] PÉREZ BARBERÁ, *Causalidad, resultado*, p. 62.
[32] PÉREZ BARBERÁ, *Causalidad, resultado*, p. 64-65.
[33] PÉREZ BARBERÁ, *Causalidad, resultado*, p. 63.
[34] PÉREZ BARBERÁ, *Causalidad, resultado*, p. 63-64 e 122.
[35] PÉREZ BARBERÁ, *Causalidad, resultado*, p. 63-64.

omissivos impróprios.[36] O autor considera o conceito geral de conduta pouco importante, considerando que as condutas de agir e omitir têm em comum apenas o fato de serem "formas de determinação" do resultado.[37]

A conduta omissiva imprópria seria determinante de resultados explicáveis a partir de leis estatísticas ou probabilísticas, uma vez que a pergunta não seria se a omissão causou o resultado.[38] A questão seria apenas se a ação omitida poderia evitar o resultado, segundo referenciais de probabilidade próximos à certeza.[39] Os referenciais de probabilidade seriam insatisfatórios para a verificação do nexo causal e suficientes para a imputação segundo critérios estatísticos. Assim, o autor acredita vencer o que denomina como a "sensação" de "importante déficit de fundamentação" do nexo de causalidade a partir de leis estatísticas.[40]

O argumento processual penal da violação do *in dubio pro reo* é convocado para negar a viabilidade da presunção de causalidade sem a efetiva comprovação em concreto.[41] A partir disso, reputa as decisões dos casos do Spray de Couro alemão e do Azeite de Colza espanhol como muito semelhantes, fazendo pontual crítica à fundamentação referenciada na causalidade.[42]

Frente à sugestão de critérios de imputação alternativos à causalidade, ao menos três questões fundamentais persistem: (i) os elementos de determinação da realidade são fenomenologicamente independentes da causalidade?; (ii) o que significa a probabilidade (reconhecimento estatístico) de determinação de resultados em termos fenomenológicos e cognitivos?; e (iii) qual é o fenômeno descrito no "nexo de determinação"?[43]

A resposta para essas questões parte da diferenciação entre o fenômeno e o reconhecimento normativo do fenômeno, bem como da diferença qualitativa do conhecimento das condições do fenômeno existente entre as leis universais e as leis estatísticas. A dificuldade de estabelecer

[36] Pérez Barberá, *Causalidad, resultado*, p. 122.

[37] Pérez Barberá, *Causalidad, resultado*, p. 121-122.

[38] Pérez Barberá, *Causalidad, resultado*, p. 124.

[39] Pérez Barberá, *Causalidad, resultado*, p. 124.

[40] Pérez Barberá, *Causalidad, resultado*, p. 102.

[41] Pérez Barberá, *Causalidad, resultado*, p. 102.

[42] Pérez Barberá, *Causalidad, resultado*, p. 105-106.

[43] Pérez Barberá, *Causalidad, resultado*, p. 101.

leis universais totais sobre o conjunto de circunstâncias que determinam o fenômeno é a prova de que a lei causal não abrange apenas elementos ativos. O empreendimento da energia mecânica só se concretiza no resultado diante da ausência de elementos impeditivos ativos (dinâmicos) ou passivos (obstáculos à ação mecânica).

A lei estatística afirma que o conjunto de circunstâncias "cc" causa o resultado "r" em um determinado número de vezes a cada cem casos analisados, o que é traduzível em porcentagem. Portanto, a suposta dispensabilidade da estrutura ontológica da causalidade em parte dos crimes de resultado não é possível. Ao contrário, a lei estatística narra justamente a interação de determinadas circunstâncias na dinâmica causadora do resultado, sem dizer a razão porque o resultado não causado em outro número de vezes.

A ontologia dos fenômenos naturais não é regida pela variabilidade ou a incerteza da hipótese. Existe certeza na medida em que: ou determinados antecedentes causam o resultado, ou não são suficientes para causar o resultado. A constatação da frequência com que os antecedentes causam o resultado, sem a elucidação da razão ou dos casos específicos, está baseada no conhecimento insuficiente das circunstâncias antecedentes em interação naquela realidade.

Na omissão imprópria, os problemas decorrentes do conceito ativo-essencialista de causa são ainda mais intensos. Ele cria prejuízos cognitivos que impedem o reconhecimento da integralidade dos elementos do fenômeno causal e que retiram o destaque à diferença cognitiva do fenômeno existente entre a lei causal e a lei probabilística, levando à proposição de critérios alternativos para a imputação do resultado.

Além disso, Pérez Barberá refere que o resultado penalmente relevante não teria tanta relevância na dogmática alemã e de língua espanhola.[44] Especificamente em relação à Alemanha, o autor bem observa que se discute se o resultado seria elemento essencial do crime ou apenas

[44] Pérez Barberá, *Causalidad, resultado*, p. 25. Um exemplo da defesa da preponderância do desvalor da ação sobre o desvalor do resultado na doutrina espanhola tem-se em MIR PUIG, *Función de la pena*, p. 60 e 61.

uma mera condição objetiva de punibilidade.[45] Todavia, essa incerteza doutrinária não encontra paralelo nas ciências penais italiana,[46] portuguesa[47] e brasileira,[48] que sempre se mantiveram orientadas pela causação do resultado, pela conduta e pelo desvalor do resultado.

Algumas vezes, novas investigações físicas sobre o universo são indicadas para sugerir a impossibilidade de manutenção do referencial causal para o pensamento penal. Levantam-se hipóteses de que as leis mecânicas explicadas por Isaac Newton não teriam regência em determinados âmbitos de interação denominados "microcosmos" (partículas no interior do átomo) e "macrocosmos" (outras dimensões).[49]

Todavia, a única certeza científica acerca do funcionamento do universo é que tais alegações são apenas hipóteses não comprovadas, cuja origem advém de suposições científicas diante da incompreensão desses campos de interação. A ampla consideração dessas variadas hipóteses da física traria mais nebulosidade do que esclarecimento ao direito penal, pois a prática penal segue sendo realizada em âmbito de fenômenos

[45] PÉREZ BARBERÁ, *Causalidad, resultado,* p. 25. Ao contrário, em Portugal, Faria Costa destaca que a compreensão do resultado como condição objetiva de punibilidade não encontra "correspondência às expressões normativas do ordenamento penal vigente" (COSTA, *Noções fundamentais,* p. 257, §11). Igualmente pode ser dito em relação ao art. 13 do Código Penal brasileiro.

[46] A literatura italiana tem longa tradição sobre a importância do resultado, *v.g.*, já Cesare Beccaria tinha claro que a medida dos delitos não é a intenção do agente, mas o "dano causado à nação" (BECCARIA, *Dos delitos e das penas,* p. 75). Ainda, MAZZACUVA, *Il disvalore di evento, passim.* O próprio desenvolvimento dogmático do direito penal como protetor de bens jurídico-penais e do princípio da ofensividade significam a relevância do desvalor do resultado. Sobre isso, ROMANO, *Commentario sistemático/1,* p. 299 e 323, nm. 1 e 60.

[47] COSTA, *O perigo,* p. 41, nota 35 e p. 331, nota 95; COSTA, "Ilícito-típico, resultado", p. 18, 21 e, sobretudo, p. 22-23; COSTA, *Noções fundamentais,* p. 256, §9 e, especificamente no contexto do nexo de causalidade, COSTA, "Causality", p. 60-61; MONIZ, "Aspectos do resultado", p. 545, 563 e 570; MONIZ, *Agravação pelo resultado?,* p. 86; DIAS, *"Delicta in se",* p. 780 e 863. A essencialidade do resultado concretiza-se no crime de sabotagem, no qual a intenção do agente de "destruir, alterar ou subverter o Estado de direito" somente "preencherá o tipo (ao menos na forma consumada)" quando, ao menos, produzir o resultado "pôr em perigo o Estado de Direito" (CAEIRO, "Comentários ao crime de sabotagem", p. 234).

[48] Por exemplo, D'AVILA, *Ofensividade* e *crimes,* p. 42-43 e 46, posteriormente, D'AVILA, *Ofensividade em direito,* p. 76-77 e 94.

[49] Em sentido próximo, COLES, *From cosmos to chaos,* p. 134.

regidos pela causalidade descrita nas normas da mecânica newtoniana.[50] Ademais, as leis mecânicas permanecem plenamente válidas, sendo testadas e confirmadas diversas vezes, desde as suas descrições sintéticas em regras na *Philosophiae naturalis principia mathematica* de Isaac Newton.

Por fim, é verdadeiro que o reconhecimento da causalidade não se exaure no pensamento naturalista do conceito ativo-essencialista de causa e que a metodologia do reconhecimento jurídico de leis causais não está superada. Nas críticas à base causal da imputação penal, transpareceu a confusão dogmática entre a causalidade (ontológico) e a intenção (teleológico), o que é preciso esclarecer.

[50] Costa, "Causality", p. 61. Para mais detalhes, ver 3ª Parte, Capítulo II, Tópico 2.2.

2.

CAUSALIDADE, LIBERDADE E INTENÇÃO. A COMPLEMENTARIDADE ENTRE CAUSA E FINALIDADE E A PERMANÊNCIA DA NOÇÃO CAUSAL NO TIPO OBJETIVO DO FINALISMO

"*Die Welt ist unabhängig von meinem Willen*"

(Ludwig Wittgenstein, *Tractatus logico-philosophicus*, 1918, 6.373, p. 82)

A questão se os resultados perceptíveis na realidade decorreriam do imperativo de leis causais ou da finalidade da vontade humana é clássica, com repercussões no direito, na filosofia, nas ciências sociais e médicas. Inclusive há hipóteses de respostas que podem aparentar antíteses, caso sejam formuladas como alternativas excludentes, no sentido de que as leis causais imporiam a negação do livre-arbítrio.

O encaminhamento da resposta deve considerar a existência de, ao menos, duas dimensões de análise – uma fenomenológica e outra jurídica. Há três hipóteses sobre a ligação entre as leis causais e a intenção (vontade) humana: (i) relação de oposição, (ii) relação de indiferença ou (ii) relação de complementaridade. Cada uma dessas hipóteses produz diferentes percepções metodológicas da ciência jurídica, de como deve ser a prescrição normativa da legislação e do modelo de imputação penal.

(i) A suposta oposição fenomenológica entre causalidade e finalidade não tem respaldo amplo em antagonismo clássico no pensamento grego e na filosofia da Idade Média.[51] Prova disso está na etimologia da palavra

[51] Hans Sachsse recorda o exemplo do pensamento de Aristóteles no qual a causa abrange tanto a *causa efficiens*, quanto a *causa finalis*, aproveitado por John Duns Scotus e Tomas de Aquino (SACHSSE, *Kausalität*, p. 12).

grega *aitia*, que significa causa, como um conceito moral de responsabilidade pelo fazer algo.[52] Aliás, o próprio termo latino *causa* tem o sentido originário de responsabilidade[53] pela prática de coisa má ou desagradável, o que ainda é perceptível na denominação jurídica de "*causa*" para designar algo em discussão judicial.[54] Foi apenas com o advento do pensamento moderno que os conceitos de causalidade e de finalidade passaram a ser utilizados como elementos opostos.[55]

Caso a relação entre causalidade e finalidade fosse de oposição, sempre que houvesse nexo causal, também haveria determinismo na negação da liberdade e da capacidade de vontade de praticar condutas. Sem a liberdade de autodeterminação do destinatário da norma, o julgamento de condutas pelo direito e pelas ordenações morais e éticas resultaria igualmente impossibilitado, em razão da ineficácia absoluta na orientação das condutas prescritas. A responsabilização de quem descumpre o mandamento normativo por não ter liberdade de escolha é ilegítima e injusta. Assim, se a hipótese de oposição entre causalidade e finalidade fosse levada ao extremo, acabaria por negar a legitimidade da avaliação axiológica das condutas, conduzindo à plena irresponsabilidade dos seus autores.

Em verdade, não pode haver contradição entre a causalidade pertencente à "ordem natural" e a liberdade pertencente à "ordem moral ou jurídica", pois são elementos que estão em planos existenciais diversos.[56] A incoerência lógica somente existe entre objetos de enunciados com mesma natureza, ou seja, na contradição entre "um ser e um ser" ou entre "um dever-ser e um dever-ser", mas não entre um "ser e um dever-ser".[57]

[52] Kelsen, *Vergeltung und Kausalität*, p. 502, nota 104; Sachsse, *Kausalität*, p. 12; Koriath, *Kausalität und objektive Zurechnung*, p. 134. Kelsen ainda destaca que, muitas vezes, a noção de "ter a culpa de algo" (*etwas verschulden*) apresenta o mesmo significado de "causar algo" (*etwas verursachen*) no idioma alemão (Kelsen, *Vergeltung und Kausalität*, p. 256).

[53] Kelsen, *Vergeltung und Kausalität*, p. 502-503, nota 105; Sachsse, *Kausalität*, p. 12; Koriath, *Kausalität und objektive Zurechnung*, p. 134.

[54] Kelsen, *Vergeltung und Kausalität*, p. 503, nota 105.

[55] Sachsse, *Kausalität*, p. 12.

[56] Kelsen, *Teoria pura do direito*, p. 110.

[57] Kelsen, *Teoria pura do direito*, p. 110.

(ii) A segunda hipótese é caracterizada pela ausência de algum nexo entre a causalidade e a liberdade. A causalidade explicaria fenômenos da realidade física pelas ciências naturais, ao passo que a liberdade de agir e de estabelecer finalidades explicaria fenômenos culturais pelas ciências humanas.

Essa compreensão dicotômica separa a realidade em dois polos aparentemente incomunicáveis, dificultando a explicação das condutas humanas, quer cotidianas e individuais, quer complexas, excepcionais e coletivas. Caso não existisse relação entre a causalidade e a liberdade, não haveria sentido na investigação das condições causadoras dos fenômenos na criminologia e no direito, já que os acontecimentos sucederiam como imperativos inexoráveis sem a intervenção da vontade humana. Essa forma de pensar pode resultar em conclusão niilista acerca das capacidades do ser humano. Isto é, a ampla dedicação histórica à investigação da dinâmica dos fenômenos com a finalidade de prevenção e de influência nos acontecimentos – a partir do conhecimento das causas – teria sido em vão.

(iii) A terceira hipótese de relação de complementaridade demonstra-se mais adequada à compreensão dos fenômenos humanos. A explicação dos acontecimentos na realidade conjuga as dimensões causal e intencional (finalística) em necessária complementaridade.[58]

O conhecimento ou a intuição sobre o funcionamento de leis causais é pressuposto na tomada de decisões livres e conscientes para a satisfação de objetivos pessoais e coletivos cotidianos. O reconhecimento da possibilidade de mobilização de leis causais está presente na pressão feita no lápis contra a superfície branca do papel e nos toques na tela *touch screen* de um sistema computacional, ainda que não se saiba explicar ao detalhe como o carvão mineral é fixado no papel ou a informação é armazenada no programa informático. Em ambos os casos, há o reconhecimento e o aproveitamento de leis causais para o atingimento de finalidades, independentemente de serem valiosas ou desvaliosas.

[58] Resweber, *A filosofia dos valores*, p. 103-104. A consciência de que a vontade tem capacidade de orientar um curso causal segundo alguma finalidade está presente em vários autores, por exemplo, Larenz, *Hegels Zurechnungslehre*, p. 85.

Portanto, a base para a atribuição legítima de resultados ao autor não está na suposta liberdade total e abstrata sem conformações decorrentes das leis causais ("indeterminação causal da vontade").[59] A imputação tem fundamento na "determinabilidade causal da vontade"[60] pelo próprio autor, no sentido de que as leis causais fornecem estruturas de percepção e ajuizamento sobre a realidade, bem como de tomada e execução de decisões.

Na ciência penal, percebe-se alguma confusão acerca da suposta sucessão completa de entendimentos sobre a teoria da conduta penal em relação às dimensões causal e intencional da conduta, superestimando a sistematização e os desenvolvimentos teóricos sucessivos. Em verdade, não ocorreu a completa e pacífica substituição do paradigma da teoria causal da ação, de Franz von Liszt e Ernest von Beling, para o da teoria final da ação, de Hans Welzel, Reinhart Maurach, Werner Niese e Armin Kaufmann, nos países europeus e latino-americanos.

Os proponentes de cada um dos paradigmas aproveitaram as premissas de observação fenomenológica da realidade, alguns enunciados de base e pontos de partida dos entendimentos anteriores. A proposição de teorias jurídicas surge diante de compreensões e de práticas existentes, manifestando-se em oposição, complementação ou desenvolvimento das compreensões e práticas anteriores.

A verificação fenomenológica da causalidade nem sempre foi bem observada, oportunizando confusão categorial em diversas compreensões doutrinais do nexo causal no direito penal, na teoria do direito e na filosofia. Alguns já suscitaram uma oposição entre natureza e cultura, ainda que sem a devida atenção à inter-relação complexa entre causalidade e finalidade. A ordem da natureza seria o espaço da determinação causal, ao passo que a ordem social seria regida pela vontade humana. Assim, as ciências naturais teriam orientação pelo causalismo do determinismo natural, e as ciências humanas, pela valoração e imputação de condutas segundo finalidades sociais.

Wilhelm Sauer afirmou que o direito penal teria uma suposta orientação do "olhar não ao passado (à causa), mas sim ao futuro (à finalidade)",

59 Kelsen, *Teoria pura do direito*, p. 109.

60 Kelsen, *Teoria pura do direito*, p. 109.

pois o "estabelecimento de finalidades" estaria livre da observação das causas dos fenômenos.[61] Deste modo, para ele, o "objeto jurídico-penal" a ser estudado cientificamente seria apenas a "lei livre de finalidades".[62] Sauer observou corretamente que a estrutura e a fundamentação do ordenamento penal dependem do indeterminismo relativo das condutas humanas,[63] superando o longo debate filosófico entre deterministas e indeterministas.

Por fim, adianta-se os equívocos de duas propostas que serão estudadas mais adiante e pretendem a solução do problema de verificação da causalidade por meio da confusão da objetividade das leis causais com o juízo de valor inerente à interrelação subjetiva com as leis causais.

A primeira proposta pretende a justificação do curso causal omissivo com base nos elementos subjetivos do tipo. É preciso lembrar que os dados de realidade reconhecidos normativamente nos elementos subjetivos do tipo – diga-se, o conhecimento e a vontade no dolo,[64] bem como a violação do dever objetivo de cuidado[65] na negligência, na imperícia ou na imprudência – fundamentam ontologicamente a conduta dolosa e a culposa. Todavia, esses referenciais subjetivos próprios do autor da conduta não podem justificar ontologicamente o elemento objetivo causalidade entre a conduta e o resultado proibido.[66]

A segunda proposta pretende fundamentar a causalidade por meio da culpabilidade do omitente. O juízo de reprovação da culpabilidade pela prática do ilícito tem como referência os cursos causais já reconhecidos objetivamente pelo direito penal. Portanto, a culpabilidade pode servir como delimitadora normativa do reconhecimento de relevância penal do curso causal e não como criadora normativa do curso causal.

61 SAUER, "Kants Einfluß", p. 6. Em sentido contrário, acentuando que a prática dos tribunais remete "fundamentalmente ao julgamento" de "acontecimentos situados no passado", ver ENGISCH, *Vom Weltbild*, p. 20.

62 SAUER, "Kants Einfluß", p. 6.

63 SAUER, "Kants Einfluß", p. 6.

64 DIAS, *Direito Penal*, p. 349, §4.

65 DIAS, *Direito Penal*, p. 868, §4.

66 Assim, por exemplo, em WOLFF, *Kausalität von Tun und Unterlassen*, p. 55.

3.
INTRODUÇÃO À RELAÇÃO ENTRE A LEI CAUSAL E A LEI JURÍDICA

A ligação entre a lei causal e a lei jurídica tem sua origem nas ordens natural e cultural, sendo a lei causal própria do espaço de necessidade e a lei jurídica própria do espaço de liberdade da vida. Essa premissa tem grande relevância diante do presente contexto da dogmática penal, no qual alguns autores pretendem o alargamento dos limites clássicos da "imputação objetiva", fundados no nexo entre a conduta e o resultado, para tentar incluir outros elementos construídos normativamente.[67]

Essa dogmática alargadora possui como "princípio fundamental" a concepção do ilícito baseada na convicção de que o "mundo social" não estaria "ordenado de maneira cognitiva, sobre a base de relações de causalidade".[68] A ordenação do mundo social seria alicerçada apenas de "modo normativo" em "competências"[69] livres do referencial material e objetivo do nexo causal.

A verificação dos fenômenos físicos e a afirmação histórica do direito permitem observar que não existe igualdade entre a lei causal e a lei jurídica, como se a lei jurídica derivasse absolutamente da lei causal no sentido que se tentou encontrar em outras épocas. Edmund Mezger ensinou que o "'dever' ser derivável do 'ser'" é um "princípio" "teoricamente falso" – dado que o "'estabelecimento de finalidade' é condição prévia 'formal' de todos os deveres", mas é "praticamente verdadeiro" na realidade.[70]

[67] Jakobs, *La imputación objetiva*, p. 11.
[68] Jakobs, *La imputación objetiva*, p. 11.
[69] Jakobs, *La imputación objetiva*, p. 11.
[70] Mezger, *Sein und Sollen*, p. 103-104.

Hans Kelsen dedicou-se a apontar a diferença concernente ao conceito de validade e de eficácia diante dos dois tipos de leis. A lei causal existe independente do seu conhecimento ou aproveitamento. A sua regência dos fenômenos naturais e humanos acontece de modo imperativo, sem questionar o desejo ou interesse daqueles envolvidos na relação. Não é correta a observação que a essência da causalidade consistiria em prever a ocorrência de eventos futuros, já que poderá mesmo ser convocada para a explicação de eventos passados,[71] a exemplo do direito penal. A descrição das leis naturais baseia-se na "nossa experiência e a nossa experiência reside no passado", pois todo exercício preditivo assenta-se no conhecimento de fatos pretéritos. Em síntese, tem-se a expectativa de que o "passado repita-se no futuro".[72]

A lei jurídica não rege fenômenos naturais e nem possui um domínio absoluto dos fenômenos humanos, sem depender do seu reconhecimento e da observação na prática. A norma jurídica segue sendo "válida" no ordenamento jurídico, mesmo quando não é "inteiramente eficaz", a ponto de ser imperativa a observação e aplicação no caso em concreto.[73] A validade jurídica admite mesmo a eficácia "apenas até certo grau", não sendo completamente invalidada para os outros casos diante de uma hipótese que não vier a ser observada em casos pontuais.[74]

O direito não precisa reconhecer integralmente ou acolher sem ajustes algum conceito filosófico ou científico natural de causa.[75] Os seus limites dizem respeito à criação ou à invenção jurídica de nova fenomenologia natural diferente da realidade prévia ao direito.[76] Por isso, no início do século passado, Antonio Costa e Silva, seguindo o penalista suíço Carl Stoss, entendeu que não estaria facultado ao legislador o poder de legitimamente modificar o nexo causal, em virtude de lei da causalidade ser uma lei natural.[77] Assim, as propostas de ficções legislativas para "admitir

[71] Kelsen, *Teoria pura do direito*, p. 99.

[72] Kelsen, *Teoria pura do direito*, p. 99.

[73] Kelsen, *Teoria pura do direito*, p. 98.

[74] Kelsen, *Teoria pura do direito*, p. 98.

[75] Luna, "A causalidade na omissão", p. 329.

[76] Nesse sentido, Donini afirma que os pressupostos de fato são limites ao legislador e ao juiz (Donini, "Il garantismo", p. 920).

[77] Costa e Silva, *Código penal*, p. 11.

uma relação causal onde ela realmente não exista, e negá-la, onde exista" contrariariam o sentido de "verdade do direito penal e dellas não se tem necessidade alguma".[78]

Para além da criação legislativa, o desenvolvimento científico do direito penal também alcança benefícios com o esclarecimento dessa distinção. Impõe-se apontar sinteticamente semelhanças e diferenças entre os objetos e metodologias das ciências naturais e jurídica.

Primeiro, as ciências naturais e a ciência jurídica são duas "ciências de leis",[79] sendo as leis das ciências naturais referenciadas ao ser natural e ao âmbito da necessidade uniforme dos fenômenos em determinadas condições. Já as leis jurídicas advêm do ser cultural e valorativo – próprio de uma ontologia construída pelo homem em certo espaço – e do âmbito de construção possível dos fenômenos.[80]

Segundo, há o princípio da autonomia entre as ciências na determinação das suas tarefas, nomeadamente no entendimento do seu objeto, métodos, conceitos e finalidades.[81] A ciência somente pode ter acesso e encontrar respostas naquele campo que os seus instrumentos permitam "formular perguntas que correspondam, categorialmente, a uma resposta".[82] A atuação de determinado saber como ciência além do seu âmbito de propriedade científica "causa confusão nos objetos e categorias".[83] Assim, a aplicação dos conceitos e dos métodos de uma ciência fora das suas capacidades epistemológicas de leitura do seu objeto pode gerar confusão na leitura da realidade, que seria alcançável por outra ciência.[84]

Terceiro, o direito é uma "ciência prática"[85] baseada na razão prática não especulativa. Destina-se a criar critérios seguros de julgamento –

[78] Costa e Silva, *Código penal*, p. 11 (dígrafo na passagem original). No mesmo sentido, mais adiante em Portugal, Ascenção, *Acção finalista e nexo causal*, p. 200.
[79] Engisch, *Introdução ao pensamento jurídico*, p. 15.
[80] Costa, "Causality", p. 58.
[81] Nesse sentido, já em 1848, Kirchmann, *Wertlosigkeit der Jurisprudenz*, p. 11 e, recentemente, Hassemer, "Neurociências e culpabilidade", p. 215.
[82] Hassemer, "Neurociências e culpabilidade", p. 217.
[83] Hassemer, "Neurociências e culpabilidade", p. 218.
[84] Hassemer, "Neurociências e culpabilidade", p. 218.
[85] Engisch, *Introdução ao pensamento jurídico*, p. 13.

baseados em referencias de justiça historicamente situados –[86] e não a explicar a realidade com base na experiência prática da repetibilidade. A questão jurídica nunca se encerra em saber o que empiricamente aconteceu no fato sob apreciação judicial, segundo a leitura das ciências naturais. Para além de conhecer o acontecido, é preciso ajuizar sobre o acontecimento – ou seja, o direito valora, segundo critérios de relevância jurídica, o conhecimento prévio à instituição da lei jurídica.

[86] Costa, *O perigo*, p. 312; Costa, *Noções fundamentais*, p. 11, §24; Hassemer, "Neurociências e culpabilidade", p. 223-222.

4.
NOÇÕES ESTRUTURAIS

A compreensão do sentido atual da investigação da causalidade na ciência penal assenta em questões que precisam ser previamente enfrentadas. Para isso, é necessário avançar algumas noções sobre omissão, relação causal, causa e imputação penal.

A exposição inicial dessas noções conceituais requer cautela, pois a apresentação do conceito exige a prévia compreensão da natureza e das características do ser que se intenciona designar.[87] No fundo, o conceito é a expressão sintética do ser compreendido, o que indica os limites inerente à pretensão de conhecer a complexidade do ser, a partir do respectivo conceito.[88] O detalhamento dos conceitos com os seus respectivos fundamentos e características acontecerá no desenvolvimento deste trabalho.

4.1. Noção de omissão

Os conceitos de omissão e de conduta omissiva não apresentam unanimidade na ciência jurídica, sendo possível encontrar diversas percepções do fenômeno que serão estudadas ao longo do trabalho.[89] Podem ser elencadas, ao menos, divergências sobre três pontos: (a) A omissão como algo ou como nada?; (b) A omissão tem natureza e desvalor prévios ao direito ou a omissão é pura decorrência da criação jurídica?; e (c) A causalidade omissiva possui ontologia prévia ou é pura criação jurídica?

[87] HEIDEGGER, *A essência do fundamento*, p. 25.

[88] KAUFMANN, *Filosofia do direito*, p. 103-104, nota 1.

[89] A enunciação sintética dessas diversas compreensões é apresentada na 3ª Parte, Capítulo I.

O posicionamento diante desse panorama de incerteza demanda a melhor compreensão do fenômeno. Omissão significa a conduta omissiva causadora do resultado. A conduta omissiva é o comportamento da pessoa natural ou jurídica reconhecível pelo direito como desvalioso pela violação de dever de agir anterior ao direito.

A conduta omissiva penal significa o descumprimento do dever de agir (falta de ação devida por inação ou por ação diversa) pelo destinatário da norma, em situação na qual havia a concreta possibilidade de agir.[90] Portanto, é essencial que exista um dever penal de agir e a possibilidade concreta de agir para que o sujeito obrigado manifeste a qualidade de garantidor de valor exposto ao risco ou perigo na realidade.

4.2. Noção de relação causal

A relação causal é um processo fenomenológico e sequencial caracterizado pela conexão necessária de uma ação produtora com um resultado,[91] devido à ausência de impedimento da energia mecânica empreendida.[92] Por economia narrativa, enfatiza-se frequentemente apenas o vetor de força exteriorizado positivamente no resultado e desconsidera-se a totalidade das causas do resultado. O reconhecimento cultural do processo fenomenológico de causação de resultados consta, por vezes, na forma de uma lei científica descritiva da dinâmica causal.[93]

Especificamente, a denominada causalidade jurídico-penal demanda delimitação rigorosa dos elementos do conceito devido à exigência do

[90] A omissão entendida como a "não realização de uma ação quando existe a possibilidade concreta de realizá-la" encontra-se em CUADRADO RUIZ, "La comisión por omisión", p. 390-391.

[91] JESCHECK; WEIGEND, *Lehrbuch*, p. 277, nm. 1; COSTA, "Causality", p. 55.

[92] Esse conceito especifica definições historicamente apresentadas: *v.g.*, Maximilian von Buri no sentido de que "por relação causal é possível compreender o processo de surgimento de um aparecimento" (BURI, *Über Causalität und deren Verantwortung*, p. 1); Eduardo Massari, segundo o qual o "nexo causal exprime a relação de derivação que ocorre entre o evento e a conduta" (MASSARI, *Le dottrine generali*, p. 127); e Sousa e Brito, para quem o nexo causal "é uma relação entre fatos que se sucedem no tempo, não é uma relação hipotética" ou "só pensada" (BRITO, *Estudos para a dogmática do crime omissivo*, p. 155).

[93] ENGISCH, *Kausalität als Merkmal*, p. 20-21; STELLA, *Leggi scientifiche e spiegazione causale*, p. 2 e 11; COSTA, "Causality", p. 55; KINDHÄUSER, "Aumento do risco", p. 15.

princípio da legalidade. O nexo de causalidade penal liga a conduta penalmente relevante (causa do fenômeno) ao resultado ofensivo penalmente relevante (consequência da causa).[94] As condutas penalmente relevantes são positivas (agir) e negativas (omitir). Já o resultado penalmente relevante é a ofensa de dano ou perigo de dano causada pela conduta ao bem jurídico tutelado penalmente.

As relações entre causas e efeitos – ocorrência de causações – sucedem-se constantemente na realidade dos fenômenos. Agora, a constatação do perene movimento do mundo não impossibilita a identificação e valoração de fenômenos causais no tempo e no espaço. O estabelecimento de regras jurídicas e morais tende a reconhecer os fenômenos sociais de causação. O reconhecimento pelo direito penal funciona a partir de conceitos técnicos disciplinares, que orientam a seleção de partes da cadeia causal significativas em termos jurídico-axiológicos. Isto é, a seleção recorta parcela (fragmento) da totalidade da cadeia causal desde critérios e fundamentos orientadores.[95]

O direito penal não tem como objetivo investigar filosófica ou cientificamente a causa primeira dos fenômenos proibidos. Mesmo em relação ao saber criminológico, a pergunta causal formulada pelo jurista tende a ser mais restrita e retroagir menos na inquirição das condições de ocorrência do fenômeno. Para o direito penal, não é particularmente importante saber as "causas do crime" ou as "condições de ocorrência dos conflitos sociais criminalizáveis", bem como as "formas de aparecimento e as causas de reação social à criminalidade".[96] O objeto da criminologia é composto pelo crime, o criminoso e a reação social à criminalidade, mediante a pessoa do criminoso,[97] ao passo que o objeto da ciência do

[94] Em sentido semelhante, embora a causa seja apenas conduta humana e o resultado seja qualquer prejuízo ao bem jurídico, com menor definição que o conceito de resultado como ofensa ao bem jurídico, SOFOS, *Mehrfachkausalität beim Tun und Unterlassen*, p. 212; KINDHÄUSER, "Aumento do risco", p. 16.

[95] Kindhäuser ressalta que o direito penal tem o "interesse congnitivo específico" pelo que denomina como um "minúsculo segmento" da cadeia causal, no qual se identifica a "conduta de uma pessoa" (KINDHÄUSER, "Aumento do risco", p. 16).

[96] KILLIAS, *Grundriss der Kriminologie*, p. 2, nm. 102.

[97] KILLIAS, *Grundriss der Kriminologie*, p. 1, nm. 101.

direito penal é muito mais comedido em relação à complexidade da dinâmica causal.[98]

O direito penal trata da determinação dos requisitos e dos limites normativos à responsabilização dos causadores de ofensas aos valores penalmente protegidos. A análise da estrutura ontológica do nexo causal pelo direito penal retorna apenas até a conduta desvaliosa causadora do resultado ofensivo, que a lei penal pretende evitar. A determinação da parcela do curso causal penalmente interessante também considera os elementos subjetivos manifestados na prática da conduta desvaliosa. Somente assumem relevância penal o agir e o omitir, que conscientemente buscam o resultado ofensivo ou deixam de cumprir determinadas regras de cuidado, reconhecidas socialmente como necessárias para evitar esses acontecimentos.

Os conceitos e os critérios orientadores da seleção da parcela penalmente relevante do nexo causal estão contidos em conceitos da teoria geral do delito, *v.g.*, crime, conduta penal e resultado. O entendimento da relação de causalidade nos crimes omissivos depende da definição das noções de causa e de imputação penal.

4.3. Noção de causa

> *"Causa est principium, a quo existencia, sive actualitas, entis alterius ab ipso diversi dependet tum quatenus existit, tum quatenus tale existit"* (Christian von Wolff, *Philosophia prima sive Ontologia*, 1725, §881, p. 652)[99]

O entendimento do conceito de causa variou ao longo da história da teoria do direito e do direito penal.[100] A verificação da natureza e do sen-

[98] Figueiredo Dias e Costa Andrade ressaltam, em sentido geral, que o direito penal e a criminologia apresentam uma "diferença de métodos, de posições de valor e de atitudes emocionais perante o real" (Dias; Andrade, *Criminologia*, p. 96).

[99] A passagem pode ser lida parcialmente em Schopenhauer como *"Die Ursache ist das Prinzip, von dem die Existenz oder Wirklichkeit eines anderen Seienden abhängt"* (Schopenhauer, *Über die vierfache Wurzel des Satzes*, p. 51).

[100] Cavaleiro Ferreira destacou que a noção de causa voltou-se ora à relação entre o fato e o agente (fato imputável ao autor como sua obra), ora ao liame entre a conduta causadora e o resultado causado (Ferreira, *Lições de direito penal/1992*, p. 149).

tido do conceito de causa permite indicar as "suas condições de uso" e o "âmbito no qual ele pode ser válido",[101] semelhante ao realçado por Immanuel Kant sobre a determinação da "origem do conceito" de relação causal.[102]

Há três principais orientações filosóficas sobre o conceito de causa na doutrina penal, que podem ser sintetizadas em duas vertentes: (i) a causa como condição necessária do resultado e (ii) causa como condição parcialmente necessária do resultado.[103]

A primeira orientação é a da causa como condição suficiente do evento (Wright).[104] A segunda é a clássica concepção da causa como elemento imprescindível à ocorrência do resultado concreto.[105] Já a terceira percebe na causa uma "parte insuficiente por si mesma, mas não supérflua, de um conjunto não necessário mas suficiente de condições do resultado".[106] Essa compreensão é conhecida pelo acrônimo condição INUS, formado pelas letras iniciais destacadas na frase *Insufficient but Non-redundant part of an Unnecessary but Sufficient condition* (John Mackie).[107]

[101] Kant, *Prolegomena*, p. 9.

[102] Kant, *Prolegomena*, p. 9.

[103] Blaiotta, *Causalità Giuridica*, p. 47.

[104] Hart e Honoré entendem que a noção de condição necessária precisa ser "suplementada pela de condição suficiente" (Hart; Honoré, *Causation in the law*, p. 456). Mesmo no cerne do entendimento de causa de von Buri – emblematicamente identificado como condição necessária do resultado –, parece haver semelhanças com a ideia de condição suficiente. Maximilian von Buri propõe distinção objetiva entre causa e condição sem recorrer a elementos subjetivos como fizera Ortmann – assim, ensina que a "condição possibilita a causação do resultado", por sua vez a "causa causa por si mesmo" (Buri, "Über Theilnahme am Verbrechen", p. 89).

[105] Stella, *Leggi scientifiche*, p. 173; Feinberg, *Harm to others*, p. 182; Hruschka, *Strafrecht nach logisch-analytischer Methode*, p. 399-400; Di Giovine, "Lo epistemologico", p. 688; Kindhäuser,"Aumento do risco", p. 1; Costa, "Causality", p. 55.

[106] Mendes, "A causalidade como critério heurístico", p. 186.

[107] O termo "condição INUS" foi sugerido por D.C. Stove e divulgado amplamente pela obra de John Mackie (Mackie, "*Causes and conditions*", p. 16, nota 1). Para a explicação da compreensão de Mackie acerca de diferentes problemas causais, ver Binns, *Inus-Bedingung und strafrechtlicher Kausalbegriff*, p. 11-24 e, também, Samson, "Inus-Bedingung", p. 260-262; Koriath, *Kausalität und objektive Zurechnung*, p. 18 e ss; Sousa, *A responsabilidade criminal pelo produto*, p. 309-311.

As causas são o resultado da interação entre condições positivas e condições negativas.[108] As condições positivas são aquelas que empreendem força e energia na transformação da realidade. As condições negativas são aquelas que criam a situação para que as condições positivas não sejam impedidas na sua ação transformadora da realidade.

A causa não é o comportamento suficiente para a ocorrência do resultado, no sentido de que, sempre que se realizar determinado comportamento, ocorrerá determinado resultado. A causa em sentido jurídico é uma conduta parte do curso causal, identificada como necessária para o acontecimento de determinada consequência concreta,[109] segundo o referencial empírico das leis causais.[110]

4.4. Noção de imputação penal

O sentido geral da palavra imputar consiste em atribuir a responsabilidade de algo a uma pessoa, sendo um juízo que avalia algo passado com atenção específica em determinado fato realizado.[111] Trata-se de avaliação que mobiliza juízos de experiência em relação a outros fatos semelhantes anteriormente conhecidos.[112] O significado de imputação e a capacidade de ser imputável referem-se ao sujeito,[113] sem indicar algo sobre o objeto atribuível ou a valoração da conduta imputável.[114] O procedimento de

[108] Assim, *v.g.*, Puppe, "Erfolg und seine kausale Erklärung", p. 911.

[109] Assim, *v.g.*, Di Giovine, "Lo epistemologico", p. 688; Hoyer, "Kausalität und/oder Risikoerhöhung", p. 100.

[110] Engisch, *Kausalität als Merkmal*, p. 31; Stella, *Leggi scientifiche*, p. 107 e 112; Kindhäuser, *Strafrecht*, p. 296, nm. 16; Kindhäuser, "Aumento do risco", p. 18; Mantovani, *Diritto penale*, nm. 58, p. 156-157.

[111] Nesse sentido, Francesco Carrara define como "colocar qualquer coisa à conta de alguém" (Carara, *Programma del corso di diritto criminale, Parte generale/1924*, §2, p. 51).

[112] Costa, *O perigo*, p. 564, no seguimento de Kindhäuser, *Intentionale Handlung*, p. 195-196.

[113] Por exemplo, Larenz entende que a imputação para Hegel é o "reconhecimento do sujeito, da sua liberdade e personalidade mediante o direito objetivo" (Larenz, *Hegels Zurechnungslehre*, p. 50). Essa compreensão deu seguimento ao entendimento da filosofia de Kant, que também orientou a doutrina de Larenz (Larenz, *Hegels Zurechnungslehre*, p. 63).

[114] Larenz, *Hegels Zurechnungslehre*, p. 51.

atribuição é regido por uma finalidade,[115] permitindo a recompensa por conduta meritória e a punição por conduta proibida.[116]

O emprego do conceito de imputação não tem sentido claro na doutrina jurídica do ilícito. A atribuição da consequência jurídica ao autor da conduta apresenta especificações e ocorre por meio de outros processos imputacionais intermediários. Hans Kelsen contraria a noção de que a imputação seria "a ligação de uma determinada conduta com a pessoa" do seu autor,[117] seguindo o afastamento do parâmetro causal assim como Larenz.[118] Kelsen acredita que, para a ligação da conduta com o seu autor, não há necessidade de "norma jurídica", dado que "a conduta de modo algum se deixa separar do autor do homem que a realiza".[119]

A "imputação" expressada no "conceito de imputabilidade é a ligação de uma determinada conduta ilícita" com uma "consequência do ilícito".[120] Veja-se que, para Kelsen, a "consequência do ilícito é imputada ao ilícito, mas não é produzida pelo ilícito, como sua causa".[121]

Essa explicação da imputação eminentemente normativa, desvinculada da orientação com base na fenomenologia causal do fato em concreto, cria o perigo de afastamento da realidade e de excessiva abstração jurídica. Assim, perde-se o primeiro estágio de verificação, se a suposta conduta imputável causou o resultado. A presunção de que a conduta é constantemente inseparável do seu autor não é correta, tornando impossível a resolução justa dos problemas de imputação no plano estritamente normativo.[122] Há vários crimes de dano e de perigo com problemas do reconhecimento normativo do resultado ofensivo e da capacidade de

[115] Larenz, *Hegels Zurechnungslehre*, p. VIII e 68.

[116] Kelsen, *Teoria pura do direito*, p. 104.

[117] Kelsen, *Teoria pura do direito*, p. 91.

[118] Karl Larenz escreveu, em 1927, que a "imputação como juízo sobre o fato, não é assim causal, mas um juízo teleológico" (Larenz, *Hegels Zurechnungslehre*, p. 68).

[119] Kelsen, *Teoria pura do direito*, p. 91 e 102-103.

[120] Kelsen, *Teoria pura do direito*, p. 91.

[121] Kelsen, *Teoria pura do direito*, p. 91.

[122] Mesmo assim, é correto afirmar que "a imputação do fato não é sinônimo do juízo sobre a existência da relação causal" (Larenz, *Hegels Zurechnungslehre*, p. 61). Ao contrário, a identificação do curso causal dá-se num plano empírico, já a imputação ocorre necessariamente em um plano axiológico.

causação do resultado ofensivo. Destaca-se a dificuldade de reconhecimento dos autores dos resultados e da contribuição dos partícipes, que não se resolve negligenciando elementos fáticos e adotando apenas critérios puramente normativos.

O conceito de imputação penal é entendido como o juízo de atribuição do fato descrito tipicamente na lei penal como decorrente da conduta de pessoa física ou jurídica. Trata-se de juízo binário no qual não há respostas parciais: ou se imputa o resultado à conduta, ou não se imputa. Esse juízo considera componentes de valoração da conduta e igualmente critérios orientadores da imputação.

A categoria imputação encontra antecedente histórico na expressão latina "*imputatio*", utilizada, primeiramente, por Samuel Pufendorf e, posteriormente, nas doutrinas do direito natural de Christian Thomasius e seus discípulos, bem como na de Christian Wolff e seus discípulos até o positivismo do século XIX.[123] Pufendorf estudou os princípios reitores da ação humana orientada pela vontade livre e a valoração moral e jurídica que se faz dela na su "teoria da imputação".[124] A literatura jurídica jusnaturalista convencionou o empregou da categoria *imputatio* distinguindo entre a *imputatio facti* (*physica*) e a *imputatio iuris* (*moralis*), cuja estrutura se manteve no pensamento analítico do crime até o final do séc. XVIII na Alemanha, sendo ainda encontrada pontualmente no século XIX.[125]

O conceito de *imputatio* foi traduzido por "*Zurechung*" na doutrina penal alemã, como se identifica nos *Grundsätze des gemeinen deutschen und preussischen peinlichen Rechts,* de Ernst Ferdinand Klein, datado de 1796.[126] Mais adiante, Ludwig von Almendingen empregou a expressão "impu-

[123] Hruschka, *Strukturen der Zurechnung*, p. 2-3; Schroeder, "Die Genesis der Lehre", p. 651.

[124] Mais detalhes sobre a contribuição trazida pela "palavra imputação (*imputatio*) para o léxico do direito natural" em Mendes, O *torto intrinsecamente culposo*, p. 35-37.

[125] Nesse sentido, Klein, *Grundsätze*/1796, §95, p. 71 e, igualmente, Julius Glaser, ver 2ª Parte, Capítulo II, Tópico 2.2. Na Itália, semelhante é a concepção de imputação do crime ao autor do fato no pensamento de Fracesco Carrara. O juízo de imputação seria resultado de outros três juízos, a serem procedidos pelo magistrado, nomeadamente a "imputação de física" (causa material), a "imputação moral" (causa moral) e a "imputação legal" (proibição legal do fato) (Carrara, *Programma del corso, Parte generale/1924*, §8, p. 54).

[126] Klein, *Grundsätze/1796*, §95, p. 71.

tação objetiva" (*objektive Zurechnung*) em 1803.[127] Von Almendingen pretendia designar a "imputação externa" do "fato existente no mundo dos aparecimentos", que seria a "consciência da coisa", em sentido contrário ao da "imputação moral interna" (consciência do autor).[128]

Os conceitos de causalidade e de imputação penal designam realidades diferentes, de modo que não é possível a substituição mútua. Nem a imputação abarca a integralidade do fenômeno dos cursos causais, nem a ontologia causal explica a valoração dos juízos de tipicidade subjetiva, ilicitude e culpabilidade.

O conceito de imputação apresenta sentido diverso no direito material e processual, seguindo outros critérios e finalidades. A imputação processual penal pode ser distinguida, conforme a inércia (estática) ou a dinâmica da atribuição realizada. Estática é a imputação conclusiva do juízo, resultado da verificação probatória, ao passo que a dinâmica tem caráter provisório, designando hipótese de crime com base em indícios a se analisar na instrução do processo.[129] Isto é, a atribuição provisória e indiciária do fato ao suposto autor instaura o processo penal e obriga a resposta judicial defensiva, sob pena de que o alegado em seu desfavor seja suficiente para a imputação condenatória conclusiva (estática), ainda que o ônus probatório seja da acusação.

127 Almendingen, *Darstellung der rechtlichen Imputation*, p. 31, n. IV. Friederich Schroder reputa essa como sendo a primeira vez que se utilizou a expressão "imputação objetiva" na Alemanha (Schroeder, "Die Genesis der Lehre", p. 252).

128 Almendingen, *Darstellung der rechtlichen Imputation*, p. 31, n. IV. Ludwig von Almendingen diferencia a imputação externa, orientada por um "fato", em que todos os objetos devem ser igualmente perceptíveis pelos sentidos "segundo as leis causais", e a interna, orientada pela "consciência moral" do "mundo supra-sensível" (*übersinnliche Welt*) (Almendingen, *Darstellung der rechtlichen Imputation*, p. 32, n. IV e 33, n. V).

129 Dominioni, "Imputazione", p. 818-819.

5.

OS LIMITES DE LEGITIMIDADE PENAL DECORRENTES DO PRINCÍPIO DA CAUSALIDADE NOS CRIMES DE RESULTADO

5.1. A causalidade como pressuposto da ofensividade nos crimes de resultado (*nulla iuria sine causa*) e da fragmentariedade na intervenção penal

"Zu fragmentarisch ist Welt und Leben!
Ich will mich zum deutschen Professor begeben.
Der weiß das Leben zusammen zusetzen,
und er macht ein verständlich System daraus.
Mit seinen Nachtmützen und Schlafrockfetzen
stopft er die Lücken des Weltenbaus"

(Heinrich Heine, *Buch der Lieder*, 1827, n. 58)

O direito penal cumpre a função de proteger bens jurídicos por meio da proibição de condutas ofensivas a esses valores,[130] de modo que apenas as condutas causadoras de resultados ofensivos podem adquirir relevância penal.[131] É a afirmação do direito penal fundado na intervenção fragmentária e no desvalor do resultado ilícito. Essa diretriz pode ser estudada em duas formas de legitimação do direito penal: (i) desde a carga axiológica

[130] COSTA, *Noções fundamentais*, p. 13, §28.
[131] Semelhante em Jescheck e Weigend, o direito penal "dirige-se à conservação de bens" diante da causação de prejuízos (JESCHECK; WEIGEND, *Lehrbuch*, p. 277, nm. 1).

negativa do ilícito[132] e (ii) desde o fundamento e das finalidades da pena criminal.[133]

(i) Se o crime é a causação do resultado ofensivo desvalioso pela conduta desvaliosa, estão destacadas as diferenças ontológica e cronológica entre a conduta penal e a sua consequência. A pretensão de criminalizar a conduta causadora do resultado reconhece o fenômeno como sendo o fato pressuposto (*pressuposti facti*) da narrativa típica, que deve descrever três elementos: a conduta, o nexo causal e o resultado ofensivo.

O *pressuposti facti* contém necessariamente uma relação de causalidade, pois é a contribuição da conduta na causação do resultado. Nesse ponto, o princípio da ofensividade propõe melhor analítica e delimitação à conduta e ao resultado, desde o início da ação ou omissão à ofensa. O princípio apresenta valor dogmático na leitura e na identificação dos limites dos atos preparatórios, afastados do começo da execução, ainda que pertencentes à cadeia causal criadora do resultado.

A conduta ofensiva penalmente relevante pressupõe a perversão ético-jurídica insuportável decorrente do processo causal. Somente resultados ofensivos a bens jurídicos que tenham sido causados por condutas reconhecidamente desvaliosas segundo leis causais podem ter significado penal. A proibição de conduta que não mantém relação causal com o resultado carece de fundamento fenomenológico e jurídico, de modo que a sua realização é indiferente para a ocorrência do resultado ofensivo ao valor protegido. O respeito às exigências de merecimento e de carência da intervenção subsidiária do direito penal não está atendido diante da hipótese de proibição de conduta inofensiva.

A jurisprudência constitucional italiana acerca do princípio da ofensividade corrobora essa argumentação.[134] O desenvolvimento da auto-

[132] Costa, "Ilícito-típico, resultado", p. 9.

[133] Nesse sentido, encontra-se exemplo histórico na sistematização do manual de Albert Berner de 1891. O direito penal é explicado a partir das suas consequências nas doutrinas da pena, denominadas como sendo os "princípios penais" cujo tratamento, no primeiro título do livro, antecede mesmo a "história e das fontes do direito penal" no segundo título (Berner, *Lehrbuch/1891*, respectivamente, p. 3 e 8).

[134] Sobre a evolução da jurisprudência constitucional italiana a respeito do princípio da ofensividade, ver Diamanti, "Nota", p. 3463-3464 e Crespi; Forti; Zuccalà, *Commentario breve*, p. 295-298.

nomia dogmática do princípio da ofensividade em relação à tradicional reflexão sobre os crimes pluriofensivos é fruto do longo debate acadêmico italiano. O reconhecimento técnico do princípio é atualmente mais amplo, com claras afirmações legislativas,[135] jurisprudenciais[136] e científicas em vários países, a exemplo de Portugal[137] e do Brasil.[138]

A previsão constitucional do princípio da ofensividade na Constituição brasileira é literal no seu artigo 98, I[139] e ainda mais expressiva do que o reconhecimento na Constituição italiana. A Constituição brasileira utiliza o princípio de direito material como critério de diferenciação da gravidade dos crimes e de proposição de um rito especial para o tratamento das "infrações de menor potencial ofensivo". Na Itália, a Corte Constitucional[140] entendeu que o fundamento constitucional do princí-

[135] Por exemplo, Ferrando Mantovani destaca a exigência do artigo V dos princípios gerais do código penal peruano, que estabelece "*La pena, necesariamente, precisa de la lesión o puesta en peligro de bienes jurídicos tutelados por la ley*" (Mantovani, "*Il Principio di offensività*", p. 394 e 397-398). O reconhecimento legislativo do princípio da ofensividade é manifesto, mesmo o código tendo denominado como princípio da lesividade, conforme é frequente na literatura penal de língua espanhola.

[136] No Brasil, por exemplo, STF, ROHC nº 81.057-8, Rel. Min. Sepúlveda Pertence, DJ 29.04.2005, Ementário 2189-2, STF, HC nº 93820, Rel. Min. Celso de Mello, **DJ nº 155, 09.08.2013.**

[137] Andrade, "A fraude fiscal", p. 259. Especialmente, Faria Costa destaca a importância dogmática do princípio em diversos âmbitos, sinteticamente, por último, em Costa, *Noções fundamentais*, p. 162, nm. 1.

[138] D'Avila, *Ofensividade em direito*, p. 70-71; Ruivo, *Criminalidade financeira*, p. 72-73.

[139] O reconhecimento da existência de condutas e resultados penalmente relevantes diferenciáveis de acordo com a ofensividade foi o critério adotado pela Constituição brasileira para designar a competência criminal dos juizados especiais, regidos pelo rito oral e sumaríssimo, com a seguinte redação no artigo 98, I da Constituição Federal "A União, no Distrito Federal e nos Territórios, e os Estados criarão: I - juizados especiais, providos por juízes togados, ou togados e leigos, competentes para a conciliação, o julgamento e a execução de causas cíveis de menor complexidade e infrações penais de menor potencial ofensivo, mediante os procedimentos oral e sumariíssimo, permitidos, nas hipóteses previstas em lei, a transação e o julgamento de recursos por turmas de juízes de primeiro grau".

[140] Corte Costituzionale, Sentenza 5-8 luglio 2010 (*Cassazione Penale*, 2010, v. 11, p. 3746).

pio está localizado na expressão positiva de "*fato*" do artigo 25, *comma* 2, da Constituição italiana,[141] essencial para o conceito de crime.

A avaliação de constitucionalidade teve como objeto a previsão de circunstância agravante genérica, baseada em característica estritamente pessoal do autor do fato.[142] A Corte Constitucional italiana declarou inconstitucional a possibilidade de aumentar a pena de qualquer delito em razão de o seu autor ser estrangeiro ilegalmente no território italiano, por se tratar do que o tribunal denomina como "tipo de autor".[143] Tal previsão viola frontalmente a noção essencial que "põe o fato na base da responsabilidade penal" e, somente a partir disso, legitima a punição do autor da conduta pelo seu comportamento e não por suas "qualidades pessoais".[144] Segundo a Corte Constitucional italiana, o agravamento da pena viola o princípio da ofensividade, dado que a razão do aumento de pena decorreria simplesmente da "geral e presumida qualidade negativa do seu autor" e não de eventual conduta ofensiva ao bem jurídico protegido.[145]

A ancoragem do princípio da ofensividade no ordenamento penal italiano indicada pela Corte Constitucional é correta. A noção clássica de fato é o que há de mais radical e carregado de sentido em âmbito penal. Trata-se da base fenomenológica que fundamenta e orienta o juízo seletivo de relevância penal instituidor do ordenamento penal.[146] A previsão legal ostensiva do princípio da ofensividade oferece mais segurança e clareza acerca dos critérios penais ao legislador e ao realizador do direito.

[141] Consta no artigo 25, comma 2 da Constituição italiana a seguinte redação "*Nessuno può essere punito se non in forza di una legge che sia entrata in vigore prima del fatto commesso*".

[142] Corte Costituzionale, Sentenza 5-8 luglio 2010 (*Cassazione Penale*, 2010, v. 11, p. 3741). A agravante genérica constava com a seguinte redação, no artigo 61, n. 11-bis do Código Penal italiano: "*Aggravano il reato quando non ne sono elementi costitutivi o circostanze aggravanti speciali le circostanze seguenti: 11-bis) avere il colpevole commesso il fatto mentre si trova illegalmente sul territorio nazionale*".

[143] Corte Costituzionale, Sentenza 5-8 luglio 2010 (*Cassazione Penale*, 2010, v. 11, p. 3746).

[144] Corte Costituzionale, Sentenza 5-8 luglio 2010 (*Cassazione Penale*, 2010, v. 11, p. 3746).

[145] Corte Costituzionale, Sentenza 5-8 luglio 2010 (*Cassazione Penale*, 2010, v. 11, p. 3746).

[146] Para mais detalhes acerca do significado e da relevância da noção de fato, ver 4ª Parte, Capítulo I.

Todavia, a ausência de maior expressividade positiva não altera o significado fenomenológico e a importância axiológica da ofensividade.

Em síntese, sem o reconhecimento do desvalor do resultado causado por conduta desvaliosa, não há justificativa para a hipótese criminalizadora da conduta. A qualificação da conduta como arriscada ou moralmente indesejável não basta, é necessário verificar a causação da ofensa ao valor tutelado. A afirmação do princípio penal liberal no plano jurídico-axiológico[147] concretiza-se fundado no desvalor do resultado, limitando o acolhimento de interesses morais criminalizadores demasiadamente preventivos no plano político criminal.

Nesse sentido, a relevância dogmática e valorativa do princípio da ofensividade resulta enfraquecida, caso desacompanhada do reconhecimento ontológico do nexo de causalidade. Seria a debilitação do próprio fundamento analítico do juízo de desvalor da ofensividade reconhecida na realidade do fenômeno social. A ofensa ao bem jurídico causada pela conduta deixaria de ser prévia ao direito e fenomenologicamente verificável na realidade prática para se tornar uma construção fruto da intervenção normativa do direito.

A descrição do fato pressuposto não apenas reconheceria e ajuizaria sobre fenômenos a serem proibidos, mas iria além, substituindo elementos e completando lacunas da própria descrição do fato. Em última instância, tratar-se-ia da confusão intensa de duas etapas necessárias para a intervenção penal fragmentária: a compreensão do fenômeno e o ajuizamento em relação ao fenômeno.

Também se mitigaria a capacidade analítica do fenômeno criminal oferecida pela ofensividade na distinção de três conceitos fundamentais: a conduta penal, o nexo de causalidade e o resultado ofensivo. O nexo de causalidade é dado imprescindível para a estruturação do juízo de ofensividade, uma vez que expressa em si, simultaneamente, a separação ontológica e o liame entre a conduta e o resultado. A separação entre a conduta e o resultado é essencial para o que o crime não seja entendido como uma mera conduta ou mera desobediência ao texto legal. Sem a

[147] Mantovani, "*Il Principio di offensività*", p. 394. Na tradição penal italiana, o princípio da ofensividade é fundamento material do bem jurídico e, portanto, incapaz de confundir-se com esse. Assim, por exemplo, Nisco, "*Controle das escolhas de incriminação*", p. 29.

necessidade de verificação concreta da causação da ofensa ao bem jurídico o princípio perde força analítica e orientadora. A integral construção normativa do nexo cria o perigo de elaboração de realidade jurídica ficcional, na qual não haveria o clássico limite fenomenológico prévio ao direito, na ligação de qualquer conduta a qualquer resultado atendendo a fins estritamente jurídicos.

Há, portanto, razão suficiente para afirmar que a preservação do direito penal democrático destinado à intervenção social fragmentária exige o respeito ao princípio da ofensividade (*nullum crimen sine iuria*) – mais do que isso, ao seu pressuposto essencial no princípio da causalidade (*nulla iuria sine causa*). Se é verdade que o reconhecimento ontológico da relação causal é imprescindível para a defesa do direito penal centrado no desvalor do resultado, também é correto, em sentido inverso, que a renúncia ao referencial da causalidade fragiliza os limites da distinção entre os conceitos de conduta e de resultado criminais.

Os limites legítimos da intervenção penal mantêm-se neste ponto, independentemente de a perspectiva de entendimento e de fundamentação do direito penal ser a partir do crime ou da pena. Veja-se a questão desde a ótica da pena criminal.

Há pontos comuns relacionados às penas criminais entre o critério da justiça retributiva e a utilidade de eficiência preventiva. Ao fim, sempre se persegue a "prontidão" que torna a pena "mais útil", mais forte e duradoura "no espírito humano", por meio da "associação" mental e prática entre o crime e a pena.[148] Por isso, deve-se proceder de tal modo a ter "um como a causa e a outra como efeito necessário e inelutável", algo que é mais perceptível quanto "menor é a distância do tempo que passa entre a pena e o crime".[149]

Para o entendimento da pena como retribuição da culpa do autor,[150] somente é justo punir a conduta causadora da ofensa ao bem jurídico. Todas as outras condutas prescindíveis para a concreta ofensa não são causa do resultado e não demandariam retribuição penal. Por decor-

[148] Beccaria, *Dos delitos e das penas*, p.103.

[149] Beccaria, *Dos delitos e das penas*, p.103.

[150] Costa, *O perigo*, p. 386; Costa, "Uma ponte", p. 209; Ruivo, "O fundamento da pena", p. 183-184.

rência lógica, condutas capazes de aumentar o risco na comissão ou de diminuir o risco na omissão, que não causam o resultado, não justificam a aplicação da pena. Portanto, a ampliação injustificada das condutas dignas de punição,[151] mediante a deturpação do critério clássico incriminador da causação da ofensa, impediria a obtenção do fim de realização da justiça penal.

Conforme a finalidade preventiva da pena,[152] apenas a conduta capaz de causar ofensa ao bem jurídico deve ser proibida por fins cautelares. Logo, todas as outras condutas, sem idoneidade ofensiva, são permitidas (*permititur quod non prohibitur*).

A relevância democrática da vinculação da pena ao nexo de causalidade pode ser colhida na história dogmática do direito penal até mesmo por meio de entendimentos contrários à democracia e às liberdades. É digno de nota o reconhecimento de Edmund Mezger sobre o fundamento da pena durante a expansão do direito penal no nacional-socialismo. Mezger tem perfeita consciência de que a pena criminal para cumprir "tarefas de proteção" social deveria encontrar "fatores de natureza de todo diversa daquela de fatores apenas 'causais'".[153] A pena não poderia ser orientada apenas à retribuição da culpa pelo cometimento do fato para assumir um "pensamento de proteção" característico do "direito penal da vontade",[154] que se tentou implantar no nacional-socialismo.

O fundamento do direito penal não se reduz ao fundamento da pena, pois o fundamento do direito penal é a razão da construção do ilícito penal e da previsão de uma pena para a ofensa ao bem jurídico. O funda-

151 Os critérios para a incriminação de condutas de "merecimento de tutela penal" e de "carência ou necessidade de tutela penal" encontram-se explicados em COSTA, *O perigo*, p. 467; COSTA, *Noções fundamentais*, p. 172-173 e ANDRADE, "A 'dignidade penal' e a 'carência de tutela penal'", p. 173-205. Para uma aproximação dos conceitos de merecimento, necessidade e dignidade penal à análise da estrutura trifásica da proporcionalidade, ver RUIVO, *Criminalidade Financeira*, p. 43-44.

152 Para uma exposição sintética das principais doutrinas, ver RUIVO, "O fundamento da pena", p. 185-194.

153 MEZGER, "Vergeltung und Schutz", p. 110.

154 MEZGER, "Kriegsstrafrecht und Kriegsstrafverfahrensrecht", p. 62. Para maiores explicações sobre a doutrina da pena no "direito penal da vontade", ver MEZGER, *Deutsches Strafrecht/1943*, p. 159.

mento da pena trata apenas da consequência do cometimento do crime. As diferentes opiniões científicas e a confusão entre o fundamento e as finalidades da pena criminal não invalidam o direito penal nem epistemologicamente como ciência jurídica,[155] nem fenomenologicamente como prática cultural.

O reconhecimento ontológico do nexo de causalidade orienta a conformação fragmentária e justa do direito penal. A verificação material da causalidade contribui para que a ciência penal não se afaste da realidade do fenômeno, por meio de normativismo idealista ou de funcionalização política excessiva.

5.2. A causação da ofensa como pressuposto da imputação penal justa (*nulla imputatio poenali iusta sine causa*) e da realização da justiça penal nos crimes de resultado

"*Honeste vivere, neminem laedere,*
suum cuique tribuere"

(Domitius Ulpianus, *Regulae a Justitia*, l.1)

O processo de reconhecimento normativo da ontologia do nexo causal pelo direito penal deve satisfazer as finalidades de realização do direito como um todo. Tem-se afirmado corretamente que a qualificação de uma ordenação normativa como direito justifica-se quando há especificamente a preocupação com "o sentido de ser justo".[156]

[155] Ernst Mayer chamava a atenção que, se o fundamento do direito penal se reduzisse ao fundamento da pena, estaria reduzido à metade. A teoria penal é antes uma teoria das normas penais com base na "filosofia do direito" e no "direito político" (Mayer, *Lehrbuch/1923*, p. 417 e ss.). Seguindo o pensamento de Mayer, ver Rodriguez Devesa, *Derecho penal español*, p. 828.

[156] Radbruch, *Rechtsphilosophie*, p. 95. No mesmo sentido, Larenz, *Hegels Zurechnungslehre*, p. VIII; Naucke; Harzer, *Rechtsphilosophische Grundbegriffe*, p. 2, nm. 5, no Brasil, Flósculo Da Nóbrega, *Introdução*, p. 23, e, em Portugal, Neves, "A unidade do sistema jurídico", p. 120; Bronze, *Lições de introdução*, p. 135 e 137; Dias, *"Delicta in se"*, p. 12 e 31. Há igualmente outras orientações acerca da finalidade do direito, *v.g.*, o amplo debate acontecido na primeira metade do século passado na Alemanha, entre as doutrinas da

No início do século passado na Alemanha, propôs-se a reflexão sobre a contribuição da ontologia em geral e das leis causais para a fundamentação do direito penal alicerçada em filosofia material. Por exemplo, Edmund Mezger ofereceu fundamentação própria com a intenção de superar a "jurisprudência formal" de Kelsen, por um lado, e a tradicional polêmica entre a "base jurídico-filosófica da escola do direito natural" e a "escola histórica", por outro.[157] Segundo essa orientação, a conformação do "direito justo" dependeria da verificação da "natureza do homem", com atenção especial ao "caráter psicológico do homem" e às "suas necessidades psicológicas e leis".[158]

Segundo o autor, a razão e a natureza humana seriam variáveis conforme os períodos de tempo, alterando por consequência os direitos fundamentais do homem.[159] O direito assumiria como objetivo final a "promoção da vida social", por meio do impreciso e questionável "fundamento socio-psíquico do dever".[160]

A verdade é que reconhecer os limites ontológicos na constituição e fundamentação do direito não significa a necessidade de aderir a razões sociopsicológicas, a partir das compreensões de criminologia e psicologia social de Mezger. Segundo as regras lógicas, não se pode confundir os planos ontológico e normativo. Logo, a subsunção não permite deduzir eventual dever normativo desde uma qualquer realidade fática própria do ser. A diferença entre os dois planos existenciais é uma das razões da necessidade de compreensão filosófica material, evitando a redução do normativismo jurídico ao puro dedutivismo lógico, em desconsideração aos limites e aos sentidos do "mundo dos fatos".[161]

A necessidade de o direito buscar a justiça como seu fim não exaure a discussão tradicional sobre o fundamento e sentido da justiça. Mesmo

"segurança das condições de vida em sociedade" e as doutrinas do "direito justo". Em crítica a respeito delas, ver MEZGER, *Sein und Sollen*, p. 80 e ss., 103 e 105. Anteriormente, contrário às pretensões de estabelecer a justiça ou a religião como "fundamento positivo do juízo penal" (CARRARA, *Programma del corso, Parte especiale/1864/1*, p. 16 e 18).

157 MEZGER, *Sein und Sollen*, p. 104-105, nota 104.

158 MEZGER, *Sein und Sollen*, p. 104-105.

159 MEZGER, *Sein und Sollen*, p. 104.

160 MEZGER, *Sein und Sollen*, p. 80 e ss., 103 e 105.

161 KAUFMANN, *Filosofia do direito*, p. 115.

assim, a compreensão do direito situado na tradição vigente em determinado tempo e espaço afasta hipóteses de fundamentação da justiça e do direito baseadas seja em critérios formais, seja em idealistas.[162] Portanto, a finalidade do direito penal é antes a realização da "justiça penal historicamente situada".[163]

A principal tarefa da dogmática penal seria, para alguns, "possibilitar que se faça a justa imputação"[164] e, para outros, o justo julgamento do autor do fato.[165] A determinação dos critérios normativos de imputação busca orientar a atribuição do resultado ofensivo ao autor da conduta causadora desse resultado.

Justamente por isso, aumenta a relevância do estudo da causalidade. Conforme se afirmou, a relação de causalidade entre a conduta e o resultado não pode ser idealmente concebida pela juridicidade, mas antes reconhecida, desde a identificação da sua estrutura fundamental e do método adequado para o seu diagnóstico nos casos concretos. O reconhecimento jurídico-penal das características do fenômeno social criminal é sempre fragmentário, de acordo com as características científicas e a estrutura ontológica do direito penal.[166]

A formação dos conceitos da dogmática é realizada por meio da seleção e reunião de características dos fenômenos sociais propondo qualificação normativa da realidade fática.[167] A intervenção jurídico-penal na realidade é sempre valorativa à medida que escolhe as características do fenômeno que serão priorizadas e excluídas da síntese incorporada no conceito penal. Isso porque somente com o reconhecimento do processo

[162] Costa, *Noções fundamentais*, p. 11, nm. 21.
[163] Costa, *Noções fundamentais*, p. 11, nm. 24.
[164] Hassemer, "Neurociências e culpabilidade", p. 222.
[165] É por isso que a atividade da dogmática não termina na instrumentalização das tarefas da política-criminal. Para além disso, Karl Hall destaca que o direito penal pretende, diante dos "aparecimentos" do crime, não "alterar, senão interpretar" o fenômeno. Ainda mais, se for considerado que "não é sua tarefa lutar contra o crime, senão dar um pouco de Antropologia" ao entendimento do ordenamento penal (Hall, "Entwicklung des Verbrechensbegriffes", p. 35).
[166] Sobre a necessária fragmentariedade do direito penal, ver Costa, "O direito, a fragmentaridade", p. 22.
[167] Sobre isso, Vilanova, *As estruturas lógicas*, p. 46.

causal pela ordem normativa é que "preenche a sua função social"[168] e adquire operacionalidade sistemática a título de categoria jurídica.[169]

Assim, enfatiza-se a relevante distinção entre conceitos de conteúdo ontológico e de conteúdo essencialmente jurídico-normativo, pondo em destaque tanto os pontos de contato, quanto os limites legítimos à normativização da doutrina analítica do crime.[170] Para além disso, os "conceitos fundamentais da ciência" não se perfectibilizam tendo como conteúdo "autênticos conceitos ontológicos".[171] Ao contrário, "os conceitos ontológicos originários" exigem apuração "antes de toda a definição científica", de forma que, "a partir deles, se possa primeiro avaliar de que modo restritivo e circunscrito em cada caso, e, desde uma focagem determinada, se os conceitos fundamentais das ciências atingem o ser, captável em termos puramente ontológicos".[172] Esse é justamente o caso do reconhecimento da dinâmica causal dos fenômenos e do circunscrito aproveitamento de cursos causais para a incriminação de resultados ofensivos.

Por fim, deve-se retornar as três concepções do direito penal e da imputação acerca do reconhecimento de leis causais: (i) o direito penal estritamente fundado na noção de causalidade, (ii) o direito penal fundado estritamente em categorias normativas livre da causalidade e (iii) o direito penal com limites máximos estabelecidos pela causalidade.

(i) A primeira forma de conceber o direito penal estabeleceria idealmente o nexo de causalidade como reitor único e absoluto de todo o direito penal. A estrutura ontológica do nexo causal e o potencial elucidativo do princípio da causalidade orientariam todas as modalidades de relações entre elementos e conceitos operados no direito penal. A pergunta essencial da responsabilidade penal seria "quais resultados seriam causados pelo autor?" e não "quais resultados podem fazer o seu causador um criminoso?".[173]

[168] Kelsen, *Teoria pura do direito*, p. 105.
[169] Pérez Barberá, *Causalidad, resultado*, p. 100.
[170] Objetivo buscado por outros meios em Pérez Barberá, *Causalidad, resultado*, p. 101.
[171] Heidegger, *A essência do fundamento*, p. 27.
[172] Heidegger, *A essência do fundamento*, p. 27.
[173] Costa, "Causality", p. 56.

Essa concepção não corresponde à realidade cultural do direito por duas razões.

A primeira razão é inerente à própria natureza da dinâmica causal dos fenômenos. O fluir dos processos de causas e efeitos é constante na realidade dos acontecimentos e, sempre que visualizado retroativamente, remete a uma cadeia que tem o seu início na própria origem das causas.[174] A forma de análise e de elucidação da relação de causalidade ocorre pela identificação de fragmento especialmente interessante dessa cadeia, no qual se vislumbra uma causa ou um efeito significativo. No fundo, esse processo de identificação de relevância é imprescindível para o significado e o aproveitamento da informação selecionada no direito penal, que, por vezes, utiliza o "conceito de causalidade jurídica".[175]

O juízo de relevância penal não é inerente ao nexo, mas decorrente da intervenção valorativa no fenômeno feita culturalmente pelo homem.[176] Por isso, é necessário admitir que jamais foi possível a conformação puramente causal da doutrina e da prática penal.[177] Veja-se, *v.g.*, as tentativas de limitação dos cursos causais penalmente relevantes com base nos elementos subjetivos do tipo – originariamente, elementos subjetivos da culpabilidade –, na noção de previsibilidade em Buri,[178] Antolisei[179]

[174] Os limites da explicação exclusivamente causal podem ser lidos, por exemplo, em Larenz, *Hegels Zurechnungslehre*, p. 53 e 61 e Larenz, "Tatzurechnung und 'Unterbrechung des Kausalzusammenhanges'", p. 1011. Sobre os problemas que podem ser suscitados pela má compreensão dessa realidade no direito penal, ver 5ª Parte, Capítulo IV, Tópico 4.1.3.

[175] Larenz, *Hegels Zurechnungslehre*, p. 62.

[176] Nesse sentido, Engisch afirma que a formação conceitual do direito não pode ter como parâmetro a "mudança no mundo exterior" puramente natural (Engisch, *Vom Weltbild*, p. 9).

[177] Nesse sentido, Larenz indica que todas as tentativas jurídicas de imputação do fato considerando apenas o juízo puramente causal falharam, pois, segundo o rigor da análise lógica, é inválido estabelecer a prevalência de um elo da infinita cadeia causal sobre os outros, como se apenas aquele fosse a verdadeira causa (Larenz, *Hegels Zurechnungslehre*, p. 61-62). Sobre isso e acerca da possibilidade da seleção jurídica de componente da lei causal, ver, respectivamente, 3ª Parte, Capítulo II, Tópicos 2.2.1.2 e 2.4.

[178] BURI, "I. Willensfreiheit.", p. 451.

[179] Ver 2ª Parte, Capítulo III, Tópico 3.5.

e Donini,[180] bem como na de expectativa em Liszt.[181] A própria qualificação das condutas penais em agir e omitir são recortes espaço-temporais de comportamentos identificados no fenômeno amplo, dinâmico e constante do fluir da causalidade. O significado jurídico-penal dessas partes recortadas ocorre a partir de critérios axiológicos jurídicos ou pré-jurídicos.

Já a segunda razão refere-se à finalidade do direito penal. O objetivo principal da metodologia da ciência do direito penal é determinar o modo de realização da justiça na responsabilização de comportamentos causadores de resultados ofensivos.[182] A verificação da relação causal é pressuposto essencial ainda que a tarefa e conceitualização do direito penal não se consumem na constatação empírica.[183] Aliás, os conceitos do direito penal não são adequados para investigações das causas de fenômenos desconhecidos cientificamente nas mais diversas áreas de intervenção jurídica.

(ii) O segundo modelo de estruturação propõe a liberação do ordenamento e da imputação penal do referencial da causalidade. Em substituição à base ontológica do nexo de causal, seriam indicados cânones e conceitos essencialmente normativos com conteúdo, fundamento e sentido imprecisos – muitas vezes, reunidos sob o título de doutrina das normas ou dos deveres. São particularmente problemáticos os critérios de legitimação desses deveres que partem ora de interesses político-criminais, ora de enunciados lógico-formais insuficientes para justificar compreensões materiais.

A relação da lei jurídica com a lei causal não é nem derivada ou subordinada, nem de absoluta independência. O modelo que renunciasse ao referencial da causalidade permitiria a instituição de normas penais sem a "possibilidade de eficácia causal", o que, no fundo, significaria a desti-

[180] Donini, "Il garantismo", p. 946.

[181] Ver 2ª Parte, Capítulo IV, Tópico 4.3.1.

[182] Veja-se que o nexo causal resguarda a proporção fundamental para justiça entre a ofensa e a pena. Sobre a importância da proporcionalidade para justiça, ver Reale Júnior, *Instituições*, p. 32.

[183] Hans Kelsen afirmou enfaticamente ser "evidente que a ciência jurídica não visa a uma explicação causal dos fenômenos jurídicos: ilícitos e consequência do ilícito" (Kelsen, *Teoria pura do direito*, p. 91).

tuição do próprio sentido de norma, exemplificado na prescrição de que "o homem não deve morrer".[184]

A superação do pessimismo acerca da contribuição dos elementos ontológicos para o direito penal requer que se ultrapasse a denominada crise da imputação fundada na causalidade. A persistência na investigação no nexo causal justifica-se pela consciência de que o entendimento fenomenológico pode orientar melhor a valoração do fenômeno. A "desconfiança" sobre as tentativas de leitura ontológica não impõe o efetivo "esgotamento das possibilidades de um pensamento"[185] causal em geral, mas tão somente de uma forma específica de entendimento do fenômeno causal. Assim, somente a reflexão crítica tem o condão de resgatar um "renovado sentido de transcendência" capaz de responder "à altura das suas tarefas" e evitar a "queda no niilismo"[186] sobre os fundamentos e limites materiais da imputação.

(iii) O terceiro modelo compreende o limite máximo de imputação penal legítima fundado na ontologia do nexo causal. A causalidade é uma categoria essencial da realidade que serve como "inescapável estrutura do conhecimento científico" na ordenação do juízo penal, sendo localizada, por parte da doutrina, no centro da questão da imputação.[187]

O nexo de causalidade tem uma dimensão ontológica prévia e transcendental ao direito, o que invalida pretensões substitutivas por elementos normativos ou mesmo conformações utilitárias, a fim de realizar interesses axiológicos ou político-criminais. A sua convocação penal serve como referencial de garantia ao acusado para a certeza, racionalidade e controlabilidade da realização judicial,[188] com a finalidade de resguardar a atribuição a cada um daquilo que é efetivamente resultado da sua conduta. A categoria da causalidade aporta, simultaneamente, o fundamento

[184] Kelsen, *Teoria pura do direito,* p. 106.

[185] Sobre a "condição de crise e urgência da crítica no domínio do pensamento", ver Neves, *Questão De facto,* p. 63.

[186] Neves, *Questão De facto,* p. 63.

[187] Costa, "Causality", p. 60 e 63-64. Em sentido, diametralmente oposto, KORIATH, *Kausalität und objektive Zurechnung,* p. 17.

[188] Costa, "Causality", p. 57.

empírico e o limite máximo do juízo normativo de imputação jurídica de resultados para a realização da justiça.[189]

Por isso, a ampla maioria da doutrina demonstra ter límpida consciência de que o nexo causal é condição necessária e não suficiente para a imputação do resultado ao autor da conduta. Essa convicção teórica constata-se claramente na dogmática dos crimes comissivos de resultado,[190] na qual se utilizam outros critérios normativos adicionais quando a situação exige.[191] Neste trabalho, buscam-se fundamentos e critérios mais claros para o fortalecimento do direito penal democrático sobre a essencialidade do nexo causal também na imputação dos crimes omissivos impróprios de resultado danoso.[192]

[189] Ao fim, sabe-se que a verificação se o meio leva "à realização do fim" não pode deixar de ser uma constatação da "relação empírica entre o meio e o fim" (Ávila, *Teoria dos princípios*, p. 208).

[190] Assim, por exemplo, em Portugal, Dias, *Direito Penal*, p. 323, §4; Costa, "Causality", p. 60 e 63; Mendes; Carmo, "Um modelo semântico", p. 76; na Alemanha, Jescheck; Weigend, *Lehrbuch*, nm. 1, p. 277; Puppe, "Vorbemerkungen zu §§13ff", p. 453, nm. 80; na Argentina, Pérez Barberá, *Causalidad, resultado*, p. 100, e, sobre o direito anglo-americano, Moore, *Causation and responsibility*, p. vii e 21.

[191] Faria Costa ressalta o equívoco metodológico que consistiria em introduzir novos critérios doutrinais nos casos cobertos pelas soluções fornecidas mediante a doutrina da causalidade adequada (Costa, "Causality", p. 63).

[192] Parte da doutrina afirma que a imputação não precisa estar ligada à causalidade (Roxin, *Strafrecht/2*, §31, nm. 41, p. 640), embora, especificamente Roxin, assuma corretamente a causalidade como "condição conforme a lei" no sentido de Engisch, Puppe e Hilgendorf (Roxin, *Strafrecht/2*, § 31, nm. 42, p. 640-641). Em sentido contrário, por exemplo, na Áustria, ver Fabrizy, *Strafgesetzbuch*, p. 32, nm. 10.

2ª PARTE

A NATUREZA DA CAUSALIDADE DA OMISSÃO IMPRÓPRIA

A causalidade entre a conduta omissiva e resultado oportuniza a orientação da justiça e da política-criminal, servindo como fundamento da posição de garante e como referencial constitucionalmente adequado de leitura do tipo de omissão imprópria. A investigação dos crimes omissivos deve iniciar pela natureza, seguindo pelo método de verificação da causalidade e pelo grau de probabilidade necessário à imputação do resultado, evitando equívocos dogmáticos e desorientação da política-criminal que poderiam decorrer da inversão metodológica.

A correção de todo método depende da natureza do objeto investigado. Portanto, a correção do método de verificação da causalidade depende do reconhecimento da natureza da causalidade. Inclusive, o grau de probabilidade exigível para a imputação está sujeito às características do próprio fenômeno causal.

A questão proposta é sobre a natureza da causalidade e não sobre a natureza jurídica da causalidade omissiva. O desenvolvimento histórico das compreensões sobre a conduta omissiva e a forma de causação do resultado ofensivo não seguiu um processo linear.[193] O amadurecimento das ideias jurídicas não costuma ocorrer por meio de evoluções acabadas e impeditivas de outras possibilidades de entendimento do tema. Especificamente acerca da causalidade omissiva, os elementos de base e as

[193] A história da omissão imprópria parece mais de transformações do que de evolução dogmática. Algumas propostas podem resultar em retrocessos para a certeza e a justiça na realização do direito. Ao contrário, acreditando em uma "evolução histórico-dogmática", ver Huerta Tocildo, *Problemas fundamentales*, p. 24. É apropriada a crítica de Sousa Mendes à "tendência assaz difundida entre os tratadistas" de apresentação da história do pensamento penal na forma de "evolução de continuidade" ou "gestação por etapas" feita em outro contexto (Mendes, *O torto intrinsecamente culposo*, p. 320, nota 709).

perspectivas culturais de cada uma das propostas foram aproveitados e adaptados em diferentes períodos e espaços geográficos, a ponto de exigirem estudo amplo dessa complexidade irredutível à síntese progressiva de um único vetor.[194] Algumas das compreensões diferenciam-se na forma de perceber o sentido, as características e a axiologia do direito, bem como na fundamentação, nas finalidades e na determinação do espaço legítimo de intervenção jurídica.

A identificação dos valores, finalidades e compreensões que transpassam e sustentam cada uma das compreensões demanda atenção aos princípios das propostas de reconhecimento da causalidade. A proposta de uma dogmática de realização prática do direito penal guarda semelhança com a reflexão filosófica e de filosofia do direito.[195] A investigação busca o contato imediato com os argumentos penais, convocando a matriz filosófica apenas quando necessária para o entendimento da racionalidade penal.[196]

[194] A importância deste estudo é destacada em uma realidade, para alguns, marcada pela "coexistência de elementos" e ideias temporalmente diversas, e não tanto caracterizada pela "substituição gradual de uns por outros" (MARTINS, "Das fronteiras da Europa", p. 36). Para outros, viver-se-ia a complexidade própria de um período de transição que culminaria na superação do paradigma moderno por um modelo pós-moderno de cultura e de ciência (SANTOS, *Um discurso*, p. 36-37 e SANTOS, *Introdução*, p. 11 e ss.). Faria Costa indica que a eventual superação da modernidade seria apenas cronológica, inexistindo uma forma absolutamente distinta de refletir e ser no mundo, pois seguiriam valendo as características modernas em muitos aspectos. É o que denomina como "tardo-modernidade", uma modernidade "que se mostra tardia ou eventualmente já em ocaso, mas, de qualquer maneira, ainda modernidade" (COSTA, "Bioética", p. 115-116, nota 5 e, depois, COSTA, "O direito penal", p. 12, nota 6).

[195] Sobre a aproximação entre direito e filosofia, ver COSTA, "Um olhar doloroso", p. 69-70, nota 2. Tim de Souza compreende que toda filosofia constitui uma "crítica da razão" por meio do "cuidadoso processamento crítico da(s) racionalidades vigentes em uma determinada época, desde a percepção qualificada e situada em um determinado *locus* cultural específico que, não obstante, resgata arqueológica e genealogicamente o passado e abre efetivas possibilidades compreensivas-propositivas ao futuro" (SOUZA, "O nervo exposto", p. 25). Sobre a "estreita ligação" da filosofia do direito com o direito penal, ver COSTA, "Uma ponte", p. 210, nota 12 e, especificamente na Alemanha, HÖRNLE, "Gegenwärtige Strafbegrundüngstheorien", p. 11.

[196] O pensamento jurídico e a ciência em geral são marcados pelas ideias de uma época, assim em MONCADA, "Existencialismo", p. 409.

O contato com as compreensões é feito por meio da exposição dos principais argumentos dogmáticos, de modo a controlar analiticamente as conclusões e evitar desvios argumentativos. O tratamento imediato dos textos dos séculos XVIII, XIX e XX ocorre por dever de reflexão sobre o fenômeno omissivo no seu contexto de desenvolvimento histórico.

A manifestação histórica da dogmática dos crimes omissivos é parte significativa da história do relacionamento do direito penal com a realidade. O limite de legitimidade da lei penal e sua relação com a ontologia natural e cultural está presente nas várias compreensões.

1.
A DOUTRINA DO DEVER JURÍDICO ANTECESSORA À DOUTRINA DA CAUSALIDADE: AMPLA RESPONSABILIDADE OMISSIVA

A intenção específica de conformação do âmbito legítimo de aplicação dos crimes omissivos aparece no último quarto do século XVIII na Alemanha. É possível identificar com clareza a observação de que a punibilidade das omissões pressupõe a existência de "deveres especiais" de evitar o resultado no *Criminalrecht* de Ernst Westphal de 1785.[197] Portanto, a "*comissio* não será crime", caso inexistir tais deveres de agir para evitar o resultado.[198]

Mais adiante, Christoph Carl Stübel recorre ao "dever de evitação do crime", que qualificaria também o omitente como autor da infração pela inobservância do dever quando o obrigado apresentasse "capacidade física" para o impedimento.[199] O omitente é "causa da existência desse crime", assim como o autor da ação positivamente.[200]

[197] Westphal, *Criminalrecht*, 1785, observação nº 7, §2, p. 13. Vale notar que Westphal entende o desvalor do ilícito omissivo não como equivalente ao ilícito comissivo, de modo que, quando se pune, deve ocorrer sempre de modo "mais brando" (*gelinder*) (Westphal, *Criminalrecht*, 1785 observação nº 7, §3, p. 13). Mais de um século depois, Albert Berner também refere a exigência de um "dever especial para agir" (Berner, *Lehrbuch/1891*, §63 p. 113).

[198] Westphal, *Criminalrecht*, 1785, observação nº 7, §2, p. 13.

[199] Stübel, *Ueber den Thatbestand der Verbrechen*, §43 e 44, p. 55-56.

[200] Stübel, *Ueber den Thatbestand der Verbrechen*, §43 e 44, p. 55-56. Embora Stübel não tenha exposto de maneira suficiente clara – conforme bem percebe Clemens –, a relação de causalidade está indiretamente relevada em sua doutrina (Clemens, *Die Unterlassungsdelikte*, p. 14).

Em Paul von Feuerbach, a descrição do dever é apresentada de modo mais pormenorizado. O autor convoca o *De crimine omissionis* (1776) de Carl Winkler,[201] no sentido de afirmar a exigência de especial fundamento jurídico, decorrente da lei ou do contrato, para a configuração do crime omissivo impróprio em 1805.[202] Feuerbach prossegue no sentido de que o juízo de culpa pela vontade de contrariedade à lei (*Gesetzwidrigkeit der Willensbestimmung*) pressupõe a possibilidade física do agente para "prevenir o efeito contrário à lei" com a sua conduta.[203] Caso faltasse a capacidade de prevenir o resultado, a lesão ocorrida seria qualificada como pura casualidade.[204]

Não há menção ao nexo causal da omissão, que aparece com diretrizes gerais claras sobre a causação por comissão na edição seguinte do manual, em 1808. Feuerbach afirma que "toda a infração pressupõe uma determinada pessoa como causa efetiva (*wirkende Ursache*)", assim como se denomina *auctor delicti* a pessoa em cuja vontade e ação está compreendida "a causa suficiente (*hinreichende Ursache*) que produziu o crime como seu efeito".[205]

[201] WINKLER, Carl Wilhelm, *De crimine omissionis,* dissertação na Faculdade Direito da Universidade de Leipzig, 1776. A obra de Winkler é citada desde a primeira edição do manual em 1801, ainda que sem referência específica ao dever de evitar o resultado. O crime omissivo foi qualificado como uma conduta negativa (FEUERBACH, *Lehrbuch/1801,* §29, p. 23-24). Na parte especial da primeira edição, Feuerbach menciona ao menos três crimes realizáveis por omissão. O homicídio "pode ser cometido tanto por meio de conduta positiva, quanto por meio de conduta negativa. A última exige uma conduta positiva para a responsabilidade, cuja omissão foi a causa necessária da morte do outro". A menção à conduta negativa, como capaz de realizar o crime, ocorre ainda para os crimes de injúria, nos casos da omissão de ações exigidas para com os outros como "demonstração da sua excelente honra" (*Zeichen seiner vorzüglicheen Ehre*) e de lenocínio na hipótese de relações em que é pressuposta a "obrigação de vigiar a virtude dos outros" (FEUERBACH, *Lehrbuch/1801,* §244, p. 192, §320, p. 248-249 e §504, p. 508-509).

[202] FEUERBACH, *Lehrbuch/1805,* §24, p. 24-25. Na essência, a formulação trazida por Feuerbach, com origem na obra de Winkler, é destacadamente próxima à que veio se consolidar nas fontes do dever de garante na dogmática contemporânea.

[203] FEUERBACH, *Lehrbuch /1805,* §54, p. 49.

[204] FEUERBACH, *Lehrbuch /1805,* §54, p. 50.

[205] FEUERBACH, *Lehrbuch/1808,* §44, p. 44-45.

Pouco mais de duas décadas adiante, Stübel volta ao tema no contexto da participação negativa na realização do crime em monografia sobre o concurso de agentes. Nela, completa que o dever jurídico de agir incide quando "existem relações especiais" ou "ações precedentes" que justificam o dever de intervenção posterior.[206] Stübel invoca os exemplos: (i) da relação de cuidado dos pais sobre os filhos, particularmente quando há dependência completa, de modo a evidenciar o "cuidado necessário de conservação da vida"; e (ii) da situação extrema em que a manutenção da vida de uma pessoa depende da ação de outra pessoa que lhe colocou nessa condição.[207]

A preocupação doutrinária do período recaía mais sobre o tema geral da responsabilidade do que propriamente sobre a causalidade da omissão imprópria.[208] A compreensão reduzida do fenômeno omissivo duvidava da possibilidade de reconhecimento da causalidade da omissão imprópria, bem como dificultava a síntese da diversidade dos casos omissivos da Parte Especial na Parte Geral do Código Penal. Verifica-se apenas esparsas afirmações sobre a causalidade omissiva nos estudos dedicados aos crimes em espécie.

A responsabilidade omissiva constava em sentido amplo, apoiando-se apenas na valoração do ilícito segundo o regramento da lesão do dever de agir.[209] Posteriormente, a ciência jurídica elucidou a distinção entre

[206] Stübel, *Ueber die Theilnahme*/1828, §37, p. 61. A intenção de Stübel é rejeitar a associação direta e absoluta de que todo aquele que não realiza uma conduta para evitar a realização do crime, quando estava em condições para tal, deve ser também considerado como "causa do cometimento do crime" (Stübel, *Ueber die Theilnahme*/1828, §37, p. 58-59).

[207] Stübel, *Ueber die Theilnahme*/1828, §37, p. 61.

[208] Assim sublinha Joachim Schwarz quando trata dos autores dessa etapa doutrinária (Schwarz, *Die Unterscheidung*, p. 16). No mesmo sentido e imputando a ausência de autonomia da causalidade na doutrina do crime à influência da filosofia kantiana, ver Tavares, *Teoria dos crimes omissivos*, p. 35. Diante da ausência de tratamento autônomo do nexo causal, Gand qualificou o período como sendo uma "fase pré-científica" da doutrina penal alemã, que se assemelhava ao estágio de desenvolvimento da doutrina francesa – não propriamente do início, mas do final do século XIX – da época em que escreve a sua monografia (Gand, *Du délit*, p. 16). Sobre a pretensão de obter estatuto científico para o direito penal por meio da importação do paradigma "empírico-analítico" e "físico-matemático", ver Costa, "Causality", p. 57.

[209] Clemens, *Die Unterlassungsdelikte*, p. 14-16.

a causação e a responsabilização penal pelo resultado. A lesão ao dever de agir é relevante na determinação do ilícito, mas não tem capacidade heurística da condição causadora do resultado.

A dogmática desse período estabeleceu as bases para a prescrição dos espaços de incidência do dever de garante,[210] fundamentais para a identificação e para o tratamento dos casos legítimos de comissão por omissão. O estudo dos fenômenos com incidência do dever de garante importa para o esclarecimento da pressuposição da capacidade causal para a instituição do dever de garante.[211]

Passados mais de dois séculos, volta o entendimento normativo de hipervalorização do dever de garante, sem fundamento causal, como principal meio de determinação da responsabilidade penal.

[210] Os casos cobertos pela dogmática do dever de garante foram essencialmente identificados nesse período (Bacigalupo, *Delitos impropios de omisión*, p. 28).

[211] Com maiores detalhes, 4ª Parte, Capítulo VI.

2.
DOUTRINAS ETIOLÓGICAS DA CAUSALIDADE COMO FORÇA ATIVA NO PARADIGMA NATURALISTA

2.1. A doutrina da ação contemporânea – *aliud agere* (Luden, Redslob)

"Qui non facit quod facere debet, videtur facere adversus ea, quia non facit: et qui facit quod facere non debet, non videtur facere id quod facere iussus est"

(Paulus, 13 ad ed., Dig. 50.17, L.121 – *De diversis regulis iuris antiqui*)

A doutrina da omissão ganhou delimitação e analítica com a colocação em evidência do problema jurídico da causalidade. Heinrich Luden dedica tratamento à participação negativa no crime ativo, cuja indefinição categorial inquietava sensivelmente a dogmática da época.[212] Para isso, distingue a participação negativa em crime ativo dos casos nos quais a omissão aparece como a única causa do resultado criminal, conforme as leis de causalidade.[213]

A respeito da participação omissiva, o autor sustenta que o "dever cívico" (*Staatsbürgerpflicht*) geral não poderia levar à ilimitada responsabilidade de denunciar e evitar os crimes, uma vez que são prescrições legais expressas em que se consideram características especiais da pessoa ou

[212] O fundamento da omissão já era trabalhado dentro da dogmática da autoria e da participação em Stübel (Stübel, *Ueber den Thatbestand der Verbrechen*, 1805, §43 e 44, p. 55-56 e, depois, Stübel, *Ueber die Theilnahme*/1828, §37, p. 58-62).
[213] Luden, *Abhandlungen /1836*, p. 472-473.

do crime.[214] Além do mais, Luden acreditava que não evitar o resultado não seria objetiva e subjetivamente a causa do crime. Para Luden, objetivamente, "a causa do crime situa-se na conduta do verdadeiro autor" e, subjetivamente, a não evitação não é prova de que o omitente teria *dolus* e queria a comissão.[215]

A tônica na causalidade mecânica mantém-se na abordagem quando afirma que o omitente sempre manifesta ação positiva simultânea (*aliud agere*), caso seja atentado o que ele fazia naquele momento.[216] O pressuposto é de que omissão não ostenta expressão fática e deve ser enfocada em relação ao mundo natural positivo, dado que o autor, quando omite algo, "deve necessariamente ter feito outra coisa e isso deve ser sempre uma ação positiva".[217] Essa ação positiva é, por sua vez, considerada a causa da omissão e do resultado criminoso. Aliás, seria possível sintetizar a regra geral "em todos os casos que, conforme as leis da natureza e sem a colaboração de outro, deve existir necessariamente um resultado criminoso, pode ser imputado, como sua consequência, àquele mesmo, o qual teria podido evitar" o resultado.[218]

No segundo volume do tratado, Luden apresenta a sua doutrina mais precisa e elaborada sobre a causalidade da omissão. Assim, introduz a distinção tipológica dos crimes omissivos em duas categorias: o "crime omissivo em sentido próprio" e o crime "começado por uma conduta omissiva".[219] Mais adiante, Luden propôs a equivalência do crime começado com uma conduta omissiva ao crime comissivo.[220]

[214] LUDEN, *Abhandlungen /1836*, p. 471.

[215] LUDEN, *Abhandlungen /1836*, p. 471-472.

[216] LUDEN, *Abhandlungen /1836*, p. 469-470, especialmente, p. 473 e LUDEN, *Abhandlungen /1840*, p. 223 e 225.

[217] LUDEN, *Abhandlungen/1836*, p. 474.

[218] LUDEN, *Abhandlungen/1836*, p. 474.

[219] LUDEN, *Abhandlungen/1836*, p. 474.

[220] LUDEN, *Abhandlungen/1840*, p. 219-220. Os crimes omissivos em sentido próprio estariam de acordo com a definição contida nos antigos manuais alemães do século XVIII, segundo a qual os delitos são explicados como "*violationem legis*", ora a omissão, de uma lei preceptiva (*Präceptivgesetz*), ora a comissão, de lei proibitiva (*Prohibitvgesetz*). Assim se encontram, por exemplo, em KOCH, *Institutiones iuris criminalis*/1791, §21, p. 26, e ENGAU, *Elementa iuris criminalis*/1738, §15, p. 20.

A omissão imprópria designaria o *non facere* causador do resultado criminoso, o que é manifestamente distinto do simples não atuar entendido como crime em si mesmo, independente da causação de um resultado. A leitura do penalista ao conhecido exemplo da morte da criança por inanição deixa clara essa distinção.[221] A lesão isolada do dever da mãe não é o delito, porque não se trata de um eventual crime de "não realização da responsabilidade de alimentação", mas, sim, do cometimento de homicídio.[222]

Luden acredita existirem apenas diferenças formais entre comissão e a omissão imprópria, porque ambos os crimes teriam como fundamento a lesão do "dever coercitivo"[223] (*Zwangspflicht*) reconhecido pela lei.[224] Portanto, a diversidade não seria material, residindo tão-somente no modo distinto de perpetração desse dano.[225] A inspiração na máxima de Paulus (Digesto romano, livro 50) é flagrante quando apresenta a compreensão do fato omissivo e a base para a equivalência: "em todo o mandamento sempre deve estar contida uma proibição, assim como, ao contrário, em cada proibição, um mandamento".[226]

[221] **O exemplo da criança deixada a morrer por inanição pela mãe já tinha o seu desvalor empiricamente reconhecido no direito romano. Veja-se o tratamento prático-prudencial recebido pela máxima geral de Paulus** *"Necare videtur non tantum is qui partum praefocat, sed et is qui abicit et qui alimonia denegat et is qui publicis locis misericordiae causa exponit, quam ipse non habet"* **(Paulus, libro secundo sententiarum, D. 25.3.4 –** *De agnoscendis et alendis liberis vel parentibus vel patronis vel libertis*).

[222] LUDEN, *Abhandlungen/1840,* p. 225.

[223] A expressão *Zwanngsplficht,* empregada com alguma frequência entre os penalistas alemães deste período, também encontra-se traduzida por "dever impositivo" em D'AVILA, *Ofensividade e crimes,* p. 216.

[224] Essa fundamentação aparta-se da concepção de crime como *violationem legis* do século XVIII, vez que o dever está contido na lei, que, por sua vez, é o meio pelo qual o dever ganharia reconhecimento e relevância penais. Em vista disso, entende que o dever nem se origina, nem se exaure na lei (LUDEN, *Abhandlungen /1840,* p. 223).

[225] LUDEN, *Abhandlungen/1840,* p. 222-223.

[226] LUDEN, *Abhandlungen/1840,* p. 220. A noção central contida na máxima de Paulus também aparece no pensamento filosófico de Friedrich Hegel, manifestado na lição sobre a "Doutrina do direito, deveres e da religião" em 1810, algumas décadas antes da publicação do manual de Heinrich Luden (HEGEL, "Rechts-, Pflichten- und Religionslehre", § 7, p. 234-235) e, posteriormente, nos "Princípios da filosofia do direito" em 1821 (HEGEL,

É exatamente em relação ao pressuposto fundamental da equivalência entre as condutas positivas e negativas que versa a crítica de August Krug. O crítico julga ser excessiva a pressuposição de que toda omissão também significa simultaneamente a comissão de um outro agir (*aliud agere*) em desatenção ao mandamento contido na legislação, o qual seria a verdadeira causa do crime.[227]

Krug aproveita o exemplo da morte da criança por inanição para espirituosamente ilustrar quão absurdas poderiam ser as consequências punitivas fundadas na circunstância em que a mãe deixou de alimentar a criança por estar ocupada tricotando meias naquele momento. Destaca o fato de que a *causa mortis* não seria a ausência da nutrição, mas a ação da mãe de tricotar meias, o que permitiria concluir que "a criança foi morta pelo tricotar meias".[228] Krug complementa com o exemplo da pessoa que observa um nadador morrer afogado sem tomar alguma providência salvadora, no qual a causa da morte seria a imprudência do nadador e não a presença inativa do observador inerte.[229]

A crítica de Krug e dos seus seguidores recebeu a resposta de Robert Redslob – quase meio século depois –, que aprofundou a compreensão de Heinrich Luden. Redslob reafirma a identificação entre as condutas de agir e omitir, sendo a omissão igualmente condição do resultado.[230] A diferença entre os dois tipos de condutas não se fundaria na natureza da coisa e sim no domínio linguístico.[231] O erro da crítica de Krug consistiria na análise reduzida da proposta de Luden, incapaz de perceber a integra-

Grundlinien der Philosophie, §38, p. 96-97). Para mais detalhes acerca da duplicidade da expressão normativa em Hegel, ver 4ª Parte, Capítulo III.

[227] Krug, *Commentar zu dem Strafgesetzbuche/1855*, p. 29-30.

[228] Krug, *Commentar zu dem Strafgesetzbuche/1855*, p. 30.

[229] Krug retoma o exemplo do nadador para explicar a sua compreensão do nexo causal, pois entende que a inação ou qualquer outro comportamento do observador não guarda relação causal com o resultado. Argumenta que o nadador teria igualmente se afogado, caso o observador tivesse empregado esforço sem êxito para salvá-lo. Caso o observador permanecesse inativo porque desejava a morte do nadador, haveria apenas uma lesão da moralidade, o que não justificaria a imputação por dolo (Krug, *Commentar zu dem Strafgesetzbuche/1855*, p. 32).

[230] Redslob, *Die Kriminelle Unterlassung/1809*, p. 17-18.

[231] Redslob, *Die Kriminelle Unterlassung/1809*, p.17-18.

lidade do fenômeno omissivo e o que a ele subjaz. Redslob esclarece que a atividade de tricotar meias é apenas acidental e não essencial ao fato, o que importaria seria sublinhar que "a criança não morre porque a mãe tricota meias, mas porque age de uma certa forma que ela não alimenta a criança".[232]

Luden não repetiu a denominada doutrina da ação contemporânea no seu posterior manual em 1842, todavia, a atenção doutrinal à sua segunda compreensão tem sido tímida.[233] Luden inova mais uma vez com a afirmação de que a omissão imprópria é a não evitação do resultado criminoso quando era possível o fazer, razão pela qual há autoria omissiva quando a omissão "situa-se na relação causal" que explica a realização do crime.[234] Em última instância, a inovação significa o ganho de consciência sobre a contribuição da omissão na não evitação do transcurso causal ativo que culmina no resultado.

O pensamento de Luden merece ser lembrado tanto pelo aprofundamento na compreensão, quanto pelo destaque inédito[235] conferido ao conceito de omissão imprópria e a exigência de causalidade entre a conduta e o resultado para a responsabilização penal do omitente.[236] A

[232] Redslob, *Die Kriminelle Unterlassung/1809*, p. 19.

[233] Mesmo autores como Antolisei, que mencionam a mudança no pensamento de Luden, não explicam a nova compreensão (Antolisei, *Il rapporto di causalità*, p. 122, nm. 49).

[234] Luden, *Handbuch*, §59, p. 360 e 362. A passagem integral no original consta assim "*Urheberschaft durch Unterlassungen ist vorhanden, wenn die Unterlassung mit der Hervorbringung des Verbrechens in der Art in Causalzussamenhange steht, dass ihr die fortdauerende Wirksamkeit der Ursachen zugeschrieben werden muss, aus welchen das Verbrechen hervorging oder hervorgehen konnte*" (Luden, *Handbuch/1842*, §59, p. 360).

[235] O aporte de Luden ao esclarecimento das modalidades omissivas é reconhecido mesmo por Clemens, que nega que o autor tenha "descoberto a diferença dos crimes omissivos". Clemens entende que, na exposição de motivos do projeto de código penal para o estado soberano de Baden em 1836 – no mesmo ano de publicação do livro de Luden –, é possível perceber esboçada a divisão das omissões. São umas vistas como "regras", cuja existência consiste na "lesão ou não realização de um verdadeiro dever coercitivo" (*Verletzung oder Nichterfüllung einer wahren Zwangspflicht*), e outras como "exceções", a exemplo a "omissão de denúncia" (*unterlassene Anzeige*) ou "aviso do perigo de um crime" (*unterlassene Warnung des Gefährdeten vor einenm Verbrechen*) (Clemens, *Die Unterlassungsdelikte*, p. 14-16).

[236] Vale dizer que Martin, em 1825, já apresentava a menção expressa à eficácia negativa na classificação das diferentes modalidades de relação causal. Primeiro conforme o crité-

sua primeira concepção apresenta expressão ampla nos países de língua alemã no séc. XIX,[237] assim como alguma marca no séc. XX em Portugal[238] e na Itália.[239] Luden percebeu a distinta fenomenologia característica da omissão imprópria, oferecendo estudo para satisfazer a necessidade de legitimação material da omissão imprópria.

A compreensão de que a omissão é a conduta ativa desempenhada diferente da conduta ativa devida no caso específico (*aliud agere*) não pode ser desprezada em termos dogmáticos, embora não atenda perfeitamente à fenomenologia omissiva. A identificação da razão da prática da conduta omissiva pode eventualmente advir da observação da ação diversa realizada no caso concreto.[240]

rio da força efetiva (ou intelectual, ou física) e depois segundo o modo de manifestação exterior da força (ora causalidade positiva, ora negativa). Todavia, não constam maiores explicações para além da enumeração dos pressupostos necessários para a responsabilidade do autor pelos efeitos: a existência de um "dever coercitivo" lesionado e a mudança no mundo exterior (MARTIN, *Lehrbuch/1825*, §47, p. 101, §48, p. 103). Ademais, sobre o esforço de Martin na limitação do poder punitivo pelo direito, em síntese, ver MAIWALD, "Diritto", p. 6-7.

237 Na Alemanha, na primeira versão do manual de Liszt, aparece o acolhimento manifesto à doutrina de Luden, como aquela que explica os "chamados delitos omissivos" não por meio de um "não agir", mas, sim, de um "agir de outra maneira" (LISZT, *Das deutsche Reichsstrafrecht*/1881, §21, p. 81 e nota 3).

238 Assim pareceu compreender Cavaleiro de Ferreira, quando assumiu a lógica do *aliud agere*, na afirmação de que a omissão não é uma conduta positiva em si, mas apenas "enquanto serve de base a um juízo negativo. A ação positiva praticada tornou impossível a prática da acção esperada" e que a relevância jurídica da causalidade "tanto pode ser directa como indirecta, e é precisamente êste último o caso nos crimes comissivos por omissão" (FERREIRA, Da *participação*, p. 65-66). Posteriormente, nas Lições de Direito Penal de 1945, Cavaleiro de Ferreira não leva rigorosamente adiante tal entender, pois expressa opinião – mais próxima à especificação de Eduardo Massari – que "a omissão não é diversa, apenas inversa da ação" (FERREIRA, *Lições/1945*, p. 194).

239 Por exemplo, DELITALA, *Il "fatto"*, p. 134; ANTOLISEI, *L' azione*, p. 28 e ANTOLISEI, *L'offesa*, p. 22 (embora, mais adiante, em sentido crítico à doutrina da ação contemporânea, ANTOLISEI, *Il rapporto di causalità*, p. 124-125, e, em defesa da condição negativa, ANTOLISEI, *Manuale*, p. 163-164); CARNELUTTI,
Lezioni di diritto penale, p. 193; CANELUTTI, *Teoria generale del diritto*, p. 300; GRISPIGNI, *Diritto penale*, p. 36-37.

240 GALLO, *La teoria dell'azione 'finalistica'*, p. 29.

O entendimento original de Luden e o desenvolvimento de Redslob são insuficientes para a solução dos problemas contemporâneos. Neles, o resultado omissivo impróprio é explicado como decorrente de uma causa de natureza positiva inerente à conduta praticada pelo agente, enquanto deveria cumprir o mandamento preceptivo da norma. Na doutrina da ação contemporânea, o resultado não é consequência própria da conduta omissiva, que é vista apenas como um nada causal, na forma da falta da conduta interventiva salvadora do bem jurídico. Assim, esses autores seguem sem reconhecer a causalidade própria da omissão, concebendo um nexo de natureza apenas ideal,[241] já que não se trata da específica causalidade omissiva, senão de uma causalidade ativa relacionada para fins de fundamentação da responsabilidade penal.

Em outras palavras, Luden não cumpre satisfatoriamente a intenção de superar o equívoco da doutrina anterior que identificava a causalidade lesiva ao dever de agir,[242] como se não fossem elementos diferentes. Para além disso, a explicação do crime omissivo na forma de *aliud agere* impede a responsabilização penal em duas situações. Não há manifestação exterior de energia na hipótese do omitente que deixa de praticar alguma ação positiva enquanto dorme.[243] Também falta a intencionalidade causal na omissão culposa inconsciente,[244] pois o agente desconhece que deveria observar o dever objetivo de conduta e agir diferente do que procedeu na situação.[245]

O segundo entendimento de Luden será abordado com maior atenção no decorrer da exposição, em virtude da alteração da compreensão da omissão e da nova determinação da teoria normativa penal.[246]

[241] Antolisei vislumbra que a causalidade seria "apenas pensada" na proposta de Luden (Antolisei, *Il rapporto di causalità*, p. 122).

[242] Nesse sentido, Boyé, *Über das Commissivdelikt durch Unterlassung/1893*, p. 5.

[243] Santos, *Direito criminal*/1936, p. 337.

[244] Denomina-se como "culposo" o crime no qual não há a intenção de realização do resultado, o que é entendido como "negligente" na denominação portuguesa e "imprudente", na espanhola.

[245] Gallo, *La teoria dell'azione 'finalistica'*, p. 24 e 29.

[246] Ver 3ª Parte, Capítulo II, Tópico 2.3.

2.2. A doutrina da ação precedente (Krug, Glaser, Merkel)

O ponto de partida da doutrina da causalidade da omissão imprópria em August Krug é a percepção físico-mecânica radical da omissão como um absoluto nada. O valor da pura inatividade seria "igual a zero" e, portanto, aquilo que arranca do nada não poderia vir a constituir alguma coisa.[247] O efeito causador do resultado desvalioso deveria ser buscado numa força positiva causal, manifestada anteriormente, mas diretamente relacionada à omissão posterior.[248] Krug identifica o componente positivo das omissões na assunção do dever de proteção ao bem jurídico,[249] cujo descumprimento permitiria a imputação do resultado causado. Assim, pretende oferecer solução dogmática para os dois casos.

No exemplo do mal nadador que morre afogado, a promessa de salvamento em situação de perigo possui relação causal com o resultado. A vida do nadador é colocada em risco, porque o compromisso de salvamento criaria a expectativa de proteção diante da força da natureza. Desse modo, a omissão é causa do resultado junto com a energia natural.

Na hipótese do guarda dos caminhos-de-ferro que acarreta o acidente ferroviário ao se omitir de orientar os trilhos móveis, ocorre algo semelhante. A omissão é causa do acidente em razão de que a aceitação positiva do dever de orientação dos trilhos induziu o maquinista ao erro. O conhecimento da rejeição do compromisso de cuidar dos trilhos faria

[247] Krug, *Commentar zu dem Strafgesetzbuche*, p. 32. Krug entende que a pura inatividade não está abrangida pelo tipo no direito penal, pois o dever jurídico criado nas relações sociais limita-se ao *neminem laedere*, assim como a prevenção de condutas perigosas ou lesivas a interesses jurídicos da totalidade ou de seus membros. Para o autor, o perigo ou lesão só podem advir de condutas comissivas (Krug, *Commentar zu dem Strafgesetzbuche*, p. 22).

[248] Krug, *Commentar zu dem Strafgesetzbuche*, p. 34.

[249] Krug, *Commentar zu dem Strafgesetzbuche*, p. 34-35. Krug manifesta preocupação na delimitação do dever jurídico em distinção aos deveres éticos, embora assuma entendimento dos deveres jurídicos inadequado às democráticas pluralistas contemporâneas. Krug vislumbra o Estado "não apenas como protetor do direito", mas também como encarregado da "promoção do bem público e da moralidade pública" (*Beförderung des öffentlichen Wohles und der öffentlichen Sittlichtkeit*). Assevera que os deveres éticos seriam deveres de consciência que a coercibilidade na condição de dever jurídico teria insignificante efeito, uma vez que não seriam propriamente objetos comuns, senão reconhecíveis e determinados na consciência do agente (Krug, *Commentar zu dem Strafgesetzbuche*, p. 22, n. 1).

com que outra pessoa desempenhasse a atividade ou, ao menos, faria com que se duvidasse da correta orientação dos trilhos.

A percepção da fenomenologia omissiva de Krug merece oposições, *v.g.*, a impossibilidade de reconhecer sempre a existência da ação positiva próxima e relacionável à omissão. A proposta é adequada aos casos de ingerência do omitente e incompleta aos casos do dever de garante originário de lei. Ademais, caso o mal nadador presumisse uma promessa de salvamento que não existiu, a causa da morte continuaria sendo a força da natureza e a falta de salvamento, mesmo sem alguma promessa anterior. Outra dificuldade da doutrina da ação precedente extrapola os parâmetros objetivos da causalidade, incidindo no tipo subjetivo. A doutrina da ação precedente pressupõe que a ação anterior estaria abrangida pela vontade do dolo posterior manifestado apenas na conduta omissiva na forma do *dolus subsequens*.

As reflexões de Julius Glaser encaminham-se no sentido de August Krug, partindo de conceito de causa claramente essencialista na expressão de que é "uma coisa que em si contém outra".[250] Glaser entende oportuno recorrer à ação antecedente, com claras intenções de superar os limites impostos pela necessidade do *dolus subsequens*. Para tanto, empreende a divisão dos crimes omissivos impróprios em dois grupos, considerando a descrição do tipo objetivo: delitos de efeito material e delitos de efeito psíquico.[251]

Nos delitos de efeito material, reconhece que a ação física do homem produz raramente sozinha uma lesão material, de modo que não se possa pensar também na existência de comportamento negativo do autor.[252] Glaser explica que o sujeito, em regra, manifesta um comportamento positivo que, se não vier a ser obstaculizado, pela própria ação das forças da natureza, realiza o resultado, *v.g.*, o cocheiro que incita os cavalos a correr e omite de fazê-los parar quando alguém atravessa a estrada.[253] O autor acredita que, nesse caso, não se poderia desconhecer que a ver-

250 Glaser, *Abhandlungen*, p. 294.

251 Glaser, *Abhandlungen*, p. 299.

252 Glaser, *Abhandlungen*, p. 299.

253 Apresenta mais três exemplos: abertura da comporta de um lago sem o fechamento no tempo adequado para evitar que a água atinja a propriedade do vizinho, o maquinista que

dadeira causa da morte é a conduta física anterior de pôr os cavalos a disparar.[254]

Glaser pretende proteger a doutrina da ação antecedente da objeção acerca do acolhimento do *dolus subsequens*. Assim, esclarece que o objeto do nexo causal independe do *dolus* ou da *culpa*, assim como a existência do dolo não está sujeita ao fato de o resultado decorrer de uma conduta positiva ou negativa.[255] Glaser convoca a distinção entre *imputatio facti* e *imputatio iuris* para afirmar que a causalidade pertence ao fato ocorrido, ao passo que o dolo diz respeito à imputação jurídica do juízo de culpabilidade.[256] Essa impugnação ainda que não seja um problema causal, impedia o acolhimento da doutrina da ação precedente, razão pela qual o autor propõe a ampliação do conceito de conduta penalmente relevante. A conduta humana deve ser entendida "como um todo" partindo do "momento no qual o homem tem relação de fato com o objeto da lesão até a existência ou não da lesão".[257] A manifestação da "totalidade" da vontade do homem perfaz-se por meio de "condutas positivas ou negativas".[258] Portanto, durante esse *iter*, seria adequado falar de dolo.[259]

não para o trem quando vem outro no sentido contrário e o médico que realiza amputação sem estancar o sangramento (Glaser, *Abhandlungen* p. 299).

[254] Glaser, *Abhandlungen*, p. 300.

[255] Glaser, *Abhandlungen*, p. 300-301. Essa compreensão foi retomada por Haupt, quando afirma que o "problema da relação causal é absolutamente diferente do problema da culpa" (Haupt, "Zur Lehre von den Unterlassungsdelikten", p. 539) e por Ernst Wolff, quando diz que a doutrina da causalidade da omissão é essencialmente autônoma aos problemas da construção sistemática do crime, referindo-se àqueles afeitos à parte subjetiva do ilícito (Wolff, *Kausalität von Tun und Unterlassen*, p. 54-55).

[256] Glaser, *Abhandlungen*, p. 301.

[257] Glaser, *Abhandlungen*, p. 301.

[258] Glaser, *Abhandlungen*, p. 301.

[259] Para delimitar o reconhecimento do dolo, aponta o caso de alguém que prepara emboscada à espera de uma específica vítima, mas altera o alvo diante do repentino aparecimento de um antigo inimigo. A troca do alvo não retira o dolo dos intencionais preparativos empreendidos para a emboscada. Glaser estabelece limites dizendo que não se pode falar de dolo quando a conduta "está já encerrada", pois se trataria de estágio em que a "lesão não pode mais depender do querer ou não querer do autor" (Glaser, *Abhandlungen*, p. 302, p. 18, n. 46).

No grupo dos delitos de efeito psíquico, não há a anterior realização da conduta física causadora do resultado, mas apenas a assunção do dever jurídico de evitar o resultado por parte do omitente.[260] É o caso daquele que firma contrato ou aceita o encargo público, mas não o cumpre em uma situação com perfeitas condições para a realização. A conduta de quem assume o encargo está ligada causalmente ao resultado, portanto não se trata de crime de mera desobediência à lei. O resultado não decorre simplesmente do fato de que ele "tinha o dever de evitar o sinistro" e, sim, porque teve a "aceitação do dever causa um estado de coisas" de aparente segurança, que deixa a "entrada do sinistro inevitável" por outros meios.[261]

Essa doutrina oferece ganho compreensivo no reconhecimento de que a conduta omissiva também é condição para ocorrência do resultado penal. Todavia, a concepção do omitir como simples inatividade impede o reconhecimento da omissão como causadora do resultado e, assim, prejudica também o cumprimento da sua intenção inicial. Glaser vislumbrava elemento capaz de limitar o arbítrio na aplicação da lei penal, na leitura conjunta do resultado externo com o estudo das respectivas causas.[262]

A construção de Adolf Merkel é semelhante à de Glaser. Merkel vê a existência de causalidade entre a conduta positiva anterior e o resultado, propondo nova compreensão do juízo de culpabilidade, a fim de evitar o problema do *dolus subsequens*. O significado jurídico da omissão derivaria "exclusivamente do comportamento ativo antecedente", à medida que faz "a integridade do outro" dependente de determinadas condições que não são cumpridas.[263] O retorno à "eficácia do comportamento ativo" pretendia isentar a imputação objetiva e subjetiva de criações jurídicas fictícias.[264] O resultado externo seria decorrente da "eficácia precedente"

[260] Glaser, *Abhandlungen*, p. 307.

[261] Glaser, *Abhandlungen*, p. 313.

[262] Glaser, *Abhandlungen*, p. 294.

[263] Merkel, *Kriminalistische Abhandlungen*, p. 81 e 87.

[264] Merkel, *Kriminalistische Abhandlungen*, p. 86. Merkel entende que pensar o contrário imporia a inusitada apreciação de que a ama-de-leite que deixa o amamentado morrer por inanição não causaria a morte devido à omissão de amamentação. A criança seria morta "porque a conduta da ama é contrária ao dever". Igualmente o mestre-de-obras não seria

que somente se concretiza em razão da condição oferecida pela conduta omissiva.[265]

Merkel aproveita para aprofundar a explicação sobre o nexo causal como pressuposto fundamental do dever de agir no seu manual de 1889. O "comportamento do culpado" somente "aparece como contrário ao dever em razão do seu significado causal para a proteção jurídica de interesses".[266]

Valendo-se disso, introduz determinadas exigências sobre o conhecimento dos efeitos da ação anterior para a imputação dos elementos subjetivos. É necessário que o autor reconheça "o significado fático e jurídico e as consequências da conduta anterior" no momento da atividade, de modo que "acontecimentos imprevisíveis" sejam reputados apenas como casuais.[267] Ademais, a omissão subsequente deve ter ocorrido de forma negligente ou dolosa.[268]

A doutrina alemã da ação antecedente encontra consonância em Vanini na Itália, para quem "o ato negativo (*omittere*), *in se* considerado, não tem realidade, não tem uma existência", de modo que o resultado é produzido pela ação de uma causa eficiente representada pela força da natureza ou de terceira pessoa.[269] A ação positiva que conscientemente determina a omissão é a causa indireta do crime, pois se o mandamento fosse efetivamente cumprido, teria neutralizado a ação da força e obstaculizado o resultado.[270]

A crítica de Krug a Luden com ênfase na apresentação da omissão como pura inatividade foi um dos trabalhos que contribui para divulgar os limites do compreensão estritamente físico-mecânica da conduta omissiva. A doutrina naturalista da causalidade estritamente como força mecânica obrigou à investigação dos elementos externos à conduta omissiva para explicar a ocorrência do resultado.

mais responsável pela construção negligente da casa que ruiu, senão que a "casa teria desabado, porque ele é negligente com o dever" (MERKEL, *Lehrbuch/1889*, p. 114-115).

265 MERKEL, *Kriminalistische Abhandlungen*, p. 86-87.

266 MERKEL, *Lehrbuch/1889*, p. 114.

267 MERKEL, *Lehrbuch/1889*, p. 116; MERKEL, *Juristische Enzyklopädie*, §768, p. 344.

268 MERKEL, *Juristische Enzyklopädie*, §768, p. 344.

269 VANINI, "*Omissione causale*", p. 37-38, nm. 2 e 3.

270 VANINI, "*Omissione causale*", p. 38, nm. 3.

Algumas críticas merecem destaque. Em primeiro, a doutrina da ação antecedente somente explica os crimes omissivos impróprios, nos quais o resultado decorre da ingerência prévia e de descumprimento contratual pelo omitente. Os casos em que o omitente deveria atuar e não atua, porque desconhece o compromisso legal, não teria causalidade. Em segundo, mesmo com a introdução do elemento previsibilidade do resultado em Merkel, essa orientação reconhece a causalidade apenas das ações positivas, ainda que temporalmente distantes da omissão posterior.

2.3. A doutrina do efeito psíquico da omissão (Geyer)

A doutrina da causalidade como causa psíquica apresenta visão própria que a distingue das tentativas anteriores das doutrinas da ação contemporânea e ação anterior.[271] Trata-se de compreensão que discorda com o que denomina de "ficções de uma relação causal" ou de "refúgio" na "ação interna" do omitente.[272] Igualmente as "múltiplas expressões" da "violação do dever" sem a causalidade da omissão também são criticadas.[273] August Geyer entende que as intenções teóricas da doutrina do dever advêm de presunções acerca da imoralidade, periculosidade em relação ao Estado ou torpeza da atitude reprovável.[274] Portanto, o autor busca descrever a causalidade omissiva sem recorrer a parâmetro exterior de fundamentação.

Geyer identifica que a omissão é também "uma causa para a ocorrência do resultado" quando "expressa um efeito psíquico sobre os seres

[271] Geyer, *Grundriss/1884*, p. 124. Geyer critica essas compreensões na parte objetiva e subjetiva, sobre a ação antecedente, considerando inadequado "recorrer ao antiquado *dolus subsequens*" capaz de suprir indesejavelmente a "falta de relação causal" na *nuda cogitatio* (Geyer, *Grundriss/1884*, p. 124 e, já antes, Geyer, *Erörterungen*, p. 17). Essa opinião persistiu nos seus seguidores – *v.g.*, Finger considera que a aceitação da categoria do *dolus subsequens* é "inadequada cientificamente" e "desnecessária" dogmaticamente (Finger, *Lehrbuch*, p. 263).

[272] Geyer, *Grundriss/1884*, p. 124. A opinião de Geyer acerca da causalidade da omissão imprópria fundada na repressão do estímulo para a realização da conduta devida será trabalhada na doutrina da interferência na 2ª Parte, Capítulo II, Tópico 2.4.

[273] Geyer, *"A. Aldosser"*, p. 241.

[274] Geyer, *Grundriss/1884*, p. 124.

vivos (pessoas ou animais)".[275] Nessas hipóteses, o resultado teria na sua origem comportamentos co-causais.[276] A omissão teria atuação mental de efeito conclusivo, mesmo sem oferecer contribuição físico-material para a ocorrência do resultado, por essa razão, só haveria omissão imprópria nos casos de "omissão concludente".[277] O reconhecimento legítimo da omissão como causal dependeria da averiguação se provocou o "estímulo para uma atividade" por meio da "via psíquica", a qual auxiliaria a causar o resultado.[278] Geyer indica os casos do dono que não chama o cachorro que ataca um homem, do cocheiro que não segura os cavalos quando alguém atravessa e daquele que não avisa o outro da aproximação de local perigoso.[279]

A doutrina do penalista austríaco resta obscura devido à subordinação aos limites do paradigma causal do mecanicismo. Primeiro, Geyer afirma a existência da co-causalidade, entre a conduta omissiva e a ação positiva, para a obtenção do resultado criminoso. Depois, em razão da submissão ao estreito horizonte físico-natural, encontra-se obrigado a admitir que a ausência de energia mecânica que caracteriza a omissão impõe que aquela não esteja "em relação causal com o acontecido".[280]

A conduta omissiva é entendida puramente como "não evitação do resultado", tendo a natureza de apenas uma "'condição negativa' para o resultado".[281] Nesse contexto, a "não evitação" do resultado não seria compreendida como sinônimo de "promoção" do resultado.[282] Já as causas seriam os elementos positivos promotores do resultado.

Ao menos, uma crítica deve ser feita à doutrina da omissão concludente. Conforme Geyer, a "omissão concludente" que desempenha o efeito psíquico sobre os seres vivos não é realmente causal, sendo apenas

[275] Geyer, *Grundriss/1884*, p. 124 e, mais adiante, Geyer, *"A. Aldosser"*, p. 243.
[276] Geyer, *Grundriss/1884*, p. 124 e, mais adiante, Geyer, *"A. Aldosser"*, p. 243.
[277] Geyer, *"A. Aldosser"*, p. 242.
[278] Geyer, *"A. Aldosser"*, p. 242.
[279] Geyer exemplifica com os casos do dono que não chama o cachorro que ataca um homem, do cocheiro que não segura os cavalos quando alguém atravessa, daquele que não avisa o outro da aproximação de local perigoso.
[280] Geyer, *"A. Aldosser"*, p. 242.
[281] Geyer, *"A. Aldosser"*, p. 241-242.
[282] Geyer, *"A. Aldosser"*, p. 242.

"condição negativa" do resultado.[283] Ao final, não fica claro qual a ontologia da conduta omissiva, se é um dos fatores (circunstâncias) que contribuem causalmente para o resultado ou se é apenas o não impedimento das causas do resultado. A primeira hipótese indicaria uma modalidade de contribuição causal própria da conduta omissiva. Já a segunda hipótese refere-se apenas a um fator externo ao nexo de causação do resultado.

2.4. A doutrina da interferência (Buri)

A doutrina da interferência desempenha na verificação da causalidade da omissão imprópria o papel que a teoria da equivalência das condições[284] cumpre nos crimes comissivos no pensamento de Maximilian von Buri. Essa teoria foi desenvolvida por meio de concessões e respostas no intenso debate da segunda metade do século XIX.[285] Trata-se de orientação centrada no significado da ação anterior e no momento de aferição da culpabilidade na omissão.

Em 1869, Buri explicou que a relação de causalidade da conduta omissiva estaria na "ação anterior".[286] O fundamento subjetivo da punibilidade da conduta seria a substituição da "relação de vontade" de evitação do resultado pela permissividade do resultado decorrente da vontade punível.[287] A proposta consistiria na "transferência do momento da culpa" para abranger cursos causais tidos anteriormente como impuníveis, permitindo o "acontecer uma nova causalidade" penalmente relevante.[288]

Buri entende que o nexo causal existe na vontade de produção dos "efeitos de uma atividade" manifestados no resultado exterior e também na "superação ou evitação das causas contrárias encontradas no seu

283 GEYER, *"A. Aldosser"*, p. 241.

284 Sobre a doutrina da equivalência das condições na discussão da letalidade das feridas do contexto do homicídio, ver BURI, "Zur Lehre von der Tödtung"*/1863*, p. 753-765 e 797-806 e BURI, "Zur Lehre von der Tödtung"*/1864*, p. 1-10.

285 As transformações do pensamento de Buri estão evidenciadas em BURI, "Ueber die Begehung der Verbrechen"/1869, p. 189-218; BURI, "Ueber Begehung von Verbrechen"*/1975*, p. 25-33; BURI, "Über Theilnahme am Verbrechen", p. 89-92; BURI, "*Über die Kausalität der Unterlassung*", p. 400-413.

286 BURI, "*Verbrechen durch Unterlassung*"*/1869*, p. 199-200.

287 BURI, "*Verbrechen durch Unterlassung*"*/1869*, p. 200.

288 BURI, "Ueber Begehung von Verbrechen"*/1875*, p. 25.

caminho".[289] A atividade que "tira do caminho o desenvolvimento de obstáculos contrários" também se integra como um "elo no curso causal" que acarreta o resultado.[290] A relação causal "não depende apenas da conduta" ativa – mais exato é que a causalidade da conduta ativa depende "unicamente da sua eficácia".[291] A importância da eficácia da conduta é clara na hipótese da retirada ou colocação de "obstáculos naturais à eficácia humana".[292]

Especificamente na fenomenologia do crime omissivo, Buri pressupõe que o autor apresentaria sempre o impulso ou a vontade de observância do mandamento legal para intervir no curso causal perigoso, evitando a ocorrência do crime ou impedindo a sua consumação.[293] Para Buri, a omissão não é inatividade e ausência de energia mecânica externa, diferentemente de outras doutrinas desse período. A omissão seria o produto da ação positiva de "repressão dessa vontade" no sentido da "remoção de uma causa contrária ao resultado".[294]

Haveria causalidade nos casos em que o omitente "com alguma atenção" pudesse ter reconhecido que a sua omissão era causal para realizar o resultado.[295] O autor explica que a vontade da pessoa determinada pela "vontade alheia" é um querer decorrente da conduta de terceiro.[296] Essa vontade da conduta de terceiro que determina a vontade alheia é causal

[289] Buri, "*Ueber Verbrechen durch Unterlassung*"/*1875*, p. 25.

[290] Buri, "*Ueber Verbrechen durch Unterlassung*"/*1875*, p. 25, e, antes, BURI, "*Verbrechen durch Unterlassung*"/*1869*, p. 199.

[291] Buri, "Über Theilnahme am Verbrechen", p. 90.

[292] Buri, "Über Theilnahme am Verbrechen", p. 90.

[293] Semelhante é a sua compreensão da omissão própria. Buri entende que, "frente ao mandamento legal", não seria possível o seu "não cumprimento" em razão da "mera inatividade", porque o imperativo impulso a agir seria o limite fenomenológico à ocorrência da omissão fruto do "puro comportar passivo" (Buri, "*Über die Kausalität der Unterlassung*", p. 413).

[294] Buri, "*Ueber Verbrechen durch Unterlassung*"/*1875*, p. 26. Buri afirma que "a mudança da vontade é certamente apenas uma ação interna, mas a sua eficácia não é assim eliminada" (Buri, "*Verbrechen durch Unterlassung*"/*1869*, p. 200).

[295] Buri, "*Ueber Begehung von Verbrechen*"/*1875*, p. 27. O autor destaca que não pode ser distante a realização da ação e a causalidade da negação (Buri, "*Über die Kausalität der Unterlassung*", p. 400).

[296] Buri, "Ueber Begehung von Verbrechen"/*1875*, p. 26.

para o resultado.[297] Se a vontade de terceiro pode ser causal na determinação da vontade alheia causadora do resultado, ainda mais significativo para o resultado é "própria vontade" do omitente.[298]

Essa orientação tem o mérito de identificar que o resultado não acontece apenas por condutas ativas, senão também pela inexistência da interferência de condições e obstáculos que impediriam a sua ocorrência. A descrição da fenomenologia da conduta omissiva supera parcialmente a leitura desde o paradigma dos crimes de ação, no sentido de que omitir não é uma pura inatividade (apenas um nada físico), ainda que não manifeste energia mecânica no plano exterior. Para Buri, a conduta omissiva nega a colocação de obstáculo impeditivo do resultado.

O aproveitamento da explicação da fenomenologia específica da omissão feita por Buri permite avançar na reflexão. A inexistência de obstáculo do resultado por decorrência da omissão da ação devida também é causa do resultado, sendo essa a própria contribuição causal da conduta omissiva para o resultado.

Já o pressuposto de Buri da existência do impulso salvador do bem jurídico em todo omitente não pode ser acolhido. Há casos em que se pode imaginar a existência de um impulso salvador como o da mãe que deixa de amamentar o filho, mas isso não é constante em outros exemplos. Veja-se os casos do homicida que premedita o aproveitamento da sua condição de garante para deixar a vítima em perigo de morte e do empresário que omite a retirada do mercado de alimento impróprio ao consumo indiferente ao perigo de lesão corporal.

Ademais, a existência da vontade impeditiva do resultado não permite afirmar que todo impulso ou inclinação mental para agir seria efetivamente um obstáculo para o acontecimento do resultado.[299] O impulso para agir (vontade em potencial) é diferente da concretização do impulso

[297] Buri, "Ueber Begehung von Verbrechen"/*1875*, p. 26.

[298] Buri, "Ueber Begehung von Verbrechen"/*1875*, p. 26. Buri não excluía a hipótese de omissão negligente ocorrida quando o omitente não tivesse observado que poderia aproveitar "a possibilidade de evitação do resultado" (Buri, "Ueber Begehung von Verbrechen"/*1875*, p. 26).

[299] Geyer adverte sobre a investigação da causalidade da conduta omissiva que "o refúgio na conduta anterior não ajuda. A decisão anterior, para não agir, a qual faz frente a um estímulo ou impulso para agir não é causal para isso" (Geyer, *Grundriss/1884*, p. 124).

em um ato de impedimento. Somente o ato de impedimento, ainda que superável, pode ser considerado obstáculo ao resultado e não apenas o impulso de agir.

Por fim, a proposta de Buri não alcança uma causalidade própria da conduta omissiva. A omissão não seria a causa do resultado natural, mas apenas uma causa intermediária, pois a verdadeira relação causal que culminaria no resultado seria originada na "própria vontade" que interrompe o impulso salvador. A conduta ativa do agente que interrompe o impulso salvador seria a causa da omissão entendida como inexistência do obstáculo impeditivo do resultado. A omissão, por sua vez, permitiria a ocorrência do resultado natural. Em síntese, o entendimento de Buri pretende estar de acordo com a ideia de que a causa da causa é causa do que é causado (*causa causae est causa causati*).

2.5. Avaliação geral das doutrinas etiológicas da causalidade estritamente como força ativa no paradigma naturalista

> "*Principium cuius hinc nobis exordia sumet, nullam rem e nihilo gigni divinitus umquam*"
>
> (Tito Lucrécio Caro,*De Rerum natura,* 1º livro, versos 149-150)

O estudo dos primeiros entendimentos sobre a causalidade da omissão imprópria demonstra o amadurecimento dogmático sobre a importância jurídica e político-criminal da causalidade na teoria do crime e da influência epistemológica do naturalismo das ciências exatas no direito. Trata-se da preocupação científica acerca da ilegitimidade material da imputação do resultado fundada somente na violação de um dever jurídico pelo omitente.[300]

A causalidade é entendida como elemento de racionalidade e de garantia da juridicidade, capaz de orientação e limitação do âmbito de

[300] Assim, *v.g.*, LUDEN, *Abhandlungen/1840*, p. 225-226; GEYER, *"A. Aldosser"*, p. 241. Para maiores referências da vasta doutrina nesse sentido, ver SCHWARZ, *Die Kausalität*, p. 7, nota 22.

realização do direito,[301] o que não seria satisfatoriamente obtido com a pura normatividade. A atenção está mais no reconhecimento das qualidades do fenômeno omissivo impróprio do que na criação jurídica de critérios normativos de imputação para fins de aplicação do direito penal. Em outras palavras, a finalidade de explicação do resultado prepondera sobre a finalidade de pura atribuição normativa da responsabilidade (imputação).

Muitos desses argumentos ainda determinam o horizonte de possibilidade da dogmática contemporânea.[302] Veja-se que parcela significativa dos estudos contemporâneos segue direta ou indiretamente comprometida com os limites compreensivos da causalidade do naturalismo mecanicista de Isaac Newton[303] e do positivismo filosófico.[304]

Os entendimentos entre o início do século XIX e as primeiras décadas do século XX partem da explicação do crime comissivo, tendo como base que a pessoa só está sujeita à punição pela prática de uma ação.[305] Acredita-se que a existência inerte do sujeito não tem como ser causal

[301] Sobre a "idéia de segurança no direito penal" representada pela causalidade, ver Costa, "Causality", p. 56-57.

[302] Por exemplo, a influência exercida pelo conceito essencialista de causa como força mecânica e o ceticismo produzido pelo juízo de Lizst sobre a iniquidade do esforço dogmático deste período, justificando o abandono da investigação ontológica e a substituição por critérios normativos. Assim, Jakobs, *Strafrecht*, 29/15, p. 791; Roxin, *Strafrecht/2*, §31, nm. 37, p. 639; Dias, *Direito Penal*, p. 929, §9.

[303] Jakobs afirma que "a polêmica em volta da causalidade da omissão ensina quanto difícil é para o direito penal cortar o cordão umbilical das categorias naturalísticas" (JAKOBS, *Strafrecht*, 29/15, p. 791). O autor não acredita na causalidade omissiva, dando suporte a sua doutrina de total normativização da imputação penal do resultado omissivo. Mais detalhes em 2ª Parte, Capítulo IV, Tópico 4.5.

[304] A vinculação do direito a elementos físicos é compreensível no sentido de que a realidade natural é uma das dimensões da realidade ("real-verdadeiro") que submete o "real-construído" da cultura e a realização da justiça penal a limites de viabilidade. É uma barreira ao idealismo doutrinal, ao arbítrio do julgador e aos acordos político-criminais de ocasião. Significa uma inalienável dimensão fenomenológica do existir humano que pode oferecer substrato para a realização da justiça e a crítica da realização do direito no tempo. Sobre as categorias do "real-verdadeiro" e "real-construído" de Faria Costa, ver Costa, *O perigo*, p. 316-317.

[305] Assim, especificamente sobre a doutrina de Luden, ver Brito, *Estudos para a dogmática do crime omissivo*, p. 144.

para o resultado, pois exclusivamente o "movimento corporal" com a mudança na situação no mundo poderia ser causal para o resultado.[306] A compreensão dominante no período é de que "toda ação é um processo externo, assim como todo fato é causal".[307] O ponto de partida é a concepção essencialista de causa como força mecânica eficaz. Todo o resultado ocorre apenas em razão da ação de uma energia antecedente que produz o seu efeito. Em síntese: tudo o que é feito é igualmente feito de outra coisa (*quidquid fit, ex alio fit*), que deveria ser obrigatoriamente uma ação de força.

Segundo tal entender, a conduta estaria identificada com o resultado pela transferência de energia do elemento causador para o elemento causado. O processo de causação do resultado é expressado por Bonucci como se "o último momento, terminal, do fato causa identifica-se com o primeiro momento, inicial do fato efeito".[308] Essa compreensão está em consonância com o aforismo latino: aquilo que está no efeito deve constar primeiro na causa (*quidquid est in effectu debet esse prius aliquo modo in causa*).[309]

O enfrentamento específico de cada uma das doutrinas permite identificar três pontos comuns sobre as suas metodologias, características e capacidades. (i) A intensa limitação da compreensão da realidade do paradigma estritamente físico-mecânico indica que a omissão em si não pode apresentar ligação causal com o resultado natural. Nos pensamentos mais radicais, a omissão é vista como pura inatividade, causalmente "igual a zero" (*ex nihilo, nihil fit*)[310] ou como "nenhum fenômeno" ou irrealidade.[311] (ii) A impossibilidade de reconhecer a causalidade ativa na conduta omissiva leva a buscar causalidades ativas relacionadas à omissão, a fim de alcançar legitimidade e fundamentação. As causalidades

306 Kollmann, *Die Stellung des Handlungsbegriffes*, p. 77-78.

307 Kollmann, *Die Stellung des Handlungsbegriffes*, p. 78.

308 Bonucci, "Volontarietà e causalità nell'omissione colposa", p. 208.

309 Mesmo com essa orientação, é possível a identificação de três elementos na realização do crime: conduta, nexo causal e resultado. Sobre o paradoxo sorites e a eventual impossibilidade de diferenciar pontos distintos em uma continuidade, ver Sandel, *Contra a perfeição*, p. 125-126.

310 Krug, *Commentar zu dem Strafgesetzbuche*, p. 32.

311 Kollmann, *Die Stellung des Handlungsbegriffes*, p. 84.

ativas buscadas encontram-se ora na ação contemporânea à omissão, ora na ação antecedente à omissão. (iii) As doutrinas estudadas não foram capazes de identificar a base fenomenológica da causalidade omissiva. Exceção seja feita à breve exposição da segunda compreensão de Heinrich Luden, que avançou na compreensão sem explicar satisfatoriamente a causalidade omissiva.

O juízo sobre a inexistência da omissão ou da sua nula importância causal decorre da inadequada compreensão da fenomenologia omissiva. A fenomenologia da omissão não é estudada em si, mas sempre comparada com a fenomenologia da comissão. A inviabilidade de determinação positiva da conduta omissiva segundo a causalidade essencialista da força eficaz levou à conclusão de que, se a omissão não é uma ação positiva, ela só poderia ser um nada.[312] Há duas confusões nesse entendimento: (i) toda conceituação da conduta penal deveria ter como referência a conduta ativa e (ii) a omissão não existe porque ela não é uma ação.

A conduta omissiva não é a manifestação de uma força física, mas isso não lhe retira a existência ou impede o reconhecimento de algo diferente da força física na conduta omissiva, nomeadamente a recusa da ação devida e esperada. A determinação negativa da conduta omissiva permite afirmar que ela não é a ação, sendo a negação da existência da ação.

As doutrinas etiológicas da causalidade como força mecânica não são propostas para a causalidade específica da conduta omissiva. São a explicação da relação mantida entre a conduta omissiva e uma conduta ativa, que é compreendida como a efetivamente causal para o resultado natural. Seria a existência dessa ação que faria o autor da omissão responsável pelo resultado natural.

No fundo, essas propostas concebem a manifestação da ausência de força física como algo apenas aparente no crime omissivo, demandando a busca da sua causalidade em suposta essência encoberta por uma aparência de inexistência. Essas doutrinas não reconhecem que o fenômeno é "absolutamente indicativo de si mesmo", pois "se revela como é".[313] Para elas, permanece o dualismo radical entre a aparência e a essência de algo, desconsiderando que a essência de algo que aparece "já não se opõe ao

[312] Bonucci, "Volontarietà e causalità nell'omissione colposa", p. 205-206.
[313] Sartre, *O ser e o nada*, p. 16.

ser".[314] Portanto, a constatação da falta de impedimento da ação de força perigosa ao bem jurídico não encobre uma essência ativa da omissão. Ao contrário, a falta de impedimento do resultado ofensivo que é própria da conduta omissiva está na sua essência, constituindo a sua existência social.

Três ganhos compreensivos deste período são destacáveis. Primeiro, as doutrinas naturalistas sabiam da necessidade do elemento ontológico da causalidade para instituição normativa do dever de agir. A hipótese de criação eminentemente normativa da causalidade foi superada. Com o enfraquecimento do naturalismo, voltou a defesa de uma causalidade eminentemente normativa criada valorativamente pela equiparação legal entre ação e omissão. A causalidade da omissão imprópria decorreria da previsão típica do dever de agir da posição de garante do bem jurídico e não da própria fenomenologia omissiva.

Esse argumento não pode ser seguido por razão lógica. A relação de causalidade é condição de possibilidade da eficiência do dever de agir. Só podem ser garante as pessoas que têm capacidade de evitar que aconteça o resultado ofensivo ao bem jurídico em determinada condição. Não há sentido em se falar na existência de posição de garante e de ação devida, quando não se sabe se a suposta conduta devida seria capaz de evitar o resultado na prática. Ninguém pode estar submetido a eventual dever penal de agir quando é reconhecidamente incapaz de proteger o bem.[315] A existência de causalidade entre a ação devida e a evitação do resultado ou, em sentido contrário, entre a omissão e a ocorrência do resultado é pressuposto material da posição de garante.[316]

O segundo ganho é a melhora da compreensão da causalidade omissiva proposta por Buri, ainda que não seguida por todos. A essência do fenômeno causal é reconhecida na eficácia da ação não impedida ou obstruída na causação do resultado.[317] Isto é, não basta uma conduta ativa, a causação do resultado depende que não haja impedimento do perigo ao bem jurídico, o que é a contribuição omissiva para o resultado.

[314] Sartre, *O ser e o nada*, p. 16.

[315] Para mais detalhes, ver adiante 4ª Parte, Capítulo VI.

[316] Assim, no essencial, em Merkel, *Lehrbuch/1889*, p. 114-115.

[317] Buri, "Über Theilnahme am Verbrechen", p. 90.

O terceiro ganho diz respeito à clara distinção dos elementos atualmente entendidos como objetivos e subjetivos do tipo, reconhecendo o problema da causalidade na objetividade do fenômeno. Glaser, seguindo visão radical dos elementos objetivos no tipo e dos subjetivos na culpa, afirmou que o problema do nexo causal não está subordinado à manifestação dos elementos subjetivos pelo agente.[318] A existência do dolo do resultado independe da causação ter partido de conduta ativa ou omissiva. Glaser, por meio da distinção tradicional entre *imputatio facti* e *imputatio iuris,* chega à conclusão correta de que a verificação da causalidade independe da posterior valoração jurídica feita sobre essa verificação.

[318] Para isso, ver 2ª Parte, Capítulo II, Tópico 2.3. Em termos gerais, Kelsen observa que a "depuração completa" da causalidade "de todos os elementos do pensamento animista ou personalista" ocorreu "gradualmente" na teoria do direito (Kelsen, *Teoria pura,* p. 95).

3.
DOUTRINAS EMINENTEMENTE JURÍDICAS DA CAUSALIDADE DA OMISSÃO IMPRÓPRIA

3.1. O contexto das propostas

O paradigma da causa como força do mecanicismo-naturalista produziu consequências dogmáticas, jurídico-axiológicas e político-criminais indesejáveis em relação à causalidade omissiva. A compreensão estreita da realidade ontológica e da mecânica de Isaac Newton levou a acreditar na falta de legitimidade penal para a punição da omissão imprópria. Foi colocada em questão a viabilidade de uma teoria da imputação comum aos crimes comissivos e omissivos.

No início do século XX, Oskar Kraus contestou a equivalência entre a causação do resultado e a não evitação da causação do resultado, diante da exigência de estrita legalidade na descrição dos tipos penais.[319] As razões apresentadas para a contestação são a positividade do princípio da legalidade no §2 do Código Penal do Império Alemão (*RStG*)[320] e a doutrina de Liszt sobre a legalidade como "bastião do cidadão frente à onipotência do Estado".[321]

[319] Kraus, "Rechtsphilosophie und Jurisprudenz", p. 789-790.

[320] Kraus, "Rechtsphilosophie und Jurisprudenz", p. 789. O §2 do Código Penal do Império Alemão vigorou entre 1º de janeiro de 1872 e 1º de setembro de 1935 com abrangência na República Checa, onde escreveu Oskar Kraus. A compreensão da legalidade e anterioridade da lei penal é semelhante à atual. Constava no texto legal, *in verbis,* "§ 2. (1) *Eine Handlung kann nur dann mit einer Strafe belegt werden, wenn diese Strafe gesetzlich bestimmt war, bevor die Handlung begangen wurde.*(2) *Bei Verschiedenheit der Gesetze von der Zeit der begangenen Handlung bis zu deren Aburtheilung ist das mildeste Gesetz anzuwenden*".

[321] Liszt, "Ueber den Einfluss", p. 80.

Kraus conclui que haveria interpretação extensiva na equiparação do "dever de agir" com o "dever de omitir", na hipótese de a lei não pronunciar "expressa" e "indubitavelmente" a igualdade.[322] O problema seria o fundamento da equiparação, considerando que a descrição típica prevê apenas a conduta positiva.[323] O penalista deveria considerar que, quando "a punibilidade não é expressa e indubitavelmente pronunciada na lei", estaria "expressa e indubitavelmente excluída" por consequência lógica.[324]

Antes disso, no final do século XIX, outra compreensão, também baseada no conceito de causa como força, nega a viabilidade fática da doutrina geral do crime comum para os crimes comissivos e omissivos. Richard Löning rejeita a investigação da causalidade omissiva e a doutrina geral do crime comum para a comissão e omissão,[325] influenciando o pensamento de Gustav Radbruch.[326] O contexto de surgimento das doutrinas eminentemente normativas da causalidade é formado por orientações da causalidade ativa da omissão até a rejeição completa da reponsabilidade penal omissiva imprópria, passando por propostas alternativas de imputação do resultado sem causalidade.

O modelo de imputação excessivamente referenciado nos crimes de ação e no conceito de causa como força propõe a criação de uma ligação eminentemente normativa da conduta omissiva com o resultado. Parcela da doutrina da omissão mantém-se nos limites de possibilidade do axioma da filosofia escolástica,[327] que aparece frequentemente citado na

[322] Kraus, "Rechtsphilosophie und Jurisprudenz", p. 791.

[323] Kraus, "Rechtsphilosophie und Jurisprudenz", p. 791.

[324] Kraus, "Rechtsphilosophie und Jurisprudenz", p. 791. Kraus acredita que a "pena é justa" e que o "Estado na sua qualidade de instituto de proteção jurídica" pode exigir a ação nas hipóteses em que se poderia facilmente evitar "casos de desastre" ou "delitos". Ao contrário do que se poderia supor, Kraus acredita que o Estado está autorizado para "erguer" os "deveres de vida" mesmo "à esfera dos deveres jurídicos" (Kraus, "Rechtsphilosophie und Jurisprudenz", p. 793-794).

[325] Löning, *Zurechnungslehre des Aristoteles/1903*, p. 253.

[326] Sobre o modelo de imputação de Löning e a influência em Radbruch, ver 2ª Parte, Capítulo IV, Tópico 4.2.

[327] A máxima latina *ex nihilo, nihil fit* foi estudada por Tomas de Aquino no contexto da escolástica da chamada "teologia da criação". Aquino discorre sobre o tema geral do "modo de derivação das coisas do primeiro princípio" na questão 45, "Art. 1 – Se criar seja pro-

expressão latina: *ex nihilo, nihil fit.*[328] A enunciação do princípio causal por meio da máxima latina é correta – todavia, é incorreta a concepção da conduta omissiva como sendo um nada.[329]

Há pontos comuns no surgimento das orientações eminentemente normativas. Trata-se de doutrinas profundamente insatisfeitas com a explicação da doutrina da interferência sobre os fenômenos omissivos, que resultam céticas sobre a possibilidade de esclarecimento da causação

duzir do nada" e "Art. 2 – Se Deus pode criar qualquer coisa". Especificamente no artigo 2 número 1, o filósofo afirma que "segundo Aristóteles, os antigos filósofos admitiram como verdade universalmente aceita por todos que do nada não se produz algo. Ora, o poder de Deus não se estende até atuar contrariamente aos primeiros princípios, por exemplo, Deus não pode fazer que o todo seja maior que a parte ou que a afirmação e a negação sejam igualmente verdadeiras. Logo, Deus não pode fazer alguma coisa do nada, que é criar" (Aquino, *La Somma Teologica*, v. 1, p. 427-428). Antes, em 1264, com atenção à essencialidade da matéria para a produção dos efeitos no capítulo denominado "Deus produz as coisas no Ser a partir do nada" (*Quod Deus ex nihilo produxit res in ese*), Tomas de Aquino explicou que a "matéria é em relação ao agente como o sujeito que recebe a sua ação". Essa premissa, em conjunto com a equivocada idéia que "a matéria não teria alguma causa", desenvolveram os antigos filósofos a "convicção comum" de que "do nada, nada se faz" (*ex nihilo nihil fit*), o que seria uma afirmação "certamente verdadeira caso se trate de agentes" individuais (Aquino, *Summa contra los gentiles*, v. 1, Livro II, Cap. 16, p. 340 e 342). Esse axioma não se aplicaria a Deus, que "é o princípio universal do ser", de modo que "não lhe convém agir somente por movimentos e mutações". Assim sendo, "tão pouco necessita que haja com antecedência matéria para agir". Em síntese, Aquino explica que para Deus "produzir o efeito não requer matéria prévia" (*Non igitur ad producendum effectum requirit materiam praeiacentem*) (Aquino, *Summa contra los gentiles*, v. 1, Livro II, Cap. 16, p. 339-340).

[328] Exemplo emblemático de expressão curiosa é a opinião de Lundstedt, considerando que o "axioma *ex nihilo nihil fit* é e permanece inabalável apesar das verdadeiras orgias da dialética sofistas por meio da qual se tentou fazer passar o preto por branco" (Lundstedt, *Die Unwissenschaftlichkeit der Rechtswissenschaft*, p. 64). Essa afirmação revela visão restrita sobre a ontologia, que não pode compreender integralmente a lei causal e a fenomenologia omissiva.

[329] Na dogmática penal, Schwalbach considera que o axioma não apresenta adequação ao contexto do problema da causalidade da omissão (Schwalbach, "Zur Lehre", p. 607). Nesse seguimento, Bar acrescenta que o conceito de crime exige muito mais o "comportamento contrário ao dever" do que propriamente uma "ação" (Bar, *Gesetz und Schuld*, § 137, p. 260). Sobre o pensamento de Bar, ver 2ª Parte, Capítulo III, Tópico 3.2.1. Sobre impropriedade explicativa desse axioma para a omissão imprópria, ver Reale Júnior, *Parte geral*, p. 43.

do resultado em termos ontológicos prévios ao direito. A alternativa foi a renúncia radical ao referencial ontológico da realidade na constituição do direito penal.

As doutrinas eminentemente normativas da causalidade são marcadas pelos limites de compreensão do mundo do positivismo científico, mesmo a influência da reflexão kantiana não ultrapassa os limites do positivismo. O horizonte filosófico kantiano aparece diretamente pela obra do filósofo ou indiretamente por outros filósofos que seguem pressupostos kantianos. Por exemplo, Friedrich Haupt recorre a Arthur Schopenhauer, que construiu obra filosófica seguindo diversos pontos da filosofia kantiana.[330] Algumas passagens emblemáticas são relevantes para a elucidação do pensamento kantiano sobre a conduta omissiva como negação, e não como falta.

Na obra de Immanuel Kant, encontra-se estudo específico das proposições negativas, *v.g.*, no tópico "a essência necessária contém a mais alta realidade" do livro *O único argumento possível para uma demonstração da existência de Deus* de 1763. Kant identifica que "as negações não são algo em si mesmo" ou ainda podem ser "pensáveis" em si mesmas,[331] porque, "como negação, nada estabelece", de tal modo que "assim absolutamente nada é dado".[332] Logo, as negações não seriam algo possível de pensar em si mesmo.[333]

O filósofo afirma que as "negações" seriam pensáveis apenas por meio das "posições contrárias", de forma que não passariam de "posições pos-

[330] Christopher Janaway descreve Schopenhauer como um "crítico e revisionista seguidor de Kant" que "utiliza difundidamente o vocabulário de Kant", sem deixar que "a forma e a motivação da sua filosofia" seja consideravelmente diferente (JANAWAY, "Introduction", p. 3 e 13). No mesmo sentido, Gottlieb entende Schopenhauer como "se movendo na pegada de Kant" na sua primeira obra (GOTTLIEB, *Schopenhauers Einfluß*, p. 29). Uma breve amostra da admiração e da crítica de Schopenhauer ao pensamento de Kant encontra-se na frase de Voltaire "*C'est le privilège du vrai génie, et surtout du génie qui ouvre une carrière, de faire impunement de grandes fautes*" escolhida como epígrafe do apêndice dedicado à "crítica da filosofia kantiana" (SCHOPENHAUER, *Welt als Wille und Vorstellung*, p. 365).

[331] KANT, Der einzig mögliche Beweisgrund, nm. 648.

[332] KANT, *Der einzig mögliche Beweisgrund*, nm. 648.

[333] KANT, *Der einzig mögliche Beweisgrund*, nm. 648.

síveis, as quais não são elas o maior".[334] Esse caminho leva à conclusão de que as proposições positivas têm base real, ao passo que "as negações não têm fundamento real (porque elas nada são de positivo)", de modo que as negações "pressupõem, portanto, apenas fundamento lógico".[335]

Mais adiante, na *Crítica da Razão Pura* em 1781, Kant destaca que os "julgamentos negativos" têm maior importância quando o "conhecimento possível é muito limitado" em determinado âmbito, razão pela qual obriga que se observe formal e materialmente a lógica.[336] As "ocupações próprias" das proposições negativas consistem em "tão somente evitar o erro" do "nosso conhecimento", vez que o conhecimento está sujeito a ser "aumentado ou restringido por meio de um juízo".[337] A visão da omissão meramente decorrente de proposição lógica – sem existência e fundamento real – limita o reconhecimento da fenomenologia omissiva e a capacidade dos conceitos penais tratarem adequadamente a conduta omissiva.

As doutrinas eminentemente normativas da causalidade significam a passagem da fundamentação dos conceitos referenciada externamente na ontologia reconhecida pela juridicidade para a criação jurídico-normativa de conceitos penais. É o início do processo de conquista de espaço pelas explicações puramente jurídicas ou jurídico-políticas, em detrimento do reconhecimento ontológico de fenômenos sintetizados em conceitos dogmáticos. A constituição e fundamentação do direito penal migra da valoração da realidade pelo legislador para uma configuração estrutural

[334] A passagem no original, "*Verneinungen sind also nur durch die entgegengesetzte Positionen denklich, oder vielmehr, es sind Positionen möglich, die nicht die größte sein*" (Kant, Der einzig mögliche Beweisgrund, nm. 649).

[335] Kant, *Der einzig mögliche Beweisgrund*, nm. 649. A passagem no original, "*In der Tat sind Verneinungen an sich selbst nicht etwas, oder denklich, welches man sich leichtlich auf folgende Art faßlich machen kann. Setzet nichts als Negationen, so ist gar nichts gegeben, und kein Etwas, das zu denken wäre. Verneinungen sind also nur durch die entgegengesetzte Positionen denklich, oder vielmehr, es sind Positionen möglich, die nicht die größte sein. Und hierin liegen schon, nach [649] dem Satze der Identität die Verneinungen selber. Es fällt auch leicht in die Augen, daß alle den Möglichkeiten anderer Dinge beiwohnende Vereinigungen keinen Realgrund (weil sie nichts Positives sind), mithin lediglich einen logischen Grund voraussetzen*".

[336] Kant, *Kritik der reinen Vernunft*, AA 467, p. 591.

[337] Kant, *Kritik der reinen Vernunft*, AA 466, p. 590.

proveniente do conjunto de finalidades que se pretende alcançar. Trata-se do direito penal não mais como prática de seleção normativa dos cursos causais relevantes, mas, sim, como construtor normativo da própria causalidade nas situações que seriam politicamente interessantes.

As propostas das doutrinas eminentemente normativas da causalidade partem de distintos fundamentos e elementos culturais, tendo como característica comum a sugestão de uma causalidade eminentemente normativa, que seria uma causalidade jurídica, "não real" ou "hipotética".[338] São propostas alternativas à clássica investigação da causalidade ontológica da conduta, por vezes, sem maior precisão sobre esses conceitos. Algumas vezes, os conceitos aparentam ser sinônimos, ainda que sem o mesmo significado linguístico. É necessário entender o significado específico de cada conceito e as suas consequências sistemáticas, atentando para duas questões: o que esses conceitos têm de verdadeiramente causal e por que seria suficiente uma causalidade apenas criada pelo direito penal?

3.2. O surgimento da doutrina eminentemente jurídica da causalidade da omissão

3.2.1. A doutrina da "ampliação da causalidade" fundada no "juízo ético" das "regras de vida" (Bar)

O final do século XIX oportunizou também o surgimento da doutrina jurídico-normativa da causalidade contemporaneamente ao debate intenso da causalidade natural da omissão imprópria. Carl Ludwig von Bar é um dos mais destacados autores empenhados na contraposição da compreensão própria do positivismo naturalista, que convoca fundamentos e elementos jurídicos diversos do ordenamento positivo alemão: ora no direito romano, ora no direito inglês.[339]

A doutrina de Bar possui pontos que se mantiveram constantes no seu pensamento, conferindo estrutura e unidade diante das alterações de sua

[338] A expressão "causalidade hipotética" encontra-se, *v.g.*, em LENCKNER; EISELE, "Vorbemerkung zu dem §13", p. 165, nm. 80.

[339] BAR, *Gesetz und Schuld*, respectivamente, §126, p. 246-247 e §139, p. 264, nota 28. Antes especificamente sobre o direito romano, BAR, *Die Lehre vom Causalzusammenhange*, p. 119.

obra. Um dos pontos é a oposição à "teoria da absoluta separação da relação causal e culpa" tão cara ao modelo clássico de crime.[340] O autor considerava que a "solvência" ou dissolução da distinção entre relação causal e culpa abriria caminho para a resolução do problema da causalidade.[341]

A compreensão de base é que as "relações causais em sentido jurídico" não podem ser consideradas "certas e extensas consequências das relações causais naturais".[342] Bar acredita que "devem ser tomadas certas relações" como se fossem causais, nos espaços em que não existe causalidade "em sentido natural".[343] A justificativa para isso seria que o direito requer "não apenas a existência da natureza, senão também a existência dos homens e sua relação conjunta", a qual implica "certo uso da natureza e por isso também uma certa alteração" dela.[344] A doutrina causal de Bar é formada considerando o "significado antropocêntrico das ciências do espírito".[345]

O homem seria causal para o resultado, uma vez que é visto como "condição por meio da qual é normalmente pensado o curso do acontecimento".[346] Já o conceito de causa segue bastante arraigado ao horizonte do naturalismo penal, o qual Bar intenciona superar e se desvela consideravelmente influenciado. A causa significa a "força natural" que aparece como "análoga" ao "querer", como "a condição última para a produção de um acontecimento".[347]

A explicação da causalidade omissiva por meio do conceito de "regras da vida" demonstra o apego de Bar à visão naturalista da realidade. A impossibilidade de entendimento da causalidade omissiva com base na própria manifestação da força mecânica exigiria recorrer a uma "visão da

340 Isso é corretamente observado por LING, *Die Unterbrechung des Kausalzusammenhanges*, p. 54.

341 BAR, *Gesetz und Schuld*, p. 258 e antes em BAR, *Lehre vom Causalzusammenhange*, p. 11 e ss. Assim, como prosseguiu, de algum modo, em WINDELBAND, "Normen", p. 219 e 243.

342 BAR, *Gesetz und Schuld*, p. 258.

343 BAR, *Gesetz und Schuld*, p. 258.

344 BAR, *Lehre vom Causalzusammenhange*, p. 11.

345 LING, *Die Unterbrechung des Kausalzusammenhanges*, p. 45 e 56.

346 BAR, *Lehre vom Causalzusammenhange*, p. 11.

347 BAR, *Lehre vom Causalzusammenhange*, p. 11.

vida", que seria de reconhecimento obrigatório pelo direito.[348] As "regras da vida" tornariam possível perceber quando falta algo que fundamentadamente "se poderia esperar" acontecer, justificando a imputação dos "efeitos perniciosos" àquela falta.[349]

O exemplo apresentado mostra a vinculação à restrita compreensão da ontologia e do mundo natural. O autor sustenta que o "buraco no casco do barco por meio do qual entram as ondas do mar" é igual a nada em sentido puramente físico:[350] a inexistência de algo. Para Bar, a existência efetiva do buraco depende da existência normativa. O autor afirma que o buraco somente "aparece para nós como real" ou "algo com efeitos muito reais", quando visto sob a ótica das "condições para navegar" e das "regras correspondentes à navegação".[351] Em síntese: o buraco no casco não existiria diante da ausência das regras de navegação e sem intenção de navegar. A intenção de navegar, o uso ou proveito que se faz do barco seria o que conferiria existência ao buraco como a algo do mundo não material.

A utilidade acaba por preponderar ao sentido das coisas conferindo existência ontológica. O sentido das coisas não consiste em algo propriamente "útil", na medida em que "nada de imediatamente prático pode ser feito".[352] Mesmo assim, "se figura como necessário", porque, "se o sentido faltasse, o próprio útil ficaria desprovido de significação e por conseguinte não seria útil".[353]

Bar ensina que o direito penal teria interesse apenas nos casos de manifestação "externa do ato de vontade" em que ocorre o "movimento corporal", pois não há relevância em um "puro curso mental interno".[354] Haveria uma exceção nos casos em que a "situação de quietude mental é uma realidade", autorizando que a "saudável visão da vida" veja uma causa do acontecido na falta de algo "que deveria existir".[355] Isto é, a ina-

[348] Bar, *Gesetz und Schuld*, § 137, p. 258.
[349] Bar, *Gesetz und Schuld*, § 137, p. 259.
[350] Bar, *Gesetz und Schuld*, § 137, p. 259.
[351] Bar, *Gesetz und Schuld*, § 137, p. 259.
[352] Heidegger, *Língua de tradição*, p. 9.
[353] Heidegger, *Língua de tradição*, p. 10.
[354] Bar, *Gesetz und Schuld*, § 137, p. 259.
[355] Bar, *Gesetz und Schuld*, § 137, p. 260.

tividade contraria a ação impeditiva devida, sendo a "positiva supressão de um obstáculo para a entrada do resultado", o que justifica ser chamada de "causal".[356]

Bar entende que a capacidade causal da omissão para a ocorrência do resultado "certamente não é" "mecanicamente correta", pois a falta de movimento corporal significa a ausência de ação, conforme a "pura perspectiva mecânica".[357] Acontece que a "vida prática" abandona a fiel exclusividade "à perspectiva mecânica", aceitando que a "causalidade da omissão se baseia num juízo ético", como acontece em vários outros casos.[358] Esse juízo seria encontrado em relações causais em âmbitos específicos no sentido de uma observação "não moral, mas sim jurídica".[359]

Na visão de Bar, a aceitação da causalidade da omissão estaria fundada na "manutenção do ordenamento jurídico" que necessita da "ideal ampliação da relação de causalidade".[360] O autor reconhece que se "poderia denominar" a ampliação da causalidade como "fingida" (*fingiert*), mas ressalva que assim somente seria caso o "conceito de ficção do ser artificial não se fechasse sobre si".[361]

Bar apresenta duas hipóteses para aprovar a existência do nexo causal desde uma percepção intimamente vinculada aos elementos subjetivos. Primeiro, o omitente deve ser culpado quando "ele não é absolutamente descuidado" no caso da execução da atividade ser "tão evidente que todos os interessados a esperam".[362] Segundo, no caso em que a execução da atividade em conformidade com as "regras vigentes sobre a rela-

[356] BAR, *Gesetz und Schuld*, § 137, p. 260. Neste ponto, Bar manifesta abertamente grande proximidade com a proposta de Karl Binding, quem considera ter andado no caminho certo para a solução do problema sem conseguir perceber a diferença entre a "perspectiva puramente mecânica" e a decisiva "observação ética" (BAR, *Gesetz und Schuld*, §137, p. 260, n. 18).

[357] BAR, *Gesetz und Schuld*, §138, p. 261.

[358] BAR, *Gesetz und Schuld*, §138, p. 261 e §137, p. 258.

[359] BAR, *Gesetz und Schuld*, §140, p. 264. No entanto, mais adiante, afirma que a aceitação da causalidade da pura omissão sustenta-se em "percepções moral e jurídica" (*moralischen und rechtlichen Anschauungen*) (BAR, *Gesetz und Schuld*, §141, p. 268), o que se mostra de bondade dogmática questionável no atinente à moralização das categorias jurídico-penais.

[360] BAR, *Gesetz und Schuld*, §141, p. 268-269.

[361] BAR, *Gesetz und Schuld*, v. 2, §141, p. 268-269.

[362] BAR, *Gesetz und Schuld*, v. 2, §141, p. 269.

ção causal" poderia evitar a "ocorrência do resultado lesivo".[363] Nesse seguir, apresenta explicação sustentada na compreensão da doutrina da interferência.[364] O autor considera que existe responsabilidade por dolo quando o "estímulo psíquico" para realizar a atividade é reprimido, pois a "repressão do estímulo para agir" é igual nas consequências à "intervenção positiva do naturalismo" segundo essa "visão prático-ideal".[365]

Há pontos fortes destacáveis na obra de Bar. Primeiro, a consciência da necessidade de identificação de elementos externos que o direito penal precisa obrigatoriamente entender e reconhecer para ser justo e eficiente. Mesmo o pensamento eminentemente normativo da causalidade confirma que a legitimidade da imputação jurídico-penal não depende apenas de elementos legais ou criados pelo direito, mas também de dados de realidade prévios ao reconhecimento jurídico, semelhante à doutrina do positivismo naturalista.[366]

Segundo, destaca a importância da "visão da vida" e da "vida prática" que compõem inevitavelmente o sentido penal, todavia, a indeterminação da conformação da categoria e a ausência da identificação da relação que guarda com a ontologia natural, acaba por fazê-la dogmaticamente pouco aproveitável.

Terceiro, encontra-se a advertência de que a intenção de resolução do problema da causalidade da omissão por meio de definição legal "não é de maneira alguma recomendada", pois as conceituações legais tendem a ser "sem conteúdo" ou "muito complicadas e, exatamente por isso, resultam defeituosas".[367]

Há também considerações críticas à proposta de Bar, já que os estudos não apresentam conclusão clara, superando a concepção do positivismo naturalista e alcançando concretização em uma "doutrina normativa da interferência" como pretendia.

[363] Bar, *Gesetz und Schuld*, v. 2, §141, p. 269.

[364] Bar, *Gesetz und Schuld*, v. 2, §141, p. 269.

[365] Bar, *Gesetz und Schuld*, v. 2, §141, p. 269.

[366] Bar segue orientação no sentido da compreensão de Glaser que oferece melhor esclarecimento do resultado do crime, estudando o resultado natural e o curso causal, com fim de limitar o arbítrio do julgador (Glaser, *Abhandlungen*, p. 294). Para mais detalhes, ver 2ª Parte, Capítulo II, Tópico 2.2.

[367] Bar, *Gesetz und Schuld*, §142, p. 270.

Não se encontra a fundamentação específica da causalidade da omissão e o respectivo modo de verificação. Há apenas a questionável "ampliação da relação de causalidade" que ocorre em detrimento do princípio da legalidade e da certeza da lei penal. O autor reconhece que a ampliação se trata apenas de uma "ficção" jurídica, que resta com o critério legitimador insuficientemente explicado sobre as hipóteses possíveis de ficção causal. Essa doutrina aparenta ser mais um recurso para alcançar legitimidade à responsabilização criminal da omissão diante da compreensão da realidade insuficiente pelo jurista, do que um critério apto a trazer certeza e garantia na realização judicial do direito.

O fundamento da causalidade omissiva baseado estritamente em juízo de natureza ética resgata a questão da relação mantida entre as leis éticas e as leis naturais. Isto é, se as normas éticas precisam ter relação com a prévia realidade natural para terem eficácia e justiça.

A confusão entre os conceitos de causalidade e culpa também é percebida. O autor acredita que a observação da causalidade dependente, em grande medida, da culpa, identificável na verificação da causalidade dolosa e culposa. Traeger criticou essa confusão com dois argumentos. Por um lado, o autor de conduta que fosse "brutal egoísta, maldoso insensível" cujo "tal impulso de agir não aparece" seria "continuamente impune" em razão do seu caráter e condição psíquica.[368] Por outro, haveria uma série de omitentes que não poderiam ser punidos por dolo na "normalidade dos casos", pois "a prova de que esse impulso teria existido não poderia ser realizada".[369]

3.2.2. A doutrina da causalidade a partir da vontade humana (Sigwart)

Christoph Sigwart é um filósofo enquadrado no grupo dos lógicos alemães adeptos à doutrina subjetiva da negação,[370] que segue a filosofia kantiana em certa medida. Especificamente, Sigwart permanece no limite imposto pelo entendimento kantiano no sentido de não alcançar a fundamentação para a realidade da negação a qual abrange o fenômeno

[368] Traeger, *Das Problem der Unterlassungsdelikte/1913*, p. 64.

[369] Traeger, *Das Problem der Unterlassungsdelikte/1913*, p. 64-65.

[370] Brito, *Estudos para a dogmática do crime omissivo*, p. 93.

omissivo. Ao mesmo tempo, Sigwart não oferece solução para o problema da causalidade omissiva regida por uma "uma teoria transcendental do juízo indefinido".[371]

O destaque está na idéia da vontade do homem como elemento propulsor para realizar resultados que alteraram a realidade, uma vez que tanto o repouso, quanto o movimento são igualmente formas de efeitos do querer humano.[372] Sigwart explica que o homem aproveita o efeito das forças da natureza para atingir as suas finalidades,[373] dado que tem "o poder para intervir" e "conforme o seu comportamento" fazer com que seja o "resultado assim ou diferente".[374]

Em razão disso, é preciso ter consciência de que a "causa total" do resultado é composta pela união de forças eficazes e de forças latentes, que não aparecem ostensivamente aos sentidos.[375] É hábito cultural identificar apenas a força eficaz (força positiva do agir) como causa, ainda que os resultados desejados somente possam ser obtidos pela soma total de uma complexidade de condições composta pelo agir e o deixar agir.[376]

Sigwart identifica a vontade do homem como elemento propulsor da realização de resultados que alteraram a realidade, tendo o movimento e o repouso efeitos do querer humano. O esclarecimento dos modos de causação dos resultados pelo homem é um dos seus maiores ganhos compreensivos do fenômeno omissivo, que elucida que a causação de resultados é sempre fruto de uma co-causalidade, comportando forças eficazes (ostensivas) e forças latentes (não ostensivas).

A compreensão filosófica de Sigwart impulsionou penalistas que acolheram as suas premissas ou apresentaram críticas desenvolvendo outras compreensões. Veja-se a doutrina italiana da "causalidade humana exclu-

[371] BRITO, *Estudos para a dogmática do crime omissivo*, p. 93.

[372] SIGWART, "Der Begriff des Wollens", p. 190-191. Semelhante é o ponto de partida da doutrina da "ação concludente" de Augusto Geyer, penalista austríaco seu contemporâneo. Para maiores detalhes sobre a doutrina do efeito psíquico da omissão, ver 2ª Parte, Capítulo II, Tópico 2.3.

[373] SIGWART, "*Der Begriff des Wollens*", p. 192.

[374] SIGWART, "*Der Begriff des Wollens*", p. 193.

[375] SIGWART, "*Der Begriff des Wollens*", p. 192.

[376] SIGWART, "*Der Begriff des Wollens*", p. 191 e ss.

siva" de Antolisei,[377] a proposta francesa de Gand[378] – considerada por Antolisei –[379] e os precursores da causalidade normativa alemã Haupt[380] e Rohland.[381]

Entre as oposições a doutrina de Sigwar, merece destaque a diminuição do âmbito de condutas causais abrangidas pela explicação voltada especialmente para as omissões conscientes e voluntárias. Haupt exemplifica tal constatação com o caso da babá que se "deixa pegar no sono" enquanto está encarregada de cuidar de uma criança que brinca na sala com a janela aberta.[382] Segundo a compreensão de Sigwart, a babá não seria culpada se eventualmente a criança "cai na rua", causando a morte pela queda.[383]

A conduta omissiva nem sempre é dirigida pela vontade de causar o resultado: em uma boa parte dos casos, o que falta é a vontade para a execução concreta da ação que atende ao dever de agir. A crítica de Bar é de que a compreensão de Sigwart acaba por não explicar especificamente como os autores das condutas omissivas são causadores do resultado,[384] ainda que reconheça a necessária co-causalidade. Existe a confusão entre a causalidade e a culpabilidade pela realização da conduta.[385]

3.2.3. A doutrina da imputação na filosofia neokantista (Windelband)

Wilhelm Windelband é um dos filósofos que promoveu o desenvolvimento do neokantismo do sudoeste alemão.[386] O neokantismo do sudo-

[377] Antolisei, *Il rapporto di causalità*, p. 204-206 e 222-225. Para maiores detalhes sobre a doutrina da causalidade humana exclusiva, ver 2ª Parte, Capítulo III, Tópico 3.5.
[378] Gand, *Du délit*, p. 54 e ss., especialmente p. 57.
[379] Antolisei, *Il rapporto di causalità*, p. 151, nota 33.
[380] Sobre a doutrina da causalidade de Haupt, ver 2ª Parte, Capítulo III, Tópico 3.2.4.
[381] Sobre a doutrina da causalidade de Rohland, ver 2ª Parte, Capítulo III, Tópico 3.2.5.
[382] Haupt, "Zur Lehre von den Unterlassungsdelikten", p. 541. Mais adiante, no mesmo sentido, Redslob, *Die Kriminelle Unterlassung*, p. 12-13.
[383] Haupt, "Zur Lehre von den Unterlassungsdelikten", p. 541.
[384] Bar, *Gesetz und Schuld*, §134, p. 256.
[385] Merkel, *Begehung durch Unterlassung*, p. 19.
[386] Hünerfeld, *Strafrechtsdogmatik*, p. 33. Weiglin afirma que teria sido Windelband o responsável por "trazer a existência" do neokantismo na conferência inaugural intitulada a "História e ciências naturais" da sua posse como reitor da Universidade de Strasbourg (Weiglin, *Richard Honig*, p. 46). Radbuch apresentou mais adiante as suas explicações

este alemão propõe um novo método científico específico para a chamada "ciência cultural"[387] com o objetivo de emancipar as ciências culturais do domínio da metodologia das ciências naturais, vigente no positivismo--materialista.[388] O ponto de partida seria o estudo da axiologia para a proposição de uma teoria dos valores específica das ciências empíricas da cultura, abrangendo as ciências jurídicas e diferenciando-se das ciências naturais.[389]

As ciências culturais são historicamente mais recentes e sem a mesma "fundamentação filosófica" das ciências naturais, dedicando grande parte das suas investigações metodológicas à determinação da "essência da própria atividade" científica.[390] A proposta de solução do problema da imputação da omissão pelo neokantismo é um bom exemplo de alteração da concepção do conteúdo, fundamento, sentido e finalidade do direito penal: a essência da atividade jurídico-penal.

O neokantismo do sudoeste alemão assume a tese de que o "esclarecimento e sistematização de leis causais interdependentes ao ser" somente podem ocorrer por meio dos "conhecimentos científicos do reino da

sobre a "realidade e o valor" como continuidade da filosofia que parte de Windelband, passa pelo seu discípulo direto Heinrich Rickert e encontra Emil Lask (discípulo de Rickert) (Radbruch, *Rechtsphilosophie,* p. 91, nota 1). Cabral de Moncada reconhece o seu pensamento como "largamente tributário" da filosofia dos valores em Portugal (Moncada, *Filosofia do direito,* p. 321, nota 1). Sobre a penetração do neokantismo do sudoeste alemão no direito penal, ver Correia, *A teoria do concurso,* p. 70.

387 Rickert, *Ciencia cultural,* p. 26.

388 Rickert, *Ciencia cultural,* p. 25-26; Radbruch, *Rechtsphilosophie,* p. 93. Sobre a proposta de autonomização do neokantismo, ver Larenz, *Metodologia,* p. 125-138; Bronze, *Lições de introdução,* p. 387-388; Hassemer, *Theorie und Soziologie des Verbrechens,* p. 104 e nota 11; Hünerfeld, *Strafrechtsdogmatik,* p. 33-34; Weiglin, *Richard Honig,* p. 46-49; e Hespanha, *O caleidoscópio do direito,* p. 761-762.

389 Rickert, considerando a diferença de objeto e de finalidades, pretende a superação da oposição entre "ciência da natureza" e "ciência do espírito" por uma distinção entre "ciência natural" e "ciência cultural" baseada no especial significado e importância que a cultura confere a determinados elementos, mais que a constatação da "mera natureza" dos "objetos da cultura" (Rickert, *Ciencia cultural,* p. 44). Especificamente sobre o conceito de direito e a "teoria dos valores" no contexto maior de uma "teoria da justiça" de Radbruch, ver Kaufmann, *Filosofia do direito,* p. 62 e 64-66.

390 Rickert, *Ciencia cultural,* p. 34-36.

natureza".[391] Por outro lado, a "existência de valores vigentes" seria o "decisivo" no "reino da cultura". [392] Aqui se funda a separação nítida entre a "realidade" e o "valor", sendo que o reconhecimento metodológico dos valores adviria da "teoria do conhecimento *a priori* das ciências culturais".[393]

Windelband observa corretamente que a responsabilidade penal não depende apenas da observação da causalidade. Portanto, sugere abordagem do problema da causalidade semelhante à empreendida por Sigwart, pois, como filósofo, não se restringe às regras jurídicas, investigando as leis da lógica, ética e estética. Essas normas valoram comportamentos e condicionam aprovações, sem conseguir explicar a causação do resultado criminoso. São normas ideais ("regras de julgamento"), segundo as quais a qualidade axiológica do resultado poderia ser apreciada.[394]

A partir disso, Windelband muda radicalmente a orientação da pergunta da imputação influenciando a doutrina penal ainda hoje.[395] A questão deixa de ser se o autor realmente causou o resultado para se tornar meramente normativa: se "foi ou não realizada a norma", sendo que a realização da norma teria como consequência inexorável a "reprovação" da conduta.[396] Nesse contexto, independente "se algo ou absolutamente nada aconteceu" como resultado.[397] Ao fim, significaria a reaproximação entre os planos de análise objetivo próprio da causalidade e o subjetivo próprio da culpa, pois a investigação moral ou jurídica da causalidade remete às leis lógicas, éticas e estéticas: "normas ideais".[398]

Ao fim, não é propriamente uma doutrina da causalidade da omissão imprópria e, sim, da responsabilidade penal, independente da causação do resultado. Os resultados são diversos dos buscados no direito penal por não assumir o desafio de certeza do direito próprio da legalidade do

[391] HÜNERFELD, *Strafrechtsdogmatik*, p. 33.
[392] HÜNERFELD, *Strafrechtsdogmatik*, p. 33.
[393] HÜNERFELD, *Strafrechtsdogmatik*, p. 33.
[394] WINDELBAND, "Normen", p. 286.
[395] Sobre as doutrinas normativas da imputação negadoras da causalidade omissiva, ver 2ª Parte, Capítulo IV.
[396] WINDELBAND, "Normen", p. 313-314.
[397] WINDELBAND, "Normen", p. 314.
[398] WINDELBAND, "Normen", p. 219 e 243.

tipo penal. A proposta acaba por não conseguir determinar a diferença entre a causalidade e responsabilidade penal.[399]

3.2.4. A doutrina da causalidade segundo a filosofia de Schopenhauer (Haupt)

Friedrich Haupt reconhece que o debate sobre os crimes omissivos impróprios tem sido conduzido por juristas e também por filósofos. Haupt adota como ponto de partida a lição de Sigwart[400] de que o repouso e movimento são efeitos do querer humano e, portanto, impedir o movimento não é menos causal que impulsionar o movimento.[401] O afastamento de Sigwart ocorre no desenvolvimento do seu pensamento que se aproxima da filosofia e especialmente do conceito de causa de Arthur Schopenhauer.[402]

Haupt arranca do que há de mais fundamental e decisivo na explicação causal. Schopenhauer entende que o "verdadeiro e completo conteúdo das leis causais", que se perfaz na constatação de que "toda mudança no mundo material só pode ocorrer, contanto que tenha acontecido uma outra imediata a ela".[403] Isso é assim porque "a lei da causalidade se baseia exclusivamente em mudanças" relativas à "entrada e saída de estados no tempo", nas quais o que se denomina "primeiro causa, depois [se] chama

[399] Mesmo Schwarz, que segue a doutrina da causalidade jurídica de Sauer, admite que Windelband escreve "muito como filósofo e pouco como jurista", pois "não separa precisa e nitidamente" os conceitos de causalidade e responsabilidade penal, acabando por os sobrepor (SCHWARZ, *Die Kausalität*, p. 62).

[400] HAUPT, "Zur Lehre von den Unterlassungsdelikten", p. 533. A preocupação de Haupt é a omissão imprópria, porque considera que não há problema nos "omissivos próprios", já que "omissão em si mesmo lesiona a norma" (HAUPT, "Zur Lehre von den Unterlassungsdelikten", p. 546).

[401] HAUPT, "Zur Lehre von den Unterlassungsdelikten", p. 533. Para mais detalhes sobre Sigwart, ver 2ª Parte, Capítulo III, Tópico 3.2.2.

[402] HAUPT, "Zur Lehre von den Unterlassungsdelikten", p. 533-534 e 536.

[403] SCHOPENHAUER, *Welt als Wille und Vorstellung*, p. 499; HAUPT, "Zur Lehre von den Unterlassungsdelikten", p. 534.

efeito".[404] Aliás, mesmo fora da matéria, "permanecem intactas" as "infinitas cadeias causais de causas e efeitos".[405]

Schopenhauer destaca o quanto "pernicioso" é "para a clareza do pensamento" persistir na "frequente" e indesejada "confusão entre força natural e a causa".[406] O filósofo enfatiza que é "impossível" trazer nitidez à compreensão filosófica "até que não seja distinguido claramente força e causa como coisas totalmente diferentes".[407] Em outras palavras, pode-se dizer que nem todas as causas são propriamente forças, nem todas as forças são causas do resultado. Exatamente por isso, Haupt considera equivocada a compreensão, difundida na doutrina penal, de que o "conceito de causa encerra internamente o reconhecimento do conceito de força".[408]

Schopenhauer parte desta base no reconhecimento e categorização de três diferentes formas de causalidade na natureza. Primeiro, a "causa em sentido estrito" designa as mudanças realizadas no "reino inorgânico", aquelas adstritas ao domínio da mecânica, da física e da química.[409] A segunda forma de causalidade refere-se ao "estímulo" que "domina a vida orgânica como tal", ou seja, as plantas, os vegetais e a "parte inconsciente da vida animal".[410] A terceira forma de causalidade consiste no "motivo" que "dirige" a "ação" no conjunto da "vida animal", nomeadamente as ações "externas" e "com consciência" de todos os animais.[411]

A diferença entre as três formas de causalidade estaria evidenciada na resposta à pergunta sobre a possibilidade da omissão ser causal para

[404] SCHOPENHAUER, *Über die vierfache Wurzel*, § 20, p. 51.

[405] SCHOPENHAUER, *Über die vierfache Wurzel*, §20, p. 60; HAUPT, "Zur Lehre von den Unterlassungsdelikten", p. 535.

[406] SCHOPENHAUER, *Welt als Wille und Vorstellung*, p. 503 e, antes, SCHOPENHAUER, *Über die vierfache Wurzel*, §20, p. 60. Nesse contexto, Gottlieb destaca que "leis da motivação" são um "gênero da lei causal" (GOTTLIEB, *Schopenhauers Einfluß*, p. 30). Haupt observa que essa "confusão" se encontra nos equivocados conceitos de causa em Binding, Hälschner, Buri e Glaser (HAUPT, "Zur Lehre von den Unterlassungsdelikten", p. 536, nota 4).

[407] No original de Schopenhauer, "*so lange darin Kraft und Ursache nicht als völlig verschiedenen deutlich erkannt werden*" (SCHOPENHAUER, *Welt als Wille und Vorstellung*, p. 503).

[408] HAUPT, "Zur Lehre von den Unterlassungsdelikten", p. 541.

[409] SCHOPENHAUER, *Über die vierfache Wurzel*, § 20, p. 62.

[410] SCHOPENHAUER, *Über die vierfache Wurzel*, § 20, p. 62.

[411] SCHOPENHAUER, *Über die vierfache Wurzel*, § 20, p. 62.

o resultado. Nas duas primeiras formas de nexo causal, a viabilidade da "pergunta formulada" é negada.[412] Já na terceira modalidade causal relativa à "motivação dos Seres animais", a inatividade é seguramente determinante para a ocorrência do resultado, pois a inatividade é uma das formas de obtenção de resultados com a sua conduta.[413]

Haupt exemplifica com duas situações cotidianas. Primero, a tentativa de acender um cigarro em um espaço aberto, depende que o vento não apague o fogo. Segundo, o observador do lápis que rola até cair da mesa. A inexistência do vento em intensidade suficiente para apagar o fogo e a inatividade do observador são elementos causais para a ocorrência do resultado, todavia, o vento não pode ser motivado a apagar o fogo, enquanto o observador pode ser motivado "por meio do seu intelecto".[414] Haupt conclui que a capacidade motivacional de intervenção na determinação do resultado somente existe no segundo exemplo.

Haupt segue a elucidação de que o "problema da relação causal é totalmente diferente do problema da culpa"[415] feita por Glaser aproximadamente duas décadas antes.[416] Esse entendimento é uma exceção entre os primeiros autores da doutrina exclusivamente normativa da causalidade.

Alguns méritos da doutrina de Haupt merecem destaque. A convocação da filosofia de Schopenhauer é valiosa e insuficientemente estudada no esclarecimento da conduta omissiva. Os conceitos da dogmática penal são geralmente sustentados no horizonte filosófico compreendido entre o pensamento de dois filósofos: Kant e Hegel.[417] Esse horizonte

412 Haupt, "Zur Lehre von den Unterlassungsdelikten", p. 539.

413 Haupt, "Zur Lehre von den Unterlassungsdelikten", p. 539.

414 Haupt, "Zur Lehre von den Unterlassungsdelikten", p. 539-540.

415 Haupt, "Zur Lehre von den Unterlassungsdelikten", p. 534.

416 Glaser, *Abhandlungen*, p. 300-301. Para mais detalhes sobre a doutrina de Glaser, ver 2ª Parte, Capítulo II, Tópico 2.2.

417 Por exemplo, no âmbito da doutrina da pena na Alemanha, Hörnle afirma que a filosofia de Kant e Hegel não são "parte da exposição da história das idéias", mas seguem a "base dos princípios defendidos hoje" (Hörnle, "Gegenwätige Strafbegrundüngstheorien", p. 11). No final dos anos 70 do século passado, Seelmann descreveu o afastamento da doutrina penal de Hegel, mesmo entre autores que mencionavam ostensivamente a terminologia hegeliana, uma vez que a literatura penal desconheceria o verdadeiro sentido da pena no conjunto da obra de Hegel (Seelmann, "Hegels Straftheorie", p. 687 e 691).

fundamenta e determina o sentido dos conceitos, sendo identificáveis nas caraterísticas específicas de cada formulação. Schopenhauer propôs a superação de Kant, em diversos pontos, e de Hegel, que era seu contemporâneo visto como o grande filósofo alemão à época.

Schopenhauer ultrapassa a visão mecanicista sobre a natureza da filosofia de Hume, permitindo a dogmática melhor reaproximação com o mundo natural. Destaque-se que Schopenhauer mostra que "força" e "causa" não são sinônimos no mundo natural, o que limita amplamente a compreensão do fenômeno. Essa associação à compreensão de Haupt não apresenta solução para todos os casos de condutas omissivas impróprias,[418] semelhante ao que ocorreu com outras anteriores e posteriores. Sua contribuição esclarece apenas a possibilidade de motivação de outras pessoas, que tornam possível o efeito ofensivo por parte da omissão. Isso significa o aproveitamento da explicação de Geyer sobre o que denominou como "omissões concludentes". Haupt ensina como os homens podem ser determinados por elementos físicos ou motivacionais, mas não responde à questão de até que ponto os homens causam o resultado pela conduta omissiva e quais são os limites da responsabilidade penal por omissão.

A inconsistência levantada por Boyè na doutrina de Haupt parece não ser justificada. Haupt é criticado por distinguir a "causalidade na natureza restante e causalidade junto aos homens", sustentado na capacidade motivacional do humano, de forma a confundir o plano objetivo com o subjetivo.[419] Ambas as formas causais são igualmente um elo da cadeia de produção do resultado, o que não é negado por Haupt, haja vista o exemplo do vento que apaga o cigarro. A diferença está na leitura seletiva que Haupt empreende na segunda parte, captando apenas os cursos causais com relevância penal. Isso está claro na pergunta formulada pelo autor, direcionada exclusivamente aos cursos causais que tem como elo anterior uma conduta humana.

418 SCHWARTZ, *Die Kausalität*, p. 63.

419 BOYÉ, *Über das Commissivdelikt durch Unterlassung/1893*, p. 17, seguido por KOLLMANN, *Die Stellung des Handlungsbegriffes*, p. 147, nota 5.

3.2.5. A doutrina da "observação psicológica da causalidade" conforme a "finalidade do direito" (Rohland)

A orientação de Woldemar von Rohland advém do horizonte compreensivo influenciado pelas propostas dos filósofos Sigwart e Windelband. Rohland fundamenta a causalidade da omissão considerando um percurso que parte do "princípio do conhecimento"[420] para chegar ao "princípio do julgamento".[421]

O "princípio da finalidade" é elemento central e fundamento para toda a imputação,[422] o que possibilita uma das mais expressivas e claras manifestações da relevância dos fins no conjunto da doutrina normativa da causalidade.[423] Rohland leva a normativização da causalidade ainda mais longe, por meio do que denomina como "doutrina causal prática", cujo pilar mestre assenta no julgamento sobre o "que nos parece como um acontecimento" e não na investigação sobre "o que realmente acontece".[424]

Rohland reconhece que a "observação causal prática" adota uma "matiz subjetivista" psicológica que apresenta a causa como "o que surte efeito sobre nós", substituindo o "conceito de ter efeito" pelo de "ter efeito em nós" (*Auf-uns-wirkens*).[425] A explicação para tanto é reivindicada na "lei psicológica" que estabelece "como causal" aquilo que tem efeito sobre nós e como não causal "o que não tem efeito sobre nós".[426] Nesse contexto, é indiferente se foi o que realmente aconteceu, se "nos tem efeito corporalmente" ou se "influencia espiritualmente", porque o que interessa é a influência que tem em nós, afetando "os nossos interesses".[427]

[420] Segundo essa orientação, o "princípio de observação causal" é "puramente um princípio do conhecimento" (ROHLAND, *Die Kausallehre des Strafrechts*, p. 12), o que mostra a assunção da compreensão filosófica de Kant ainda que em parte.

[421] ROHLAND, *Die strafbare Unterlassung*, p. 122.

[422] *V.g.*, em ROHLAND, *Die Kausallehre des Strafrechts*, p. 10-19, especialmente, p. 11-13.

[423] A preocupação com os fins é maior nas doutrinas eminentemente normativas da causalidade do que nas doutrinas etiológicas da causalidade como força mecânica.

[424] ROHLAND, *Die Kausallehre des Strafrechts*, p. 10.

[425] ROHLAND, *Die Kausallehre des Strafrechts*, p. 10.

[426] ROHLAND, *Die Kausallehre des Strafrechts*, p. 10 e 13.

[427] ROHLAND, *Die Kausallehre des Strafrechts*, p. 10.

O autor acredita haver duas perspectivas do acontecimento causal: uma do "ponto de vista da faticidade do acontecimento" e outra do "ponto de vista finalidade".[428] Segundo o "ponto de vista da facticidade do acontecimento", Rohland entende que "todos os processos" causais possuem o mesmo significado e importância.[429] Todas as consequências aparecem como iguais em uma suposta indiferenciação valorativa por parte do observador, de modo que o "princípio da observação causal" consiste num princípio de "esclarecimento" ou "explicação": o "puro princípio do conhecimento".[430]

A situação é compreendida de modo distinto do ponto de vista da finalidade. O "agir humano" está sempre acompanhado de alguma finalidade, motivo pelo qual a "causalidade final é por excelência a causalidade do homem".[431] Em síntese, "nas condutas humanas vige o princípio que toda relação causal é também relação final".[432]

A mudança da pergunta e da proposta causal, como proposto por Windelband, indicava a troca da "finalidade de esclarecimento" para apenas a finalidade de "julgamento".[433] Portanto, na realidade própria do direito penal, o "princípio do conhecimento" se transformaria no "princípio do julgamento".[434] Os valores tidos sob a "influência do princípio da finalidade" assumem "outro caráter" que não apenas o entendimento como "valores em si".[435] Isto é, os valores deixam de ser "valores experienciais" para serem "valores finais".[436]

É retomada a constatação de que a causalidade nem sempre coincide objetivamente com a percepção comunitária dos fenômenos causais. Rohland amplia mais adiante na generalização: "o que é visto puramente objetivo causal e o que nos aparece como causal não estão de acordo".[437]

[428] Rohland, *Die Kausallehre des Strafrechts,* p. 11-12.
[429] Rohland, *Die Kausallehre des Strafrechts,* p. 11-12.
[430] Rohland, *Die Kausallehre des Strafrechts,* p. 12.
[431] Rohland, *Die Kausallehre des Strafrechts,* p. 13.
[432] Rohland, *Die Kausallehre des Strafrechts,* p. 13.
[433] Rohland, *Die Kausallehre des Strafrechts,* p. 14.
[434] Rohland, *Die strafbare Unterlassung,* p. 122.
[435] Rohland, *Die Kausallehre des Strafrechts,* p. 12.
[436] Rohland, *Die Kausallehre des Strafrechts,* p. 12.
[437] Rohland, *Die Kausallehre des Strafrechts,* p. 11.

Assim sendo, algo que realmente atua poderia não ser representativo na "observação psicológica" e algo que "não preenche o tipo de atuar" é capaz de ter efeitos sobre nós.[438] A observação psicológica oportunizaria tanto o "conceito de causalidade limitado", quanto a sua "ampliada função".[439] Logo, haveria a parcial ampliação da função causal especificamente na causalidade omissiva.

Rohland propõe a distinção entre o que denomina como causação direta e indireta em relação aos modelos de causalidade. A causação direta compor-se-ia do resultado positivo causado pela ação do crime comissivo e do resultado negativo próprio do crime omissivo.[440] A causação indireta abrangeria o crime comissivo por omissão e o crime omissivo por comissão.[441]

Esse entendimento da causalidade da omissão imprópria supera as orientações da "ação positiva como a verdadeira causa" e da transformação da "omissão numa ação positiva".[442] No caminho de Sigwart, Rohland afirma que causal para o resultado "é muito mais a omissão como tal" que "não põe a contra-causa contra o resultado"[443] quando era para se esperar o impedimento. A omissão "só é causal na exata medida que uma ação era esperada", pois apenas em consideração ao "âmbito da expectativa a omissão quer representar uma mudança".[444] O centro da discussão troca da causalidade para o dever de garante, devendo-se retornar à colocação do problema e à solução na doutrina do dever, como proposta em Feuerbach.[445]

[438] ROHLAND, *Die Kausallehre des Strafrechts,* p. 11.

[439] ROHLAND, *Die Kausallehre des Strafrechts,* p. 11. A funcionalização do nexo causal voltou a ser trazida doutrinalmente com a concepção da "causalidade funcional" de Ernst Lampe, aproximadamente 86 anos depois de Rohland. Isso demonstra certa permanência de ideais no grupo das doutrinas normativas.

[440] ROHLAND, *Die Kausallehre des Strafrechts,* p. 57.

[441] ROHLAND, *Die Kausallehre des Strafrechts,* p. 57 e 59.

[442] ROHLAND, *Die Kausallehre des Strafrechts,* p. 58.

[443] ROHLAND, *Die Kausallehre des Strafrechts,* p. 59. A "transgressão de uma proibição por omissão" ocorre quando o omitente, "obrigado a evitar o perigo, dolosa ou negligentemente, não toma a devida ação de evitação", causando, "na sequência da falta", a ocorrência do "resultado contrário ao direito" (ROHLAND, *Die Kausallehre des Strafrechts,* p. 58).

[444] ROHLAND, *Die Kausallehre des Strafrechts,* p. 59.

[445] ROHLAND, *Die strafbare Unterlassung,* p. 122.

A doutrina Rohland possui ideias claras que merecem críticas. A primeira objeção localiza-se no fundamento de partida do autor. Há a perceptível confusão entre a "causalidade" e a "observação da relação de causalidade", que segue não esclarecida em várias compreensões posteriores. A causalidade não é passível de subjetivação por se tratar de um fenômeno objetivo do mundo real reconhecido como elemento do tipo objetivo.[446] Essa confusão permitiu percorrer o caminho incerto do subjetivismo penal. A subjetivação é o modo de observação do fenômeno e não o próprio fenômeno que pode ser lido objetivamente, conforme expõe Rohland no início da sua argumentação sobre a "observação causal prática".

A segunda contestação trata da pretensão de substituição da investigação do nexo causal pelo simples reconhecimento normativo do nexo. A relação de causalidade é um fenômeno da realidade reconhecido e explicado, não podendo ser teoricamente construído. O fenômeno acontece independente de qualificações cognitivas ou capacidades humanas de observação.

Rohland denomina de causalidade, porém subverte o fundamento, o conteúdo e o sentido da teoria da causalidade. O autor alarga o conceito de causação ampliando as condutas que podem ser criminalizadas, de modo a encontrar a causalidade em circunstâncias nas quais não existe. A ampliação do referencial da causalidade é apenas para fins de criminalização e não para a delimitação e crítica à legislação. Trata-se de construção teórica que subordina a ontologia causal à função social da causalidade (subordinação do Ser à suposta função do Ser), quando a função da causalidade deveria decorrer da sua ontologia.

Rohland comete equívoco metodológico que compromete toda a sua orientação, vez que não parte do fenômeno omissivo geral para definir a omissão jurídico-penalmente. Ao invés, o conceito de omissão é tomado como base para a escolha tópica de hipóteses para as quais tenta a fundamentação da causalidade, o que resulta insatisfatório.[447] O recurso à doutrina do dever jurídico formal não soluciona o problema causal, pois

446 O próprio autor reconhece quando trata da "causalidade do ponto de vista da realidade do evento" (ROHLAND, *Die Kausallehre des Strafrechts,* p. 11-12).

447 SCHWARZ, *Die Kausalität*, p. 70.

renuncia o referencial da causalidade sem explicar o fenômeno causal.[448] Essa renúncia do referencial causal dificulta a compreensão do necessário reconhecimento da causalidade dos fenômenos para a instituição legítima do dever jurídico-penal.

Além disso, os equívocos iniciais acarretam a incompreensão sobre a importância da determinação do limite entre a verificação da causalidade e o juízo de culpa. Rohland afirma que "causalidade e responsabilidade estão em mais estreitas ligações no direito penal", sem dizer que a causalidade é um pressuposto para a responsabilidade penal.[449] O resultado é desvinculação da responsabilidade penal da verificação da causalidade, deixando de aproveitar os ganhos compreensivos das compreensões anteriores.[450]

3.2.6. A doutrina da causalidade da "ordem social" (Kohler)

A produção de Josef Kohler sobre o nexo de causalidade dos crimes omissivos impróprios ocorreu no início da última década do século XIX. Kohler propõe a transferência do referencial da doutrina da imputação da realidade natural para a social, pois acredita que o motivo de tantos "esforços incorretos" e "controversos" está na pretensão de um "direito universal geralmente válido".[451]

A causalidade dos crimes omissivos não poderia ser submetida ao "puro causalismo natural", sendo determinada pelo "causalismo de ordem social".[452] Isso suportaria a significativa "relatividade dos princípios jurídicos", já que "a consideração jurídica das leis causais não é para toda a ordem social"[453] e a resposta do direito é condicionada pelo "histórico desenvolvimento cultural".[454]

[448] Essa crítica encontra-se em Merkel, *Lehrbuch/1889*, p. 114-115. Para maiores detalhes, ver 2ª Parte, Capítulo II, Tópico 2.2.

[449] Rohland, *Die strafbare Unterlassung*, p. 122.

[450] Por exemplo, Julius Glaser e, depois no seu tempo, Friedrich Haupt.

[451] Kohler, *Studien/1890*, p. 45.

[452] Kohler, *Studien/1890*, p. 45. No Brasil, afirmando que a omissão "é causa do resultado no sentido da sociedade e da história", ver Luna, "A causalidade na omissão", p. 334-335.

[453] Kohler, *Studien/1890*, p. 45.

[454] Kohler, *Studien/1890*, p. 47.

Trata-se de orientação com bases no mecanicismo que recorre à sociedade como forma de abertura a outras realidades para além da natureza. Veja-se que Kohler compreende os homens não são puramente "fatores eficazes externos" de uma realidade natural, sendo também "rodas e manivelas" da "ordem social".[455] A conduta omissiva quando a ação era esperada "retira uma roda da engrenagem da ordem social", de modo que o omitir é causal ao deixar de evitar o resultado.[456] Kohler acredita que a identificação da causalidade subordina-se à existência do dever de garante do bem jurídico, sendo que "quanto mais especial é o dever, mais fácil é para reconhecer uma causalidade".[457]

O conceito avançado por Kohler resulta sem conteúdo e sem limites determinados acerca do que exatamente se entende pela causalidade da omissão. O autor não elucida a relação entre a fenomenologia causal e o direito quando imputa a incorreção dos esforços dogmáticos à intenção de constituir um "válido direito universal". Em verdade, não é a validade universal do direito que está em causa. O direito como prática cultural tem o seu sentido e legitimidade dados em razão do tempo e do local de manifestação.

O modo e o âmbito de reconhecimento do fenômeno causal podem variar, mas a sua existência no mundo natural permanece inalterada. A valoração jurídica dos fenômenos e a legitimidade dos crimes omissivos dependem dessa realidade pré-jurídica que é valorada, servindo de base fenomenológica para a normativização. Logo, a questão é sobre a forma como a comunidade identifica e interage com as leis causais.

Kohler oscila entre a causalidade e a responsabilidade penal sem oferecer distinção segura entre os elementos, pois, para o autor, a existência da causalidade depende da ordem social que, ao fim, remete ao ilícito criminal. Trata-se de problema lógico e sistemático, porque a constituição do ilícito provém da leitura fenomenológica da conduta social desvaliosa causadora do resultado desvalioso. Isto é, a argumentação de que deriva o pressuposto da causalidade da posterior conclusão pela criminalização da conduta causal caracteriza uma *petitio principii*.

[455] Kohler, *Studien/1890*, p. 46.
[456] Kohler, *Studien/1890*, p. 46.
[457] Kohler, *Studien/1890*, p. 54.

3.3. A doutrina da chamada "quase-causalidade" ("*Quasikausalität*") desenvolvida no pensamento austríaco

A expressão "quase-relação causal" foi utilizada por Leopold Zimmerl na literatura penal austríaca da primeira metade do século XX.[458] O objetivo era a diferenciação entre a ligação do omitir com o resultado e a "relação causal" própria apenas dos crimes de ação.[459] Theodor Rittler[460] propõe o conceito de "'quase-causalidade'" (*Quasikausalität*) na primeira edição do manual alguns anos depois, em 1933.[461] Esse conceito fez escola como expressão do pressuposto e do ideal da doutrina eminentemente normativa da causalidade. O ponto fundamental é a negação da explicação do resultado com base em "fatores causais" mecânicos,[462] sem superar a necessidade de explicação da causação do resultado da omissão.

Rittler acolhe o entendimento de Stooß de que "quem causar o resultado" e quem "não evitar o resultado", quando tinha condições de agir, estão em condições iguais para a ocorrência do resultado.[463] O acolhimento do entendimento ocorre mesmo diante da falta de cláusula de equivalência típica entre a ação e a omissão no ordenamento penal austríaco da época.[464] O fundamento da igualdade foi sustentado com base na finalidade normativa e não no eventual "multiplicar" da figura típica pela analogia.[465] Stooß afirma que a mãe que não alimenta o filho que

[458] Zimmerl, *Zur Lehre vom Tatbestand/1928,* p. 21.

[459] Zimmerl, *Zur Lehre vom Tatbestand/1928,* p. 21.

[460] Theodor Rittler e Friederich Nowakowski foram os Professores membros da chamada "grande comissão de direito penal" que elaborou os projetos que resultaram no Código Penal austríaco de 1974 (Schick, "Strafrecht und Strafprozessrecht", p. 215).

[461] Rittler, *Lehrbuch/1933,* p. 80. A primeira edição do manual de Rittler indica que a obra teria na base o livro "Esboço de Direito Penal" de Heinrich Lammasch, no qual Rittler trabalhou como atualizador. Todavia, Lammasch não utiliza o conceito de quase-causalidade, fundamentando a causalidade da omissão em um "ponto de vista ético e jurídico" (Lammasch, *Grundriss/1926,* p. 130), o que não se pode deixar de notar que encontra semelhança no que fora desenvolvido na obra de Bar.

[462] Rittler, *Lehrbuch/1954*, p. 113.

[463] Stooß, *Lehrbuch/1913,* p. 111 e, depois, Rittler, *Lehrbuch/1954*, p. 113.

[464] Na parte geral do Código Penal Austríaco de 1852, não havia nem mesmo a disciplina dos crimes comissivos por omissão. Todavia, era punido o delito de infanticídio no §139 nos casos de "omissão intencional" (Gräsel, *Die Unterlassungsdelikte*, p. 34).

[465] Stooß, *Lehrbuch/1913,* p. 111.

morre por inanição e uma qualquer mulher que não alimenta a criança são comportamentos iguais diante das leis causais e diferentes diante dos deveres penais.[466]

Rittler considera a concepção de Stooß adequada em relação aos resultados das doutrinas da causalidade da omissão e distante nos fundamentos.[467] Ao lado da relação de causalidade identificada nos "crimes comissivos por meio de condutas positivas", existiria um nexo mais tênue próprio dos crimes comissivos por meio de omissão (omissões impróprias) denominado de "relação de quase-causalidade".[468] Rittler discorda da noção de "relevância"[469] da conduta empregada por Traeger para o esclarecimento da determinação do resultado pela omissão.[470]

A doutrina de Rittler é elogiável na equivalência do desvalor jurídico da causação positiva e da causação negativa do resultado, como havia percebido Stooß.[471] O estudo da origem do conceito da quase-causalidade é justificado em função da repetição em autores posteriores.

No direito penal austríaco, Friedrich Nowakoski segue a compreensão de Rittler e de Foltin sem oferecer maiores explicações.[472] No direito penal da antiga Tchecoslováquia, o conceito é empregado por Edgard Foltin, discípulo de Ernest Beling, que divergiu da doutrina do seu mestre neste ponto.[473] Mais adiante, no direito penal alemão, identifica-se o conceito grafado como no original (*Quasikausalität*) em Graf

[466] STOOß, *Lehrbuch/1913*, p. 111.

[467] RITTLER, *Lehrbuch/1954*, p. 113 e nota 5.

[468] RITTLER, *Lehrbuch/1954*, p. 113 e, na primeira versão do manual, RITTLER, *Lehrbuch/1933*, p. 80.

[469] TRAEGER, *Das Problem der Unterlassungsdelikte/1913*, p. 21-22.

[470] RITTLER, *Lehrbuch/1954*, p. 113, nota 6.

[471] Todavia, a doutrina de Rittler é inaceitável na parte que acompanha Stooß na percepção de que "muitos veriam a omissão como causal mas isso não é verdadeiro" (STOOß, *Lehrbuch/1913*, p. 111).

[472] NOWAKOWSKI, *Das österreichische Strafrecht/1955*, p. 49.

[473] Com imediata menção à primeira edição do manual de Rittler de 1933 (FOLTIN, *Grundzüge/1936*, p. 9 e 47).

zu Dohna[474], ou com hífen (*Quasi-kausalität*) em Schaffstein,[475] Schünemann[476] e Naucke.[477]

Para Kühl, ao menos uma "chamada quase-causalidade" é vista como "possível e também exigível" para "fazer justa" a "avaliação da relação entre a omissão e resultado".[478] A qualificação como sendo de uma relação de causalidade "normativa", "hipotética" ou "quase-causal" consta indistintamente no manual de Baumann, Weber e Mitsch[479] e, na Espanha, em Silva Sánchez.[480] A expressão "quase-causalidade" sem distinção precisa da "causalidade" está no Comentário ao Código Penal de Rudolphi e Stein.[481] No Brasil, Juarez Cirino,[482] Luis Greco[483] e, em Portugal, Sousa Mendes e José Carmo identificam uma relação de "causalidade

[474] Graf Zu Dohna, *Der Aufbau der Verbrechenslehre/1941,* p. 12-14.

[475] Schaffstein, "Die Risikoerhöhungs", p. 172.

[476] Schünemann, *Unternehmenskriminalität und Strafrecht,* p. 207 e, mais adiante, Schünemann, "Strafrechtdogmatische und kriminalpolitische Grundfragen", p. 45, ponto 5.

[477] Naucke, *Strafrecht,* §7º, p. 291-292, nm. 267.

[478] Kühl, "Vorbemerkung §13", p. 73, nm. 12 e, antes, KÜHL, *Strafrecht,* p. 585, nm. 35.

[479] Baumann; Weber; Mitsch, *Strafrecht,* §15, nm. 24, p. 271. Também, "hipotética" e "quase-causal", em Stree; Bosch, "§13 Begehung durch Unterlassen", p. 201, nm. 61; Freund, *Erfolgsdelikt,* p. 19 e 20; e, depois, Freund, *Strafrecht,* §6, nm. 103, p. 246. Tonio Walter indica haver consenso sobre a existência ao menos de uma relação de "quase-causalidade jurídica" entre omissão e o resultado (Walter, "Vorbemerkungen zu §§13ff", p. 751, nm. 86).

[480] Silva Sánchez não aponta exatamente o sentido de "'causalidade da omissiva'", uma vez que enuncia uma série de conceitos, significando apenas um "critério de imputação objetiva que expressa a ideia de evitação do resultado". A "'quase-causalidade'" ou a "'causalidade hipotética'" são apresentados como conceitos sinônimos (Silva Sánchez, *El delito de omisión,* p. 212).

[481] Os autores mencionam os conceitos sem dizer qual deles é acolhido. Qualquer deles poderia ser renunciado mediante o acolhimento da exigência da "imputabilidade objetiva da entrada do resultado". Vale destacar que os autores não deixam de reconhecer que os "cursos dos acontecimentos" são "subordinados a leis naturais" (Rudolphi; Stein, "Vorbemerkungen zu §13", nm. 23, p. 20).

[482] Santos, *Direito penal,* p. 202.

[483] Greco, "Kausalitäts- und Zurechnungsfragen", p. 675. Greco emprega o conceito de causalidade da omissão imprópria, mesmo referindo uma "quase-causalidade" ou uma "causalidade hipotética". A preferência do autor pela denominação "causalidade da omissão" não se deve à razão ontológica ou fundamental, senão ao mais curto e belo apelo estilístico (Greco, "Kausalitäts- und Zurechnungsfragen", p. 675).

hipotética" ou também denominada "quase-causalidade" na omissão imprópria.[484]

Todavia, a doutrina da quase-causalidade merece reflexão minuciosa, sendo a tentativa de explicação do nexo de quase-causalidade por Edgar Foltin um referencial dessa compreensão. A expressão "quase-causalidade" deixa indefinido exatamente quais seriam as características da relação de causalidade que estariam presentes e quais ausentes na noção quantitativa de quase.

Se a causalidade é algo real dos fenômenos empíricos e não algo ideal apenas da lógica ou dos pensamentos, poderia se perguntar: o que seria a experiência fenomenológica quase-causal?

A dúvida vai além da análise filológica da ligação entre a linguagem e a lógica, vez que, pelo conceito de "quase-causal", se entendem fenômenos não compreendidos no conceito de causalidade. A referência à causalidade para a legitimação objetiva do direito penal não é perdida integralmente na quase-causalidade, seguindo a longa tradição ontológica da causalidade a inspirar a construção linguística do conceito de "quase-causalidade".

Contudo ainda não se encontra o esclarecimento do que precisamente se mantém do sentido e das caraterísticas do fenômeno causal, o que causa a produção de conceito indefinido diante das exigências de taxatividade do princípio da legalidade e da eficácia na aplicação da lei penal. Veja-se que o sentido, o valor e as finalidades de orientação do direito oferecidos pelo nexo causal são próprios do reconhecimento do fenômeno causal.

Foltin não explica o procedimento de constatação da causalidade e o que o diferencia da verificação quase-causal. Nesse sentido, o autor acolhe a fórmula da *conditio sine qua non* invertida, verificando a existência do nexo com a seguinte questão: ocorreria o resultado se fosse realizada a conduta omitida? Foltin ensina que, se for respondida a pergunta "com um 'não', então aquele que omitiu terá por assim dizer causado o resultado".[485] A indefinição do conteúdo do "nexo quase-causal" é ainda

[484] Mendes; Carmo, "Um modelo semântico", p. 75, nota 2 e, no mesmo sentido, na Alemanha, antes, Kindhäuser, *Strafrecht*, p. 296, nm. 14.
[485] Foltin, *Grundzüge/1936*, p. 47.

mais problemática na investigação da causalidade no caso em concreto, pois é incerta a natureza do fenômeno que deveria ser verificado por essa doutrina.

Há duas hipóteses possíveis sobre a natureza da "quase-causalidade" no pensamento de Foltin, ambas dependendo do significado da expressão alemã "*gleichsam*". Uma primeira acepção percebe "*gleichsam*" como sinônimo de "mais ou menos" alguma coisa, sendo adequado à formulação latina "quase" (*quasi*) para a definição do conceito. O omitente "seria mais ou menos causador" ou "quase-causador" do acontecimento, mas lhe seria imputada a responsabilidade como se fosse o efetivo causador do resultado. Essa hipótese contraria as exigências de certeza e de determinação do direito decorrentes dos princípios da legalidade e da culpabilidade pelo fato.

Uma segunda acepção trata como sinônimo de "em certa medida" (*gewissermaßen*), "em certo grau" (*in gewissem Grade*), "em certo sentido" (*in gewissem Sinne*), "de certo modo" (*in gewisser Weise*), "como" (*wie*), "igualmente como" (*gleichwie*) algo. Nessa acepção, a "quase-causalidade" seria apenas o equivalente conceitual dogmático da causalidade, algo "por assim dizer", "no mesmo grau que", "igualmente" causal. Portanto, não significaria o mesmo que "em certa medida", "quase como", "praticamente" ou "*quase*" causal. Somente nessa segunda acepção estariam os princípios da legalidade e culpabilidade respeitados.

Ainda assim, o respeito à legalidade e à culpabilidade para responsabilidade penal exigiria que se intensificasse a exigência na verificação empírica do "nexo como se fosse causal" no caso concreto, mesmo após a conceituação como "quase-causal". Isso faria com que a exigência de constatação prática do suposto "quase-causar" não fosse menos rigorosa que a do causar o resultado. Todavia, essa não é a intenção da proposta originária austríaca.

Portanto, a explicação doutrinal resta insuficientemente clara, na medida em que não elucida o que fenomenologicamente seria uma "quase-causação" determinada por uma "quase-causa" do resultado. Também por essa razão o conceito de "quase-causalidade" parece receber inserção no conjunto das doutrinas eminentemente normativas da causalidade da omissão.

3.4. A causalidade como uma pura forma de pensamento (*Kausalität als eine reine Denkform*)

3.4.1. Introdução à compreensão da causalidade de Kant e de Hume

A causalidade como pura forma de pensamento é a doutrina eminentemente normativa da causalidade mais fiel à filosofia kantiana. Kant tem a intenção de superar os limites do pensamento de David Hume, contradizendo a sua compreensão empírica da causalidade.[486]

A filosofia de Hume assume-se como uma "filosofia experimental", à medida que se baseia na "observação" da "experiência" como "único fundamento sólido".[487] Os "problemas morais" e "problemas naturais" são tratados por meio da mesma metodologia empírica.[488] É por isso que o filósofo escocês enxerga a "filosofia moral" com significativa "desvantagem particular, que não se encontra na filosofia natural", pois a filosofia moral "não pode coligir as suas experiências deliberada e premeditadamente".[489] A intenção de tornar os "princípios tão universais quanto possível" não pode ir além da experimentação, devendo "ser rejeitada como presunçosa ou quimérica" "qualquer hipótese que pretenda descobrir qualidades originárias últimas da natureza humana".[490]

Portanto, a identificação do "poder pelo qual o objeto produz outro" objeto "jamais se pode deduzir apenas da ideia deles", de modo que a relação de causalidade é constatada a partir da "experiência e não mediante qualquer reflexão ou raciocínio abstratos".[491] O fenômeno da causação a partir da "existência ou ação de um objeto" oferece a "convicção" de que também a causação de algo "foi seguida ou precedida por outra exis-

[486] Kant, *Prolegomena*, p. 8 e ss. Kant pretende aproveitar a "centelha" (*Funken*) trazida por Hume no "ataque" empreendido contra a metafísica, mas que não resultou em "alguma luz" para essa forma de conhecimento (Kant, *Prolegomena*, p. 7 e 11). Sobre o vigor da filosofia de Hume e os frutos na filosofia da ciência do século XX, ver Rosenberg, "Hume", especialmente, p. 71-77.

[487] Hume, *Tratado da natureza humana*, p. 22.

[488] Hume, *Tratado da natureza humana*, p. 22.

[489] Hume, *Tratado da natureza humana*, p. 22.

[490] Hume, *Tratado da natureza humana*, p. 23

[491] Hume, *Tratado da natureza humana*, p. 103-104.

tência ou ação".[492] Hume afirma que a causa é "uma coisa que produz a outra", tendo a causa "prioridade temporal" ao efeito, o que suscita a experiência de uma relação sucessiva e não coexistente.[493]

O empirismo de Hume rejeita o conceito essencialista de causa, pois a relação de causalidade "de modo nenhum depende" das "qualidades conhecidas dos objetos", porque inexiste uma específica qualidade universal "que pertença a todos os seres" e mereça "essa designação".[494] Ao fim, sobre a natureza do fenômeno da causalidade "nada existe que não deva considerar-se causa ou efeito".[495] A partir da observação, Hume conclui que a causa é o nexo estrutural "invariável" entre duas coisas, segundo o qual uma "coisa que produz a outra" ocorre como "conexão necessária" entre elas.[496]

Em oposição a isso, o ponto central da irresignação de Kant diante do pensamento de Hume está na concepção de causa fundada na "lei de associação" sustentada na "experiência".[497] Kant pretende demonstrar que a relação de causalidade "é pensada pela razão *a priori*", o que permitiria "uma verdade interna independente de toda experiência" e dependente exclusivamente da razão.[498] Há significativa diferença metodológica entre os filósofos. Kant desconfia das possibilidades de obtenção empírica do conhecimento, sendo grande entusiasta da razão pura. Kant observa que o "conhecimento aumenta com a experiência", todavia, isso não quer dizer que tudo corresponde à experiência[499] e, por essa razão, adverte que "a generalidade empírica é apenas um aumento arbitrário da validez".[500]

[492] HUME, *Tratado da natureza humana*, p. 107-108.

[493] HUME, *Tratado da natureza humana*, p. 110-111.

[494] HUME, *Tratado da natureza humana*, p. 112 e 109. Os empiristas, diferentemente dos racionalistas, negam a possibilidade de verdades constantes independentes do tempo e do espaço (GAUER, *A modernidade portuguesa*, p. 15).

[495] HUME, *Tratado da natureza humana*, p. 109.

[496] HUME, *Tratado da natureza humana*, p. 109.

[497] KANT, *Prolegomena*, p. 8.

[498] KANT, *Prolegomena*, p. 9 e, de modo enfático, KANT, Kritik der reinen Vernunft, AA103, p. 147.

[499] KANT, Kritik der reinen Vernunft, AA28, p. 59.

[500] KANT, Kritik der reinen Vernunft, AA29, p. 61.

Kant propõe uma teoria dos juízos. O princípio clássico de que "tudo que acontece tem uma causa" configura um juízo sintético *a priori*, entendido como próprio de um "atributo que acrescenta algo ao sujeito" de forma "necessária" e "universal".[501] O juízo sintético *a piori* difere-se do juízo analítico estruturado sobretudo no princípio da não contradição, porque, além do dever de manter a coerência, o atributo não "explicita o que se encontrava no sujeito".[502] O juízo sintético *a priori* tem características absolutas e universais diferente do juízo sintético *a posteriori* que advém da experiência concreta.[503]

A convocação do conceito de Kant pelos penalistas está inserida no movimento neokantista de superação dos limites do positivismo naturalista.[504] Especificamente para a omissão, há a impossibilidade de explicar como a conduta omissiva manifestaria exteriormente uma força própria causadora do resultado. Somente a "observação transcendental" justificaria a igualação da "ação positiva" com a "omissão negativa".[505] Nesse entendimento, a ciência jurídica não tem que "descrever, senão tem que valorar" condutas, de modo que o "nada" em termos energéticos tem condições de ser "igualmente algo", "sob certas circunstâncias da ação positiva".[506] Isto é, aquilo que significa "um nada natural" pode ser realmente "algo jurídico".[507]

A causalidade como categoria do pensamento em Kant não é o mesmo que a suposição da causalidade como um simples nexo mental. Kant almeja vencer a fragmentação da experiência concreta com inspiração precursora do idealismo alemão,[508] depositando a capacidade de conhecer a realidade de forma inata e independente da vivência psicológica na

[501] Vancourt, *Kant*, p. 20.
[502] Vancourt, *Kant*, p. 19.
[503] Vancourt, *Kant*, p. 20.
[504] Nesse sentido, Sauer identifica cinco pontos nos quais a obra do filósofo tem influência marcante na dogmática do direito e processo penal (Sauer, "Kants Einfluß", p. 1 e 6).
[505] Sauer, "Kants Einfluß", p. 6.
[506] Sauer, "Kants Einfluß", p. 6.
[507] Sauer, "Kants Einfluß", p. 6.
[508] O pensamento de Emanuel Kant pode ser enquadrado como o "último representante do Iluminismo do século XVIII e, ao mesmo tempo, o primeiro triunfador dele" (Moncada, *Filosofia do direito/1*, p. 265). No mesmo sentido, em oposição à injustificada

categoria conhecimento *a priori*.[509] O filósofo entende que "as condições subjetivas do pensamento devem ter validade objetiva", ou seja, devem ser "condições de possibilidade de todo conhecimento do objeto".[510] Isso decorre do fato de as "condições de possibilidade da experiência" serem também "condições de possibilidade do objetos da experiência" que recebem "validade objetiva em um julgamento sintético *a priori*".[511] Portanto, seria um contrassenso, se Kant, para superar o fundamento filosófico lastreado na experiência, viesse a busca-lo na forma de proceder mental, sendo que a mente é necessariamente subjetiva e singular.[512]

3.4.2. O desenvolvimento para a omissão imprópria (Eberhard Schmidt)

A monografia de Eberhard Schmidt tem destaque pela dedicação específica à omissão e pela frequente referência na literatura posterior como paradigma da causalidade como pura forma de pensamento.[513] O propósito da reflexão de Schmidt é a determinação do "significado" e da "explicação" do "dever de evitação do resultado" e da "atividade para evitação do resultado".[514] O dever de evitação do resultado seria uma "atividade com tendência objetiva a evitação do resultado", o que se consolidaria na "real evitação do resultado" muito frequentemente.[515]

A efetiva "ocorrência do resultado" não seria indicativo suficiente da "não realização do dever", pois há casos nos quais a aplicação de energia humana é "inútil".[516] O autor nega que a omissão imprópria seja expres-

qualificação desse apenas como pertencente ao "*mare magnum* do idealismo alemão" (Costa, "Beccaria", p. 13 e, depois, Costa, "Uma ponte", p. 216).

509 Uma das finalidades da investigação de Kant é determinar a "dimensão, validade e o valor" do entendimento acerca do conhecimento *a priori* (Kant, Kritik der reinen Vernunft, AA32, p. 64).

510 Kant, Kritik der reinen Vernunft, AA103, p. 147.

511 Kant, Kritik der reinen Vernunft, AA145, p. 200.

512 Welzel aponta esse como um dos "equívocos" ou "mal-entendidos" no psicologismo de parte a ciência alemã na "volta a Kant" (Welzel, "Kausalität und Handlung", p. 704 e 705, nota 13).

513 Kahlo, *Das Problem des Pflichtwidrigkeitszusammenhanges*, p. 308.

514 Schmidt, *Der Arzt im Strafrecht/1939*, p. 84.

515 Schmidt, *Der Arzt im Strafrecht/1939*, p. 84 e 89.

516 Schmidt, *Der Arzt im Strafrecht/1939*, p. 84.

sada apenas no geral descumprimento do "dever jurídico de evitação do resultado" ou simplesmente da "atividade de evitação do resultado".[517] A omissão seria a "não realização de uma totalmente determinada ação".[518]

Schmidt acredita que o "problema da causalidade" seguiria a onerar a questão da omissão imprópria,[519] levando com que a jurisprudência do Tribunal do Império alemão compreendesse a relação dos crimes omissivos no modo da "causalidade como uma forma de nosso pensamento e conhecimento".[520] A justificativa para tanto encontrar-se-ia na referência de que a "causa" é aquilo que "não pode ser retirado, sem que anule o resultado".[521] A partir disso, convoca o problema da determinação do "contexto social" em que seria possível falar da "causação do resultado por omissão", a título de retirar importância e superar "a dificuldade do problema causal".[522] A resposta definitiva viria ao afirmar que o "sentido de um comportamento como não evitação do resultado" seria a omissão "possivelmente interessante penalmente".[523]

Schmidt propõe um desvio da jurisprudência do Tribunal do Império Alemão e da doutrina dominante para um novo acertamento da omissão.[524] Haveria uma má percepção do que seria propriamente a omissão, já que não está em questão a confirmação "prática" e "bem determinada" no caso concreto da ação, que deveria ter sido realizada pelo agente para evitar o resultado, mas, sim, a realização de um comportamento com "significado social" de "não evitação do resultado".[525]

[517] Schmidt, *Der Arzt im Strafrecht/1939*, p. 85.

[518] Schmidt, *Der Arzt im Strafrecht/1939*, p. 85, nota 49 e 51.

[519] Schmidt, *Der Arzt im Strafrecht/1939*, p. 85

[520] Schmidt, *Der Arzt im Strafrecht/1939*, p. 85 e 86. A mesma ideia encontrava-se em Liszt; Schmidt, *Lehrbuch/1932*, p. 172 e a "relação causal como uma ligação lógico-cognitiva teorética" no escrito do discípulo de Eberhard Schmidt, Georgakis, *Hilfspflicht*, p. 19. Mais adiante, Alfons Vogt refere-se ora a "forma do pensamento", ora a "categoria do conhecimento" (Vogt, "Das Pflichtproblem", p. 390 e 410).

[521] Schmidt, *Der Arzt im Strafrecht/1939*, p. 85.

[522] Schmidt, *Der Arzt im Strafrecht/1939*, p. 85-86.

[523] Schmidt, *Der Arzt im Strafrecht/1939*, p. 85.

[524] Schmidt, *Der Arzt im Strafrecht/1939*, p. 85.

[525] Schmidt, *Der Arzt im Strafrecht/1939*, p. 86.

Historicamente, a proposta de Hippel do "conceito genérico comum" (*gemeinsame Oberbegriff*) de causalidade como "forma do nosso pensamento" é anterior à monografia de Schmidt.[526] O conceito de causalidade compreenderia tanto a "causação por ação", quanto o "não-impedimento por omissão", desde que o autor pudesse e devesse ter impedido o resultado, valendo para a omissão os mesmos princípios fundamentais da causalidade da comissão.[527] Por esse motivo, a proposição de um conceito restritivo de causalidade destinado às ações seria "arbitrário e estranho à realidade", além de responsável por criar "tecnicamente" uma série de "dificuldades supérfluas".[528]

Hippel acaba por confundir a relação de causalidade fenomenológica descrita no tipo, com o juízo de desvalor jurídico-social sobre a causalidade configurado no ilícito, ainda que pretenda a separação dos conceitos de tipo e de ilícito.[529] A possibilidade de a ação impedir o resultado é algo ontológico comprovável mediante contraprova acerca da contribuição causal da falta de conduta. O mesmo não pode ser afirmado acerca da expectativa social sobre uma suposta ação. Ainda que a ação impeditiva não fosse esperada, a ausência de impedimento seguiria sendo imprescindível para a ocorrência do resultado.

A formulação de Schmidt amplia o âmbito de reconhecimento da relevância penal,[530] à medida que não se tem bem determinado o que é a causalidade. Há o perigo de a "forma de pensamento" abarcar situações que não se enquadram nos limites típicos do direito penal, ainda que compreendidas socialmente como omissão. Além disso, o fato de

[526] Hippel, "Unterlassungsdelikte und Strafrechtkommission", p. 509, nota 29. Adiante, Hippel repete "conceito genérico comum" de causalidade sem mencionar o trabalho anterior, defendendo a proposta da comissão penal da qual participara – diante das críticas de Wilhelm Höpfner (Höpfner, "Zur Lehre vom Unterlassungsdelikte", p. 103 e ss.) – e sem aprofundar como o conteúdo da causalidade seria uma eventual "forma de pensamento" (Hippel, *Lehrbuch*, p. 101).

[527] Hippel, *Lehrbuch*, p. 101. Anteriormente, Hippel considera a omissão causal quando a ação era "possível", "esperada" e "poderia ter impedido o resultado" (Hippel, "Unterlassungsdelikte und Strafrechtkommission", p. 509, nota 29).

[528] Hippel, "Unterlassungsdelikte und Strafrechtkommission", p. 509, nota 29.

[529] Veja-se, *v.g.*, Hippel, "Unterlassungsdelikte und Strafrechtkommission", p. 509.

[530] Engisch, "Artz im Strafrecht ", p. 422 e 425.

duas realidades serem "ligadas mentalmente" não demonstra que estão realmente "unidas uma com a outra", tampouco que uma delas seria o "real fundamento da outra".[531] Ao fim, a proposta não consegue oferecer entendimento exato a respeito do que consistiria a "concepção social de omissão".

3.4.3. A causalidade lógico-jurídica na doutrina brasileira e italiana

A chamada doutrina da causalidade lógico-jurídica da omissão segue a compreensão da matriz kantiana. Quatro décadas antes das doutrinas de Schmidt e de Hippel, Moritz Liepmann advertia o surgimento de orientações da causalidade penal baseadas na "chamada dominante teoria do conhecimento" e a necessidade de aprofundar as análises dogmáticas.[532] Liepmann entendeu corretamente que o conceito de causalidade não pode ser reduzido ao de "forças eficazes". Logo, não há problema para reconhecer que a omissão "é causa em sentido penal".[533] A causalidade omissiva está naqueles casos em que a realização da conduta ativa impediria o resultado.[534] A definição mais adequada do nexo causador na omissão seria a "relação de dependência lógico-legal",[535] o que não recebe explicação mais aprofundada.

No Brasil, essa compreensão encontra-se na doutrina de Nelson Hungria[536] para quem a única forma de resolver o problema da causalidade da omissão imprópria seria tomando por base que a noção de causa "não é apenas um conceito naturalístico, senão também um conceito lógico".[537] De acordo com a lógica, deve ser reconhecida como "condição de um resultado a não interferência de forças" que poderiam impedi-lo.[538] Hungria acrescenta que a "teoria da equivalência" das condições e o reco-

[531] Kahlo, *Das Problem des Pflichtwidrigkeitszusammenhanges*, p. 311.

[532] Liepmann, *Einleitung in das Strafrecht/1900*, p. 47-48.

[533] Liepmann, *Einleitung in das Strafrecht/1900*, p. 77-78.

[534] Liepmann, *Einleitung in das Strafrecht/1900*, p. 77-78.

[535] Liepmann, *Einleitung in das Strafrecht/1900*, p. 78.

[536] Nelson Hungria foi um dos membros da comissão revisora do anteprojeto Alcântara Machado do Código Penal brasileiro de 1940, ao lado de Vieira Braga, Narcélio de Queiroz e Roberto Lira.

[537] Hungria, "As concausas e a causalidade por omissão", p. 853.

[538] Hungria, "As concausas e a causalidade por omissão", p. 853.

nhecimento da "identidade causal entre ação e omissão" está no Código Penal brasileiro, o que fez desnecessária a manutenção da disposição do projeto original, inspirada no Código Penal italiano.[539] O projeto original estabelecia que "não impedir um evento que se tem dever jurídico de evitar, equivale a causá-lo".[540]

A compreensão da comissão revisora está correta por duas razões. Primeiro, a diversidade ontológica entre as condutas de agir e o omitir não requer equiparação por força da criação legislativa, mas, sim, a identificação dos elementos comuns entre as condutas. Segundo, a relação de causalidade entre a falta de impedimento do resultado por parte do omitente e o resultado não depende objetivamente da existência do dever jurídico de agir. Isto é, o dever jurídico-legal não é o criador do nexo causal, mas, ao contrário, a capacidade fenomenológica de impedir o resultado antecede, fundamenta e delimita o estabelecimento jurídico do dever de agir.

Mesmo assim, o "conceito lógico" da causalidade omissiva é impreciso ao atentar apenas à dimensão formal do vínculo causador. A necessidade de coerência formal não é exclusiva da causalidade omissiva, pois a definição e a verificação da causalidade comissiva também devem seguir a racionalidade lógica. O destaque à causalidade lógica somente tem razão diante de eventual distinção da causação ativa com natureza material (ontológica) e formal (lógica) e a causação omissiva com natureza apenas formal. Essa proposta não satisfaria a necessidade de reconhecimento ontológico da causalidade omissiva.

O caminho de Massimo Donini e Rocco Blaiotta é semelhante ao de Liepmann, ainda que os autores não apresentem uma doutrina exclusivamente lógica da natureza da causalidade omissiva. A definição da causalidade aparece como múltipla conceituação combinando uma causalidade de "relações meramente 'lógicas', de condicionalidade hipotética, de regularidade nomológica",[541] ainda uma "causalidade hipotética, mental ou lógica",[542] ou apenas uma "causalidade lógica, hipotética" em

[539] Hungria, "As concausas e a causalidade por omissão", p. 853. No mesmo sentido, Reale Júnior, *Parte geral*, p. 41-42.

[540] Hungria, "As concausas e a causalidade por omissão", p. 853.

[541] Donini, "La causalità omissiva", p. 33.

[542] Donini, "La causalità omissiva", p. 35.

Donini.[543] Blaiotta entende a "forma lógico-jurídica da causalidade"[544] ou como sendo uma "conexão condicional" de "dimensão lógica".[545]

Donini pretende um conceito unificador de "causa-condição" adequado às condutas ativas e omissivas das várias técnicas de tutela e formas de contribuição para a ocorrência do crime.[546] O autor aponta uma "causalidade de tipo prevalentemente 'lógico' ou 'nomológico'" como capaz de indicar a causação do resultado pela conduta omissiva, independentemente da capacidade "cinética" ou do grau de "eficiência do fato etiológico".[547] O agir é condição positiva e interativa equivalente ao omitir que é condição negativa, embora somente o agir seja o "efetivo valor condicionante de um fator real", ao passo que o omitir consistiria apenas em algo "hipotético".[548] Nesse contexto, os crimes omissivos dolosos formariam a única hipótese de dolo em que interessa a observação dos "decursos causais alternativos", já que é "obrigatório acertar uma causalidade hipotética".[549] Trata-se da prova da causalidade considerando os "decursos causais hipotéticos que, valorizados, coincidam com a prova do nexo etiológico juridicamente relevante".[550]

Donini parece não se desvincular do paradigma ativo-essencialista da causalidade em dois pontos. Primeiro, o curso causal hipotético é entendido como "prova do nexo etiológico" que interessa ao direito penal, e não como meio de prova ou método de verificação da causalidade entre a conduta omissiva e o resultado. A realidade da causalidade omissiva parece não ser reconhecida, ainda que a verificação da causalidade ativa e omissiva recorram a juízos contrafatuais alicerçados sobre a formulação da hipótese. A hipótese tem como finalidade testar se a ausência de

543 Donini, *Imputazione oggettiva*, p. 67 e p. 66, nota 8.

544 Blaiotta, *Causalità Giuridica*, p. 265.

545 Blaiotta, *Causalità Giuridica*, p. 255.

546 Donini, "La causalità omissiva", p. 34 e 34-35 e nota 3. Com mais detalhes, antes, Donini, *Illecito e colpevolezza*, p. 246 e ss.

547 Donini, "La causalità omissiva", p. 34.

548 Donini, "La causalità omissiva", p. 35. Semelhante no essencial, Donini, *Imputazione oggettiva*, p. 132.

549 Donini, *Imputazione oggettiva*, p. 131.

550 Donini, *Imputazione oggettiva*, p. 132.

impedimento permitiu que o elemento ativo ofendesse o bem jurídico na realidade, e não hipoteticamente.

A qualificação das "condições negativas" como irreais não se sustenta no rigor lógico na leitura dos fenômenos. A verificação da ocorrência de qualquer resultado demonstra que não se pode prescindir da confluência de elementos positivos e negativos. É preciso refletir igualmente sobre o eventual tipo "mental" da espécie de causalidade omissiva. O nexo investigado é a relação objetiva causadora do resultado criminoso e não um hábito subjetivo, reflexivo ou psicológico de associação de elementos como um artifício etiológico.

Blaiotta entende corretamente que a orientação da causalidade "somente hipotética" não é "plenamente convincente".[551] A relevância causal da conduta omissiva é "fator necessário" para a explicação jurídica do acontecimento, que encontra respaldo valorativo no "senso comum".[552] Isso justifica a afirmação de que se trata de um imprescindível "dado lógico".[553] As "duas importantes interrogações" que seguem são acerca da utilidade do método condicionalista e do grau de certeza exigido para o acertamento de que a ação devida evitaria o resultado.[554]

Os dois autores agregam elementos explicativos acerca do funcionamento ou da interação das categorias na imputação penal de acordo com as suas visões da realidade. Falta apenas precisar a elucidação da causalidade omissiva para evitar que as orientações que partem da noção de causalidade estritamente lógico-jurídica atentem mais para discussão do método[555] do que para a natureza do nexo a ser verificado.

Na filosofia lógico-analítica surgida nas décadas subsequentes à expressão de Liepmann, encontra-se esclarecimento que rejeita a noção lógica da causalidade. O impacto dos argumentos na transformação da cultura não é previsível como demonstra a história. Ludwig Wittgenstein indica a capacidade limitada de prever "ações futuras" diante da "liber-

[551] Blaiotta, *Causalità Giuridica*, p. 265.
[552] Blaiotta, *Causalità Giuridica*, p. 265.
[553] Blaiotta, *Causalità Giuridica*, p. 265.
[554] Blaiotta, *Causalità Giuridica*, p. 265-266.
[555] Sobre a *conditio sine qua non* e a subsunção a uma lei científica, ver Donini, "La causalità omissiva", p. 34-35; Blaiotta, *Causalità Giuridica*, p. 266-267.

dade de vontade" do homem, de modo às ações futuras "não poderem ser conhecidas no presente" com grau de certeza.[556] A única maneira de as ações futuras serem conhecidas era "se a causalidade fosse uma necessidade interior" entre os elementos, assim como é "a da conexão lógica".[557] Então, se não for ser possível demonstrar a inevitável necessidade interior entre os elementos, a causalidade também não poderá ser lógica.

Nesse ponto, justifica-se maior atenção a uma interpretação do pensamento de Wittgenstein que supostamente levaria à rejeição radical e absoluta da noção de causalidade. O filósofo afirma sinteticamente que "não podemos inferir os acontecimentos futuros dos acontecimentos presentes. A crença no nexo causal é superstição", na segunda parte do número 5.1361.[558]

A conclusão de rejeição absoluta da noção de causalidade não parece ser a interpretação correta, se entendida no contexto da sequência de apresentação dos argumentos. O versículo número 5.1361 do *Tractatus Logicus Philosophicus* é a especificação do versículo de número 5.136, no qual Wittgenstein afirma que "não existe um nexo causal que justifique uma tal inferência", em atenção e decorrência ao número 5.135.[559] A inferência negada pelo filósofo é a que pretenderia encontrar o nexo de causalidade sustentado sobre o conceito ativo-essencialista de causa, no qual um elemento autônomo próprio do objeto – denominado de "causa" – causaria invariavelmente fenômenos.

Wittgenstein pretende demonstrar não haver a independência caraterística dos "conceitos fundamentais da lógica" na "operação" que "é a expressão de uma relação entre estruturas do seu resultado e das suas bases".[560] O filósofo destaca que "de maneira nenhuma se pode inferir da existência de uma situação qualquer a existência de outra situação, totalmente diferente da primeira".[561] A impossibilidade de inferência de

[556] WITTGENSTEIN, *Tractatus logico-philosophicus,* número 5.1362, p. 48.

[557] WITTGENSTEIN, *Tractatus logico-philosophicus,* número 5.1362, p. 48.

[558] WITTGENSTEIN, *Tractatus logico-philosophicus,* número 5.136, p. 48. Esse pensamento já constava essencialmente no seu diário ao dizer que o "nexo causal é nenhum nexo" na inscrição do dia 15.10.16 (WITTGENSTEIN, *Tagebücher 1914-1916,* p. 180).

[559] WITTGENSTEIN, *Tractatus logico-philosophicus,* número 5.1361, p. 48.

[560] WITTGENSTEIN, *Tractatus logico-philosophicus,* números 5.451 e 5.22, p. 54 e 50.

[561] WITTGENSTEIN, *Tractatus logico-philosophicus,* número 5.135, p. 48.

uma causalidade entre situações absolutamente diversas, independentemente dos contextos, nega um entendimento da causalidade.

Essa interpretação, ao menos na orientação de Vives Antón, aparenta ser mais a oposição à concepção ativo-essencialista de causalidade do que a todas as leituras diversas do fenômeno causal.[562] O conceito ativo-essencialista tem implícito um suposto controle absoluto dos resultados em todos dos contextos, desde o reconhecimento das causas ativas, sem considerar as impeditivas. O reconhecimento da causalidade dos fenômenos não significa o determinismo, a negação da liberdade de vontade do autor da conduta ou a exteriorização da interna vontade humana.[563] A essas três compreensões que a filosofia de Wittgenstein faz franca resistência.[564]

Todavia, nada parece impedir a viabilidade de identificar empiricamente uma causa de um fenômeno ocorrido a partir do resultado. O pressuposto para essa identificação é o conhecimento empírico da constância daquele fenômeno, capaz de constar na forma de leis da natureza[565] passíveis de observação e descrição científica. Caso Wittgenstein negasse a causalidade em absoluto, não faria sentido a seguinte frase do filósofo: "o que pode ser descrito também pode acontecer, e o que é excluído pela lei da causalidade não pode também ser descrito".[566] Veja-se que o fenômeno causal permite a sua descrição em palavras na forma de uma lei de causalidade.

562 Vives Antón, *Fundamentos del sistema penal*, p. 309-310.

563 Para além da restrição da causalidade à relação entre o "movimento corporal" e o "resultado", esses conceitos também se encontram associados em Vives Antón, *Fundamentos del sistema penal*, p. 307-308 e 311.

564 Por exemplo, especificamente quando aponta a diferença da presunção de infalibilidade da previsão da relação causal descritiva de um fenômeno da natureza e de um fenômeno volitivo humano (Wittgenstein, *Philosophische Untersuchungen*, número 631, p. 470).

565 Para Wittgenstein, a própria forma que teria a "lei da causalidade" seria: "há leis da natureza" (Wittgenstein, *Tractatus logico-philosophicus*, número 6.36, p. 80).

566 Wittgenstein, *Tractatus logico-philosophicus*, número 6.362, p. 81.

3.5. A causalidade humana exclusiva (Antolisei)

"Natura non nisi parendo vincitur"

(Bacon, *Advancement of learning*, 1605, Livro I, § 6)

A orientação da causalidade humana exclusiva desenvolvida por Francesco Antolisei assume a distinção entre a "causalidade humana" e a "causalidade mecânica" como premissa inicial.[567] Essa distinção é partilhada por uma série de compreensões,[568] entre as quais a de Sigwart, que é tomada como base das reflexões.[569]

A causalidade humana consiste naquela "marcada pela intervenção da vontade do homem", já que ele "tende sempre, na direção das [suas] finalidades", a aproveitar "as forças da natureza" em seu benefício.[570] O homem exerce o seu "domínio sobre as coisas por meio das ciências e das artes", sabendo que não há um império diante da força da natureza – acaba sendo melhor que ela seja obedecida, segundo a síntese de

[567] Antolisei, *Il rapporto di causalità*, p. 150.

[568] Por exemplo, na doutrina eminentemente jurídica da causalidade da omissão de Bar, Rohland e Kohler, ver, respectivamente, em 2ª Parte, Capítulo III, Tópicos 3.2.1, 3.2.5 e 3.2.6.

[569] Sobre a orientação de Sigwart, ver 2ª Parte, Capítulo III, Tópico 3.2.2. Antes de Sigwart, são indicadas, sem maiores referências, as compreensões de John Locke e Arthur Schopenhauer em GAND, *Du délit,* p. 31, seguido por Antolisei, *Il rapporto di causalità,* p. 150, n. 33 e p. 152.

[570] Antolisei, *rapporto di causalità*, p. 150. Essa explicação encontra-se na doutrina de Julius Glaser aproximadamente um século antes, quando reconhece a cooperação causal que ocorre no fenômeno criminal muitas vezes, na qual o homem utiliza a "ação das forças da natureza" para "alcançar os seus objetivos" (Glaser, "Über Thäterschaft", p. 135). Igualmente no pensamento de Hans Welzel no sentido de que em relação ao homem a "sua força" depende "que ele consiga se adaptar aos fatores reais e as suas leis e desse modo poder tomar eles em seu serviço" (Welzel, *Naturalismus und Wertphilosophie*, p. 79). Posteriormente, no mesmo sentido, Arthur Kaufmann, destaca que tanto a conduta comissiva, quanto omissiva tomam "um processo causal em seu serviço" (Kaufmann, "Die ontologische Struktur der Handlung", p. 105).

Francis Bacon, "*naturae enim non imperatur, nisi parendo*".[571] É por isso que "o comportamento do sujeito não é considerado sozinho, mas em união com as forças externas" que podem ser utilizadas conforme o seu interesse na causalidade humana.[572] Mesmo quando o homem permanece inativo, sem realizar qualquer movimento corpóreo, poderá atingir os seus objetivos,[573] razão pela qual existe a causação do resultado tanto por ação, quanto por omissão.[574]

Todo resultado criminal supostamente devido à energia mecânica, em perspectiva limitada à condição positiva, remonta ao homem, dado que os "fatores" de causação não são "independentes dele".[575] Nesse sentido, Antolisei pretende superar o limite da compreensão do fenômeno apresentado por Sigwart, que acaba por restringir a capacidade explicativa aos crimes omissivos dolosos.[576] A elucidação proposta por Sigwart tomava por base a intencionalidade do omitente em aproveitar o curso causal na produção do resultado.

Antolisei alarga a amplitude da conduta imputável ao autor, a fim de abranger não apenas as forças exteriores, que o agente teria "calculado" na sua conduta, mas também aquelas que ele "poderia calcular".[577] O penalista italiano afirma que são considerados "'próprios'" do omitente "todos fatores externos indistintamente que ele poderia ter em conta" para os seus objetivos.[578] Assim, supera a injustificada exclusão dos crimes omissivos culposos inconscientes da explicação causal.

571 Bacon, *Novum Organum Scientiarum*, Livro I, aforisma 129, p. 126. A passagem integral da obra de Bacon reproduzida, frequentemente apenas na versão reduzida, tem a seguinte expressão "*Quod si quis humani generis ipsius potentiam et imperium in rerum universitatem instaurare et amplificare conetur, ea proculdubio ambitio (si modo ita vocanda sit) reliquis et sanior est et augustior. Hominis autem imperium in res, in solis artibus et scientiis ponitur. Naturae enim non imperatur, nisi parendo*".

572 Antolisei, *Il rapporto di causalità*, p. 222.

573 Antolisei, *Il rapporto di causalità*, p. 223.

574 Antolisei, *Il rapporto di causalità*, p. 223.

575 Antolisei, *Il rapporto di causalità*, p. 223.

576 Antolisei, *Il rapporto di causalità*, p. 152 e 223.

577 Antolisei, *Il rapporto di causalità*, p. 223.

578 Antolisei, *Il rapporto di causalità*, p. 223.

O propósito de Antolisei é a apresentação do fundamento da causalidade da omissão e dos seus limites idênticos aos do crime de ação, lastreados sobre a noção de regularidade dos acontecimentos. Para o autor, nem todos os cursos causais sustentariam a responsabilidade omissiva, uma vez que alguns seriam qualificados como "ocasionais", *v.g.*, o filho abandonado pela mãe que é levado para um orfanato, onde morre vítima do desabamento do teto.[579] Nesse caso, Antolisei vê a exclusão do nexo de causalidade pela transformação em "simples nexo de ocasião", segundo o qual o "resultado" decorreria de "fatores anormalíssimos" ou "excepcionais" não previsíveis.[580]

O conceito de causa de Antolisei deixa claro se tratar de uma causalidade normativa, mesmo que não puramente normativa como a de Sigwart, ao contrário do que tem sido apontado pela crítica. Antolisei separa os "cursos causais verdadeiros e próprios" daqueles apenas "ocasionais",[581] de modo que somente os primeiros poderiam ensejar a apuração da responsabilidade penal. A noção de regularidade e a decorrente de previsibilidade são introduzidas para essa separação. Antolisei é consciente da diferença dogmática entre os problemas da causalidade e da ilicitude, razão pela qual afirma que nem toda omissão causal seria punível.[582] A punibilidade das condutas causais dependeria da contrariedade ao dever de agir, porque a omissão do garante e de outra pessoa sem o dever de proteção do bem jurídico não se distinguem no plano causal.[583]

A proposta de Antolisei aproveita a doutrina da condição negativa para desenvolver o seu pensamento.[584] A sua compreensão do fenômeno omissivo pode ser descrita sinteticamente mediante quatro elementos essenciais: (i) o homem aproveita as forças da natureza para atingir as suas finalidades, (ii) o transcurso natural do curso causal pode ser a melhor forma de atingir a sua finalidade, (iii) a ação e a inércia humana

579 Antolisei, *Il rapporto di causalità*, p. 224 e 227.
580 Antolisei, *Il rapporto di causalità*, p. 225.
581 Antolisei, *Il rapporto di causalità*, p. 225.
582 Antolisei, *Il rapporto di causalità*, p. 224, 227 e 228.
583 Antolisei, *Il rapporto di causalità*, p. 226-227. Kolis Summerer aponta Antolisei como sendo o primeiro autor que diferencia a causalidade natural e a imputação jurídica na literatura italiana (Summerer, *Causalità ed evitabilità*, p. 18, nota 4).
584 Luna, "A causalidade na omissão", p. 332.

são igualmente causais, podendo decorrer da vontade do homem e (iv) os resultados dependem da necessária confluência de causas positivas e negativas, o que é idêntico entre os crimes comissivos e omissivos.

Antolisei tem o mérito de perceber a fundamentalidade da causalidade na teoria geral do delito e na fenomenologia omissiva.[585] Além disso, pretende apresentar a relação de causalidade livre da valoração jurídica, ainda que não tenha tido êxito nesse ponto.

O penalista italiano tinha consciência de que a identificação do nexo causal entre a conduta e o resultado não é o mesmo que a avaliação se a conduta violou dever jurídico-penal.[586] Todavia, introduz leitura valorativa já no conceito de causa, buscando excluir a relevância penal das causas entendidas ocasionais, ainda que elas não deixem de ser necessárias para a ocorrência do resultado concreto, independentemente do juízo que se faça delas. A observação da fenomenologia causal em si não autoriza a distinção de algumas causas como verdadeiras e próprias e outras como excepcionais e ocasionais. Essa distinção é fruto da leitura valorativa do fenômeno.

A finalidade desta investigação é o entendimento da causação do resultado pela conduta omissiva e não apenas da avaliação do grau de regularidade dos fatores concorrentes na causação. Aliás, a pressuposição da regularidade no conceito de causa, sem a indicação da fonte da noção de regularidade, altera a compreensão da fórmula, a *conditio sine qua non* acolhida por Antolisei. Não se pode substituir a busca pelos fatores de causação do fenômeno apenas pelo reconhecimento da relevância penal da contribuição humana para o resultado.

Uma das críticas à doutrina de Antolisei aponta para a supervalorização do método de identificação da contribuição do omitente para o resultado, sem a anterior e necessária explicação das características do processo causal omissivo. Haveria a confusão da hipótese com a tese, no sentido da priorização do prognóstico causal (hipótese) em prejuízo do diagnóstico causal do ocorrido (tese).[587]

[585] Antolisei, *Il rapporto di causalità*, p. 225.
[586] Antolisei, *Il rapporto di causalità*, p. 228.
[587] Assim em Costa Júnior, *Nexo causal*, p. 117-118.

3.6. A doutrina da causalidade no pensamento finalista

3.6.1. Hans Welzel

Hans Welzel persiste com a noção de Liszt de que "não há omissão 'em si', senão apenas a omissão de uma determinada ação", a qual pretende melhorar e se diferenciar da conduta ativa também em relação ao nexo de causalidade.[588] A omissão e a ação são as duas modalidades de comportamentos humanos determinados pela "vontade intencional".[589] A omissão não seria uma "pura negação" de algo, mas um "'conceito limite'" referenciado à "ação possível do autor". [590] A configuração de toda omissão exige o "poder final do fato", nomeadamente a "potencial finalidade da pessoa" em evitar o resultado.[591] Somente "aquela ação, que está sujeita ao poder final do fato (domínio do fato) de uma determinada pessoa, pode ser omitida".[592]

Welzel tem consciência, assim como Liszt, da co-causalidade dos resultados quando afirma que o "efeito é a resultante cega de componentes igualmente válidos".[593] Os componentes igualmente válidos formam essa "constelação" que, do mesmo modo, "é apenas a resultante cega de anteriores componentes igualmente válidos".[594] Ainda assim, Welzel e Liszt não compreendem o fenômeno causal de forma a perceber as contribuições positivas e negativas para o resultado.[595] Esse limite compromete a estruturação da doutrina dos crimes omissivos de Welzel.

[588] Welzel, *Das Deutsche Strafrecht*, §26, I, p. 200 e 201.

[589] Welzel, *Das Deutsche Strafrecht*, §26, I, p. 200.

[590] Welzel, *Das Deutsche Strafrecht*, §26, I, p. 200.

[591] Welzel, *Das Deutsche Strafrecht*, §26, I, p. 200; Kaufmann, *Die Dogmatik der Unterlassungsdelikte*, p. 53.

[592] Welzel, *Das Deutsche Strafrecht*, §26, I, p. 200; Maurach; Gössel; Zipf, *Lehrbuch/2*, nm. 20, p. 185.

[593] Welzel, *Naturalismus und Wertphilosophie*, p. 65.

[594] Welzel, *Naturalismus und Wertphilosophie*, p. 65.

[595] Welzel aponta que a finalidade é característica específica do comportamento humano, no sentido de que o empreendimento de energia cinética ou a colocação de "fatores causais no mundo exterior, como meios para alcançar um determinado resultado, é precisamente a característica mais essencial do agir humano, pelo qual se distingue principalmente dos meros processos causais-mecânicos" (Welzel, "Studien zum System des Strafrechts", v. 58, p. 502). Kaufmann, que manifestamente segue a explicação de Welzel, tem o mesmo

Welzel propõe uma dogmática excepcional para os crimes omissivos, considerando que a "caraterística específica" que "um acontecimento real deve apresentar" para ser "portador ou objeto" de valores jurídico-penais é um elemento ontológico nos crimes comissivos.[596] Para Welzel, a relação de causalidade entre a ação e o resultado é a "única e exclusiva determinação do acontecimento real" a ser levada em consideração na comissão.[597] Na omissão imprópria, faltaria a categoria ôntica do nexo de causalidade no comportamento do autor em diferença com a comissão.[598]

Welzel afasta-se do pensamento de Liszt e da doutrina da ação esperada,[599] ao manifestar que a ausência de impedimento do resultado pela falta da ação devida precisa ser considerada objetivamente.[600] O não impedimento do resultado independe da avaliação subjetiva sobre a eventual expectativa da ação devida.[601] Esse juízo é correto em termos de imputação do resultado, mas já não na explicação do reconhecimento legítimo das omissões pela comunidade, pois não se pode esperar a realização de ações protetivas de alguém sem capacidade para agir.

Nesse seguimento, o autor propõe três elementos componentes do "poder final de fato", nomeadamente a "capacidade de evitar o resultado": (i) conhecimento da situação típica relativa à ameaça de acontecer o resultado; (ii) reconhecibilidade do caminho para evitar o resultado, ou seja, a capacidade de planejar a evitação do resultado; (iii) a possibilidade física-real de evitar o resultado.[602] O terceiro elemento só pode ser

limite compreensivo. Os crimes comissivos utilizam a "própria causalidade" decorrente da ação, ao passo que os crimes omissivos aproveitam a "causalidade alheia" (Kaufmann, "Die ontologische Struktur der Handlung", p. 105).

596 Welzel, "Kausalität und Handlung", p. 708. No Brasil, Luna segue o entendimento de Welzel de que a causalidade é "uma categoria real do ser", reconhecendo que ao direito penal não importa nem o conceito filosófico, nem o conceito das ciências naturais de causa (Luna, "A causalidade na omissão", p. 327).

597 Welzel, "Kausalität und Handlung", p. 708.

598 Welzel, *Das Deutsche Strafrecht,* §26, II, p. 203. A identificação do nexo de causalidade na dogmática de Welzel, expressado como "categoria ôntica apta para a explicar a sucessão empírica de eventos", encontra-se em Costa, "Causality", p. 55.

599 Para mais detalhes, ver 2ª Parte, Capítulo IV, Tópico 4.3.1.

600 Welzel, *Das Deutsche Strafrecht,* §26, I, p. 201.

601 Welzel, *Das Deutsche Strafrecht,* §26, I, p. 201.

602 Welzel, *Das Deutsche Strafrecht,* §28, I, p. 212.

verificado por meio da análise do nexo causal, que ficaria ao encargo de um "juízo causal hipotético"[603] de natureza normativa. Welzel adverte que esse juízo hipotético não se refere à "realidade, mas apenas a uma possibilidade" capaz de fornecer geralmente apenas "valores de probabilidade" pela fórmula heurística da *conditio sine qua non.*[604]

Welzel segue apegado ao conceito de causa ativo-essencialista, próprio do naturalismo-mecanicista,[605] o que é evidenciado ao menos em dois momentos. Primeiro, o ceticismo com que contempla os dois séculos de história dogmática da causalidade da omissão entendendo como uma "ilusão".[606]

Segundo, o entendimento de que a "característica essencial" dos acontecimentos causais seria a capacidade constante de o "antecedente" "ser causador" do resultado em todas as relações que intervém.[607] Em relação ao antecedente, o importante seria o estudo de "como ele é ativado" e exatamente a "qual efeito ele conduz".[608] A constância da capacidade causadora do resultado só é possível com a noção essencialista de causa, que qualifica universalmente como causal alguns elementos independentemente do contexto específico de inserção.

Essa orientação não condiz com a realidade entrando em contradição com a necessária co-causalidade para a produção do resultado. Não se pode provar a constante capacidade causadora de um elemento se ele vier a ser tomado isolado. Um impulso mecânico ativo (vetor de força) somente exercerá determinada consequência, caso não esteja sob o campo de intervenção de outro impulso mecânico que o anule ou desvie.

Welzel concebe uma "incomparável singularidade da vontade como fator causal", dominando o que denomina como sendo o "nexo causal mecânico cego".[609] Todavia, a vontade não é vista como causadora da cau-

603 Welzel, *Das Deutsche Strafrecht,* §28, I, p. 212.

604 Welzel, *Das Deutsche Strafrecht,* §28, p. 212.

605 Luna observa que o finalismo de Welzel proporia uma "causalidade mecanicista pelo avesso" (Luna, "A causalidade na omissão", p. 334). Semelhantemente, Rodríguez Mourullo, *La omisión de socorro,* p. 55.

606 Welzel, *Das Deutsche Strafrecht,* p. 213.

607 Welzel, "Kausalität und Handlung", p. 711.

608 Welzel, "Kausalität und Handlung", p. 711.

609 Welzel, *Naturalismus und Wertphilosophie,* p. 79.

sação dos resultados. A causação segue obra exclusiva de forças naturais mecânicas, qualificadas como "fatores reais",[610] o que prejudica a compreensão ontológica da relação de causalidade e do fenômeno omissivo como um todo.

Quatro consequências dogmáticas decorrem dessa noção. Primeiro, a omissão acabaria sendo causadora de "absolutamente nada", quando entendida apenas "como não realização de uma ação".[611] A punibilidade da omissão não seria justificada na causação do resultado, mas em virtude de não o ter evitado.[612]

Segundo, a concepção do "domínio do fato" está estruturada numa relação "concretamente possível" ou "potencial-final"[613] afastada da capacidade interventiva no específico nexo causal entre a conduta e o resultado. No fundo, consiste na mera referência à relação possível que poderia existir no limite da precariedade do potencial-final[614] ou hipotético. A imputação da responsabilidade não se basearia na causação do resultado, antes na aptidão potencial para intervir que foi desperdiçada pelo omitente.

Terceiro, a única forma da identificação material do poder de evitação do resultado pelo omitente é por meio da consideração da sua capacidade interventiva no curso causal em concreto.[615] Isso indica que a proposta de Welzel acaba por recorrer ao parâmetro causal em última instância, mesmo contra a negativa da causalidade omissiva e a recusa do conceito de causa além do parâmetro ativo-essencialista.

Se o omitente é responsabilizado por não impedir o resultado diante da "possibilidade físico-real de evitação do resultado", conclui-se que a ausência de impedimento compõe a explicação do resultado. Em outras palavras, o não impedimento é igualmente tão causal para o resultado quanto a força não obstada. É por isso que não há a completa rejeição dogmática da causalidade da omissão, mas tão somente o seu rebaixa-

610 WELZEL, *Naturalismus und Wertphilosophie*, p. 79.

611 WELZEL, *Das Deutsche Strafrecht*, §26, I, p. 213.

612 WELZEL, *Das Deutsche Strafrecht*, §26, I, p. 212.

613 WELZEL, *Das Deutsche Strafrecht*, §26, I, p. 213 e §28, I, p. 212.

614 Criticando a causalidade potencial, ver BAUMANN, *Derecho penal*, p. 141.

615 Ver 3ª Parte, Capítulo V e VI, Tópicos 6.1. e 6.2.

mento à condição de causalidade potencial (eminentemente normativa), digna de um juízo hipotético não real.[616]

Quarto, o limite à responsabilização penal de todo omitente por tipos comissivos de resultado recai em critério eminentemente normativo. Welzel entende que os "crimes omissivos impróprios são nesse ponto crimes especiais próprios",[617] e, assim, transfere o problema da seleção penal de condutas causadoras de resultados para a posterior indicação normativa dos destinatários da norma: os potenciais responsáveis. A razão e o critério utilizados para a responsabilização de apenas alguns omitentes resta sem explicação. Welzel admite que exista a "característica objetiva comparticipativa" no "tipo legal" dos crimes especiais próprios, ao passo que "deveria o juiz por si próprio encontrar a característica objetiva comparticipativa por meio de complementação típica" nos crimes omissivos impróprios.[618]

O pensamento de Welzel está baseado na inexistência de disciplina legal específica da omissão imprópria no antigo Código Penal alemão[619] – mesmo assim, sua conclusão é preocupante. Segundo esse entendimento, os crimes omissivos impróprios possuiriam tipos penais "parcialmente legais" e "parcialmente, ao contrário disso", por se "formar judicialmente".[620] Essa situação decorreria da própria "natureza das coisas" que tornaria "a princípio impossível" determinar concretamente na lei a "enorme variedade de possíveis autores da omissão".[621]

Essa doutrina viola o princípio da legalidade, não sendo adequada ao Estado democrático-constitucional de Direito, pois a previsão da conduta penalmente proibida deve ser clara e prévia sem depender de criação

616 Welzel, *Das Deutsche Strafrecht*, §28, p. 212.

617 Welzel, *Das Deutsche Strafrecht*, §28, p. 208.

618 Welzel, *Das Deutsche Strafrecht*, §28, p. 209.

619 Posteriormente foi introduzida a atual disciplina específica da "comissão por omissão" no § 13 do Código Penal alemão (*StGB*) com a seguinte redação "*(1) Wer es unterläßt, einen Erfolg abzuwenden, der zum Tatbestand eines Strafgesetzes gehört, ist nach diesem Gesetz nur dann strafbar, wenn er rechtlich dafür einzustehen hat, daß der Erfolg nicht eintritt, und wenn das Unterlassen der Verwirklichung des gesetzlichen Tatbestandes durch ein Tun entspricht. (2) Die Strafe kann nach § 49 Abs. 1 gemildert warden*".

620 Welzel, *Das Deutsche Strafrecht*, §28, p. 209.

621 Welzel, *Das Deutsche Strafrecht*, §28, p. 210.

jurisprudencial. É interessante observar que o afastamento da responsabilidade penal omissiva do referencial material da causalidade leva a uma solução mais abstrata e indeterminada com base nos tipos de autores.

3.6.2. Maurach/Gössel/Zipf

A proposta de Reinhart Maurach, Karl Gössel, Heinz Zipf segue o conceito finalista de ação, embora não acompanhe por completo o modelo de imputação da omissão imprópria apresentado por Welzel. A classificação dos crimes de resultado divide-se em duas modalidades: os chamados "crimes de causação" e os "outros crimes de resultado".[622] Os delitos cujo tipo penal descreve apenas "o resultado causado pela atuação", livre de maior detalhamento da forma de causação, são crimes de causação, já os delitos de resultado seriam caracterizados por dois outros elementos.[623] Isto é, a existência de uma situação de perigo e da posição de garante do bem jurídico.[624]

A compreensão da relação de causalidade está de acordo com o padrão do naturalismo de Liszt e Beling e do finalismo de Welzel. Os autores entendem que o enfraquecimento do conceito natural de ação abriu caminho para a solução do problema da omissão imprópria. Por sua vez, o conceito social de ação teria o mérito de mostrar que a discussão da causalidade não estaria contida nos limites do "puro curso natural" de "efeitos de forças mecânicas".[625] Portanto, melhor seria ver os "acontecimentos da vida social da comunidade" na condição de "determinações de objetivos humanos de relevância".[626] Mesmo assim, Maurach, Gössel e Zipf acreditam que a falta de definição do conteúdo da vontade omissiva teria produzido uma dogmática na qual o conceito de omissão acaba "totalmente sem substância" e distanciado da realidade.[627] A superação desse distanciamento poderia ocorrer por meio do estudo da vontade da

[622] MAURACH; GÖSSEL; ZIPF, *Lehrbuch/2*, nm. 16, p. 184.
[623] MAURACH; GÖSSEL; ZIPF, *Lehrbuch/2*, nm. 16 e 17, p. 184.
[624] MAURACH; GÖSSEL; ZIPF, *Lehrbuch/2*, nm. 54, p. 194.
[625] MAURACH; GÖSSEL; ZIPF, *Lehrbuch/2*, nm. 20, p. 185.
[626] MAURACH; GÖSSEL; ZIPF, *Lehrbuch/2*, nm. 20, p. 185.
[627] MAURACH; GÖSSEL; ZIPF, *Lehrbuch/2*, nm. 20, p. 185.

conduta omissiva.[628] A "vontade orientada para um fim" seria o elemento essencial da conduta omissiva, o que justificaria falar de omissão, pois acreditam que, com a vontade, a inatividade ganharia substância, superando a "pura mediação causal".[629]

Maurach, Gössel e Zipf defendem a "igualdade axiológica substancial" entre "ação" e o "deixar acontecer" com referência expressa à doutrina de H. Mayer.[630] À primeira vista, a punibilidade da omissão não estaria estruturada com fundamento no elemento material do nexo de causalidade.[631] Sequer consta alguma explicação sobre o seu conteúdo da causalidade na apresentação do procedimento de verificação a partir do postulado da doutrina da adequação.[632] A causalidade da omissão seria o contrário da causalidade dos crimes comissivos, devendo mudar o sentido da pergunta contido na fórmula da *conditio sine qua non,* ou seja, se a ação omitida fosse realizada, o resultado permaneceria.[633] Trata-se de "procedimento mental hipotético" que constaria identificado detalhadamente no crime comissivo e a própria ação esperada constituiria "um fenômeno hipotético" no crime omissivo.[634]

O valor dessa proposta dogmática encontra-se na intenção de harmonizar a doutrina geral da imputação reconhecendo um método comum para os tipos comissivos e omissivos. Todavia, algumas críticas também são identificáveis. Primeiro, há uma compreensão restrita do mundo natural e da conduta omissiva. A concepção do universo ontológico muito polarizada nas grandezas do paradigma mecanicista, estruturado no conceito ativo-essencialista de causa, dificulta o reconhecimento do conteúdo material da omissão, que acaba sendo a vontade final do omitente.

628 Maurach; Gössel; Zipf, *Lehrbuch/2,* nm. 20, p. 185.

629 Maurach; Gössel; Zipf, *Lehrbuch/2,* nm. 20, p. 185.

630 Maurach; Gössel; Zipf, *Lehrbuch/2,* nm. 21, p. 185.

631 Ao contrário, a discussão no intuito de melhor determinar a causalidade da omissão imprópria é desqualificada na linha de Liszt, como pertencente às questões "irrealistas e improdutivas" que "sem necessidade atormentaram a ciência jurídico-penal alemã" (Maurach; Gössel; Zipf, *Lehrbuch/2,* nm. 18, p. 184).

632 Maurach; Gössel; Zipf, *Lehrbuch/2,* nm. 22, p. 186.

633 Maurach; Gössel; Zipf, *Lehrbuch/2,* nm. 22, p. 186.

634 Maurach; Gössel; Zipf, *Lehrbuch/2,* nm. 22, p. 186.

Segundo, o problema da natureza da causalidade não é resolvido com a desconsideração da necessidade do estudo específico da causalidade omissiva, por meio da indicação do método de verificação da causalidade. A indicação do método de verificação – sem a explicação do objeto a ser verificado – não permite constatar se o método funciona corretamente.

Terceiro, a compreensão da fenomenologia omissiva está equivocada. O "processo mental hipotético de verificação" da causalidade não é a contribuição omissiva para o resultado. A conduta omissiva – quer seja como ação devida não realizada, quer como não impedimento do curso ofensivo – não é hipotética, mas, sim, real e verdadeira.

Quatro, o acolhimento da doutrina do incremento do risco sem determinação da ontologia da causalidade da omissão imprópria tende a figurar como substitutivo dogmático da causalidade. Assim, há alguns equívocos que serão estudados com detalhamento e profundidade no momento oportuno.[635] A concepção da causalidade apenas constituída pelo direito, defendida por Maurach no seu *Esquema de direito penal*,[636] foi criticada na doutrina penal da antiga União Soviética. Zdravomíslov, Schneider, Kélina e Rashkóvskaia advertiram o perigo existente no abandono da investigação material do nexo causal, por meio da "manhosa substituição da doutrina filosófica geral sobre a causalidade pelo conceito de causalidade 'jurídica especial'".[637] Decerto essa estratégia substitutiva apontada pelos soviéticos não resolve a questão do fundamento material do nexo de causalidade.

635 Ver 2ª Parte, Capítulo IV, Tópico 4.6.

636 MAURACH, *Grundriss*, p. 49.

637 ZDRAVOMÍSLOV; SCHNEIDER; KÉLINA; RASHKÓVSKAIA, *Derecho penal soviético*, p. 13.

3.7. Avaliação geral das doutrinas eminentemente jurídico-normativas: a persistência da perspectiva do positivismo-naturalista sobre a causalidade

"Bachelierus –
Mihi a doctor
Doctore domandatur causam et rationem
quare opium facit dormire:
A quoi respondeo,
quia est in eo virtus dormitiva,
cujus est natura sensus assoupire"

(Molière, *Le Malade imaginaire, Troisième intermède*, 1673)

As primeiras doutrinas eminentemente jurídicas da causalidade são mais recentes do que as doutrinas do conceito ativo-essencialista de causa do mecanicismo-naturalista, mas têm recebido menos atenção e crítica na literatura especializada. Essa realidade deve-se possivelmente ao fato de as bases cognitivas do fenômeno, lançadas no naturalismo da força eficaz, seguirem influenciando a dogmática penal contemporânea. Parte da doutrina é resignada com as propostas do puro normativismo e cética com a possibilidade de outra compreensão da ontologia omissiva.

As compreensões normativas da causalidade não são o mesmo que as construções eminentemente ou exclusivamente jurídico-normativas. As compreensões normativas reconhecem realidade anterior à intervenção jurídica, a partir da técnica e axiológica do direito penal, criando conceito penal com operacionalidade no sistema penal. As compreensões eminentemente jurídico-normativas negam a existência da ontologia pré-jurídica, de outro fundamento e critério diferente do próprio direito entre a conduta omissiva e o resultado ofensivo. Ao fim, elas propõem um fundamento referenciado eminentemente nos estritos limites da normatividade jurídica.

A análise das doutrinas eminentemente jurídico-normativas da causalidade encontra alguns elementos comuns.

3.7.1. O apego excessivo ao paradigma naturalista da realidade e ativo-essencialista da causalidade

Na primeira metade do século passado, Eduardo Correia afirmou que "o caminho naturalístico na construção do crime" seguia a "onerar pesadamente a ciência do direito penal".[638] Atualmente, parece não haver razão para acreditar na completa superação do naturalismo[639] e do positivismo filosófico.[640] Há compreensões doutrinais inalteradas ou com pequenas modificações na sucessão do paradigma do positivismo naturalista para o neokantismo. A compreensão existencial da causalidade omissiva não é muito diversa no causalismo, neokantismo e finalismo. A referência frequente do axioma escolástico "nada vem do nada" para explicação do fenômeno omissivo pelos autores da natureza eminentemente jurídico-normativa da causalidade manifesta a persistência de uma perspectiva comum.[641]

Nesse sentido, Hans Welzel demonstrou a existência de elementos significativos em comum entre o positivismo filosófico e o neokantismo.[642] Welzel chega a afirmar que o neokantismo seria de alguma maneira uma "teoria complementar do positivismo", dado que o neokantismo assume integralmente e apenas "completa o mundo do positivismo" com elementos da racionalidade puramente teórica.[643] Cabral de Moncada explica que a concordância entre o positivismo e o neokantismo "era mais do que aquilo que os separava", *v.g.*, intransigência anti-metafísica e o primado

[638] Correia, *A teoria do concurso,* p. 78.

[639] Günther Jakobs, *v.g.*, segue vinculado ao conceito mecânico-naturalista de causa, embora descontente com a dificuldade de o direito penal se independizar das categorias naturalistas (Jakobs, *Strafrecht,* p. 791, nm. 15). A persistência da influência do naturalismo talvez decorra também do amplo acolhimento que obteve em âmbito técnico-jurídico, cultural e filosófico no século XIX. *V.g.*, sobre isso em Portugal, ver Moncada, *Subsídios,* p. 88-89; Correia, *A teoria do concurso,* p. 67.

[640] O positivismo e o neopositivismo filosóficos são fiéis ao ideal de "subordinação da Filosofia às ciências físico-matemáticas ou empírico-formais" (Reale, *Filosofia do Direito,* p. 25).

[641] A título de exemplo, ver Mayer, *Der Causalzusammenhang,* p. 127. Para mais detalhes, ver 2ª Parte, Capítulo III, Tópico 3.1.

[642] Welzel, *Naturalismus,* p. 41-42.

[643] Welzel, *Naturalismus,* p. 43. Welzel entende serem dados de uma "esfera da irrealidade" presumida como necessária para a superação do positivismo (Welzel, *Naturalismus,* p. 43).

da razão pura teorética.[644] O positivismo e o neokantismo apresentam "base comum" na noção de realidade empírica natural, que vem a ser suplementada pontualmente com a adição de "suportes apriorísticos" e de "valores regulativos".[645]

Os fenômenos que não são materialmente constatáveis e mecanicamente eficazes na forma de uma energia ativa acabam sendo vistos como ontologicamente inexistentes. Nessa visão, a ontologia é apenas a substância do mundo físico e a causalidade omissiva não é uma "categoria do ser", pois não é fonte de energia.[646]

A tentativa de superação da definição de causa do pensamento naturalista-positivista,[647] nos limites das "teorias da força",[648] não foi completamente exitosa. Trata-se de uma decorrência da compreensão incompleta da fenomenologia omissiva em razão do apego do neokantismo ao "conceito pobre de realidade".[649] O neokantismo propôs o entendimento da realidade a partir da "mesmíssima causalidade mecânica" do naturalismo como "categoria suprema".[650] O mundo da valoração normativo-cultural foi apenas alocado ao lado do mundo natural, complementando pontualmente com idealizada capacidade de regência normativa do mundo natural.

Igualmente há conceitos que permaneceram mesmo diante das mudanças apresentadas pelo finalismo. A concepção de causalidade de Welzel segue fiel ao conceito ativo-essencialista de causa próprio do naturalismo-mecanicista, apesar das críticas gerais.[651] Para Welzel, todo elemento imprescindível para o resultado, deve ter natureza de força

644 Moncada, *Filosofia do direito/I*, p. 322.

645 Welzel, *Naturalismus*, p. 43.

646 Jescheck; Weigend, *Lehrbuch*, nm. 3, p. 618.

647 Essa intenção é manifesta na compreensão da causalidade como forma de pensamento em: Liszt; Schmidt, *Lehrbuch/1932*, p. 172; Schmidt, *Der Arzt im Strafrecht*, p. 85 e 86; Georgakis, *Hilfspflicht*, p. 19 e Vogt, "Das Pflichtproblem", p. 390 e 410.

648 Georgakis, *Hilfspflicht*, p. 19.

649 Moncada, *Filosofia do direito/I*, p. 323.

650 Moncada, *Filosofia do direito/I*, p. 323.

651 Assim, Luna, "A causalidade na omissão", p. 334; Rodríguez Mourullo, *La omisión de socorro*, p. 55; Guaragni, *As teorias da conduta*, p. 136. Para mais detalhes, ver as expressivas passagens da dogmática de Welzel na 2ª Parte, Capítulo III, Tópico 3.6.1.

mecânica ou jurídico-normativa. O conceito eminentemente jurídico--normativo da causalidade omissiva persiste influenciado pelo legado do naturalismo positivista.

3.7.2. A influência da filosofia kantiana

O pensamento de Imannuel Kant forma boa parte do horizonte filosófico das doutrinas eminentemente jurídico-normativas, com clara expressão no neokantismo jurídico-penal do sudoeste alemão e na causalidade como forma de pensamento. Os conceitos do neokantismo são conceitos puramente jurídicos,[652] baseados na extrema separação entre o "ser" e o "dever-ser".[653] O início do processo da quebra da relação cooperativa do ser com o dever-ser da "doutrina do direito natural" clássico ocorreu no "direito natural do iluminismo" e seguiu no positivismo jurídico, tanto na versão material da jurisprudência dos interesses, quanto na visão formal do método jurídico segundo as ciências naturais.[654]

Exemplo paradigmático da separação entre o ser e o dever-ser encontra-se em Hippel para quem os conceitos de "causalidade e ilicitude são duas coisas" diferentes vistas como se "uma nada tem a ver com a outra".[655] A causalidade seria a "ligação exterior de acontecimentos", ao passo que a ilicitude trataria da "valoração jurídico-social" dos acontecimentos ligados pela causalidade.[656] Em razão disso, conclui que "nem toda omissão é ilícita",[657] mesmo sem indicar se estaria em questão omissões éticas ou morais. Causalidade e ilicitude não são absolutamente independentes, pois a conduta que não causa ofensa ao bem jurídico protegido não pode ser ilícito criminal. O juízo de relevância penal decorre da verificação de que o comportamento desvalioso causa a ofensa.

A não intervenção no transcurso causal perigoso é qualificada como omissão pela existência do mandamento de agir. O mandamento de agir pode ser ético ou jurídico, sendo sempre uma norma de conduta

[652] Kaufmann, *Kritik der Neukantischen Rechtsphilosophie*, p. 82-85.
[653] Sobre isso, ver Moncada, *Filosofia do direito/1*, p. 252-253
[654] Wolf, "Naturrecht und Gerechtigkeit", p. 56-57.
[655] Hippel, "Unterlassungsdelikte und Strafrechtkommission", p. 509.
[656] Hippel, "Unterlassungsdelikte und Strafrechtkommission", p. 509.
[657] Hippel, "Unterlassungsdelikte und Strafrechtkommission", p. 509.

que pressupõe um procedimento de valoração. Quando a valoração é reconhecida pelo direito como portadora de dignidade penal, tem-se a criação material da ilicitude penal. Os fundamentos e os limites dessa ilicitude transcendem a positividade legal e encontram respaldo em elementos prévios como a causalidade.

3.7.3. A prevalência da finalidade (utilidade) sobre o fundamento

No plano jurídico-metodológico, as primeiras doutrinas da causalidade eminentemente jurídicas expressam o ideal de utilidade daquela época.[658] Essas doutrinas significam manifestações variadas da preocupação com a finalidade ou utilidade do direito,[659] guardando semelhança com a orientação metodológica da jurisprudência dos interesses. Existe semelhança no modo de conceber os fins do direito, substituindo a "intenção formalista" por uma "intenção finalista".[660]

Trata-se do predomínio da utilidade sobre a explicação fundamentada, que é uma das heranças do positivismo não superadas pelo neokantismo, haja vista que "o utilitarismo foi o fundamento da ética positivista".[661] A análise da utilidade dos institutos, ou mesmo a filosofia utilitarista, possui uma axiologia, devendo se cuidar para que a utilidade não prepon-

658 Sobre a impossibilidade de reduzir o fundamento do direito à razão calculadora (*ratio calculatrix*), ver Costa, "Ler Beccaria hoje", p. 11; Costa, *O perigo*, p. 67-68, nota 97 e, especialmente, p. 343-344, nota 120.

659 Por exemplo, a ética utilitária encontra-se na doutrina de Ludwig von Bar. Para mais detalhes, ver 2ª Parte, Capítulo III, Tópico 3.2.1.

660 Neves, "Jurisprudência dos interesses", p. 219. Gustav Radbruch reproduz a explicação de Hermann Kantorowicz sobre a diferença entre formalismo e finalismo, inicialmente publicada com o título "A época da ciência jurídica" em 1914. Essas diferenças aparecem no "verbalismo e realismo, positivismo e racionalismo, historicismo e modernismo, método filológico e método teleológico". A "orientação formalista" de caráter puramente lógico procede mediante a pergunta "como eu devo interpretar este texto para corresponder à vontade daquele que formulou este texto?". A "orientação finalista" com ponto de partida no "sentido, da realidade" e das "finalidades e necessidades da vida social, espiritual e moral" e não no texto legal apresenta a questão "como eu devo manusear e configurar o direito para satisfazer as finalidades vitais" (Radbruch, *Vorschule der Rechtsphilosophie*, p. 63-64).

661 Welzel, *Naturalismus und Wertphilosophie*, p. 15.

dere sobre o sentido das próprias coisas.[662] A priorização da utilidade em detrimento do sentido valorativo dos conceitos jurídicos põe em perigo a própria noção de utilidade, por meio de definições referenciadas em si mesmas e incapazes de oferecer segurança e crítica à teoria do direito desde os referencias externos da realidade pré-jurídica. Mostra-se como uma argumentação cíclica porque o parâmetro ontológico que ofereceria orientação, delimitação e segurança ao direito acaba na própria juridicidade.

Especificamente em relação ao neokantismo penal, Welzel esclareceu que a "indicação da teleologia" em questão e o "correto ponto de partida" dessa compreensão compõem a descrição do problema sem fornecer a sua solução material.[663] A invocação de uma teleologia não é suficiente para estabelecer o limite material, uma vez que *a priori* "todo acontecimento pode ser submetido a uma observação teleológica".[664] A indicação do limite material deve se fundar no reconhecimento ontológico do que manifesta relevância penal.

3.7.4. Identificação entre os conceitos de causa e de força. O afastamento entre o poder de agir e o dever de agir

Os autores da causalidade eminentemente jurídica persistem no equívoco da rejeição absoluta da ontologia da causalidade omissiva, ainda que sem produzir consequências radicais. Para muitos desses autores, a omissão é entendida como um "não ser", por influência do conceito ativo-essencialista de causa como força mecânica.

A definição de causa não se explica com a noção de *causa efficiens*, o que impediria a visualização do próprio funcionamento da realidade mecânica. A explicação da causação de resultados não se resume à mera descrição do vetor de força que acabou por sobressair. As orientações da causalidade eminentemente jurídica ou normativo-hipotética ficam a meio caminho da superação do horizonte do positivismo naturalista.[665] A

[662] Sobre isso, HEIDEGGER, *Língua de tradição*, p. 9-12.

[663] WELZEL, "Kausalität und Handlung", p. 707.

[664] WELZEL, "Kausalität und Handlung" , p. 707 e nota 18.

[665] Assim, *v.g.*, constatou Michael Ling no estudo da obra de Bar (LING, *Die Unterbrechung des Kausalzusammenhanges*, p. 58).

maioria dessas orientações segue considerando o conceito ontológico de causa reduzido a força mecânica.

A compreensão da causalidade como um *a priori* cognitivo no plano ideal permitiu solucionar problemas concretos da filosofia da época de Kant, *v.g.*, ampliação do âmbito de explicação causal dos fenômenos e superação da necessidade de verificação empírica da causalidade. Todavia, essa compreensão não determina os limites ontológicos à criação do normativismo jurídico, pois a realização do direito penal exige a realização da justiça material nos casos empiricamente verificáveis e não apenas a referência a noções formais ou ideais de justiça. Moncada destacou que a superação da "distância abismal" entre os "mundos da ideia e da realidade", ligando os reinos dos fenômenos ao reino da razão pura, não é algo fácil, e gerou grandes debates posteriores à obra de Kant.[666] Essa situação encontra-se exemplificada nos desafios da compreensão da natureza do nexo causal e da sua importância para o reconhecimento da relevância penal da omissão.

Nessa visão da realidade, está igualmente especificada a tão discutida oposição entre o "poder" e o "dever". A pressuposição da absoluta separação entre "poder" e "dever" impede a identificação das relações entre os dois elementos que existem na realidade cotidiana, dificultando a melhor compreensão da ontologia da omissão imprópria. A cisão radical entre o poder de agir e o dever de agir não se apresenta correta, pois os deveres ético-morais e jurídico-penais não podem ser estabelecidos no plano de pura racionalidade ideal dissociada dos fenômenos da vida.

Rohland observa que o jurista poderia "percorrer outros caminhos" na proposição de soluções ao problema, quanto "mais se distancia" da "pura observação objetiva".[667] Seria a alteração do ponto principal saindo da investigação da causação do resultado para a valoração eminentemente normativa do que se entende por conduta omissiva. A legitimidade de imputação do resultado à conduta justificar-se-ia pela valoração da conduta como imputável, desde outros referenciais normativos diversos do fundamento causal.

[666] Moncada, *Filosofia do direito/I*, p. 253 e 269.
[667] Rohland, *Die Kausallehre des Strafrechts*, p. 10.

Ao fim, as doutrinas eminentemente jurídicas possuem em comum a falta de identificação do elemento ontológico – ainda que imaterial – da causalidade omissiva.

3.7.5. Ganhos compreensivos

Há também ganhos compreensivos que merecem maior destaque histórico. É fundamental o esclarecimento do conceito de causalidade livre de qualquer influência da concepção essencialista de causa de Arthur Schopenhauer, aproveitado no direito penal por Friedrich Haupt.[668] Schopenhauer mostra que nem todas as causas são forças, assim como nem todas as forças atuantes em determinado fenômeno são causas do resultado.[669] Muito breve: os conceitos de força e de causa não têm o mesmo significado do mundo natural.

Outro mal-entendido persistente ainda hoje entre o poder de alterar o resultado e a força mecânica foi criticado por Sigwart, Wildeband, Haupt e Antolisei. O pressuposto de que a única conduta com poder causador do resultado é aquela caracterizada pela manifestação de energia mecânica não é completa. A disposição de uso de determinada força é requisito essencial do poder, de modo que o poder não se exaure na força, sendo aquilo que a domina.[670] Em outras palavras, o poder é a capacidade de uso da força interventiva. Por essa razão, a opção pelo não empreendimento de qualquer ação ou pelo empreendimento em sentido diverso da intervenção no curso causal são atos de manifestação do poder.

As doutrinas eminentemente normativas da causalidade propõem intencionalmente o desprendimento da realidade ontológica para buscar soluções na pura normatividade jurídica. Mesmo assim, as concepções eminentemente normativas da causalidade não são o modelo mais radical, pois ainda buscam explicar a noção de causalidade do texto legal.

[668] Para mais detalhes, ver 2ª Parte, Capítulo III, Tópico 3.2.4.

[669] SCHOPENHAUER, *Welt als Wille und Vorstellung*, p. 503 e, antes, SCHOPENHAUER, *Über die vierfache Wurzel*, §20, p. 60.

[670] ANTOLISEI, *Il rapporto di causalità*, p. 150 e 222.

6.
CAUSALIDADE COMO IMPUTAÇÃO: DOUTRINAS NEGADORAS DA CAUSALIDADE DA OMISSÃO IMPRÓPRIA E O RETORNO À DOUTRINA DO DEVER PENAL

6.1. A premissa comum

As doutrinas negadoras do reconhecimento da causalidade da omissão imprópria formam conjunto heterogêneo que parte da premissa de rejeição, direta ou indireta, da relevância dogmática da causalidade omissiva. Há profundo ceticismo[671] em relação ao reconhecimento ontológico e à determinação conceitual da causalidade, advindo da longa e pesada discussão das propostas mecânicas e jurídicas baseadas no conceito ativo-essencialista de causa.[672] Algumas das doutrinas fazem menções concessivas à causalidade para o cumprimento da exigência de explicação dos elementos do tipo objetivo. Essas menções pontuais não alteram a proposta reitora de intensificação da normativização dos critérios de imputação, diante da rejeição da observação ontológica da causalidade.

O entendimento restrito da causa como energia mecânica é decisivo para a rejeição do nexo causal, tanto pelos que negam em absoluto, quanto pelos moderados que reconhecem um conceito criado normativamente pelo direito. Esse conceito receberia a qualificação de "quase-

671 Castanheira Neves destaca que o ceticismo "tem sempre na sua base um dogmatismo", sendo a "última consequência" desse dogmatismo. Por essa razão, se poderia qualificar o ceticismo como "um dogmatismo que deixou de ser útil ou eficaz" (Neves, *Questão-de-facto*, p. 67). A prisão ao conceito ativo-essencialista de causa limita fortemente as possibilidades dogmáticas de enfrentamento do problema da omissão imprópria.

672 Assim, no essencial, já em Engisch, *Kausalität als Merkmal*, p. 29-30.

-causal"[673] ou "causalidade hipotética",[674] destinando-se exclusivamente à explicação dos elementos do tipo legal de crime, ainda que sem encontrar base objetiva prévia na realidade.

Uma parcela da doutrina entende injustificada a investigação da causa do resultado da omissão, vez que sabidamente falta energia mecânica na conduta omissiva imprópria.[675] Essa compreensão costuma convocar máximas latinas para fundamentar a negação da causalidade ontológica da omissão imprópria. É verdade que "tudo que é feito, é feito a partir de outro" (*quidquid fit, ex alio fit*) e que "nada existe a partir do nada é afirmação verdadeira" (*nihil ex nihilo existere vera sententia est*). Em síntese, "a partir do nada, nada é feito" (*ex nihilo, nihil fit*). A conduta omissiva não poderia ser causadora de resultado natural por ser um nada em termos materiais e energéticos.

Outra proposta com consequências semelhantes não afasta de plano a causalidade da omissão imprópria, mas cria critério alternativo para a imputação do resultado omissivo. O critério alternativo à causação do resultado é sugerido para ampliar a finalidade preventiva de proteção penal do bem jurídico alterando o conceito clássico de conduta omissiva.[676] A imputação do resultado a condutas que não se sabe se efetivamente causadoras do resultado e se omissivas repousaria na reconstrução do conceito de dever penal. Tratar-se-ia do alargamento do dever de prevenir o resultado em diversas circunstâncias para além do dever de evitar o resultado (não causar o resultado omissivamente).

As doutrinas negadoras da causalidade têm em comum uma concepção de conduta omissiva, ainda que diversificadas nos fundamentos, finalidades e compreensão global do direito penal. São orientações que comungam em diferentes intensidades das propostas de fortalecimento dos deveres penais, como procedimento para determinação dos limites de punibilidade da omissão imprópria.

673 Ver 2ª Parte, Capítulo III, Tópico 3.3.

674 Jakobs, *Strafrecht*, p. 791, nm. 15.

675 Na Alemanha, ver Jakobs, *Strafrecht*, p. 791, nm. 15. Na Espanha, considerando a doutrina dominante, ver Gimbernat Ordeig, "La causalidad en la omisión impropria", p. 41 e nota 25.

676 Assim, a doutrina da diminuição do risco de Roxin, Stratenwerth e Figueiredo Dias.

6.1.2. A doutrina da imputação de Löning

Richard Löning está na origem da rejeição da investigação da causalidade da omissão.[677] Gustav Radbruch, por sua vez, assumiu e divulgou as críticas de Löning à causalidade omissiva e à viabilidade de uma teoria geral do crime comum para a ação e omissão, levando à mudança do seu próprio conceito de conduta penal.[678] Radbruch conheceu o primeiro trabalho de Löning sobre o tema da imputação,[679] considerando que Schlossmann e Löning teriam sido os autores que "ousaram trazer a consequência" de que a "ação e omissão estão desligadas uma ao lado da outra".[680] Antes de conhecer o pensamento de Löning, Radbruch definia o fato criminoso com base no "movimento corporal em relação causal com o resultado".[681] Assim, a omissão seria a "não ocorrência de uma mudança" que "não pode ser nem efeito, tão pouco causa", porque não tem "comportamento corporal" e "resultado".[682]

Depois de Löning, Radbruch abandonou o conceito naturalista de conduta que era a estrutura fundamental da sistematização proposta pelo seu professor Franz von Liszt, servindo de referência para todas as outras caraterísticas do crime, *v.g.*, ilicitude, imputabilidade, tipicidade. Radbruch exemplifica a fragilidade da explicação naturalista da ação, indicando crimes específicos, dentre os quais, se tornou difundido o caso da injúria. A explicação naturalista puramente dos "movimentos da laringe, excitações de ondas sonoras, irritações do ouvido e processos cerebrais" desconsideraria dois elementos essenciais: o "sentido linguístico" e o "significado social" da injúria.[683]

Especificamente sobre a omissão, a obra de Löning ataca a compreensão de Aristóteles de que a ausência do piloto seria causa do naufrágio, passagem que se encontra na Física, II, 3, §195 e é repetida na Metafísica II, 101 3[b]. O penalista chega a qualificar essa passagem como uma

[677] LÖNING, *Zurechnungslehre des Aristoteles/1903*, p. 253.

[678] Sobre a mudança do conceito de conduta em Radbruch, ver MENDES, *O torto intrinsecamente culposo*, p. 331, nota 722.

[679] LÖNING, *Die strafrechtliche Haftung/1889*, p. 135-137.

[680] RADBRUCH, *Der Handlungsbegriff/1904*, p. 142.

[681] RADBRUCH, *Der Handlungsbegriff/1904*, p. 75.

[682] RADBRUCH, *Der Handlungsbegriff/1904*, p. 132 e 138.

[683] RADBRUCH, *"Zur Systematik der Verbrechen"*, 1930, p. 161.

suposta "hora de fraqueza" do filósofo grego, que, se eventualmente não tivesse existido, teria "provavelmente poupado" o que entende por "muito esforço e trabalho inútil" de uma "extensamente abrangente literatura".[684]

Löning propõe o estudo da imputação penal, atentando especificamente aos fundamentos da filosofia de Aristóteles. O autor parte do conceito de "querer" ou "vontade dirigida", vislumbrando o ideal de "causalidade psíquica".[685] A causalidade psíquica pressupõe a "causa" pelo "lado da vontade" e o "efeito" pelo "lado da ação", sendo ambos elementos próprios de "procedimentos realmente positivos".[686]

As ações seriam "movimentos corporais" entendidos como "eficácias dos sujeitos", ao passo que as omissões seriam concebidas apenas como "não procedimentos", de modo que as condutas omissivas não estariam cobertas pelo mesmo conceito das ações.[687] Löning depreende do conjunto da obra de Aristóteles que o filósofo estaria afastado da proposta inclusiva da "escolástica moderna", bem como que o conceito de ação abarcaria a ação em sentido estrito e o "seu próprio oposto": a "não ação ou omissão".[688]

Para Löning, as omissões são o "próprio contrário" das ações, pois "o que não aconteceu não pode causar outra coisa".[689] Em relação à vontade de prática da conduta, o autor tem o entendimento extremo de que o "querer" seria o elemento concreto imanente à ação e o "não querer" seria a falta do "querer em concreto" referente à "abrangente abstração" característica do fenômeno omissivo.[690] As omissões seriam boas e elogiáveis ou más e reprováveis no plano de julgamento jurídico-moral,

[684] Löning, *Zurechnungslehre des Aristoteles/1903*, p. 253.
[685] Löning, *Zurechnungslehre des Aristoteles/1903*, p. 245.
[686] Löning, *Zurechnungslehre des Aristoteles/1903*, p. 245.
[687] Löning, *Zurechnungslehre des Aristoteles/1903*, p. 245-246.
[688] Löning, *Zurechnungslehre des Aristoteles/1903*, p. 247.
[689] Löning, *Zurechnungslehre des Aristoteles/1903*, p. 246-247.
[690] Löning, *Zurechnungslehre des Aristoteles/1903*, p. 249-250. Löning tem como referencial a relação entre "querer" e "agir", não conseguindo identificar alguma relação causal entre o "querer" e o "omitir". O autor concebe "apenas um reflexo" do agir causado na "representação subjetiva do julgador" (Löning, *Zurechnungslehre des Aristoteles/1903*, p. 250).

mas "de nenhuma forma seriam indiferentes".[691] As conclusões são pela sugestão de critérios não causais especificamente para a imputação da omissão.

Na omissão própria, os comportamentos são "condições de uma hipoteticamente imputável ação", nas quais "defrontam a omissão negativa com a positiva antítese".[692] As omissões são imputáveis, caso dependam apenas da vontade e da "condição de imputabilidade" do omitente, ou seja, o "sujeito podia agir" e "seria dado para o caso dessa ação, as condições da sua imputabilidade".[693] Já uma outra "forma especial de omissão" seria identificada como caraterística da omissão imprópria, na qual ocorreria a "não prevenção" ou "não evitação" do resultado.[694] A omissão imprópria seria uma espécie omissiva "igualada" valorativamente à "causação positiva", pois poderia ser vista a "não evitação como uma causação".[695]

O detalhado estudo filosófico dos originais gregos feito por Löning merece quatro objeções. Primeiro, as omissões em geral não são apenas a ausência de conduta. São a falta da conduta devida que motiva o juízo ético negativo.

Segundo, a ausência de ação pode ser considerada boa ou má jurídica ou moralmente, diferenciando-se da conduta omissiva, que é sempre considerada desvaliosa. A omissão é sempre negativa por frustrar o dever e a expectativa de ação.

Terceiro, a importância da filosofia de Aristóteles é superestimada na fundamentação da dogmática penal. O debate sobre a fenomenologia da

691 Löning, *Zurechnungslehre des Aristoteles/1903*, p. 247 e 249.

692 Löning, *Zurechnungslehre des Aristoteles/1903*, p. 250.

693 Löning, *Zurechnungslehre des Aristoteles/1903*, p. 250-251. O conceito de Löning não exclui a imputação por negligência na hipótese em que o objeto desconhecido era "empiricamente para se esperar" e por isso seria "fácil de saber" (Löning, *Zurechnungslehre des Aristoteles/1903*, p. 252).

694 Löning, *Zurechnungslehre des Aristoteles/1903*, p. 252. Löning apresenta "prevenir" e "evitar" como sinônimos. Na verdade, os dois verbos não são nem equivalentes, o que impede que seja igual a responsabilidade por cada uma das condutas. A capacidade de intervenção no curso causal de quem só pode "prevenir" riscos é diferente da de quem pode "impedir" o resultado.

695 Löning, *Zurechnungslehre des Aristoteles/1903*, p. 252.

causalidade omissiva é longo e filosoficamente variado, parecendo excessivo supor que poderia ter sido evitado, caso não houvesse o reconhecimento expresso por Aristóteles da causalidade da falta do barqueiro para o naufrágio. Löning afirma que Aristóteles não teria supostamente "submetido a questão ao especial debate",[696] por essa razão, crê na possibilidade de leitura da obra do filósofo mesmo em contrariedade à passagem expressa da causação do naufrágio pela falta do barqueiro.

Quarto, o conceito corporal de ação não comporta os crimes comissivos e omissivos conforme a doutrina.[697] A explicação da conduta penal segundo o conceito de causa como força, ainda que pela vontade do agente,[698] impede o reconhecimento da fenomenologia omissiva, desconsiderando que o omitente causa o resultado pela sua conduta de não fazer.

6.1.3. As doutrinas da ação esperada ou da expectativa (*Erwartungstheorien*)

As doutrinas da ação esperada estão entre as primeiras a negar ostensivamente a causalidade da omissão e retornar à busca de critérios normativos relacionados à constituição do dever de agir. A ênfase empreendida na rejeição do nexo causal variou sensivelmente desde a doutrina de Liszt até à de Gallas. Algumas vezes, percebe-se a admissão de um tipo de relação de causalidade geral por meio da construção apenas jurídica de um elo na cadeia causal. É por isso que a origem do ideal de rejeição do referencial ontológico da causalidade omissiva e de retorno à doutrina dos deveres apresenta-se esboçada na doutrina da expectativa no final do séc. XIX.[699]

Há dois grupos doutrinais que partem do profundo ceticismo de Liszt de que a investigação da causalidade da omissão seria "umas das mais

[696] Löning, *Zurechnungslehre des Aristoteles/1903*, p. 248.

[697] Sobre os limites da concepção "positivista-naturalista" de crime, *v.g.*, ver Costa, *Noções fundamentais/2012*, §59, p. 187-188; DIAS, *Direito Penal*, p. 240-241, §10. Em específico, acerca dos limites dessa compreensão na doutrina do crime omissivo, ver Correia, *A teoria do concurso*, p. 59; Stoffers, *Die Formel "Schwerpunkt der Vorwerfbarkeit"*, p. 96-97.

[698] Assim, *v.g.*, Löning, *Zurechnungslehre des Aristoteles/1930*, p. 245-246 e 249 e 250.

[699] Armin Kaufmann observou corretamente que a doutrina da expectativa "não é mais do que a doutrina do dever mesmo" (Kaufmann, *Die Dogmatik der Unterlassungsdelikte*, p. 51).

infrutíferas que a ciência do direito penal já manteve"[700]. A convocação da opinião de Liszt aparece ora como epitáfio de toda compreensão fenomenológica do conjunto de ideias debatidas intensamente em quase dois séculos,[701] ora como justificação da desnecessidade do estudo específico das propostas de reconhecimento da natureza da causalidade.[702] Contudo, a opinião de Liszt nem explica a fenomenologia omissiva e porque estaria correta,[703] nem justifica porque a revisão das diversas das hipóteses de solução do problema da causalidade omissiva não poderia oferecer melhor compreensão do fenômeno.

6.1.4. Franz von Liszt

O pensamento de Franz von Liszt é propulsor do modelo clássico de crime, cuja vigência persistiu até que os fundamentos filosóficos e ideológicos da Escola Clássica tornaram-se insustentáveis em parte da Europa.[704] O ponto de partida é o conceito de ação causal, que divide a teoria do crime em duas partes independentes e incomunicáveis, com objetivo de produzir conceitos simples e claros.[705] Essa concepção clássica bipartida do crime segue no direito penal de países do *common law*,[706] em paí-

[700] LISZT *Lehrbuch/1888*, §29, p. 124.

[701] Por exemplo, Gimbernat Ordeig indica propostas desse período sem aprofundar nos seus fundamentos, a título introdutório da sua proposta (GIMBERNAT ORDEIG, "La causalidad en la omisión impropria", p. 31-32).

[702] Assim, por exemplo, KAUFMANN, *Die Dogmatik der Unterlassungsdelikte*, p. 58.

[703] Aliás, a obra de Liszt busca, por um lado, a certeza e a segurança na aplicação do direito penal e, por outro, a ampliação do caráter preventivo e da metodologia de construção normativa do direito penal. Sobre esse último ponto, ver VOGEL, *Einflüsse des Nationalsozialismus auf das Strafrecht*, 2004, p. 90-91.

[704] As críticas ao positivismo naturalista podem ser lidas nas doutrinas eminentemente jurídica da causalidade de Sigwart e Windelband, ver 2ª Parte, Capítulo III, Tópicos 3.2.2 e 3.2.3. Acerca do positivismo jurídico em geral, ver COSTA, *História do direito*, p. 394 e ss.

[705] PRADEL, *Droit pénal*, p. 280; DESPORTES; LE GUNEHEC, *Droit pénal*, p. 394-395.

[706] ASHWORTH, *Principles of criminal law*, p. 84 e ss.; ORMEROD, *Criminal Law*, p. 42-44 e 94-95; WILSON, *Criminal law*, especialmente, p. 67-68; ELLIOTT; QUINN, *Criminal Law*, p. 9 e 16. Sobre o modelo inglês de análise dos elementos do crime, em Portugal, ver MENDES, *O torto intrinsecamente culposo*, p. 29.

ses europeus continentais[707] e no direito penal internacional.[708] A ação, o tipo e o ilícito configuram a parte objetiva relativa aos elementos externos do delito, ao passo que os motivos e a vontade estabelecem uma concepção psicológica de culpa, consoante os elementos internos do agente, na parte subjetiva.[709]

Trata-se de orientação herdeira da tradicional bipartição *imputatio facti e imputatio iuris*, que tem como preocupação a segurança e a certeza necessárias para a realização do direito no Estado de Direito.[710] O pensamento positivista é a base utilizada por Liszt para compreender o crime, o direito e a metodologia jurídica.[711] O modelo de positivismo de Liszt e Ernst Beling é o positivismo naturalista da realidade empírica,[712] diferenciando-se do positivismo normativista de Karl Binding, entendido por alguns como a "corrente liberal teorética" do positivismo do final do século XIX.[713] O positivismo naturalista sustenta-se nos princípios das ciências naturais, pretendendo seguir "lógica formal, alheia a qualquer

[707] Na França, Pradel conhece a "concepção mais minuciosa" dos "componentes da infração", típica da doutrina alemã contemporânea. Todavia, considera que se trata de uma análise "muito complexa", pois os "aspectos subjetivos aparecem", mais de uma vez, no contexto dessa explicação. Pradel propõe compreensão que entende "muito simples" em três elementos: "elemento legal", "elemento material" e "elemento moral, psicológico ou também intelectual" (PRADEL, *Droit pénal*, p. 280). No mesmo sentido, Merle e Vitu referem-se à "análise clássica francesa" (MERLE; VITU, *Traité de droit criminel*, p. 445) e Desportes e Le Gunehec ensinam a bipartição entre o elemento material e moral, de acordo com o ideal de simplicidade, enfatizando a exatidão e a melhor adequação à disposição do Código Penal (DESPORTES; LE GUNEHEC, *Droit pénal*, p. 394-395). Na Bélgica, encontra-se a divisão entre o "fato incriminado" e "imputabilidade do fato ao agente", *v.g.*, em HENNAU; VERHAEGEN, *Droit pénal*, respectivamente, p. 133 e ss e 241 e ss.; TULKENS; VAN DE KERCHOVE, *Introduction au droit penal*, p. 294-295.

[708] No direito penal internacional, AMBOS, "100 Jahre Belings „Lehre vom Verbrechen"", p. 464, 470-471 e AMBOS, *Internationales Strafrecht*, §7, nm. 2, p. 126.

[709] GROPP, *Strafrecht*, §3, nm. 60.

[710] JESCHECK; WEIGEND, *Lehrbuch*, p. 202; RODRIGUEZ DEVESA, *Derecho penal*, p. 318; DIAS, *Direito Penal*, Cap. 10º, p. 241, §11; COSTA, *Noções fundamentais/2012*, Cap. 7º, § 62, p. 189; D'AVILA, *Ofensividade*, p. 18-20.

[711] Sobre a dedução do conceito clássico alemão de crime do positivismo científico, ver WELZEL, *Naturalismus und Wertphilosophie*, p. 22 e ss.

[712] Sobre o pensamento de Beling, ver PLATE, *Ernst Beling als Strafrechtsdogmatiker*, p. 15-17.

[713] WELZEL, *Naturalismus und Wertphilosophie*, p. 22, nota 5.

valoração" no "entrecruzamento entre o mundo do ser e o mundo do dever-ser".[714]

A simples denominação "Escola Clássica" oportuniza a confusão entre as homônimas: Escola Clássica alemã e a Escola Clássica italiana. A diferença entre elas é temporal, metodológica e analítica no conceito de crime. A Escola Clássica de direito penal e criminologia italiana tem os seus maiores expoentes em Giovani Carmigni (1768-1847), Pellegrino Rossi (1787-1848) e Francesco Carrara (1805-1888).[715] É anterior à sua homônima alemã, sendo contemporânea e semelhante em alguns pontos ao pensamento de Feuerbach.

A *Scuola classica italiana* tem a sua metodologia fundada na intensa racionalização dos conceitos jurídicos em abstrato, valendo-se de força apriorística da razão.[716] A convocação do texto legal aparece apenas em um segundo momento para comprovação da argumentação desenvolvida anteriormente.[717] A justificativa dessa metodologia decorre da extrema desconfiança sobre a possibilidade de produção de justiça com base no juízo antecipado no direito positivo da época.[718] Exatamente por isso o jurista acabou produzindo uma "verdadeira e própria fratura entre a norma jurídica e a elaboração doutrinal".[719] O procedimento metodológico partia da lógica dedutiva que toma como premissa o jusnaturalismo e o contratualismo social para a obtenção dos conceitos penais.

714 Costa, *Noções fundamentais/2012*, Cap. 7º, §62, p. 189. Por essa a razão, o direito deixa de ser justiça e prudência como concepção de racionalidade prática para ser eminentemente teorético no positivismo (Costa, "Causality", p. 57). A separação radical da realidade entre o mundo do ser e do dever-ser, caraterística da filosofia kantiana, é um dos pontos que não se alteram com a passagem do positivismo naturalista para o neokantismo (Moncada, *Filosofia do direito/1*, p. 252-253).

715 Uma seleção geral e explicativa de diversos temas das obras *Elementi del diritto criminale* de Giovani Carmigni e do *Programma del corso di diritto Criminale* de Francesco Carrara encontra-se em Seminara; Vormbaum, *Moderne italienische Strafrechtsdenker*, respectivamente, p. 76-90 e p. 91-115.

716 Bettiol, *Diritto penale*, p. 20-21.

717 Bettiol, *Diritto penale*, p. 20-22.

718 Dias; Andrade, *Criminologia*, p. 7-8 e 10.

719 Bettiol, *Diritto penale*, p. 21.

As escolas clássicas italiana e alemã encontram pressuposto dogmático comum na ação mecânica como elemento objetivo do crime,[720] sendo a "força física" para o classicismo italiano[721] e o "movimento corporal" para o classicismo alemão.[722] Há igualmente interesses similares no sentido de racionalização do poder punitivo.

O grau de analítica e sistematicidade do conceito de crime da Escola Clássica alemã não se equivale à Escola Clássica italiana anterior e contemporânea de Feuerbach. O fundamento da pena é retributivo para os clássicos italianos Pessina e Brusa[723] e preventiva ressocializadora no clacissismo de Liszt,[724] mas não de Binding.[725] A visão de mundo também é diferente entre as Escolas Clássicas,[726] vez que é o desenvolvimento do positivismo naturalista na Itália, que gera o surgimento da Escola Positiva italiana em manifesta crítica à Escola Clássica italiana.

Segundo Liszt, o crime é "ação ilícita, culpável, ameaçada com uma pena",[727] sendo a ação concebida como a "modificação, ou seja, causação

[720] BETTIOL, *Diritto penale*, p. 22; FIANDACA; MUSCO, *Diritto penale*, p. XXIII.

[721] CARRARA, *Programma del corso, Parte generale/1924*, §53, p. 86.

[722] BELING, *Die Lehre vom Verbrechen*, p. 15 e 17.

[723] BETTIOL, *Diritto penale*, p. 24; FIANDACA; MUSCO, *Diritto penale*, p. XXIII.

[724] LISZT, *Der Zweckgedanke*, p. 35-37. É com Liszt que inicia funcionalização social do direito penal alemão, assumindo características "não liberais" e "não humanistas" no programa de Marburgo (VOGEL, *Einflüsse des Nationalsozialismus auf das Strafrecht*, 2004, p. 90-91).

[725] A justificação da pena pela finalidade ressocializadora diferencia a chamada, à época, "escola moderna" de Liszt da "escola clássica" do retributivismo de Binding na "disputa de escolas" alemãs do final do século XIX e do início do século XX (NAUCKE, "„Schulenstreit"?", p. 559). Naucke ressalta algo pouco lembrado, que, para ambas as escolas, a pena criminal deveria cumprir finalidades (NAUCKE, "„Schulenstreit"?", p. 562).

[726] A metodologia da Escola Clássica alemã é extremamente apegada ao direito positivo, de modo que "valores filosóficos, conhecimentos psicológicos e fatos sociológicos" devem ficar excluídos da dogmática do direito (JESCHECK; WEIGEND, *Lehrbuch*, p. 203).

[727] Esse conceito manteve-se desde a primeira até a vigésima-quarta edição de 1922 em co-autoria com Eberhardt Schmidt (LISZT; SCHMIDT, *Lehrbuch/1922*, p. 119). A contribuição acerca do conceito de tipicidade avançado por Enst Beling foi incluída posteriormente, no sentido de que "o crime é a ação típica, ilícita, culpável, subordinável a correspondente ameaça de pena sob condições suficientes" (BELING, *Die Lehre vom Verbrechen*, p. 7). A partir da vigésima quinta edição de 1927, passou a constar "o crime é a ação típica (com ameaça de pena), ilícita e culpável" (LISZT; SCHMIDT, *Lehrbuch/1927*). Vale recordar o equívoco na

ou não-evitação de uma modificação (de um resultado) do mundo exterior por meio de uma conduta voluntária".[728] A causação decorrente da ação tem a sua origem no "fazer" e no "omitir", pois também a omissão no sentido de "causalidade humana" pode ser perfeitamente crime.[729]

O entendimento inicial de Liszt acerca da causalidade da omissão imprópria, na primeira edição do manual em 1881,[730] explica a omissão como "outra ação" na acepção própria da doutrina da ação contemporânea.[731] Na segunda edição de 1884, Liszt inicia o afastamento dessa compreensão, por meio de um lúcido entendimento acerca da soma necessária de antecedentes para a ocorrência do resultado.[732]

Mesmo assim, o penalista mantém-se aferrado aos limites do conceito ativo-essencialista de causa, porém corretamente ensina que a causa é a

tradução espanhola apontado por Rodriguez Devesa (Rodriguez Devesa, *Derecho penal*, 318, n. 14). A tradução espanhola antecipou injustificadamente a culpabilidade à ilicitude como se o crime fosse "ato culpável, contrário ao direito e sancionado com uma pena" (Liszt, *Tratado de derecho penal*, p. 264). A culpabilidade acaba ganhando prioridade em detrimento da ilicitude – algo que não fora feito por Liszt na formulação "*Verbrechen ist die Strafe bredrohte schuldhafte rechtswidrige Handlung*" (Liszt, *Lehrbuch*, p. 123). Esse vício encontra-se também na tradução ao português anterior à espanhola de 1899, na qual o crime é "acção culposa e contraria ao direito". Essa inversão não encontra paralelismo na explicação seguinte sobre "a construcção systematica da theoria do crime". Ali se mantém a ordenação analítica original de Liszt: "devemos considerar o crime primeiramente como injusto, e portanto: *a)* como acção, *b)* como acção contraria ao direito, *c)* como acção culposa; ao que accresce *d)* a indagação da diferença entre o injusto punível e o não punível" (Liszt, *Tratado de direito penal/1899*, p. 183). Essa nota justifica-se em razão do amplo conhecimento que a doutrina de Liszt, também facilitada pela "tradução em 1899", alcançou no Brasil e "largamente" em Portugal (Correia, "A influência de franz v. Liszt", p. 14-15).

728 Liszt/Schmidt, *Lehrbuch/1922*, p. 123.

729 Liszt, *Lehrbuch/1884*, p. 112-113. A possibilidade de haver causalidade natural nos crimes omissivos é negada pelo autor, o que foi bem observado em D'Avila, *Ofensividade e crimes*, p. 255-256.

730 Liszt, *Das deutsche Reichsstrafrecht*, §21, p. 81 e nota 3.

731 Essa compreensão foi apontada como um dos pontos responsáveis pela derrocada do modelo clássico do crime, em Dias, *Direito Penal*, Cap. 10º, p. 240, §10 e Costa, *Noções fundamentais/2012*, Cap. 7, §59, p. 187-188. Sobre a doutrina da ação contemporânea, ver 2ª Parte, Capítulo II, Tópico 2.1.

732 Na segunda edição, o autor segue reconhecendo o seu posicionamento da primeira edição, introduzindo alterações necessárias (Liszt, *Lehrbuch/1884*, p. 112-113 e 113, nota 2).

"totalidade dos antecedentes de um estado".[733] A denominação de apenas um "antecedente" especificamente como "causa" é uma "abreviatura" da cadeia causal, ainda que se trate da "ação humana".[734] Liszt reconhece claramente que "todo antecedente é causa somente [se visto] na ação conjunta com o restante dos antecedentes".[735] Isso poderia ser colocado na fórmula a + a1+ a2 + a3 = b, tendo todos as condições "a" como causas conjuntas do resultado "b".[736]

O destaque especial de apenas uma das condições seria possível, decorrendo do interesse do observador naquele fator específico.[737] Por outro lado, a retirada de uma das condições antecedentes "a", mesmo que sejam preservadas as outras, implicaria a não ocorrência do resultado "b" e, sim, a geração do resultado diferente "c". Isto é, o efeito de "não a" é a não ocorrência do resultado "b".

O conceito de causa como força mecânica e a limitação ontológica na percepção da falta de impedimento da força no fenômeno omissivo evidenciam-se na noção de que a "omissão de uma condição (a omissão de uma conduta humana) não é em si mesma causal".[738] Liszt entende que tão-somente as ativas "condições restantes" agiriam "causalmente".[739] A causalidade estaria "ao lado das forças ativas omitidas"[740] e, portanto, a causalidade não seria decorrência das forças ativas – não impedidas – no resultado. Assim, enfrenta dois exemplos.

Primeiro, na afirmação que "a criança morreu porque a mãe não deu qualquer alimento" está expresso que a verdadeira causa da morte não é a omissão da mãe, mas o "processo fisiológico" degenerativo ocasionado pela ausência da alimentação.[741] Segundo, na hipótese do "bom nadador

[733] LISZT, *Lehrbuch/1884*, p. 115.
[734] LISZT, *Lehrbuch/1884*, p. 115.
[735] LISZT, *Lehrbuch/1884*, p. 115.
[736] LISZT, *Lehrbuch/1884*, p. 115.
[737] LISZT, *Lehrbuch/1884*, p. 115.
[738] LISZT, *Lehrbuch/1884*, p. 115.
[739] LISZT, *Lehrbuch/1884*, p. 115.
[740] LISZT, *Lehrbuch/1884*, p. 115.
[741] LISZT, *Lehrbuch/1884*, p. 115.

[que] não salvou o mal", afirma que a morte não é fruto da decisão do bom nadador de negar salvamento ao mal, mas em razão do afogamento.[742]

Franz von Liszt destaca algo correto sobre a natureza da conduta omissiva, sem explorar todas as consequências lógicas e ontológicas na sua doutrina da ação esperada. Liszt ensina que a transitividade do verbo omitir indica que a omissão não pode ser tida como um nada, nem mesmo com um simples e indeterminado "nada fazer". A conduta omissiva é "não fazer algo", nomeadamente algo que era "esperado" ou "que era devido".[743]

A omissão seria "a inatividade em consideração a uma totalmente determinada ação esperada", o que demonstra a expectativa de conduta na base do conceito de omissão.[744] A expectativa de conduta não é necessariamente originada no direito, pois o reconhecimento jurídico da omissão requer a prévia existência do dever de agir, o qual "não faz a omissão causal", mas é a existência do dever que autorizaria "falar em uma omissão".[745]

Liszt tem o mérito de explicar a coexistência das condições antecedentes positivas no desenvolvimento dos processos causais, ainda que a explicação tenha sido incompleta, como indicado nas críticas posteriores. Ademais, esclareceu como o interesse do observador pode colocar em evidência apenas uma das igualmente necessárias condições antecedentes do curso causal.

Também é destacável a descrição da fenomenologia omissiva que pressupõe a norma para a caracterização da omissão, sem com isso criar artificialmente a causalidade. Liszt tem a consciência científica de algo que constava esclarecido em Adolf Merkel[746] e, posteriormente, veio a ser confundido na doutrina penal. Não é a "existência" do "dever" de realização de uma "determinada ação esperada" que faz a omissão ter relação causal com o resultado, senão o dever é o pressuposto normativo que

742 Liszt, *Lehrbuch/1884*, p. 115.

743 Liszt, *Lehrbuch/1884*, p. 116. Essa definição disseminou-se na doutrina alemã e italiana, por exemplo, em Pulitanò, *Diritto penale*, p. 221.

744 Liszt, *Lehrbuch/1884*, p. 116.

745 Liszt, *Lehrbuch/1884*, p. 116.

746 Ver 2ª Parte, Capítulo II, Tópico 2.2.

"autoriza, de maneira geral, a falar sobre omissão".[747] A omissão não é qualquer ausência de conduta ou inatividade, pois se trata da inatividade diante da existência do dever de agir para impedir o resultado conferindo exato sentido de omitir algo específico.[748]

O pensamento de Liszt sobre a omissão imprópria merece destaque pelo retorno ao processo de profunda normativização das categorias materiais do direito penal e pelo desenvolvimento da doutrina da ação esperada, com receptividade na doutrina penal.[749]

A mudança de orientação de Liszt pode gerar a impressão de que a solução exclusivamente valorativa seria a única possível para explicar a causalidade omissiva diante das críticas ao conceito ativo de causa do naturalismo.

O começo da discussão sobre a causalidade natural da omissão ocorreu na terceira década do século XIX, influenciando a primeira (1881) e a segunda (1884) edições do manual de Liszt. Isto é, quando aparecem os escritos de Liszt, já estavam em plena atividade Bar, Sigwart, Windelband, precursores das explicações normativas do nexo causal da omissão.[750] Liszt aderiu à explicação da doutrina naturalista da ação contemporânea em 1881[751] e introduziu o critério normativo apenas na segunda edição do manual em 1884. Liszt é mais propriamente um dos pioneiros da doutrina normativa da causalidade do que precursor da causalidade naturalista, apesar de seguir metodologicamente a orientação geral do positivismo naturalista.

A sua doutrina, com fundamento nos limites da ontologia da ação mecânica, acabou por manifestar compreensão restrita dos fenômenos naturais e culturais. Para a solução do problema da causalidade omissiva, não basta a insatisfação com conceitos jurídicos eminentemente axiológicos ou político-criminais diante da existência elementos prévios ao

[747] LISZT, *Lehrbuch/1884*, p. 116.

[748] LISZT, *Lehrbuch/1884*, p. 116.

[749] Armin Kaufmann denomina esse processo como sendo a "marcha triunfal" da doutrina da expectativa na Alemanha (KAUFMANN, *Die Dogmatik der Unterlassungsdelikte*, p. 51).

[750] Para mais detalhes sobre Bar, Sigwart e Windelband, ver 2ª Parte, Capítulo III, Tópico 3.2.1, 3.2.2 e 3.2.3.

[751] Conforme reconhece na segunda edição do manual, ver LISZT, *Lehrbuch/1884*, p. 112-113.

direito. O problema da causalidade exige a compreensão da realidade superando os limites do naturalismo científico do final do século XIX e início do século XX.

A metodologia do naturalismo foi mantida por Liszt quando propôs a explicação normativa da causalidade da omissão. Veja-se que o naturalismo "não implica que tenha que ser inventada uma substância para cada conceito", mas apenas "que cada substância, a qual existe por si só", e não por criação humana, "seja estudada segundo o modelo causalista de explicação do real".[752] A omissão não tem corporificação tangível – mesmo assim, a sua contribuição para o resultado continua sendo igualmente causal, ainda que sem substância física.

Nesse sentido, Bar criticou energicamente Liszt pela renúncia da causalidade na explicação da conduta omissiva e aderência ao positivismo.[753] Bar afirma que "apenas o direito positivo é decisivo" na metodologia do positivismo, e, por isso, Liszt "finge a causalidade".[754] A indefinição do limite a respeito de quando "deve valer essa ficção" seria flagrante, pois a lei "não informa" ou "muito raramente" indica os casos em que a omissão deve estar em condição igual à ação e aqueles em que a ficção deve ser limitada.[755] O resultado da construção normativa da causalidade, sem um fundamento ontológico, terminaria "inaceitável" e "altamente perigoso para o ordenamento jurídico".[756]

A vinculação ao conceito ativo-essencialista de causa compromete o esclarecimento da co-causalidade dos fenômenos e a compreensão do significado da falta da ação impeditiva na elucidação do fenômeno omissivo. Liszt observa parcialmente a amplitude co-causal dos resultados que combina necessariamente fatores positivos e negativos, embora avance na descrição da fenomenologia omissiva como sendo diferente de uma qualquer inatividade ou um nada.

752 Mendes, *O torto intrinsecamente culposo*, p. 331.

753 O positivismo científico como metodologia penal é objeto de significativas objeções, que pretendem ser superadas por boa parte dos autores, que repetem a conclusão normativista de Liszt fundada no positivismo.

754 Bar, *Gesetz und Schuld*, p. 258.

755 Bar, *Gesetz und Schuld*, p. 258.

756 Bar, *Gesetz und Schuld*, p. 258.

A leitura de Liszt dos exemplos da morte por inanição ou por afogamento manifesta o limite compreensivo decorrente do conceito ativo de causa. Em verdade, ambas têm um resultado também causado pela conduta omissiva do autor. Foi exatamente a falta de impedimento que possibilitou a manifestação da força perigosa ao bem jurídico na intensidade que se consolidou no resultado.[757]

Ao fim, a proposta de retorno eminentemente normativista de Liszt deixou de oferecer solução para o problema específico da causalidade, como requisito fundamental da imputação do resultado à omissão imprópria. É correta a crítica de que Liszt, ao contrário de investigar fenomenologicamente o problema causal, tratou "de resolvê-lo suprimindo a própria exigência da causalidade como pressuposto da responsabilidade criminal".[758] Para a imputação do resultado, bastaria a verificação da possibilidade de ação no lugar da comprovação do nexo causal.[759] Assim, duas questões permanecem em aberto: (i) A possibilidade de ação não depende do conhecimento do curso causal perigoso e da efetiva capacidade interventiva?; e (ii) A normativização proposta não produz leitura parcial do tipo legal penal sem atentar à descrição do nexo de causalidade?

6.1.5. Max Ernst Mayer

O conceito de causa como ação mecânica é o ponto de partida de Max Ernst Mayer, que não acompanha o esclarecimento de Liszt sobre a existência da conduta omissiva. Mayer acredita como equivocada a colocação do problema da omissão com base na pergunta de quando "uma conduta humana é causa do resultado".[760] Mais correto seria assumir que a "omissão não pode ser causa de um acontecimento", porque fatalmente "nada vem do nada", o que acarretaria duas consequências dogmáticas. Uma na direção de "negar toda causalidade da omissão",[761] e outra, de reputar a título de "esforços inúteis" as tentativas de identificação da causalidade

[757] Sobre isso, ver 3ª Parte, Capítulo II, Tópico 2.2.

[758] Rodríguez Mourullo, *La omisión de socorro*, p. 51.

[759] Kaufmann, *Die Dogmatik der Unterlassungsdelikte*, p. 51.

[760] Mayer, *Der Causalzusammenhang/1899*, p. 127.

[761] Mayer segue aqui claramente o pensamento de Liszt, Mayer, *Der Causalzusammenhang/1899*, p. 127.

entre o resultado e a conduta praticada, o que seria apenas uma simples construção.[762]

A partir disso, Max Ernst Mayer propõe explicação pouco clara do conteúdo, limite e relação entre a causalidade e a relevância penal da conduta omissiva. Para Mayer, o problema correto consistiria na identificação das hipóteses em que a "omissão representa uma condição negativa do resultado" pela "inexistência de um obstáculo positivo"[763] ou em que "as omissões são penalmente relevantes".[764] A resposta recorre a Liszt para dizer que as omissões têm relevância penal quando o "direito esperava uma ação" do agente naquela "posição".[765] Mayer acrescenta que "nem todas as ações possíveis podem ser esperadas" pelo direito, mas apenas aquelas nas quais há razão para isso.[766]

O autor tenta superar a indefinição das "caraterísticas objetivas" necessárias para que uma ação seja "fato de uma pessoa" e que uma ação seja devida.[767] Mayer afirma sinteticamente duas situações nas quais "o direito pode esperar uma ação": onde "está ordenada" e onde "o não fazer está proibido".[768] Isto é, o dever jurídico de agir seria capaz de tornar a omissão penalmente relevante.[769] Seguindo Liszt, o ilícito seria a categoria decisiva para reger a imputação, considerando os requisitos do "dever de agir" e da "relação causal entre a lesão do dever e a ocorrência do resultado".[770]

A explicação de Mayer não esclarece qual seria o conteúdo da violação do dever e parece não avançar além do proposto pela doutrina do dever especial de agir com Westphal, Winckler, Stübel e Feuerbach, antes da exigência de verificação causal na omissão imprópria, no final do século XVIII e início do século XIX. Veja-se que não há importância na investigação se a omissão é verdadeiramente causadora do resultado no caso

[762] Mayer, *Der Causalzusammenhang/1899*, p. 127; Mayer, *Lehrbuch/1923*, p. 150.
[763] Mayer, *Der Causalzusammenhang/1899*, p. 128.
[764] Mayer, *Der Causalzusammenhang/1899*, p. 129 e 130.
[765] Mayer, *Der Causalzusammenhang/1899*, p. 129 e 133.
[766] Mayer, *Der Causalzusammenhang/1899*, p. 129-130.
[767] Mayer, *Der Causalzusammenhang/1899*, p. 130.
[768] Mayer, *Der Causalzusammenhang/1899*, p. 130.
[769] Mayer, *Der Causalzusammenhang/1899*, p. 130.
[770] Mayer, *Der Causalzusammenhang/1899*, p. 131.

concreto, o que poderia ampliar a construção valorativa da imputação do resultado desvinculado do parâmetro causal.

A proposta de Mayer pode ser interpretada como contendo a sugestão de distanciamento da conduta omissiva do seu resultado, por meio da introdução de um elo normativo (violação de dever) entre a conduta e o resultado, que só poderia fundamentar-se materialmente na cadeia causal. Assim, muda a análise clássica da causalidade da verificação se a conduta causou o resultado para a análise da imputação – sem causalidade –, se a conduta causou a lesão ao dever de agir e, depois, se a lesão do dever causou o resultado. A proposta teria como finalidade satisfazer a análise dos elementos típicos, saindo da verificação ontológica da causalidade (omitir causador do resultado) para valorativa do ilícito (omitir violador do dever de agir), o que mitiga a relevância do nexo causal.

Outra objeção da doutrina destaca a reunião da imputação objetiva e subjetiva no conceito de dever jurídico de agir, no mesmo sentido defendido por Bar aproximadamente trinta anos antes.[771] A consequência seria de que toda comprovação da violação de dever de agir pelo omitente obrigaria inexoravelmente a punição da omissão. Mayer afirma que tal oposição não se justifica, pois "o dever jurídico para agir é um momento puramente objetivo", ao passo que a responsabilização deve sempre "conter um subjetivo".[772] Não haveria como se falar em culpa do agente sem a comprovação do elemento subjetivo, *v.g.*, o guarda de incêndio que omitiu o alarme de incêndio por acreditar que se tratava de uma normal queima de calcário, devido ao seu ponto de vista na cidade.[773] O erro do guarda não impediria a imputação do tipo objetivo, mas exclui a sua culpa.[774]

Mayer acredita que o resultado será "sempre objetivamente para imputar" a conduta omissiva, quando uma "atividade volitiva humana

[771] Mayer, *Der Causalzusammenhang/1899*, p. 131. Para mais detalhes sobre a doutrina da "ampliação da causalidade", a partir do "juízo ético" das "regras de vida" de Bar, ver 2ª Parte, Capítulo III, Tópico 3.2.1.

[772] Mayer, *Der Causalzusammenhang/1899*, p. 131-132.

[773] Mayer, *Der Causalzusammenhang/1899*, p. 132.

[774] Mayer, *Der Causalzusammenhang/1899*, p. 132.

causadora de uma relação" estiver expressa na forma omissiva.[775] A omissão é entendida como "condição negativa" necessária para a ocorrência do resultado, estando "fora do âmbito de possibilidade" legítima do comportamento humano.[776]

Como dito, a doutrina de Max Ernst Mayer acolhe propostas de Liszt sem partir do mesmo reconhecimento fenomenológico da conduta omissiva e sem alcançar a mesma clareza explicativa de Liszt. O foco de Mayer é a definição do ilícito e não a dos elementos prévios à valoração jurídica (a conduta omissiva, a causalidade e o resultado omissivo). O conceito de causa como ação, que é comum a toda a doutrina da ação esperada, acaba por impedir o reconhecimento da inteireza da fenomenologia omissiva.

Em verdade, o dever de agir é o que constitui normativamente a conduta omissiva e o dever de agir penal é o que reconhece a relevância penal da conduta omissiva. A proposta da causalidade omissiva decorrente do dever jurídico inverte a metodologia de construção do dever de agir e retira o fundamento material da valoração jurídica, que deve partir do reconhecimento de cursos causais perigosos. A proposta de construção de deveres desvinculados da causalidade desorienta a estruturação material do dever de agir e incide nas mesmas deficiências de indeterminação da imputação do resultado existente na doutrina dos deveres, antes da doutrina da causalidade da omissão imprópria.

6.1.6. Hugo Meyer/ Phillip Allfeld

A doutrina de Hugo Meyer e Phillip Allfeld é semelhante aos entendimentos da ação esperada de Liszt e Max Ernst Mayer, mas com destaque à causalidade composta por condições positivas e negativas do resultado, justificando o seu tratamento específico. Os autores entendem que os comportamentos penais são a ação positiva ("movimento corporal arbitrário") e a omissão da ação esperada ("não realização do movimento corporal"), pois ambas as condutas são capazes de lesar ou pôr em perigo "um bem jurídico".[777] Em seguimento da doutrina da expectativa de Liszt,

[775] MAYER, *Der Causalzusammenhang/1899*, p. 133.
[776] MAYER, *Der Causalzusammenhang/1899*, p. 133.
[777] MEYER; ALLFELD, *Lehrbuch*, p. 101 e 102.

afirmam que a "omissão não é sinônimo de todo não fazer", mas, sim, o não fazer "quando o fazer da respectiva pessoa era para se esperar".[778]

Hugo Meyer e Phillip Allfeld reconhecem a importância da causalidade irredutível ao problema da ilicitude da omissão,[779] diferenciando-se de Liszt e Ernst Mayer. Os autores entendem corretamente que a pergunta pela "causalidade da omissão não é desnecessária", porque sabidamente o código penal menciona a "causação de um resultado" em vários tipos penais.[780] Portanto, ficaria prejudicada a imputação de resultados imputáveis a omissões, caso não fosse devidamente identificada a existência do vínculo causador.[781] O conceito de causa não deveria ser visto no sentido da *causa efficiens* mesmo nos crimes ativos, pois seria mais adequado entendê-la como "uma ação condição do resultado".[782]

Na omissão, haveria uma "condição negativa" que permite o livre agir do elemento positivo causador do resultado, para o qual exemplificam com o caso da babá que, ao deixar de cuidar da criança sob a sua responsabilidade, permite que ela caia por uma janela aberta.[783] Os autores enfatizam que "a omissão da atenção" foi "também condição para o resultado", da mesma forma que "a abertura da janela".[784]

A conduta omissiva seria verificada como "causa de um resultado" nas hipóteses em que a "realização da atividade omitida teria evitado" a sua ocorrência. A perfeita denominação de causa dependeria ainda de mais outro critério indicativo de uma "situação na qual era por esperar a atividade impeditiva exatamente daquela pessoa", porque existe o "dever jurídico para a realização dessa ação".[785]

[778] Meyer; Allfeld, *Lehrbuch*, p. 101, nota 3. Neste ponto, os autores contestam a doutrina que pretende encontrar uma "ação interna" na omissão, como exemplo emblemático a doutrina da interferência de Buri. Sobre a doutrina de Buri, ver 2ª Parte, Capítulo II, Tópico 2.4.

[779] Meyer; Allfeld, *Lehrbuch*, p. 111.

[780] Meyer; Allfeld, *Lehrbuch*, p. 111.

[781] Meyer; Allfeld, *Lehrbuch*, p. 111.

[782] Meyer; Allfeld, *Lehrbuch*, p. 111-112.

[783] Meyer; Allfeld, *Lehrbuch*, p. 112 e nota 39.

[784] Meyer; Allfeld, *Lehrbuch*, p. 112 e nota 39.

[785] Meyer; Allfeld, *Lehrbuch*, p. 113.

Alguns acertos são notáveis no pensamento de Hugo Meyer e Phillip Allfeld. Primeiro, o reconhecimento da causalidade como fruto da coexistência de elementos positivos e negativos, bem como da equivalência da ação e da omissão para a causação da ofensa ao bem jurídico, o que não constava na explicação da doutrina da ação esperada segundo o fundamento do positivismo naturalista.

Segundo, o reconhecimento da impossibilidade de mitigação da importância da investigação causal ou da sua substituição por critérios normativos. O maior equívoco da proposta substitutiva da causalidade omissiva pela determinação da ilicitude penal do dever de agir consiste no fato de que não é possível criar juridicamente a realidade fenomenológica pré-jurídica. Ao fim, a constatação do descumprimento do dever de agir depende da verificação na prática se a realização da conduta teria evitado o resultado.

Há uma crítica também cabível à proposta dos autores. A importância prática da investigação do nexo de causalidade nas hipóteses de existência do dever de agir não significa que a causalidade decorra do dever de agir. O reconhecimento normativo do fenômeno causal não é o mesmo que a criação do nexo causal pelo interesse jurídico-normativo. A explicação de Meyer e Allfeld deixa de estar bem quando sugere a inclusão do critério normativo sem antes aclarar a natureza, o fundamento e o método de verificação da causalidade da omissão imprópria. É certo que a expectativa de conduta impeditiva não pode criar o nexo causal, mas pode servir de critério identificador da relevância penal de cursos causais perigosos.

6.1.7. Edmund Mezger

Edmund Mezger segue o conceito ativo-mecanicista de causa e o de omissão de Franz von Liszt, apresentando dois entendimentos em momentos diferentes da sua obra. Primeiro, Mezger apresenta-se como um crítico forte dos estudos da fenomenologia da omissão, considerado "cansativo" e "dispensável" o debate sobre o ser dos crimes omissivos, cujas conclusões supostamente jamais conseguiriam responder como um "não fazer" causaria o resultado.[786] A pergunta importante não seria o que "acon-

[786] Mezger, *Deutsches Strafrecht/1938*, p. 51.

teceu" ou "não aconteceu" e, sim, o que "deveria ter acontecido" para a conduta ser "julgada conforme o fato mandado".[787] Mezger considera que não estaria em questão a "omissão enquanto tal" nos crimes omissivos impróprios, mas a imputação ao autor da omissão por meio da qual seria "causado um 'resultado' penal".[788] A omissão seria um "não agir" diante de uma "ação devida".[789]

A 'omissão causadora do resultado' seria a "omissão da evitação de um resultado que a ação teria evitado".[790] Mezger remete a determinação da "extensão da omissão imprópria no direito vigente" à categoria do "dever de evitar o resultado",[791] o qual não resta satisfatoriamente delimitado em conteúdo e em extensão. O autor nomeia como fundamentos dos crimes omissivos, o que, na verdade, são casos nos quais a omissão tem relevância penal. O fundamento ou "porquê da omissão" acaba sendo substituído pela indicação do "quando a omissão" é reconhecida como penalmente relevante.

A indicação do grupo de casos nos quais existe o dever de agir não resolve os problemas do fundamento e do método de verificação da causalidade da omissão. Ao contrário, a própria organização do grupo de casos pressupõe a presença do nexo de causalidade entre a omissão e o resultado.[792]

Mezger afirma corretamente que a causalidade sempre foi um manifesto obstáculo[793] para atingir os interesses repressivos da "remodelação" empreendida pelo direito penal nacional-socialista.[794] Assim, o autor, imbuído dos ideais nacional-socialista,[795] defendeu o reconhecimento de "deveres jurídicos" existentes "fora das leis".[796] Na verdade, podem

[787] MEZGER, *Deutsches Strafrecht/1938*, p. 51.
[788] MEZGER, *Deutsches Strafrecht/1938*, p. 51.
[789] MEZGER, *Deutsches Strafrecht/1938*, p. 51.
[790] MEZGER, *Deutsches Strafrecht/1938*, p. 51.
[791] MEZGER, *Deutsches Strafrecht/1938*, p. 52.
[792] Para mais detalhes, ver 4ª Parte, Capítulo IV e VI.
[793] MEZGER, "Vergeltung und Schutz", p. 110. Para mais detalhes, ver 1ª Parte, Capítulo V, Tópicos 5.1.
[794] MEZGER, *Deutsches Strafrecht /1938*, p. 52.
[795] Por exemplo, MEZGER, "Die materielle Rechtswidrigkeit", p. 8-9.
[796] MEZGER, *Deutsches Strafrecht /1938*, p. 52-53.

existir deveres prévios à lei, mas a lei é o instrumento que faz os deveres sociais tornarem-se deveres jurídicos. A existência de deveres penais fora da lei é inconstitucional (art. 5º, II, do CP) e ilegal (art. 1º do CP), por violar a regra da legalidade estruturante do Estado Democrático de Direito com base na regra da legalidade.

Segundo essa orientação, a dogmática penal poderia se afastar da realidade prática por meio da construção eminentemente normativa do mandado de agir, em detrimento do reconhecimento de deveres sociais prévios ao direito penal e fundados materialmente. O afastamento da realidade causa prejuízo às intenções de segurança e justiça do direito penal. A imputação penal do resultado ofensivo ao omitente não se resume ao julgamento da desconformidade da conduta omissiva perante o dever, pois depende da verificação se o destinatário da norma tinha condições de evitar o resultado. Trata-se de análise prática fenomenológica que demanda produção probatória e não se restringe ao plano ideal normativo. É por isso que a ciência penal deve atentar aos limites normativos, observando dois planos existenciais: a realidade de manifestação do fenômeno e a realidade normativa de criação das proibições e dos mandamentos.

Mais adiante, Mezger apresentou uma nova compreensão sobre a causalidade e o fundamento da omissão no seu manual em 1949. A "ação esperada" assumiu maior importância dogmática, diante da impossibilidade de fundamentação da omissão, seja de modo interno, seja de modo externo pela via estritamente normativa.[797] A causalidade da omissão seria determinada de modo semelhante à causalidade da comissão.[798] Na comissão, a verificação seria da causalidade entre a conduta ativa e o resultado e, na omissão, seria entre a "ação positiva pensada" e o resultado.[799] A questão essencial, na omissão imprópria, seria se a ação esperada teria impedido o resultado.[800]

797 Mezger, *Strafrecht/1949*, p. 136.
798 Mezger, *Strafrecht/1949*, p. 136.
799 Mezger, *Strafrecht/1949*, p. 136.
800 Mezger, *Strafrecht/1949*, p. 137.

Para Mezger, a determinação do conteúdo da ação esperada é fundamental.[801] A maior contribuição oferecida pelo autor é a identificação da conduta omissiva anterior ao reconhecimento jurídico[802] na distinção entre a "'ação esperada'" e a "'ação comandada'".[803] Mezger destaca que a causalidade da omissão é prévia ao juízo de ilicitude da conduta, superando a crítica de Wilhelm Sauer no sentido do "deslocamento do problema causal para a doutrina da ilicitude".[804] A existência de omissões antes do reconhecimento jurídico não implica que todas as omissões tenham relevância jurídica, ao contrário, somente possuem relevância penal as ações esperadas comandadas pelo direito penal.[805]

Mezger não chega a esclarecer a natureza da causalidade omissiva, faltando explicação de como a omissão causa o resultado e como pode se afirmar que uma ação seria devida sem conhecer leis causais no seu manual. O autor menciona apenas o vínculo entre a ação pensada como devida e o resultado.[806] Posteriormente, o seu manual, na versão atualizada por Hermann Blei, persiste na explicação do "pleno paralelismo" entre a causalidade ativa e omissiva, indicando a referência ao conceito de causalidade de Karl Engisch.[807] O maior mérito de Mezger é a contribuição para a percepção de uma omissão prévia à construção jurídica.

6.2. A doutrina da diminuição do risco

As chamadas doutrinas "atual" ou "moderna" da imputação objetiva, formuladas no último quarto do século XX[808] têm alcançado mais

[801] MEZGER, *Strafrecht/1949*, p. 137.

[802] Sousa e Brito destaca o mérito de Mezger, qualificando o reconhecimento da conduta omissiva com uma "valoração anterior à da ilicitude, e, portanto, de algum modo pré-jurídica" (BRITO, *Estudos para a dogmática do crime omissivo*, p. 85).

[803] MEZGER, *Strafrecht/1949*, p. 137.

[804] SAUER, *Grundlagen des Strafrechts*, p. 454.

[805] MEZGER, *Strafrecht/1949*, p. 137.

[806] Nesse sentido crítico, ver FERREIRA, *Da participação*, p. 63.

[807] MEZGER; BLEI, *Strafrecht/1970*, p. 85.

[808] A denominação dessas doutrinas tem variado na ciência penal, *v.g.*, Kindhäuser refere como "atual doutrina da imputação objetiva" (KINDHÄUSER, "Aumento do risco", p. 14) e Sousa Mendes e Susana Aires, como "moderna" (MENDES, "Crítica à idéia de 'diminuição do risco'", p. 105; SOUSA, *A responsabilidade criminal pelo produto*, p. 423).

espaço na literatura penal alemã contemporânea. Os seus critérios normativos influenciam a dogmática de outros países europeus como, *v.g.*, Portugal,[809] Espanha[810] e Itália.[811] Essas compreensões merecem tratamento específico pelas suas propostas, bem como pelas críticas recebidas na literatura especializada[812] e nas jurisprudências alemã[813] e italiana.[814]

As novas doutrinas da imputação objetiva têm propostas com fundamentos e sistematizações nem sempre harmônicos, existindo soluções diversas para o mesmo caso, o que aponta para a inexistência de "uma" única "teoria da imputação objetiva".[815] Particularmente, a importância do referencial material clássico do nexo de causalidade na doutrina da imputação não é assunto pacífico.

O papel dos critérios normativos aparece ao menos em três hipóteses: (i) seleção dos cursos causais relevantes no desenvolvimento das propostas da causalidade adequada,[816] (ii) substituição do parâmetro causal[817]

[809] DIAS, *Direito Penal,* Cap. 12º, p. 322-343 e Cap. 37º, §9, p. 910-911.

[810] CUADRADO RUIZ, "La comisión por omisión", p. 391 e 414; BACIGALUPO, *Delitos impropios de omisión,* p. 99.

[811] FIANDACA; MUSCO, *Diritto penale,* p. 247 e ss. e, antes, especificamente sobre a imputação objetiva na omissão, FIANDACA, "Riflessioni problematische", p. 954-955.

[812] KÜHL, *Strafrecht,* p. 586, nm. 39; MAIWALD, "Risikoerhöhung", p. 336-337 e 344-345. Em sentido crítico à doutrina da diminuição do risco, vendo nela apenas uma heurística para buscar as verdadeiras razões materiais de interrupção do nexo de imputação (MENDES, "Crítica à ideia de 'diminuição do risco'", p. 118), e à doutrina do aumento do risco, por considerar desnecessária em alguns casos e capaz de consequências problemáticas em outros (KINDHÄUSER, "Aumento do risco", p. 12, nota 2, 25, 28 e 33).

[813] No caso do Lederspray, julgado em 1990, o Superior Tribunal Alemão pronunciou-se expressamente que a jurisprudência nunca seguiu a doutrina do incremento do risco na omissão (BGH 37, 106, p. 127).

[814] Na Itália, a doutrina também foi rejeitada na *Sentenza Francese* prolatada pela sessão unida de direito penal da Corte Suprema de Cassação. Para mais detalhes, ver MAIWALD, "Risikoerhöhung", p. 336-337 e 344-345; MARINUCCI, "Causalità reale", p. 527-530.

[815] SUÁREZ GONZÁLEZ; CANCIO MELIÁ, "La reformulación de la tipicidad", p. 21.

[816] Nesse sentido, sobre a "gênese" e "finalidade" dessa doutrina em "delimitar" e "restringir o nexo causal", ver SOUSA, *A responsabilidade criminal pelo produto,* p. 423.

[817] Larenz explica que a sua compreensão da "imputação objetiva" não é apenas uma "forma de correção equivalente" diante da responsabilidade pela "pura relação causal (natural)". Trata-se da ênfase no princípio da imputação referenciado à "vontade subjetiva" do "autor", que deve ser entendido como "senhor da sua ação", mais do que o "causador"

e (iii) ampliação da imputação além da relação causal, sem renunciar ostensivamente a causalidade.[818]

6.2.1. A doutrina da imputação objetiva de Karl Larenz

Karl Larenz critica a noção de causalidade jurídica para propor o conceito de imputação objetiva em trabalho de filosofia do direito, com base no pensamento de Friedrich Hegel, publicado em 1927.[819] O autor destaca a importância da "imputação do fato" para o direito penal, privado e administrativo, destacando que a "imputação da culpa domina o direito penal".[820] O trabalho está motivado na insatisfação com a explicação da imputação restrita à identificação da causação de resultados mediante leis naturais.[821] Larenz demonstra irresignação com as compreensões da imputação jurídica baseadas, quase que exclusivamente, no que considera ser o "ponto de vista naturalístico da causalidade".[822]

Larenz pretende a recuperação do conceito de imputação objetiva, que entende esquecido na jurisprudência e em parte da doutrina, a fim de realizar o julgamento se o fato ocorrido pertence ao sujeito.[823] O autor ressalta a redução de sentido do conceito de imputação praticada na jurisprudência, destacando que a distinção entre a "imputação do fato" (*imputatio facti*) e a "imputação da culpa" (*imputatio juris*) teria sido rejeitada no amálgama do "conceito de ação dos hegelianos", fundado no

do fato (Larenz, "Tatzurechnung und 'Unterbrechung des Kausalzusammenhanges'", p. 1012).

[818] Roxin, *Strafrecht/2*, § 31, nm. 54, p. 645; Stratenwerth, *Schweizerisches Strafrecht*, p. 436, nm. 37.

[819] Larenz, *Hegels Zurechnungslehre*, p. IV.

[820] Larenz, *Hegels Zurechnungslehre*, p. 97-98.

[821] Ainda que seja discutível se a imputação da responsabilidade jurídico-penal tenha sido efetivamente proposta alguma vez, considerando apenas o referencial objetivo do nexo de causalidade, sem qualquer limitação normativa, conforme é reconhecido pelo próprio Larenz (Larenz, *Hegels Zurechnungslehre*, p. 63). Para mais detalhes, ver 1ª Parte, Capítulo V, Tópico 5.2.

[822] Larenz, *Hegels Zurechnungslehre*, p. VII e 89.

[823] Larenz, *Hegels Zurechnungslehre*, p. 60.

fato culposo.[824] A utilização do conceito de imputação na jurisprudência estaria restrita a apenas a imputação da culpa.[825]

A importância da imputação não se restringe à constatação da existência do nexo de causalidade.[826] A doutrina da imputação distinguiria o "fato próprio" do autor daquele "fato casual",[827] pois o nexo de causalidade é ilimitado ao existir antes e depois da conduta penalmente relevante.[828]

Larenz ensina que a imputação seria um juízo fundado no "caráter ético-teleológico do direito" para o cumprimento de uma finalidade[829] no contexto penal que mesmo os conceitos jurídicos da causalidade não seriam puramente causais, mas também teleológicos.[830] O problema da imputação objetiva seria axiológico ou de valoração,[831] devendo o "conceito de finalidade" ser entendido objetivamente, e não subjetivamente.[832]

A orientação de Larenz sobre a imputação da omissão não aporta esclarecimentos novos sobre o fenômeno e a natureza da causalidade omissiva. O autor aderiu manifestamente ao conceito restritivo de causa como força dinâmica ao afirmar que o "poder da vontade" tem capacidade de orientar cursos causais, o que explicaria a imputação de acontecimentos baseados em causalidades reais e "possivelmente pensadas".[833] O omitente não seria causador do resultado, tornando relevante a pergunta: como se pode responsabilizar alguém que não causou o acontecimento?[834]

Larenz refuta a resposta baseada na equivalência da ilicitude entre a conduta omissiva e a ação causadora, entendendo não ser a solução, e

824 Larenz, *Hegels Zurechnungslehre*, p. 60.

825 Larenz, *Hegels Zurechnungslehre*, p. 60-61.

826 Larenz, *Hegels Zurechnungslehre*, p. 61.

827 Larenz, *Hegels Zurechnungslehre*, p. VII-VIII, 53 e 61; LARENZ, "Tatzurechnung und 'Unterbrechung des Kausalzusammenhanges'", p. 1011.

828 Larenz, *Hegels Zurechnungslehre*, p. 53 e, mais adiante, LARENZ, "Tatzurechnung und 'Unterbrechung des Kausalzusammenhanges'", p. 1011.

829 Larenz, *Hegels Zurechnungslehre*, p. VIII, 63 e 68.

830 Larenz, *Hegels Zurechnungslehre*, p. VIII e 63.

831 Larenz, "Zum heutigen Stand der Lehre", p. 80.

832 Larenz, *Hegels Zurechnungslehre*, p. 68.

833 Larenz, *Hegels Zurechnungslehre*, p. 85.

834 Larenz, *Hegels Zurechnungslehre*, p. 85.

sim a desistência da solução do que há de fundamental no problema.[835] Para Larenz, a única resposta possível seria mediante uma "relação teleológica".[836] O desafio da imputação do resultado à conduta omissiva não seria encontrar o fundamento e o modo de verificação da causalidade omissiva, senão aceitar que se trataria de "juízo teleológico" além do parâmetro causal.[837] O fundamento da imputação estaria na previsibilidade da vontade do autor no encaminhamento do curso causal.[838]

A compreensão de Larenz acaba por não oferecer solução ao problema específico do fundamento material da causalidade da conduta omissiva, ainda que reconheça a contribuição do omitente que justificaria a imputação do resultado.

6.2.2. A substituição da verificação do nexo de causalidade pela análise de risco. A omissão como não eliminação ou não diminuição do risco (Roxin e Stratenwerth)

A doutrina da diminuição do risco insere-se no resgate da imputação do tipo objetivo surgido na segunda década do século XX. O desenvolvimento das premissas da doutrina da imputação objetiva propôs alterações na concepção, fundamentação e sistematização do direito penal nos anos 70, priorizando finalidades preventivas e funcionalizando a dogmática penal.[839] O princípio reitor das alterações de conceitos fundamentais seria a necessidade de alcançar fins político-criminais em conformidade constitucional.[840]

São alterações percebidas desde a recuperação da imputação objetiva na "observação jurídica do idealismo-crítico" de base hegeliana proposta por Karl Larenz[841] até a doutrina do incremento do risco no "sistema

[835] Larenz, *Hegels Zurechnungslehre*, p. 86.

[836] Larenz, *Hegels Zurechnungslehre*, p. 86 e 88. Larenz assim adere manifestamente aos pontos de vista de Rohland e Wachenfeld. Sobre o pensamento causal de Rohland, ver 2ª Parte, Capítulo III, Tópico 3.2.5.

[837] Larenz, *Hegels Zurechnungslehre*, p. 88.

[838] Larenz, *Hegels Zurechnungslehre*, p. 88.

[839] Roxin, *Strafrecht/1*, p. 205-211, nm. 26-36.

[840] Roxin, *Strafrecht/1*, p. 206, nm. 26 e 27.

[841] Larenz, *Hegels Zurechnungslehre*, p. 89.

penal funcional" de Claus Roxin.[842] No geral, trata-se do afastamento do referencial ontológico prévio ao direito e do fundamento filosófico material, em nome de interesses políticos de antecipação da proteção penal ao bem jurídico. Essa orientação defende a punição de comportamentos que deixam de ampliar as chances de salvamento do bem em hipóteses incertas,[843] *v.g.*, tratamentos médicos.[844]

As orientações de Claus Roxin e Günther Stratenwerth sobre a "causalidade legal" da omissão imprópria possuem complexidade teórica que exige o estudo específico. Roxin assume a existência do nexo causal entre a conduta omissiva e o resultado, na forma da doutrina da "condição conforme a lei".[845] O autor segue o caminho das compreensões da causalidade de Engisch, Puppe e Higendorf, sem apresentar maior esclarecimento específico sobre a natureza e o funcionamento da causalidade da omissão.[846] Roxin observa que haveria uma causalidade diferente nos crimes comissivos e omissivos, porque o nexo causal do agir estaria sustentado em "energia positiva ativa" e o do omitir estaria em uma "relação legal" ou regular.[847]

Strantenwerth reconhece também a causalidade da conduta omissiva, diminuindo a sua importância na identificação da natureza do vínculo entre o omitir e o resultado.[848] O autor afirma a existência da dita "causalidade ('hipotética') possível", que é vista pela prática como sendo uma "relação legal".[849] A natureza da causalidade omissiva acaba restando indeterminada, pois fica em aberto a questão se "causalidade ('hipoté-

[842] Roxin, *Strafrecht/1*, p. 205, nm. 26. O sistema penal funcional propõe a alteração da doutrina da imputação do tipo objetivo com a adição de um "conjunto de regras orientado por valorações jurídicas" e da noção de "realização de um risco não permitido dentro da abrangência do tipo" (Roxin, *Strafrecht/1*, p. 206, nm. 28).

[843] Roxin, *Strafrecht/2*, § 31, p. 642-643, nm. 52; Stratenwerth, *Schweizerisches Strafrecht*, p. 436, nm. 37; DIAS, *Direito Penal*, 38º Cap., p. 931, §10.

[844] Gimbernat Ordeig, "La causalidad en la omisión impropria", p. 65-66 e 71; Fiandaca, "Riflessioni problematische", p. 960-691; DIAS, *Direito Penal*, 38º Cap., p. 931, §10.

[845] Roxin, *Strafrecht/2*, § 31, p. 640, nm. 42.

[846] Roxin, *Strafrecht/2*, § 31, p. 641, nm. 42.

[847] Roxin, *Strafrecht/2*, § 31, p. 641, nm. 43.

[848] Stratenwerth, *Schweizerisches Strafrecht*, p. 435, nm. 35.

[849] Stratenwerth, *Schweizerisches Strafrecht*, p. 435, nm. 35 e 36.

tica') possível" e "relação legal" podem ser vistas ontológica e juridicamente como sinônimos.

Para Roxin, o problema mais importante na causalidade omissiva seria o grau de probabilidade exigido para a imputação do resultado ao omitente.[850] As opções ficariam entre a exigência de probabilidade próxima à certeza e a mera possibilidade de evitação do resultado.[851] Dois casos são apresentados para ilustrar a questão: o do pai que não aproveita a chance de salvamento de 50% do filho que se afoga no rio e o do médico que não realiza tratamento curativo cuja capacidade salvadora era duvidosa.[852]

O centro da questão para a doutrina da diminuição do risco não seria a causação do resultado pela omissão, mas a determinação do critério normativo, considerando que a ação não realizada poderia ter diminuído a possibilidade de ocorrência do resultado.[853] Roxin expõe dois conjuntos de opiniões opostas equidistantes,[854] concluindo que a sua proposta estaria localizada no meio dos dois extremos.[855] O primeiro conjunto seria a compreensão majoritária clássica,[856] que exige a probabilidade próxima à certeza na verificação da evitabilidade do resultado pela conduta devida para afirmação da tipicidade objetiva. O segundo conjunto minoritário aceitaria a imputação objetiva do resultado fundada na mera melhora da chance de salvamento do bem jurídico, abdicando a verificação empírica do nexo causal.[857]

A compreensão clássica é entendida pelos defensores da doutrina da diminuição do risco como insuficiente para atender aos interesses políticos de proteção do bem. O segundo conjunto é criticado pela atribuição do resultado apenas por razões de aumento das possibilidades de salva-

[850] ROXIN, *Strafrecht/2*, § 31, p. 642, nm. 46.

[851] ROXIN, *Strafrecht/2*, § 31, p. 642, nm. 46.

[852] ROXIN, *Strafrecht/2*, § 31, p. 642, nm. 46.

[853] BEULKE; BACHMANN, "Die'Lederspray Entscheidung'", p. 743; ROXIN, *Strafrecht/2*, § 31, p. 643, nm. 49.

[854] Essa linha argumentativa foi utilizada também na explicação da sua metodologia penal entre a ontologia de Welzel e o "normativismo livre de empiria" de Jakobs (ROXIN, "Normativismus", p. 436-437).

[855] ROXIN, *Strafrecht/2*, § 31, p. 645, nm. 54.

[856] MAIWALD, "Risikoerhöhung", p. 329.

[857] ROXIN, *Strafrecht/2*, § 31, p. 644-645, nm. 52-53.

mento em situação de evitabilidade duvidosa. A atribuição do resultado como causado por alguém quando há dúvida se poderia ser efetivamente evitado violaria o *in dubio pro libertate* e *in dubio pro reo* no processo penal.[858]

Roxin entende que a superação da violação do *in dubio pro libertate* e *in dubio pro reo* poderia ser alcançada alterando o momento de observação da conduta.[859] Não seria legítima a imputação do resultado baseado na observação *ex ante*.[860] A legitimidade da imputação estaria na análise *ex post*.[861] Por sua vez, Stratenwerth destaca que a relação entre a conduta omissiva e o resultado, considerada pelo direito, somente alcançaria comprovação com a "avaliação *ex post* de todas condições conhecidas" de que a realização da ação teria efeito na "redução do risco".[862]

Roxin argumenta que as doutrinas da diminuição do risco e da causalidade da omissão não seriam excludentes, havendo "relação de complementação" entre elas.[863] A doutrina da diminuição do risco não propõe a renúncia do parâmetro causal entre a conduta e o resultado para a imputação, mas sim a sua ampliação. A sugestão seria apenas de criação de critério probabilístico de ampliação da responsabilidade penal para cobrir casos nos quais não existe a verificação da causalidade próxima à certeza.

A verificação causal seguiria a regra geral da imputação e a comprovação probabilística *ex post* de diminuição do risco do resultado pela ação omitida seria a hipótese complementar de imputação. Assim, se bem entendido, a verificação da causalidade deixaria de ser o requisito mínimo para a imputação penal, tornando-se somente um dos critérios de imputação. Em síntese, destaque-se a clareza do entendimento de Günther

[858] Por exemplo, Herzberg, Rolf Dietrich, "Die Kausalität beim unechten Unterlassungsdelikt", *Monatsschrift für deutsches Recht*, Hamburg: 1971, a. 25, v. 11, p. 882; Naucke, *Strafrecht*, §7º, p. 292, nm. 267; Prittwitz, *Strafrecht und Risiko*, p. 327; Walter, "Vorbemerkungen zu den §§13ff", p. 751-752, nm. 86.

[859] Roxin, *Strafrecht/2*, § 31, p. 644, nm. 51.

[860] Roxin, *Strafrecht/2*, § 31, p. 647, nm. 60.

[861] Roxin, *Strafrecht/2*, § 31, p. 645, nm. 54. No mesmo sentido, Stratenwerth, *Schweizerisches Strafrecht*, p. 436, nm. 37.

[862] Stratenwerth, *Schweizerisches Strafrecht*, p. 436, nm. 37.

[863] Roxin, *Strafrecht/2*, § 31, p. 647, nm. 61.

Strantenwerth: o tipo de omissão ocorreria pela falta de ação que "teria eliminado ou também diminuído" o perigo de "lesão ao bem jurídico".[864]

6.2.3. Avaliação da doutrina da diminuição do risco

A doutrina da diminuição do risco está inserida na compreensão metodológica de instrumentalização da dogmática em função de interesses político-criminais preventivos da criminalidade.[865] A prioridade é a proteção alargada do bem jurídico, observando o ideal de precaução,[866] em detrimento da justa retribuição da culpa do autor pela causação da ofensa ao bem jurídico.

Essa compreensão metodológica tem mais a atenção aos interesses de política criminal que à dimensão ontológica dos fenômenos na realidade. Claus Roxin ensina que o direito penal não deve ser a "reprodução de regularidades ontológicas", mas, sim, a "ligação com o pensamento político-criminal dominante".[867] As suas observações levam em consideração a ontologia no direito penal no pensamento de Hans Welzel e de seus discípulos na primeira metade do século XX.[868] Outras hipóteses de fundamentação ontológica do direito penal e de reconhecimento de realidades ontológicas culturalmente construídas – *v.g.*, conduta omissiva, valores como honra, liberdade e solidariedade – não são consideradas neste momento. A verdade é que o reconhecimento da dimensão ontológica não obriga o normativismo penal a reproduzir categorias ontológicas, mas apenas indica que a desconsideração de elementos próprios do fenômeno, anteriores e transistemáticos ao direito penal cria os perigos de injustiça e ineficiência.[869]

[864] STRATENWERTH, *Schweizerisches Strafrecht*, p. 436, nm. 37.

[865] Faria Costa destaca a preponderância da utilidade sobre o fundamento da justiça criminal na origem do funcionalismo sistêmico e do funcionalismo penal, mesmo com seus limites na ética e nos direitos fundamentais (COSTA, "Uma ponte", p. 213).

[866] O cuidado em prevenir crimes "esteve sempre presente ao longo de toda a história do direito penal", tendo a "função preventiva" entrado "verdadeiramente no ideário fundamental de qualquer política criminal" no século XIX (COSTA, *A caução de bem viver*, p. 11).

[867] ROXIN, "Normativismus", p. 436.

[868] ROXIN, "Normativismus", p. 423-427.

[869] Ver 1ª Parte, Capítulos II e III.

Em síntese, a doutrina da diminuição do risco altera o conteúdo e a finalidade da norma penal da omissão imprópria. Ao lado da necessidade de verificação da causalidade para a imputação do resultado, sugere critério alternativo menos exigente em termos probatórios, capaz de produzir consequências restritivas da liberdade além dos limites da legalidade. Portanto, se apresentam sinteticamente algumas críticas encontradas na doutrina.

Primeiro, o perigo de ampliação da incerteza na imputação judicial com a colocação do nexo de causalidade como apenas uma das hipóteses de imputação objetiva por omissão. A causação do resultado deixaria de ser o fundamento da imputação, tornando-se um elemento prescindível diante do critério alternativo da probabilidade de salvamento. A probabilidade de salvamento é menos exigente em termos probatórios e mais interventiva na liberdade. Na prática judicial, há o perigo de que o critério da probabilidade venha a se sobrepor ao referencial legal da causalidade, por razões políticas de ampliação da interpretação do âmbito de tutela e economia de meios.

Segundo, a transformação ontológica e ampliação do conceito de omitir. A doutrina da diminuição do risco propõe indiretamente a alteração da tipologia da conduta omissiva. Omitir deixaria de ser a conduta causadora da ofensa ao bem jurídico para assumir a qualidade de conduta que apenas não diminuiu o risco de ocorrência do resultado.[870] Toda conduta omissiva causadora do resultado omissivo não diminui o risco do resultado, ainda que nem sempre a conduta que não diminui o risco do resultado seja efetivamente causadora da ofensa.[871] Afinal, a causa pode ser classificada como fator de risco em um prognóstico, "mas nem todo o fator de risco se revela *ex post* como causa".[872]

[870] Gimbernat Ordeig propõe o abandono do parâmetro causal com a transformação do ilícito omissivo impróprio para além dos referenciais típicos. O autor sugere a migração da causação para o controle do "nível de risco permitido dos focos de perigo", baseando a imputação somente na questão "se o correspondente garante" tenha "cumprido ou não com sua obrigação de manter nesse nível". Isso tudo seria considerado "independentemente de se o cumprimento da dita obrigação haveria podido impedir ou não a produção desse resultado" (Gimbernat Ordeig, "La causalidad en la omisión impropria", p. 72).

[871] Kindhäuser, "Aumento do risco", p. 21.

[872] Kindhäuser, "Aumento do risco", p. 21.

Terceiro, a violação do princípio da legalidade no sentido da substituição do elemento típico da causalidade pelo elemento risco – externo ao tipo penal. A doutrina da diminuição do risco introduz elemento exterior à descrição típica, em vez do aperfeiçoamento do modelo de identificação da causação do resultado ofensivo. A ampliação do tipo penal justificar-se-ia com base em supostos novos conteúdo e finalidade, preventivos da norma. Ocorre que o conteúdo da norma penal é a proteção do bem jurídico na exata dimensão do âmbito de tutela descrito pela lei penal. O parâmetro típico não pode ser ultrapassado, transformando a proibição de causar a ofensa por omissão na proibição de não evitar a ofensa quando havia alguma possibilidade.[873] A finalidade da norma é a realização da justiça penal material no caso em concreto,[874] observando os limites formais do tipo que garantem o direito de liberdade.

Quarto, a violação do princípio da legalidade pela falta de prova do elemento típico. A leitura do "fator de risco" como causa é incorreta, porque o fator de risco caracteriza-se, no máximo, como uma "causa potencial" segundo um prognóstico que poderá eventualmente se concretizar em causa efetiva.[875] A observação *ex post* de que a conduta teria diminuído o risco do resultado continua carecendo de concreta prova da causação do fato descrito no tipo penal, o que tem sido criticado pela doutrina.[876] A falta de prova viola também o princípio da responsabilidade penal pelo "fato próprio mediante o parâmetro causal".[877]

Quinto, a violação do princípio da legalidade na transformação da descrição do resultado ilícito. A doutrina da diminuição do risco altera a narrativa do ilícito-típico de um crime de resultado para um de perigo,[878]

[873] Criticando a insegura ampliação do tipo penal, ver KÜHL, *Strafrecht*, p. 586, nm. 39.

[874] Sobre a diferença entre funcionamento do direito penal mediante a prevenção de ofensa a bens jurídicos e a finalidade de realização de justiça material, ver 1ª Parte, Capítulo V, Tópico 5.2.

[875] KINDHÄUSER, "Aumento do risco", p. 20, nota 19.

[876] KAHLO, *Das Problem des Pflichtwidrigkeitszusammenhanges*, p. 306, n. 2; PRITTWITZ, *Strafrecht und Risiko*, p. 327 e ss. e 385 e s.; DONINI, "La causalità omissiva", p. 39; ROMANO, *Commentario sistemático/1*, p. 377, nm. 42.

[877] Sobre essa violação, ver DONINI, "La causalità omissiva", p. 39 e 71-72.

[878] PRITTWITZ, *Strafrecht und Risiko*, p. 327; WALTER, "Vorbemerkungen zu den §§13ff", p. 751, nm. 86; MARINUCCI, "Causalità reale", p. 529, 532 e 535.

por meio da analogia *in malam partem* ou *contra libertate* com a degradação do resultado à mera condição objetiva de punibilidade.[879] Assim, ocorre a priorização do desvalor da conduta em detrimento do desvalor do resultado,[880] correndo o perigo de mudar o foco do direito penal da conduta ofensiva para a conduta arriscada.

Donini explica que a imputação do resultado a quem deixou de praticar a conduta devida diante da "modesta probabilidade de salvar" o bem jurídico caracteriza a falácia lógica do *non sequitur*.[881] Isto é, a premissa de não diminuição do risco não pode afirmar a conclusão de causação da ofensa ao bem jurídico. A não realização de conduta potencialmente capaz de diminuir o risco não significa a causação do resultado proibido pelo tipo.

6.2.4. A hipertrofia da imputação no funcionalismo sistêmico de Günther Jakobs

O funcionalismo radical de Günther Jakobs estrutura-se sobre o conceito naturalista de causa e de realidade fenomenológica. Os acontecimentos são entendidos como decorrentes da eficácia de forças mecânicas exteriormente perceptíveis. O autor tem a intenção sistemática de vencer os limites impostos à doutrina pela ontologia naturalista, conforme se evidencia na observação acerca do quanto seria difícil ao direito penal "a independização de categorias naturalísticas".[882]

Jakobs afirma que "apenas um acontecimento pode causar um resultado, mas não a falta de um acontecimento".[883] A omissão não teria qualidade ontológica no mundo dos fenômenos, de modo a perceber nela um acontecimento. A sua existência não aconteceria por si mesma, mas estaria referenciada à falta do acontecimento (algo externo). Segundo essa orientação, a omissão é a "não-execução de uma ação", o que seria "não causal para a ocorrência do resultado".[884]

879 Donini, "La causalità omissiva", p. 71-72; Donini, *Imputazione oggetiva*, p. 107.
880 Donini, "La causalità omissiva", p. 40.
881 Donini, "La causalità omissiva", p. 52.
882 Jakobs, *Strafrecht*, p. 791, nm. 15.
883 Jakobs, *Strafrecht*, p. 194, nm. 26.
884 Jakobs, *Strafrecht*, p. 791, nm. 15.

A doutrina geral da causalidade é negada, sendo adotados dois modelos de fundamentação e de imputação dos resultados à conduta, de acordo com a espécie de conduta: ação ou omissão. Nos crimes comissivos, a verificação fenomenológica do nexo de causalidade é algo relevante como "condição mínima" para a imputação penal.[885] Nos crimes comissivos por omissão, a verificação da causalidade não seria exigência mínima para a imputação.[886]

Jakobs não vê benefício no reconhecimento penal da causalidade da omissão, vislumbrando uma "confusão terminológica" neste âmbito.[887] O autor entende ser o princípio de que "todo autor de um crime consumado deve ter sido causal para o resultado" uma "duplicação do sistema causal" de inútil execução.[888] Jakobs explica a causalidade omissiva como sendo ora decorrente de juízo normativo do conceito de imputação,[889] ora segundo a chamada "causalidade hipotética".[890] Os resultados seriam imputáveis às omissões devido à existência do que chama de "relação de imputação correspondente à relação causal".[891]

Jakobs entende que não seria a causalidade que determinaria a imputação, mas o "princípio da imputação" que determinaria "se" e "em que amplitude" a causalidade é necessária.[892] Na história do direito penal, o conceito de imputação precede o de causalidade, sendo a "causalidade penal" um "derivado da imputação", e devendo essa categoria determinar "o que é necessário na causalidade".[893] O importante seria saber se haveria "capacidade abstrata" do autor da conduta omissiva para evitar

[885] Jakobs, *Strafrecht*, p. 195, nm. 29.
[886] Jakobs, *Strafrecht*, p. 194 e 791, nm. 26 e 15.
[887] Jakobs, *Strafrecht*, p. 792, nm. 18.
[888] Jakobs, *Strafrecht*, p. 792, nm. 16.
[889] Jakobs, *Strafrecht*, p. 194, nm. 26.
[890] Jakobs, *Strafrecht*, p. 791, nm. 15.
[891] Jakobs, *Strafrecht*, p. 194 e 791, nm. 26 e 15. Em Portugal, Taipa de Carvalho tem orientação semelhante, acreditando haver casos em que o resultado deve ser imputado à conduta, embora não exista causalidade, *v.g.*, nas condutas omissivas (Carvalho, *Direito Penal*, p. 302-303, nm. 553).
[892] Jakobs, *Strafrecht*, p. 791, nm. 15.
[893] Jakobs, "Strafrechtliche Haftung", p. 421.

o resultado, que corresponderia ao "movimento corporal" do autor da conduta ativa.[894]

A expansão da construção valorativa do direito penal é clara, rejeitando a necessidade de investigação dos fundamentos e dos elementos ontológicos de orientação da conformação do direito penal. Assim, podem ser identificadas cinco consequências negativas na metodologia das ciências criminais e dos crimes omissivos.

Primeiro, o funcionalismo sem os limites da causalidade potencializa a desorientação da política-criminal, permitindo que a criação do direito esteja livre do dever de conhecer a realidade ontológica dos fenômenos nos quais pretende intervir. Trata-se do perigo da criação de propostas demasiadamente interventivas na liberdade e ineficientes em relação aos interesses protetivos do bem jurídico.

Segundo, o conceito de crime intensamente abstrato e normativamente criado afasta o direito penal do sentido da realidade criminológica do fenômeno e dos valores em questão. A abstração lógica na construção dos conceitos jurídicos pretende substituir o valor da adequação dos conceitos jurídicos ao fenômeno antropologicamente conhecido. Expressões com significado impreciso, *v.g.*, "equilíbrio social" e "ponto zero social" (*soziale Nullpunkt*),[895] contribuem para a produção de um ordenamento idealisticamente pensado. A filosofia idealista baseada no imperativo categórico ou na abstrata percepção do princípio do *neminem ladere* não consegue limitar materialmente os limites da norma penal. O ordenamento seria concebido idealmente a tal ponto que faltaria fundamento material específico nos diversos âmbitos de intervenção penal.

A axiologia social prévia à juridicidade que legitima o ordenamento penal nos seus mais diversos campos de intervenção acabaria reduzida ao próprio ordenamento. O âmbito de abrangência da regra deixaria de estar vinculado à proteção do valor que a fundamenta, porque a instituição do ordenamento se autonomizaria da realidade material e o valor da norma passaria a residir em si mesmo.

Terceiro, a confusão sistemática de conceitos clássicos reunidos na noção de imputação. Jakobs não esclarece rigorosamente o que seria a tal

[894] Jakobs, *Strafrecht,* p. 788 e 791, nm. 10 e 15.
[895] Jakobs, *Strafrecht,* p. 792, nm. 16.

"relação de imputação", nem mesmo indica qual seria a justificativa para aceitar a responsabilidade penal baseada apenas em critérios normativos. A dilatação da categoria imputação diminui a clareza sobre conceitos de base ontológica e normativa e sobre a metodologia de verificação da responsabilidade penal. Além disso, diminui o sentido do que é próprio do conceito de imputação penal – como observou Donini, "se tudo é imputação, a imputação é nada".[896]

Quarto, a concepção eminentemente jurídico-normativa da omissão nega a fenomenologia da omissão prévia ao ordenamento jurídico, embora não se efetive a pretensão de construir uma teoria absolutamente independente dos referenciais ontológicos ou empíricos naturais. Jakobs adota um conceito mecanicista de causa e de nexo causal,[897] fundados na percepção exterior da energia mecânica da ação positiva,[898] portanto, a pretensão de independência das categorias naturalísticas não se realiza e, ao mesmo tempo, são perdidos conceitos para o tratamento específico do fenômeno omissivo.

Quinto, a proibição da conduta criaria a causalidade da omissão e o princípio da imputação determinaria a relevância concreta da causalidade. A doutrina de Jakobs sugeriria exatamente o contrário disso: a existência do nexo de causalidade depende da definição da conduta não permitida.[899] O nexo de causalidade seria um conceito sem conteúdo ontológico prévio ao direito e sentido jurídico definido, que não se diferenciaria de outros conceitos também normativamente criados. A existência e relevância da causalidade seria dependente do conceito ainda mais indeterminado do "princípio da imputação". Em sentido prático, a instituição legítima do dever de agir tem como base a verificação do desvalor comunitário da omissão, fundado materialmente na capacidade do destinatário da norma em causar a ofensa ao bem jurídico.

[896] DONINI, *Illecito e colpevolezza*, p. 105.

[897] JAKOBS, *Strafrecht*, p. 792, nm. 17.

[898] JAKOBS, *Strafrecht*, p. 791, nm. 15.

[899] JAKOBS, *Strafrecht*, p. 792, nm. 16. Há alguma semelhança na visão de Jakobs com as doutrinas do início do século XIX, que passavam o acertamento da causalidade da doutrina do tipo para a da ilicitude e foram criticadas por Hippel e Sauer.

6.2.5. Avaliação geral das doutrinas da causalidade como imputação

As doutrinas negadoras da causalidade da omissão são herdeiras, em alguma medida, da visão de mundo de Franz von Liszt confinada aos limites de concepção do omitir no naturalismo positivista. Parece paradoxal que os defensores da concepção do direito penal, fundada na política-criminal, e não na ontologia do fenômeno, estejam aferrados ao conceito ativo de causa e aos limites físico-materiais acessíveis aos cinco sentidos da realidade.[900]

Se apenas o que é materialmente concreto seria real, há uma intensa diminuição da realidade dos fenômenos, obrigando à busca de uma via diversa da ontologia para a fundamentação da omissão. Em linhas gerais, as doutrinas da causalidade como imputação avançam na construção normativa das categorias penais muito além de Liszt. Veja-se que, em Liszt, foi mantida a distinção ontológica ente o nexo causal e o dever de agir que constava nos autores das doutrinas etiológicas da causalidade como força mecânica. O dever de agir jamais poderia fundamentar a existência do nexo causal e fundamentar a imputação sem causalidade.

Em Liszt e Mezger, era límpido que a omissão não poderia ser qualificada como um nada, embora não manifestasse energia cinética. Liszt afirmou ser a omissão algo concreto, perceptível no "não fazer algo", nomeadamente algo "esperado" que "era devido".[901] Mezger deu grande contribuição na explicação do desvalor da conduta omissiva prévia ao reconhecimento e valoração jurídicos.[902] Meyer e Allfeld destacam a importância da causalidade para imputação da conduta típica.[903] É a partir de Max Enst Mayer, que começa o processo de diminuição da compreensão ontológica da realidade, rejeitando a qualidade de ontológica do que não é físico-mecânico. A conduta omissiva passa a ser vista como um nada.[904]

[900] Em síntese, existe o perigo de tornar a natureza uma objetividade calculável, como se a única coisa que é "real é aquilo que pode ser medido" (HEIDEGGER, *língua de tradição*, p. 25).

[901] Sobre isso, ver 2ª Parte, Capítulo IV, Tópicos 4.3.1 e 4.2.4.

[902] Sobre isso, ver 2ª Parte, Capítulo IV, Tópico 4.2.4.

[903] MEYER; ALLFELD, *Lehrbuch*, p. 111.

[904] MAYER, *Der Causalzusammenhang*, p. 130-131.

Certo é que a omissão não é um nada. Muito diferente disso, a omissão é a falta da força impeditiva contrária ao comando normativo.

A leitura reduzida da fenomenologia omissiva gera a presunção de que a delimitação do tipo deve decorrer da identificação do dever de garante e de outras regras de imputação normativamente criadas. A consequência é o incremento da importância do conceito de imputação e dos seus elementos, em detrimento dos referenciais ontológicos e transcendentais ao ordenamento jurídico-penal. A legitimidade do dever de garante depende da capacidade real do destinatário em realizar a conduta e, com isso, salvaguardar o bem jurídico.[905] A concreta aptidão impeditiva do resultado depende da capacidade causal do agente em realizar a conduta obrigada pelo mandamento.

A introdução de um nexo de causalidade eminentemente normativo no desenvolvimento da doutrina da ação esperada e de doutrinas contemporâneas não altera a qualificação de doutrinas da causalidade como imputação. Essa noção de causalidade não seria uma relação empírica e necessária entre o omitir e o resultado omissivo, mas apenas uma ligação que o omitir manteria com o resultado indiretamente por meio da adição normativa de um elo na cadeia causal. A construção normativa do ilícito chega a tal ponto que a causação ontológica do fenômeno é substituída por uma causalidade construída normativamente com fins de harmonização da proposta com as exigências da lei penal e do princípio da legalidade.

Por fim, as propostas de Roxin e Stratenwerth manifestam que o ideal inicial de Roxin de construção de uma teoria da imputação completamente desligada da base causal[906] não se efetivou.[907] A análise do aumento e da diminuição do risco sempre consiste em prognóstico fundado no reconhecimento de leis causais.

[905] Sobre isso, ver 4ª Parte, Capítulos V e VI.

[906] ROXIN, "Gedanken zur Problematik der Zurechnung", p. 135-136.

[907] Roxin admite tal fato, quando acolhe a doutrina dominante de que o nexo causal é fundamento para toda imputação (ROXIN, *Strafrecht/1*, § 31, p. 359). Igualmente a inserção sistemática da criação do risco não permitido, como intermédio entre a conduta causadora e o resultado (ROXIN, *Strafrecht/1*, § 11, p. 372-373, nm. 47) refere-se a ponto na cadeia causal entre a conduta o resultado.

3ª PARTE

O RECONHECIMENTO DA CAUSALIDADE NA OMISSÃO IMPRÓPRIA. A NECESSÁRIA CO-CONDICIONALIDADE PARA OCORRÊNCIA DO RESULTADO

O reconhecimento dos limites das doutrinas analisadas torna necessário o oferecimento de explicação mais condizente com a fenomenologia omissiva[908] e com os requisitos legais do código penal. O objetivo é superar a confusão de dois pontos fundamentais. Primeiro, a natureza normativa da conduta omissiva, constituída a partir de uma norma, é igualada à eventual causação apenas normativa ou valorativa do resultado. Segundo, a natureza normativa da causalidade produto do reconhecimento jurídico de base ontológica é igualada à criação eminentemente jurídico-normativa da causalidade, sem substrato ontológico existente na realidade anterior ao reconhecimento jurídico. Por isso, apresenta-se a síntese de dez diretrizes gerais dessas orientações, citando apenas exemplos emblemáticos de cada uma delas.

908 A fenomenologia é entendida como ciência que estuda os fenômenos (Husserl, *A ideia da fenomenologia*, p. 25).

1.

SÍNTESE DAS CONCEPÇÕES DOUTRINAIS SOBRE A CONDUTA OMISSIVA E A RESPECTIVA CAUSALIDADE

1.1. A conduta omissiva seria um nada em termos naturais, reais e ontológicos

Parte considerável da doutrina entende que a conduta omissiva seria um nada ("não-ser"),[909] dado que nem apresenta existência corpórea natural, nem oferece contribuição mecânica para o resultado correspondente à grandeza energética.[910] Alguns negam mesmo a percepção da omissão como algo real[911] ou o reconhecimento nela de alguma qualidade ontológica.[912] Mantovani afirma que "a ação pertence ao ser", ao passo que a "omissão ao dever-ser", uma vez que não seria possível conceber a omissão "sem a norma impositiva do agir".[913]

Atualmente é pacífico na doutrina que a omissão não manifesta força exterior apreensível pelos sentidos. Todavia, o apego ao paradigma do mecanicismo-naturalista do conceito essencialista-ativo de causa tem levado autores à negação equivocada da realidade da omissão.[914] O con-

[909] NUVOLONE, *Il sistema del diritto penale*, p. 178 e 179; JAKOBS, *Strafrecht*, p. 791, nm. 16.

[910] Hart e Honoré consideram que esse seria um ponto de vista mais difundido no direito penal romano-germânico do que no direito penal anglo-americano (HART; HONORÉ, *Causation in the law*, p. 447).

[911] MAYER, *Der Causalzusammenhang*, p. 127; DIAS, *Direito Penal*, 37º Capítulo, p. 905, §2. De modo mitigado, referindo-se às causações por omissão como acontecimentos não "integralmente reais", ver ROMANO, *Commentario sistemático/1*, p. 375, nm. 36.

[912] Em Portugal, CUNHA, "Das omissões lícitas", p. 79; na Espanha, DOPICO GÓMEZ-ALLER, *Omisión y injerencia*, p. 673; no Brasil, LUNA, "A causalidade na omissão", p. 326.

[913] MANTOVANI, *Diritto penale*, nm. 59, p. 132.

[914] Essa constatação está, no essencial, em Everaldo Luna para quem a natureza omissiva é apenas jurídica (LUNA, "A causalidade na omissão", p. 325-327).

senso pontual sobre a falta de ação na omissão não impõe a negação da realidade ou da ontologia da omissão.[915]

Esse equívoco é fruto da redução da percepção ontológica da realidade, restrita aos fenômenos naturais das forças mecânicas e das energias externamente apreensíveis. A ontologia ficaria reduzida apenas à ontologia natural ou substancialista, qualificando como inexistente tudo que é ontologicamente diferente da ontologia natural. Assim é eliminado o reconhecimento ontológico dos fenômenos de negação e de falta de algo, em contrariedade à compreensão da realidade ontológica das filosofias mais recentes.[916]

Mesmo que o resultado da conduta omissiva seja tomado como a ausência da ação de força, não se pode negar a realidade ontológica da omissão.[917] Em verdade, caso a conduta omissiva fosse efetivamente nada, não poderia ser sequer uma conduta social e jamais poderia violar o mandamento da norma penal. Jean-Paul Sarte explica que não é possível "definir o ser como uma presença", haja vista que "a ausência também revela o ser, já que não estar aí é ainda ser".[918] A ausência e a falta existem no mundo dos fenômenos.

Veja-se com um pouco mais de profundidade filosófica. A realidade ontológica do homem como "ser que é" ou "ser que está" impossibilita material e logicamente que ele possa existir (ser) e não existir (não-ser) ao mesmo tempo. O homem é um ser que é algo em absoluto, não sendo possível se tornar nada e depois recuperar a sua existência. O homem negado em absoluto (tornado nada) não consegue voltar a ser novamente homem. Portanto, mesmo quando o homem se omite de agir, ele não

[915] Vives Antón destaca que os defensores da concepção da omissão como um nada não explicam como seria possível ser um nada ontológico (Vives Antón, *Fundamentos del sistema penal*, p. 601).

[916] Por exemplo, Jean-Paul Sartre define a ontologia como "a descrição do fenômeno de tal ser tal como se manifesta", apontando o erro da ontologia que considera que haveria primazia da essência antes da existência ou "aparição do ser" (Sartre, *O ser e o nada*, p. 19 e 28). A conduta de omitir e a omissão como fato social são fenômenos existentes na prática social cotidiana que prevê mandamentos de agir.

[917] Sofos, *Mehrfachkausalität beim Tun und Unterlassen*, p. 212.

[918] Sartre, *O ser e o nada*, p. 19.

deixa de existir e estar em absoluto. Ele segue sendo homem, comportando-se de uma forma diferente da ação comandada.[919]

A conduta omissiva não significa um nada em termos reais ou a intermitência da existência humana em termos jurídicos,[920] já que o sujeito omitente é pressuposto fundamental da omissão. Isto é, não se pode pensar a existência da omissão dissociada do autor da conduta omissiva.[921] É por isso que a adoção do sentido amplo de ação mais abrangente do que a manifestação exterior da conduta impede a concepção de uma completa e absoluta inação humana ou um "omitir absoluto".[922] Todo autor que aparenta ter feito nada sempre permaneceu fazendo algo na realidade.[923]

Esse esclarecimento ontológico sobre a conduta humana não é recente. Sigwart advertiu que os comportamentos positivos e negativos estão unidos numa unidade de difícil separação nos seres humanos, o que foi seguido pelo seu discípulo Rümelin[924] e, na Itália, por Antolisei.[925]

Além disso, as provas da existência da omissão colhidas nas narrativas processuais cotidianas também testemunham a operacionalidade do conceito de omitir como objeto determinado de comunicação. A conduta omissiva e a omissão existem também como objetos da linguagem. Logo, por rigor analítico e fenomenológico, a pretensão de qualificar a conduta

919 Essa compreensão é encontrada no essencial em Bar, quando afirma que uma "absoluta negação é uma real impossibilidade", porque o "homem" em situação na "qual ele é inativo, faz certamente algo e mesmo por meio do sono, onde teria existido dever de guarda pode alguém fazer-se responsável" (BAR, *Lehre vom Causalzusammenhange*, p. 96-97). Já antes, Glaser chamava atenção de que "o homem está em íntima relação com o seu meio, que a sua pura existência e o próprio curso de suas funções corporais produzem mudanças" (Glaser, *Abhandlungen*, p. 296).

920 Baumann, *Grundbegriffe und System des Strafrechts*, p. 104-105.

921 Ponto bem destacado por Engisch e Armin Kaufmann, em Kaufmann, "Unterlassung und Vorsatz", p. 214 e, antes, Kaufmann, *Die Dogmatik der Unterlassungsdelikte*, p. 61.

922 No contexto das teorias das normas, Hruschka destaca ser inconcebível um "omitir absoluto" (Hruschka, *Strukturen der Zurechnung*, p. 63), diferentemente da compreensão clássica da impossibilidade de conceber uma inação absoluta.

923 Esse é o pressuposto fundamental da doutrina do *aliud agere*. Para mais detalhes, ver 2ª Parte, Capítulo II, Tópico 2.1.

924 Rümelin, *Die Verwendung der Causalbegriffe*, p. 150.

925 Antolisei, *Il rapporto di causalità*, p. 222 e ss.

omissiva como um "não ser" exigira a complementação de se tratar de um "não ser que é" algo reprovado socialmente.

Outra prova derradeira da existência da conduta omissiva é encontrada paradoxalmente nos argumentos em prol da suposta inexistência da realidade omissiva. Os autores reconhecem a existência da conduta omissiva quando admitem a sua manifestação no plano normativo da realidade.[926] Destaque-se: a existência normativa é uma forma de existência. Logo, não é irreal.

O entendimento da conduta ativa no âmbito do ser e da conduta omissiva no âmbito do dever rejeita as características do fenômeno omissivo e a existência da norma pressuposta no fenômeno omissivo. A norma preceptiva não é igual ao comando normativo nela contido. Toda conduta omissiva pressupõe a existência da norma preceptiva comandando a realização de determinada ação. O comando da norma preceptiva indica o comportamento positivo do destinatário (dever ser de ação), o que também ocorre com o comando de abstinência de comportamento das normas proibitivas (dever ser de abstenção).

A realização do comando normativo existe como dever ser e a norma instituidora do comando normativo existe como ser que veicula o dever ser. A norma preceptiva tem vigência, capacidade de orientação e punição de condutas, porque existe concretamente como norma perceptível pelos destinatários da norma. Ao fim, a coercibilidade do mandamento normativo depende da existência concreta, e não hipotética da norma.

Por fim, a conduta omissiva é um fenômeno real que a norma jurídica reconhece como seu objeto de orientação, permitindo a distinção entre o mandamento legal de agir e o fenômeno concreto da conduta omissiva. Também por isso o fenômeno omissivo em geral é diferente da valoração jurídica do fenômeno omissivo.[927]

[926] Por exemplo, um dos precursores da doutrina normativa, BAR, *Gesetz und Schuld*, § 137, p. 259.

[927] PULITANÒ, *Diritto penale*, p. 221-222.

1.2. A conduta omissiva só existiria como pura realidade jurídico-axiológica

Parte da doutrina reputa a juridicidade como única via possível de explicação do fenômeno omissivo. A conduta omissiva e o nexo de causalidade omissivo seriam criados pela produção legislativa. O fenômeno omissivo em sentido amplo teria o seu significado advindo apenas da intervenção jurídica. Em outras palavras, não haveria desvalor da conduta omissiva em geral como ofensa a comando de agir pré-jurídico, sendo o desvalor dependente da normatividade jurídica. Alguns chegam a dizer que "a omissão é um conceito jurídico-penal".[928]

O entendimento da criação jurídica da omissão descreve parcialmente o fenômeno omissivo. Em verdade, o direito reconhece a relevância jurídica do desvalor social da conduta de deixar de agir, violando comando normativo, com base na metodologia e critérios jurídicos. O dever penal de agir delimita melhor o dever de agir prévio ao direito penal, criando a responsabilidade penal omissiva, e não a omissão em geral e a responsabilidade ética ou moral antecedente ao direito. Armin Kaufmann, seguido por Wolfgang Schöne, ensinou que a valoração jurídica não "faz algo a partir do nada", podendo fazer "a partir de algo" já existente, "algo valorado".[929] No caso da conduta omissiva, a valoração jurídica reconhece a violação do comando de agir antecedente ao direito, como ensinaram Mezger[930] e Sousa e Brito.[931]

928 Luna, "A causalidade na omissão", p. 327. Negando a existência de uma omissão "pré--jurídica": Gallas, "Zum gegenwärtigen Stand", p. 9. Reinhard Maurach afirmou ser a "omissão uma categoria jurídica" nas edições de 1965 (Maurach, *Deutsches Strafrecht/1965*, p. 498) e de 1971 do seu manual (Maurach, *Deutsches Strafrecht/1971*, p. 586). Contudo, essa compreensão foi reparada com a ampla reformulação do manual por Karl Heinz Gössel e Heinz Zipf, na 5ª edição de 1978, quando foi reconhecido o "significado do conceito ôntico de omissão" e dos "critérios pré-jurídicos" (Maurach; Gössel; Zipf, *Strafrecht/1978*, p. 121 e 126).

929 Kaufmann, *Die Dogmatik der Unterlassungsdelikte*, p. 49; Schöne, *Unterlassene Erfolgsabwendungen*, p. 7. Também em Arthur Kaufmann (Kaufmann, "Die ontologische Struktur der Handlung", p. 103-104).

930 Mezger, *Strafrecht/1949*, p. 137.

931 Brito, *Estudos para a dogmática do crime omissivo*, p. 85.

A conduta omissiva é a conduta de descumprimento da expectativa comunitária contida no comando de agir de norma (ética, moral ou religiosa) prévia à norma jurídica. A conduta omissiva em geral pressupõe elementos necessários para a instituição normativa (objeto, comando, destinatário) sem as exigências dos critérios e da metodologia da normatividade penal. O descumprimento do comando normativo prévio ao direito manifesta desvalor comunitário, mesmo sem os requisitos técnicos do direito penal.

Portanto, o conceito de omissão em geral depende da existência de norma geral, fazendo com que a omissão jurídica em específico dependa de norma jurídica. A conduta omissiva ocorre no plano do real-construído em sentido amplo, não se limitando apenas à realidade construída juridicamente. A omissão penal somente existe como qualificação penal da negação da norma, que reconhece o dever ético e impõe o dever jurídico de agir para impedir o resultado perigoso ao valor tutelado penalmente.

1.3. A causalidade seria exclusivamente a descrição da ação que provoca mudanças

A noção de que a omissão seria criação meramente jurídica apoia-se frequentemente no entendimento de que a causalidade seria o processo da ação de um elemento sobre outro.[932] O elemento antecedente só causaria o resultado quando manifestasse propriedade ativa na forma do conceito de causa como força.[933]

O conceito essencialista de causa é ainda mais restrito, no sentido de que a causa carregaria intrinsecamente algo indicativo do resultado no mundo natural. Nesse entendimento, se afirmou que a "a causalidade liga mudanças com mudanças", de modo a concluir que "a não ocorrência de uma mudança pode ser tão pouco efeito quanto causa".[934]

A leitura do fenômeno causal como fruto exclusivo do desenvolvimento das forças que se concretizaram no resultado é incompleta, pois deixa de atentar à integralidade dos antecedentes que geraram essas

[932] Esse é o entendimento pressuposto em Dopico Gómez-Aller, *Omisión y injerencia*, p. 30.

[933] Assim, Pérez Barberá, *Causalidad, resultado*, p. 63 e 122.

[934] Stree; Bosch, "§13 Begehung durch Unterlassen", nm. 61, p. 221.

resultantes de forças. É verdadeira a afirmação de Schopenhauer de que "toda mudança no mundo material só pode ocorrer, contanto que tenha acontecido uma outra imediata a ela",[935] sem que se possa atribuir as mudanças estritamente a forças em prol do resultado.[936] Certamente o não impedimento do vetor de força é essencial para a causação do fenômeno.

A realidade mecânica é composta por forças em sentidos diversos e nem sempre visíveis. As leis causais explicam fenômenos em que vetores de força concretizam-se no resultado, diante da inexistência de oposição ou de oposições superáveis que enfraquecem ou desviam o vetor de força original. A importância essencial da ausência de impedimento está pressuposta em ambas as hipóteses.

A descrição da lei causal não se consuma na energia empreendida no sentido do resultado,[937] pois depende da interação ambiental da energia. Vejam-se dois exemplos: (i) um atirador dispara uma minipistola, com alcance útil estimado em cinquenta metros, que atinge a vítima localizada à distância de três metros, e (ii) um atirador dispara a mesma minipistola na pretendida vítima à distância de quatrocentos metros.

O perigo ao bem jurídico é objetivamente incomparável nos dois casos, pois não há paralelismo sobre a capacidade ofensiva da minipistola em distâncias muito diversas. No segundo exemplo, a arma era incapaz de causar o dano, pressupondo-se que o projétil da arma não conseguiria vencer o atrito do ar atingindo o alvo. Todo resultado depende da força empreendida e da ausência de impedimento da força resultante.

O costume de descrição técnica da arma pelo fabricante refere apenas à ação de força desempenhada no ambiente, sendo o alcance útil da arma a capacidade de impulsionar o projétil vencendo a ação contrária de resistência do ar. Portanto, a identificação do alcance útil depende fundamentalmente da potência da arma e da resistência do atrito imposta pelo ar.

[935] SCHOPENHAUER, *Die Welt als Wille und Vorstellung*, p. 499, seguido por HAUPT, "Zur Lehre von den Unterlassungsdelikten", p. 534.

[936] ENGISCH, *Kausalität als Merkmal*, p. 31.

[937] Semelhante no essencial, ENGISCH, *Kausalität als Merkmal*, p. 30 e, depois, SOFOS, *Mehrfachkausalität beim Tun und Unterlassen*, p. 213.

Ademais, o exemplo do motorista que freia o carro numa pista seca ou molhada agrega mais uma variável à questão. A velocidade do veículo, a capacidade dos freios e o grau de atrito da pista nos pneus devem ser igualmente considerados. A indicação da capacidade do sistema de freios não pode ser o único elemento observado, sem considerar a variabilidade do atrito da estrada. O atrito dos pneus com a estrada é tão essencial para o resultado desaceleração, quanto a força acionada na engrenagem da roda.

A interação da energia com o ambiente segue os princípios da Teoria da Física Mecânica, ainda quando as pessoas não têm consciência da explicação dos fenômenos nos seus detalhes. A imensa maioria das atividades cotidianas são realizadas com alguma intenção específica, sem exigir o conhecimento detalhado da forma de causação dos fenômenos.

As leis causais são costumeiramente narradas na forma de uma ação positiva, passando a falsa impressão de que condições negativas do resultado deveriam ser mostradas como positivas para figurarem na explicação causal.[938] A descrição da causalidade está incompleta ao contemplar somente o vetor de força resultante – que venceu os obstáculos de outros vetores na causação do resultado –, já que a compreensão integral da causalidade não se perfectibiliza na ação de um elemento sobre outro. Em realidade, a descrição da lei causal trata da causação do resultado pela confluência de elementos positivos (força mecânica em prol do resultado) e elementos negativos (ausência de impedimento da força).[939]

1.4. O omitir seria apenas deixar acontecer sem causar o resultado

A verificação da capacidade causadora de resultado das condutas penais está alicerçada no conceito de causalidade. A natureza do nexo entre a conduta e o resultado pressupõe igualmente os conceitos de conduta e de resultado.

Parte da doutrina realiza a leitura parcial da lei da causalidade nos limites do transcurso da força motriz, excluindo as condições negativas do resultado e o omitir como causador de fenômenos. A omissão seria

938 Hart; Honoré, *Causation in the law*, p. 449.

939 Para mais detalhes, ver 3ª Parte, Capítulo II, Tópico 2.3.

simplesmente "não impedir" ou deixar o curso das coisas acontecer.[940] A conduta comissiva causaria o resultado (verificável por juízo explicativo), ao passo que a conduta omissiva teria apenas uma "estrutura lógica prognóstica" em relação ao resultado.[941] O entendimento de que a omissão não consistiria em "verdadeira e própria forma de causalidade" chega a afirmar que a dita "causalidade normativa" não passaria de mera "técnica de imputação objetiva do resultado pensada para fazer frente às específicas exigências da responsabilidade penal".[942]

A negação da causalidade omissiva é coerente com a premissa inicial desse entendimento, embora não satisfaça a demanda legal e dogmática para a imputação do resultado omissivo. Os critérios de imputação penal estão fundamentados no reconhecimento da natureza ontológica do nexo causal, em razão das características do fenômeno penal e das exigências legais – o que não se resolve com um substitutivo normativo criado exclusivamente pela valoração jurídica.

A aplicação justa da lei penal não pode depender de estrutura lógica apenas idealmente criada por interesses político-criminais, sem respaldo nas características materiais do fenômeno. A lógica utilizada no direito penal é a mesma lógica da formalização e avaliação da validade de premissas na filosofia. Para além do juízo de validade, o juízo de verdade depende da coerência material ou ontológica das premissas com a realidade.

Ao fim, o problema da negação da causalidade omissiva está na compreensão parcial da realidade. O reconhecimento integral da causalidade supera a aparência da causação do resultado exclusivamente por elementos positivos, percebendo a contribuição positiva da força e negativa da não intervenção no curso da força como essenciais para o resultado.

[940] Fiandaca, "Omissione", p. 555; Stree; Bosch, "§13 Begehung durch Unterlassen", p. 221, nm. 61; Donini, "Il garantismo", p. 921.

[941] Viganò, "Riflessioni sulla c.d. 'causalità omissiva'", p. 1681; Fiandaca, "Omissione", p. 555.

[942] Fiandaca, "Omissione", p. 555. Posteriormente, Fiandaca destacou o "caráter acentuadamente hipotético da causalidade omissiva" (Fiandaca, "Riflessioni problematische", p. 955).

1.5. A causalidade do agir e a do omitir seriam ontologicamente diversas

Parte da doutrina entende que as causalidades dos crimes comissivos e omissivos seriam ontologicamente diversas.[943] As condutas ativa e omissiva teriam diferenças essenciais que se refletiriam no liame com o resultado desvalioso.[944] A conduta ativa receberia cobertura na lei físico-mecânica, por pressupor uma "energia 'positiva' ativa", ao passo que a conduta omissiva limitar-se-ia a uma "relação legal"[945] ou a um nexo construído de outra qualidade.[946]

Alguns entendem que a essência normativa da omissão imporia a aceitação da relação de causalidade eminentemente jurídico-normativa. Se o resultado ofensivo relevante é o reconhecido pelo direito (resultado jurídico) e o conceito de conduta omissiva penal pressupõe o dever penal de agir, não haveria razão para investigar causalidade prévia ao reconhecimento penal.

Todavia, a metodologia do direito penal exige análise mais aprofundada. Os conceitos da teoria penal são normativos, mas não devem ser apenas constituídos normativamente pelo direito sem reconhecer a realidade previamente existente.[947] O descuido com a realidade pré-jurídica pode dificultar o reconhecimento da qualidade e dos fundamentos da ontologia do nexo entre a conduta omissiva e o resultado.

A presunção de que a atenção do jurista é apenas para a causalidade reconhecida pelo direito poderia retirar a exigência do conhecimento efetivo do fato em julgamento, abrindo espaço para o raciocínio cíclico

[943] Gimbernat Ordeig, "La causalidad en la omisión impropria", p. 46.

[944] Fiandaca acredita na diversidade ontológica das duas condutas que imporia distintos critérios de imputação. Os crimes omissivos impróprios, ao invés de uma "verdadeira e própria causalidade", teriam apenas uma "causalidade em sentido hipotético-normativo-finalístico", sem qualificação como uma "categoria do ser (semelhante a uma energia física)", de natureza misteriosa entre a "metafísica e epistemologia" (Fiandaca, "Riflessioni problematische", p. 954-955 e 959). A argumentação do autor reduz a qualidade ontológica apenas aos elementos ônticos próprios da dinâmica da ação de força.

[945] Roxin, *Strafrecht/2*, § 31, nm. 43, p. 641.

[946] Assim, por exemplo, Freund, *Erfolgsdelikt*, p. 19-20 e, em Portugal, Cunha, "Algumas reflexões", p. 506.

[947] Para mais detalhes, ver 4ª Parte, Capítulo II, Tópico 2.1.

de que a causalidade derivaria da própria proibição penal da conduta omissiva. Na verdade, o direito penal incrimina condutas pela descrição legal de fenômenos selecionados na realidade comunitária, de modo que o conhecimento da realidade é pressuposto da correta descrição legal do nexo de causalidade e da aplicação do direito.

A bibliografia especializada nem sempre percebe que a contribuição causal negativa (ausência do impedimento da ação) independe da seleção ou do julgamento feito pelo direito. A qualificação de determinado componente do curso causal como juridicamente relevante não altera a sua condição ontológica prévia ao direito, pois a intervenção jurídica apenas recorta fragmentariamente condutas que têm mais desvalor. É por isso que as condutas ativas e omissivas se referem a elementos da mesma lei causal, contribuindo cada uma delas para a causação do resultado de acordo com as suas características. A conduta ativa ancora-se na ação de força (parte positiva) e a omissão funda-se na falta da ação de força (parte negativa).

1.6. A conduta omissiva seria a inação ou deixar de fazer algo específico

Parte da doutrina entende a omissão como sendo uma inação ou um não fazer qualificado,[948] no sentido de que o omitente não faz uma específica e "determinada ação".[949] No seguimento da orientação da omissão como inação, tem-se chegado à conclusão equivocada de que seria impensável um agir sem um omitir correspondente e um "omitir no sentido estrito da palavra" dissociado da contemporânea ação.[950] Essa noção é ilustrada com o exemplo daquele que dorme e se omite de levantar durante o sono.[951]

Há um equívoco fenomenológico e outro conceitual. O agente realizador de uma ação é impedido de realizar várias outras atividades pela

[948] Veloso, *Apontamentos sobre omissão*, p. 5.

[949] Liszt, *Lehrbuch/1884*, p. 116; Welzel, *Das Deutsche Strafrecht*, p. 200-201; Gallas, *Studien zum Unterlassungsdelikt*, p. 3.

[950] Hruschka, *Strukturen der Zurechnung*, p. 63.

[951] Por exemplo, Hruschka, *Strukturen der Zurechnung*, p. 63.

limitação das suas capacidades de intervenção exterior.[952] Agora, isso não significa que todas as ações que ele deixou de praticar sejam realmente omissões,[953] sendo, em verdade, ações não realizadas sem que exista qualquer conotação negativa.

A conduta omissiva jurídico-penal possui requisitos para além da noção de inatividade, que não carrega juízo de valor intrínseco. A não alimentação do filho pelos pais pode significar a observação fiel da orientação médica para evitar a obesidade,[954] sendo avaliada positivamente no contexto de excesso e negativamente no contexto de privação (de necessidade de alimentação).

Existe diferença axiológica e normativa entre os dois tipos de inação, sendo que apenas o segundo tipo de inação pode ser qualificável como omissão do cumprimento do mandamento de alimentação. O simples não fazer algo específico (inação) não se equivale axiologicamente em desvalor ao omitir.

1.7. A conduta omissiva seria a simples contrariedade à lei

A fenomenologia omissiva e o crime omissivo existem no plano normativo.[955] Por isso, alguns autores têm afirmado que o conteúdo material da omissão seria apenas a contrariedade da conduta do omitente à legislação penal. Essa orientação consuma-se como "*violationem legis*", segundo o tradicional primeiro nível de compreensão da dogmática penal alemã do século XVIII.[956] O segundo nível de compreensão do século XVIII classifica as leis em dois tipos,[957] sendo a conduta de omitir uma simples violação ou a contrariedade à lei penal.

As faltas de atenção à realidade e à axiologia pré-jurídicas merecem cautela e uma reflexão sobre a relação entre a legislação e a ciência jurídica, bem como sobre a capacidade de criação da realidade pela legis-

[952] ENGISCH, "Artz im Strafrecht", p. 423.

[953] GALLAS, *Studien zum Unterlassungsdelikt*, p. 23

[954] Esse exemplo, no essencial, consta em LUNA, "O crime de omissão", p. 50.

[955] Assim, por exemplo, GALLAS, *Studien zum Unterlassungsdelikt*, p. 54.

[956] Assim, por exemplo, em KOCH, *Institutiones iuris criminalis*, §21, p. 26, e ENGAU, *Elementa iuris criminalis*, §15, p. 20. Para mais detalhes, ver 2ª Parte, Capítulo II, Tópico 2.1.

[957] Johann Koch e Johann Engau dividiam as leis em proibitivas e em preceptivas (KOCH, *Institutiones iuris criminalis*, §21, p. 26 e ENGAU, *Elementa iuris criminalis*, §15, p. 20).

lação. A ciência jurídica possui objeto e metodologia que vão desde a feitura da lei até a orientação da sua interpretação pelos poderes públicos. Essa ideia está presente na conhecida conferência *Wertlosigkeit der Jurisprudenz als Wissenschaft* de Julius von Kirchmann em 1848, da qual se extrai a passagem de que "três palavras corretivas do legislador e bibliotecas inteiras virariam papéis para embrulho".[958]

Kirchmanm fez essa afirmação em contexto de profundo ceticismo sobre o desenvolvimento cultural da legislação prussiana em comparação aos extintos Tribunais do Povo (*Volksgerichte*).[959] O autor estava insatisfeito diante do modelo de reflexão jurídica – que denominou como o "lamentável da jurisprudência" (*Klägliche der Jurisprudenz*) –, afastado da política e incapaz de orientar o "caminho dos novos desenvolvimentos" do direito.[960] Por essa razão, Kirchmann lembra que o objetivo de orientação dos novos desenvolvimentos de determinada matéria como "parte essencial" ou a "mais alta tarefa" de uma ciência.[961]

A ciência jurídica produz uma dogmática do direito que influencia e é influenciada pela realidade fenomenológica na criação dos conceitos, princípios, fundamentos e limites jurídicos. Também por isso a atividade legislativa não possui plena liberdade criativa originária, dependendo a legitimidade da lei da harmonia com os conceitos e fundamentos do direito indicados pela ciência jurídica.[962] Destaque-se, por exemplo, que o constituinte positivou conceitos penais (*v.g.*, legalidade, pena, prescrição) que já existiam na ciência jurídica antes da Constituição.[963]

Especificamente em relação ao conceito de omitir em geral, não há justificava para reduzir a pressuposição de norma para a pressuposição de texto legal.[964] O texto legal é pressuposto para o reconhecimento da omissão jurídica e não de todas as omissões. A conduta omissiva não se

958 Kirchmann, *Wertlosigkeit der Jurisprudenz*, p. 21.
959 Kirchmann, *Wertlosigkeit der Jurisprudenz*, p. 33.
960 Kirchmann, *Wertlosigkeit der Jurisprudenz*, p. 33.
961 Kirchmann, *Wertlosigkeit der Jurisprudenz*, p. 33.
962 Jakobs, "Strafrecht als wissenschaftliche Dizisplin", p. 106.
963 O direito penal não se trata de um mero instrumento de sanção do programa constitucional (Costa, *O perigo*, p. 219-221). No mesmo sentido, ver Ruivo, *Criminalidade financeira*, p. 57-58.
964 Kaufmann, *Die Dogmatik der Unterlassungsdelikte*, p. 50.

perfectibiliza na formal contrariedade à lei, pois, mais importante do que a formal violação da lei em abstrato, é a material contradição com o conteúdo legal: ofensa ao âmbito de proteção do bem jurídico. A aferição da contrariedade somente ocorre no caso em concreto em relação ao comando normativo.

1.8. A omissão seria apenas a formal negação da ação devida (contrariedade ao dever)

O aprofundamento da compreensão meramente legalista da conduta omissiva está na origem da noção de omissão como contrariedade formal ao dever ou como negação da ação devida. O comportamento omissivo seria o que "transgride uma obrigação de conteúdo positivo, uma obrigação de fazer"[965] ou que não aplica "uma regra ou grupo de regras".[966] Para alguns, "na palavra omitir" estaria contida "uma negação que se refere à ação".[967] Isto é, haveria a negação de uma "bem concreta ação" na "direção determinada".[968]

A omissão não é só a falta ou a negação formal de ação imposta por qualquer dever legal, sem atenção ao conteúdo do dever. Omitir é uma das duas espécies materiais de condutas penais ofensivas ao bem jurídico tutelado. Se a conduta omissiva fosse realmente mera negação formal da ação devida sem conteúdo material, o resultado ofensivo não teria sido causado por ela, sendo imputado ao omitente apenas por força de lei sem qualquer base material.

[965] GALLO, *Appunti*, p. 126 e, antes, GALLO, *La teoria dell'azione 'finalistica'*, p. 25. Vale observar que, para Marcello Gallo, a conduta omissiva "não é *conditio sine qua non* do mesmo evento", pois o resultado seria "produzido por várias forças físicas" (GALLO, *Appunti*, p. 127).

[966] HRUSCHKA, *Strukturen der Zurechnung*, p. 60-61.

[967] KAUFMANN, *Die Dogmatik der Unterlassungsdelikte*, p. 25. Armin Kaufmann ressalta que "a omissão não é só negação de uma ação, a cada omissão pertence o autor dela que um homem que deve possuir capacidade de agir", porque tem consciência que o "conceito de omitir" e "o que este abrange permanece sempre no âmbito do ser" (KAUFMANN, "Unterlassung und Vorsatz", p. 214).

[968] KAUFMANN, *Die Dogmatik der Unterlassungsdelikte*, p. 25. No mesmo sentido, GALLAS, *Studien zum Unterlassungsdelikt*, p. 3 e 36.

A mera negação lógico-formal não pode ter uma consequência ontológico-material, de outro plano. As leis da lógica indicam que a negação altera o operador deôntico da proposição prefixada, invertendo o sentido da proposição, sem apresentar juízo de valor sobre a verdade e a validade da proposição.[969] A existência da negação não permite afirmar se uma das conclusões é a válida: "C deve ser realizado" ou "C não deve ser realizado". A conduta omissiva não pode ser mera negação da proposição, dado que a negação não possui caráter intrinsecamente desvalioso.

O entendimento da conduta omissiva como negação decorreria de referencial externo e formal do dever de agir, nem sempre atentando ao seu conteúdo material da conduta. Materialmente a omissão é uma falta que nega o mandamento de cuidado de perigo[970] ao bem jurídico, que deveria ser atendido pelo garante. A omissão nega o mandamento de cuidado do bem jurídico contido na norma de conduta, rejeitando a ação devida naquela específica situação.

O reconhecimento da ação necessária para impedir o resultado somente pode ser identificada na situação concreta, tomando a experiência do fenômeno causal como base fática para a avaliação axiológica e instituição normativa do dever de agir.

1.9. A conduta omissiva seria a simples contrariedade à expectativa

A noção de omitir como contrariar uma expectativa de conduta é o maior legado da doutrina da ação esperada,[971] ainda quando não se descreve a origem e fundamento da expectativa. A conduta omissiva seria o comportamento que desatende à expectativa de ação previamente estabelecida. Os pressupostos e fundamentos da expectativa de conduta repousam ora na formal previsão jurídico-positiva do dever de agir, ora no reconhecimento material pela comunidade de ações necessárias em certos contextos. A expectativa de conduta deve ser objetiva sem recair no subjetivismo pessoal de um específico avaliador.

[969] VILANOVA, *As estruturas lógicas*, p. 98.

[970] Sobre a categoria cuidado-de-perigo, ver COSTA, *Noções fundamentais*, § 20 e 21, p. 10.

[971] Para mais detalhes sobre a doutrina da ação esperada, ver 2ª Parte, Capítulo IV, Tópico 4.3.

Para alguns, somente haveria autêntica expectativa jurídica, caso houvesse o estabelecimento de um dever de agir e de um direito.[972] Assim, a determinação da ação esperada não realizada decorreria do dever de agir que obriga o garantidor, mantendo o paralelismo entre a "expectativa" e o "dever". Trata-se de um problema de teoria das normas referente à bilateralidade entre direitos e deveres.

A questão principal é que a mera indicação da existência do dever não resolve o problema do conceito material da conduta omissiva. O próprio dever requer um conteúdo material fruto do reconhecimento jurídico de realidade ontológica culturalmente conformada, que antecede e condiciona o estabelecimento do dever. Destaque-se que a mera instituição legal de dever absolutamente irrealizável não gera legítima expectativa da execução de ação protetiva do bem jurídico.

O reconhecimento do desvalor da situação de perigo, da necessidade da ação, de dever ético-social de agir, da instituição jurídico-penal do dever são níveis de análise que repousam na relação material. A especificação dessa relação material é imprescindível à determinação dos limites do dever de agir e da expectativa legítima.

A conduta omissiva em geral viola mandamento social de agir que gera expectativa comunitária da ação, mesmo antes do reconhecimento jurídico. Espera-se que o valor social não sofra ofensa significativa, a partir do conhecimento do fenômeno causal que sustenta a relação cuidado-de-perigo do bem, indicativa do dever de agir e da expectativa social de conduta que são reconhecidas no momento da incriminação. O reconhecimento do fenômeno causal indica a situação de perigo e a necessidade de instituição normativa do dever de agir em proteção do bem. A instituição originária do dever de agir pela norma penal – sem que exista respaldo em prévio reconhecimento do desvalor da ofensa à valor relevante – não é suficiente para garantir empiricamente a expectativa de orientação do destinatário da norma e para criar ontologicamente o nexo causal entre o omitir e o resultado. Ao contrário, a situação de perigo ao bem, o nexo causal e a expectativa social de

972 Kaufmann, *Die Dogmatik der Unterlassungsdelikte*, p. 51.

proteção são elementos que fundamentam e orientam a incriminação da conduta omissiva.

1.10. A conduta omissiva seria a ausência de eliminação da causa do resultado

Alguns autores, que partem do conceito ativo-essencialista de causa, afirmam que a conduta omissiva não seria causadora do resultado. Segundo essa orientação, a omissão seria simplesmente deixar o curso das coisas acontecer.[973]

A importância da verificação material da causalidade seria mitigada nos crimes omissivos, sendo apenas um "problema meramente hipotético" de um "juízo de idoneidade" de adimplemento do dever que retiraria a causa do resultado.[974] A figura típica do crime comissivo mediante omissão consistiria na "falta da eliminação da causa" do resultado.[975]

A verificação da capacidade causadora das condutas depende do conceito de nexo causal. A estruturação do liame entre a conduta e o resultado pressupõe a determinada concepção dos dois elementos ligados no nexo, ou seja, depende dos conceitos de conduta e de resultado. Sem a definição exata desses conceitos, não se tem clareza sobre os comportamentos abrangidos pela relação causal.

A dedução de que o omitir consiste meramente na falta da eliminação da causa do resultado é coerente formalmente com a premissa de base desse entendimento, embora não seja correta materialmente. A conclusão é coerente porque arranca de compreensão incompleta da realidade, que, todavia, se desfaz com o reconhecimento da integralidade dos elementos positivos e negativos da relação causal. A contribuição negativa da não interrupção do curso da força mecânica é tão essencial para o acontecimento, quanto a força mecânica não interrompida. Logo, não se justifica a noção estreita de causalidade e rejeição da capacidade causadora da conduta omissiva.

O omitir em termos gerais é algo efetivamente concreto previsto no conteúdo de determinada norma de conduta reconhecida pela comu-

[973] Stree; Bosch, "§13 Begehung durch Unterlassen", p. 221, nm. 61.
[974] Nuvolone, "Osservazioni in tema di causalità", p. 721-723 e 724.
[975] Nuvolone, "Osservazioni in tema di causalità", p. 724.

nidade estruturada a partir da evidenciação do curso causal perigoso. A conduta omissiva penal é a falta de interrupção do risco ou do perigo ao bem jurídico penalmente protegido, que causa o resultado ao não impedir o desenvolvimento da ação perigosa.

2.
O RECONHECIMENTO DA CAUSALIDADE PELA NORMA JURÍDICA

"'Cerca-nos uma Natureza inconsciente, impassível, mortal como nós, que não nos entende, nem sequer nos vê, e donde não podemos esperar nem socorro nem consolação. Só nos resta para nos dirigir, na rajada que nos leva, esse secular preceito, suma divina de toda experiência humana – *ajudai-vos uns aos outros!*'"

(Eça de Queirós – *A correspondência de Fradique Mendes*, 1900)

A explicação sobre o reconhecimento da causalidade pela norma jurídica indica algo de fundamental na base do fenômeno criminal.[976] A investigação das causas do fenômeno é a busca da razão de ocorrência do resultado, pois tudo que existe depende de uma razão prévia para a sua ocorrência. Trata-se do conteúdo das sentenças latinas: "nada existe sem razão" (*nihil est sine ratione*) e "não há efeito sem causa" (*nullum effectum esse absque causa*).[977]

O sentido das sentenças pode ser abordado de diferentes formas. Apresenta-se a proposta em dois planos complementares: um de coerência lógico-analítica e outro cognitivo-ontológico.

[976] Costa, "Ilícito-típico, resultado", p. 7-8. O retorno às bases não implica o reviver do passado ou a redução da espiral hermenêutica a movimentos circulares. Sobre a reflexão jurídica dentro da espiral hermenêutica, ver Costa, *O perigo*, p. 173 e 229.

[977] Heidegger indica as sentenças na formulação do tratado *Primae veritates* de Gottfried Leibniz (Heidegger, *A essência do fundamento*, p. 18).

2.1. Sentido e eficácia da proibição com base na causalidade: observações legislativa e metodológica

A relação entre a norma jurídica e a realidade prévia à intervenção do direito é intensamente conflituosa na dogmática penal e na filosofia do direito.[978] É um tema de convergência da criminologia, política criminal, dogmática penal e teoria da legislação penal carente de aprofundamento científico.[979] A elucidação da relação entre a lei jurídica e a lei causal é essencial para a boa produção legislativa e a realização prática da justiça. Portanto, se destacam algumas questões fundamentais: (i) O direito penal é independente da observância da realidade prévia nas suas construções político-normativas?; (ii) Quais os fins buscados pelo direito penal e o que isso implica na sua conexão com a realidade?; e (iii) Seria a eficácia normativa de orientação do destinatário da norma penal "completamente indiferente ao seu valor-de-verdade"[980]?

As respostas exigem a observação dos pressupostos filosóficos e contextuais de apresentação das ideias na dogmática penal contemporânea, distinguindo a presente proposta diante do positivismo naturalista no século XIX. Há diferença significativa entre a compreensão contemporâ-

[978] Os pontos de interação entre a juridicidade e a realidade prévia ao direito penal são vários e diversificados, *v.g.*, a teoria do bem jurídico (*v.g.*, D'Avila, "Aproximações à teoria", p. 19), reconhecimento da conduta ofensiva ao valor (bem jurídico) e causas de exclusão da culpabilidade baseadas na afetação da capacidade de culpa do autor (*v.g.*, Hassemer, "Neurociências e culpabilidade", p. 223-224). Moura explica o excesso de legítima defesa em dois planos: a "dimensão psicológica" e a "dimensão axiológica" (Moura, *A não-punibilidade*, p. 126 e 274).

[979] A teoria da legislação em geral tem recebido pouca atenção da metodologia jurídica tradicional devido à pouca importância concedida ao processo legislativo em face da priorização da identificação do método de determinação do direito no direito natural, jusnaturalismo e positivismos jurídicos (Kaufmann, *Filosofia do direito*, p. 24-25, 123-124). Merecem destaque alguns precursores nessa matéria, como Montesquieu (Montesquieu, *Do espírito das leis*, p. 214-215 e 652-653), Beccaria (Beccaria, *Dos delitos*, p. 71, 154-155), Rousseau (Rousseau, *Du contrat social*, p. 76-83, 93-94), Jeremy Benthan e Filangieri. Sobre a teoria da legislação em geral, ver Canotilho, "Teoria da legislação geral", p. 827 e ss. e, mais adiante, Canotilho, "Os impulsos modernos", p. 7 e ss.

[980] Vilanova, *estruturas lógicas*, p. 62.

nea dos fundamentos ontológicos delimitadores do ordenamento penal e o naturalismo-mecanicista do positivismo jurídico.[981]

A criação jurídica possui limites dados pela realidade prévia ao direito, *v.g.*, o direito não tem como refutar ou mitigar a vigência das leis da física, pois são leis naturais a que a cultura não pode negar vigência.[982] Não é possível a alteração da imperatividade da reação física com igual intensidade de força no sentido contrário ao da ação, por meio de leis e costumes culturalmente construídos.

Esse plano de observação da realidade é independe de qualquer juízo ético ou valorativo sobre a realidade.[983] A lei da gravitação universal indica que o peso dos objetos é conferido pela força centrípeta da terra (atração gravitacional do planeta) que puxa os corpos, independentemente da percepção e valoração humana sobre o fenômeno.

O sentido e a eficácia de toda norma jurídica dependem de não contrariarem leis naturais, mesmo quando não conhecidas pela ciência jurídica. É por isso que a ciência jurídica tem o dever de reconhecê-las ou, ao menos, não as contrariar na proposição valorativa das categorias jurídicas. As leis naturais constituem limites exteriores prévios à legitimação do direito e às finalidades político-jurídicas pretendidas. A desconsidera-

[981] O problema do fundamento ontológico nem sempre recebe a atenção merecida mesmo quando estudado metodologicamente na reflexão sobre a cientificidade do direito penal. Parte da qualificada doutrina reduz as hipóteses de reconhecimento ontológico de elementos prévios ao direito penal aos limites teóricos do finalismo de Hans Welzel. Assim, Schünemann, "Strafrechtsdogmatik als Wissenschaft", p. 22-23; Roxin, "Normativismus", p. 423, 426-427; Ambos, "100 Jahre Belings „Lehre vom Verbrechen"", p. 466.

[982] Essa noção de lei natural não é aquela encontrada em Montesquieu, como "leis da natureza" que seriam derivadas "unicamente da constituição" do próprio ser do homem, *v.g.*, a "paz", a "procura por alimentos", o "compromisso natural que sempre fazem um com o outro" e o "desejo de viver em sociedade". Mesmo assim, tem semelhança no fato de serem leis acerca de fenômenos que ocorrem "antes de todas as leis" e "do estabelecimento das sociedades" (Montesquieu, *Do espírito das leis*, p. 130-131).

[983] A influência dos limites da interação do observador com a realidade tende a aparecer na descrição dos fenômenos e na síntese do conhecimento em leis. A seleção cognitiva realizada na observação também não está livre da avaliação axiológica daquilo que foi priorizado. Tal consciência encontra-se, *v.g*, na passagem de Heisenberg citada por Heidegger de que a relação entre a ciência da natureza e a técnica é de um "escoramento recíproco" (Heidegger, *Língua de tradição*, p. 23).

ção dos limites dados pela realidade prévia ao direito para a compreensão e fundamentação científica do direito penal cria o perigo de ineficácia e de injustiça da norma jurídica.[984]

A questão pode ser melhor entendida a partir de dois planos de existência da realidade.[985] O plano do "real-verdadeiro"[986] é composto pela ontologia material e pelas forças da natureza capazes de constatação segundo os cinco sentidos e os referenciais métrico das ciências exatas. São objetos ou fenômenos humanos visíveis, audíveis, tocáveis, cheiráveis e degustáveis. Já o plano do "real-construído"[987] refere-se à realidade não sujeita às grandezas métricas, possuindo natureza mais sutil que exige maior sensibilidade para a sua percepção e descrição. Os objetos são igualmente verdadeiros, sendo frutos imateriais da criação humana estudados pela ontologia, como são os exemplos das práticas culturais do direito, ética e moral e dos sentimentos humanos (*v.g.*, amor, raiva, inveja).

A dogmática penal diante da realidade nem pode simplesmente reconhecer conceitualmente apenas elementos naturais conforme o positivismo naturalista, nem superar o positivismo com a inspiração kantiana de divisão da realidade em dois reinos radicalmente independentes: o puro natural e o puro cultural. Nessa última visão, a ciência jurídica pertenceria ao reino cultural e criaria os seus conceitos com base em método autônomo de "conversão" do material empírico do reino físico-natural para a valoração do reino cultural.[988]

Igualmente a criação teórica da ciência jurídica não se perfaz na mera intenção finalística, que tomaria a estrutura causal mecânica como suporte para a sua leitura valorativa e realização dos interesses jurídicos

[984] Os limites do direito penal no conjunto da "ciência total do direito penal (total)" mostra que o direito penal não é uma "realidade isolada, separada de outras realidades" (Costa, *Noções fundamentais*, §107, p. 70).

[985] Costa, *O perigo*, p. 317.

[986] Para mais informações sobre o "real-verdadeiro" em contraste com o real-construído, ver Costa, *O perigo*, p. 317, 396, 511 e 564-565.

[987] Para mais informações sobre o real-construído em contraste com o real-verdadeiro, ver Costa, *O perigo*, p. 317, 396, 511 e 564-565. Essa noção é próxima à "realidade social 'performada'" (*sozial 'vorgeformte' Wirklichkeit*), própria da imagem do mundo do jurista (Engisch, *Vom Weltbild*, p. 12).

[988] Em sentido crítico, WELZEL, *Naturalismus*, p. 47.

no sentido do finalismo penal. A verdade é que a estrutura ontológica da realidade está no mundo natural e no mundo cultural. É justamente por isso que não faz sentido a distinção idealista entre a estrutura para a valoração (ontologia) e o significado valorativo da estrutura (axiologia). Veja-se que a leitura axiológica está presente desde a seleção e classificação jurídica dos cursos causais relevantes ao direito penal.

As maiores controvérsias acerca dos limites constitutivos do direito penal estão na interação entre os planos do real-verdadeiro e do real-construído. O sentido do real-construído não é absolutamente livre dos limites prescritos pelo real-verdadeiro, sendo o próprio reconhecimento social do real-construído dependente de alguma aderência ao ambiente do real-verdadeiro.

A constatação das barreiras do real-verdadeiro à estruturação do real-construído não faz com que a criação cultural seja apenas decorrência das linhas gerais contidas na realidade natural. O próprio relacionamento do homem com o real-verdadeiro altera-se de acordo com a qualificação da capacidade de conhecimento do real-verdadeiro. A história aponta diversos exemplos de alteração cultural decorrentes do impacto de descobertas sobre os fenômenos no real-verdadeiro, *v.g.*, conscientização ambiental, gastronômica, social.

O real-construído goza de autonomia parcial na constituição da sua própria realidade, razão pela qual não está sujeito ao conhecimento integral do real-verdadeiro em toda a sua complexidade de detalhes. Ao mesmo tempo, não se pode esperar reconhecimento social amplo e eficácia na orientação do destinatário da norma de construção normativa frontalmente contrária aos fenômenos naturais, *v.g.*, revogação jurídica da lei da gravidade. Em síntese, a eficácia de normas culturais (morais, ética, jurídicas) do real-construído depende de certa conformidade com a realidade prévia à intervenção cultural.

A lógica jurídica tem afirmado que a validade da proposição descrita na norma jurídica não se sujeita à veracidade da informação, pois a "verificação empírica como critério-de-verdade (material) não se transporta para o mundo do direito como critério-de-validade".[989] Por consequência,

[989] Vilanova, *estruturas lógicas*, p. 62.

a "proposição descritiva falsa pode ser tão eficaz como uma proposição verdadeira".[990] O ordenamento jurídico permaneceria "sempre válido" no seu conjunto, assim "como são válidas as normas-partes ou elementos desse conjunto".[991] A "ineficácia" da norma não seria consequência de fatos ou condutas contrárias ao comando normativo, mas de decisão do próprio "sistema jurídico" no sentido de suprimir a validade.[992]

A primeira parte da análise lógica merece ampla concordância. A validade da proposição não exige a verificação se ela é efetivamente verdadeira, pois não é uma questão de fundamentação e, sim, de validação entre premissas.[993] A verificação da validade é uma análise formal sobre a necessidade entre os elementos implicados na operação lógica, de acordo com regras de coerência independentes do contexto argumentativo.

A validade analítica da norma não permite predizer a eficácia do comando normativo, o que demanda constatação empírica. A eficácia do comando normativo depende da capacidade de orientação dos destinatários da norma, requerendo necessariamente verificação material sobre a realidade específica. Não há meios para a afirmação ideal da eficácia, já que é um dado que reclama observância prática do fenômeno. O plano de validade normativa refere-se à vigência da norma fundada no próprio ordenamento, sem concluir algo sobre a eficácia que não depende exclusivamente da validade formal da proposição normativa.

A validade das proposições indica que há necessária conexão formal entre proposições, sem afirmar a conexão entre a proposição e a realidade (juízo de verdade). A verdade refere-se à "consonância" ou "concordância com aquilo que na identidade se manifesta como unido"[994] em um determinado contexto, portanto, pressupondo as conexões formais. O problema da verdade é material relacionado ao problema do fundamento,[995] que não se restringe à lógica formal. A verdade de algo

[990] VILANOVA, *estruturas lógicas*, p. 62.
[991] VILANOVA, *estruturas lógicas*, p. 61.
[992] VILANOVA, *estruturas lógicas*, p. 61.
[993] Com maiores detalhes, ver 3ª Parte, Capítulo II, Tópico 2.2.1.1.
[994] HEIDEGGER, *A essência do fundamento*, p. 20.
[995] HEIDEGGER, *A essência do fundamento*, p. 20.

ou "verdade ontológica" exige um juízo material de compreensão existencial do ser de determinado ente no seu mundo.[996]

A eficácia da norma jurídica depende da consonância entre a norma penal e a realidade de inserção. A compreensão física dos fenômenos é incompleta, mas não pode ser substituída por uma valoração jurídica que desconsidera a realidade física e cultural do fenômeno. Nesse sentido, o "fundamento ontológico" da causalidade ou "o suporte para possíveis valorações" não pode ser confundido com o juízo valorativo que é feito do fundamento ontológico da causalidade.[997]

A necessidade de reconhecimento dos limites ontológicos do direito penal é uma conquista histórica da doutrina para a delimitação da justiça e redução do arbítrio. As realidades ontológicas prévias apresentam-se reconhecidas pelo direito sem se reduzir à ontologia meramente normativa. Veja-se que a relação "puramente causal" precede à "colocação teleológica da intencionalidade", não se confundindo ontologicamente com o reconhecimento e com a avaliação do direito penal.[998] É certo que "a lei não cria a causalidade, mas integra-a no fato típico, de modo que a causa é a causa típica", de tal sorte que a "substância da causa permanece ontológica".[999] O juízo de relevância jurídico-penal identifica, seleciona e delimita os cursos causais que importam ao direito penal, sem criar artificialmente outro nexo causal derivado das leis causais.[1000]

É necessário estudar mais a fundo o fenômeno narrado na lei causal, atentando à dupla perspectiva filosófica: a analítica da filosofia formal e ontológica dos elementos da lei causal da filosofia material. Isso porque

996 Heidegger, *A essência do fundamento*, p. 24.

997 Welzel, "Kausalität und Handlung", p. 719. Vilanova destaca que não se pode confundir o "fato natural" que é o "substrato para a qualificação jurídica" com a apreciação axiológica do fato natural (Vilanova, *estruturas lógicas*, p. 46). No mesmo sentido, já antes, Engisch, *Introdução ao pensamento jurídico*, p. 15-17.

998 Welzel, "Kausalität und Handlung", p. 719. Ademais, em Portugal, sobre os limites do direito na delimitação da causalidade de natureza ontológica, ver Ferreira, *Lições de direito penal/1992*, p. 152.

999 Ferreira, *Lições de direito penal/1992*, p. 152.

1000 Ferreira, *Lições de direito penal/1992*, p. 152.

as teorias dos crimes comissivos e omissivos não estão entregues a qualquer consenso político-criminal,[1001] livres de fundamentações materiais.

2.2. Os componentes da lei causal: a força, a ausência da força impeditiva e o resultado

2.2.1. Analítica dos componentes da lei da causalidade

2.2.1.1. A contribuição da lógica para a solução do problema

A análise lógica da lei da causalidade não se reduz às duas orientações teóricas: o "método lógico-analítico" do direito penal e a doutrina da causalidade lógica da comissão por omissão. O chamado método lógico-analítico do direito penal encontra o ideal de rigor analítico na proposta de distinção normativa da chamada "análise precisa dos conceitos"[1002] e do chamado "método lógico-analítico"[1003] de Hruschka, bem como na doutrina da "lógica da estrutura do crime" de Kindhäuser.[1004]

Hruschka adota conceito eminentemente jurídico-normativo de omissão, independentemente da consideração do princípio constitucional da ofensividade e da verificação da causação do resultado ofensivo pela conduta. A omissão seria apenas a "não aplicação de uma regra ou grupo de regras",[1005] que estaria restrita por um critério empírico de avaliação da "possibilidade de ação" na "situação concreta".[1006] Esse entendimento deixaria de proporcionar a análise e determinação do resultado jurídico pelo princípio da ofensividade e da imputação do resultado pela verificação do curso causal.

Kindhäuser propõe uma primeira divisão da dogmática do fato criminoso em dois tipos de normas. As normas penais teriam o caráter predominantemente "axiológico" e "prescritivo" dos comportamentos

[1001] Sobre os limites consensuais de conformação do direito penal e a rejeição do consenso como fundamento do jurídico, ver, especialmente, Costa, "Consenso", p. 95.
[1002] Hruschka, Vorbemerkung In: Hruschka, *Strukturen der Zurechnung*.
[1003] Hruschka, *Strafrecht nach logisch-analytischer Methode, passim*.
[1004] Kindhäuser, "Zur Logik des Verbrechensaufbaus", p. 77 e ss.
[1005] Hruschka, *Strukturen der Zurechnung*, p. 60-61.
[1006] Hruschka, *Strukturen der Zurechnung*, p. 62.

criminais e as regras de imputação determinariam as diretrizes de responsabilização do autor da conduta.[1007]

As normas penais e as regras de imputação possuem diferentes destinatários imediatos, sem que isso negue o caráter valorativo de ambas. As normais penais destinam-se à orientação da conduta do cidadão primeiramente e às autoridades públicas posteriormente, *v.g.*, polícia, fiscais administrativos, ministério público e judiciário. As regras de imputação objetivam a indicação sobre a punibilidade de um fato ilícito-típico, sendo endereçadas primeiramente às autoridades públicas e depois ao cidadão que precisa saber quais condutas ilícitas são justificadas e quais são ilícitas e culpáveis.

A proposta de Kindhäuser inspira a reflexão pelo seu ideal de rigor analítico, tendo, ainda assim, pontos imprecisos. Primeiro, o conteúdo do crime é insuficientemente determinado no conceito de "vontade de contrariar a norma". A finalidade das normas penais é a determinação dos fatos desvaliosos, exigindo que se reconheça a melhor delimitação oferecida pela noção de ofensividade ao bem jurídico. Assim, a verificação de que a conduta causa a ofensa ao bem jurídico é apenas a primeira fase do percurso para a aplicação de sanção jurídico-penal.

Segundo, as regras de imputação aparecem com a dimensão axiológica mitigada, como se fossem simplesmente atributivas de consequências jurídicas sem valoração normativa. Esse entendimento não condiz com a realidade. As normas de imputação reconhecem realidades ontológicas, podendo sofrer influência axiológica da política-criminal no reconhecimento. Por exemplo, as doutrinas da causalidade adequada e da nova doutrina da imputação objetiva buscam a aplicação de um filtro valorativo à causalidade nos crimes comissivos.[1008] Além disso, parcela considerável da doutrina concebe o nexo causal da omissão imprópria como sendo uma causalidade normativa criada pelo direito.[1009] Conforme essa compreensão doutrinária, a ligação da conduta delitiva ao resultado seria essencialmente valorativa, o que contraria frontalmente a suposta neutralidade normativa ou axiológica das regras de imputação.

[1007] Kindhäuser, "Zur Logik des Verbrechensaufbaus", p. 80.

[1008] Assim ver 1ª Parte, Capítulo I e 2ª Parte, Capítulo IV, Tópico 4.4.

[1009] Assim ver 2ª Parte, Capítulo III.

Terceiro, há a tendência à idealização da autonomia dos modelos normativos como se fossem independentes na pura valoração e pura atribuição. A descrição do comportamento causador do resultado no ilícito criminal já é valoração de conduta social como negativa.[1010] A regra para a verificação da causalidade entre a conduta e o resultado não é apenas de imputação do resultado ao autor, tendo a sua origem nas próprias características do fato imputado.

A verificação lógica pretendida neste trabalho também não adere à doutrina da causalidade lógico-jurídica da omissão imprópria de Liepmann, Hungria ou, recentemente, Donini e Blaiotta.[1011] A concepção da causalidade da omissão perfectibilizada na inferência lógica da imprescindibilidade da ausência de impedimento para o resultado é apenas o contorno formal do nexo causal, mesmo sem perquirir se o fundamento e obrigatoriedade das regras lógicas repousam na ontologia ou no procedimentalismo.[1012] O diagnóstico da fenomenologia causal da omissão pressupõe o rigor lógico-formal da verificação de validade e a investigação material.

O método da ciência jurídica não se consuma nas "inferências lógicas formais" acerca dos argumentos jurídicos, sendo necessária a análise material da qualidade desses argumentos.[1013] A lógica pode ser entendida como o conjunto de regras formais que tem validade independentemente do âmbito argumentativo ou do "campo de aplicação específico".[1014] Por "lógica jurídica", entende-se tanto o uso do raciocínio lógico geral para a

1010 Para maiores detalhes, ver 3ª Parte, Capítulo II, Tópico 2.4.

1011 Para maiores detalhes, ver 2ª Parte, Capítulo III, Tópico 3.4.

1012 A fundamentação da obrigatoriedade das regras lógicas para a argumentação racional é incerteza. Alguns acreditam que são regras gerais abstratas fixadas pelo objeto tratado (ontológicas), *v.g.*, Bertrand Russel, Heinrich Scholz e Arthur Kaufmann e outros acreditam que são regras do diálogo racional estabelecidos pela compreensão intersubjetiva (dialógicas), *v.g.*, Paul Lorenzen e Ulfrid Neumann. Em detalhes, ver NEUMANN "Juristische Logik", p. 257-261.

1013 KAUFMANN, *Filosofia do direito*, p. 103 e 115. Jan Joerden apresenta a metáfora do esqueleto humano para explicar que o julgamento do direito não se restringe ao conhecimento de leis lógicas que são pressupostas para a produção dos argumentos da ciência jurídica (JOERDEN, *Logik im Recht*, p. 1-2).

1014 TROLLER, *Die Begegnung von Philosophie*, p. 90; NEUMANN "Juristische Logik", p. 237; VILANOVA, *As estruturas lógicas*, p. 4 e 9.

validação de proposições relativas ao direito, quanto o modo específico do raciocínio jurídico como sinônimo de "metodologia" jurídica.[1015] A lógica contribui ao pensamento jurídico: na estruturação do problema e na verificação da coerência necessária entre a solução proposta e as premissas de base.[1016]

A lógica clássica ou tradicional não assume orientação material filosófica, podendo examinar formalmente premissas independentes do contexto de sua inserção.[1017] Portanto, agora se inicia pela verificação da validade lógica das premissas para chegar na avaliação da veracidade da tese proposta – ou seja, primeiramente, a análise racional da coerência dos argumentos da tese e, posteriormente, a apresentação dos respectivos fundamentos.

2.2.1.2. O procedimento da análise lógica

A análise da correição dos argumentos mediante o cálculo lógico busca constatar a correição formal das propostas, sem que, para isso, deva trazer informação nova. É a verificação da coerência lógica entre as premissas dos argumentos. O cálculo lógico permite evitar desvios formais e fortalecer analiticamente a argumentação, por meio da constatação da coerência lógica das propostas. A razão da sua aplicação é a verificação da coerência lógico-formal das propostas, e não a descoberta de uma verdade material para além do argumentado. É por isso que a leitura da operação formal da linguagem pode parecer algo evidente que não demanda verificação. A finalidade é justamente a confirmação dessa evidência, já que a descoberta de informação nova como resultado do cálculo lógico seria exatamente a constatação da incoerência entre os argumentos.

Especificamente, este tópico tem como objetivo a verificação da correição da conclusão de que a força e a ausência de força impeditiva são

[1015] Neumann "Juristische Logik", p. 237.

[1016] Joerden, *Logik im Recht*, p. 2. A contribuição da lógica para o direito já constava no Compêndio Histórico do Estado da Universidade de Coimbra de 1771, que relatou os problemas da Universidade antes da implementação dos Estatutos Pombalinos de 1772 (Gauer, *A modernidade portuguesa*, p. 57-58 e nota 39).

[1017] Troller, *Die Begegnung von Philosophie*, p. 91.

igualmente causas dos fenômenos.[1018] Para isso, se expõem as premissas de forma suficientemente determinadas, tornando possível controlar se é válida a operacionalização da inferência lógica. A proposição lógica é retirada do seu contexto empírico ou existencial, por meio da alteração de consciência diante do objeto a ser validado para alcançar o seu isolamento temático.[1019] Adota-se o silogismo como procedimento adequado em razão da imperatividade proporcionada pelo seu juízo categórico.

Testa-se, primeiramente, a força como elemento da lei causal, para depois se repetir a verificação para a ausência de força impeditiva do resultado.

Todos os antecedentes (A) são causa (C) do fenômeno
A força (F) é antecedente (A) do fenômeno

A força é causa do fenômeno

Essa formulação pode ser expressada de modo gráfico ainda mais conciso, conforme o silogismo da universal afirmativa no denominado *modo barbara*:[1020]

A a C
F a A

F a C

A constatação da validade da inferência que a força é causa do fenômeno permite atentar especificamente à ausência de força impeditiva.

[1018] Segundo Vilanova, a "análise lógica vem, historicamente, depois do conhecimento" dos objetos, significando "reconstrução" do conhecimento adquirido "numa direção por assim dizer retrocessiva e recompositiva do já feito" (VILANOVA, *estruturas lógicas*, p. 5).
[1019] VILANOVA, *estruturas lógicas*, p. 4-5.
[1020] Uma explicação elucidativa sobre a lógica jurídica, os modos dos silogismos e o emprego dos símbolos vogais, encontra-se no *collegium logicum* apresentado por KAUFMANN, *Filosofia do direito*, p. 103 e 106 e, igualmente, em NEUMANN "Juristische Logik", p. 239; SCHNEIDER, *Logik für Juristen*, p. 112-113 e JOERDEN, *Logik im Recht*, p. 330-333, especialmente, p. 331.

Todos os antecedentes (A) são causa (C) do fenômeno
A ausência de força impeditiva (AF) é antecedente (A) do fenômeno

---

A ausência de força impeditiva é causa do fenômeno

A formulação anterior ficaria assim no silogismo indicativo da revelação geral-positiva por meio de letras:

A a C
AF a A

AF a C

Logo, conclui-se pela conexão necessária entre as proposições. Trata-se da constatação de que a ausência de impedimento é tão causa do resultado como a força propulsora perceptível no mundo exterior. Essas conclusões do exercício lógico não são originais e têm relevância para o entendimento do fenômeno e orientação da dogmático-penal. John Stuart Mill empreendeu reflexão lógica e ontológica acerca dos elementos da causalidade, vencendo os limites do positivismo inglês de prisão no mundo físico-natural, do qual fazia parte.[1021] A verificação lógico-formal sobre os elementos da lei causal está manifestada no seu livro *Um Sistema de Lógica,* na primeira parte do século XIX.

A co-causalidade é indispensável à "lei de causação universal", pois "a verdadeira causa" dos fenômenos é exatamente "a unidade desses antecedentes".[1022] Mill adverte que não se teria o "direito para dar o nome de causa apenas para um desses" elementos antecedentes, com apoio na filosofia.[1023] A ocorrência causal de "todo fato ou fenômeno" requer "certa combinação" entre "fatos positivos" existentes e "outros fatos positivos a não existirem".[1024]

[1021] Assim designa em WELZEL, *Naturalismus,* p. 2.
[1022] MILL, *A system of logic,* Livro III, Cap. V, §3, p. 378.
[1023] MILL, *A system of logic,* Livro III, Cap. V, §3, p. 378. Larenz destaca etimologicamente no vocábulo alemão *Ursache* (causa) ser impossível afirmar validamente em termos lógicos a existência de uma "única causa" no sentido de algo primitivo, anterior ou originário à coisa ("'*Ur'-sache*") (Larenz, *Hegels Zurechnungslehre,* p. 62).
[1024] MILL, *A system of logic,* Livro III, Cap. V, §3, p. 382.

A argumentação baseou-se até aqui na lógica (filosofia formal) que é a "teoria formal do direito".[1025] Vilanova apresenta a lógica jurídica como a forma do raciocínio jurídico (a "formalização do ser do direito"), o que é insuficiente para entender a sua concreção existencial, já que não fornece uma qualquer ontologia, mas apenas "uma capa desse ser do direito".[1026] A lógica não indica se a proposição válida é acertada ou justa, nem mesmo cabe a ela "selecionar" as proposições válidas aplicáveis em um caso concreto e "dizer qual a conclusão" que delas se infere.[1027]

O reconhecimento dos fatos e a valoração dos fatos está para além das análises formais. Portanto, agora, é momento de avançar na compreensão jurídico-penal e filosófica material sobre o tema.

2.2.2. O conteúdo ontológico-material das leis da mecânica

"Lex I: Corpus omne perseverare
in statu suo quiescendi vel movendi
uniformiter in directum,
nisi quatenus a viribus impressis cogitur statum illum mutare"

(Newton, *Philosophiae naturalis principia mathematica*, 1687)

2.2.2.1. O sentido do fenômeno mecânico para além do positivismo naturalista

O conceito de "causa" foi historicamente determinado pelo conceito de "ação", persistindo uma noção demasiadamente referenciada ao conceito ativo-essencialista no "senso comum".[1028] As investigações filosó-

[1025] No mesmo sentido, Rupert Schreiber adverte não se ocupar a lógica de uma veracidade em relação a fatos e sim a uma validade em relação a uma proposição anterior (SCHREIBER, *Logik des Rechts*, p. 4) e Alois Troller enfatiza que a lógica clássica não teve as suas tarefas alteradas, de modo a abranger reflexões sobre "teoria do conhecimento" e "ontologia" (TROLLER, *Begegnung von Philosophie*, p. 92-93).

[1026] VILANOVA, *estruturas lógicas*, p. 48-49.

[1027] VILANOVA, *estruturas lógicas*, p. 48-49.

[1028] HART; HONORÉ, *Causation in the law*, p. 29; VIVES ANTÓN, *Fundamentos del sistema penal*, p. 309 e 310, nota 59.

ficas contemporâneas superam essa visão da causalidade,[1029] exigindo o melhor conhecimento do fenômeno narrado na lei causal.

A complementação e especificação dos limites constitutivos do direito e da teoria da norma jurídica pelo reconhecimento do funcionamento mecânico são fundamentais, sem que signifique metodologicamente o retorno ao positivismo naturalista. É preciso atentar às formulações científicas denominadas de Leis da Mecânica de Isaac Newton.

A primeira Lei da Mecânica (Lei da Inércia) é a explicação sintética do repouso e do movimento dos corpos. Essa explicação está focada nas forças que se concretizaram no resultado, sem descrever a integralidade dos processos ocorridos na realidade do fenômeno. O foco na força concretizada no resultado não invalida a vigência da lei física como explicação sintética do fenômeno, sendo apenas necessário entender a complexidade do fenômeno descrito na síntese.

A Primeira Lei da Mecânica explica a realidade mecânica, ainda que não seja obrigatório seguir canonicamente a visão de mundo e os pressupostos epistemológicos originários do seu autor. A lei persiste vigente mesmo com um conceito de causa distinto do essencialista proposto por Hume, inspirado nas descobertas de Newton. A compreensão da Primeira Lei da Mecânica independe de repisar o caminho de Newton em consideração às forças da gravidade, à queda dos corpos e aos movimentos dos planetas.

A compreensão do mundo físico não impõe subordinação à cultura científica da época da sua descoberta no século XVII. O conceito de causa pode ser mais amplo do que o do paradigma ativo-essencialista, evitando-se cair em falsa aporia. O reconhecimento da contribuição causal da conduta omissiva independe do conceito essencialista da física do século XVII – que não explica o fenômeno omissivo.

Sobre a distinção entre o fenômeno e o conhecimento do fenômeno deve-se colocar duas perguntas estruturais. A Primeira Lei da Mecânica regeu o mundo físico e orientou a sociedade quando não havia essa formulação sintética na Grécia Antiga e na Europa medieval? Qual a relação entre a vigência da lei natural e o seu conhecimento?

[1029] Vives Antón, *Fundamentos del sistema penal*, p. 310, nota 59.

As respostas pressupõem a distinção entre a existência e a cognição de leis naturais, bem como a refração do conhecimento da vida comunitária. Há duas alternativas diametralmente opostas: (i) as leis naturais valem como leis do mundo natural, independentemente do reconhecimento humano;[1030] (ii) as leis naturais valem como leis observadas desde os critérios científicos-culturais de um período histórico. Assim, a existência do fenômeno descrito dependeria, em última instância, do conhecimento cultural. Cada uma das alternativas acarreta consequências penais diferentes.

A primeira alternativa indica que o direito tem os seus limites legítimos também condicionados ao reconhecimento da realidade ontológica, que é normativamente independente da criação humana. As finalidades penais são constritas ao limite do possível no ambiente natural de intervenção. A criação normativa subordina-se ao correto reconhecimento da estrutura natural que não pode ser culturalmente construída para que tenha legitimidade, eficácia e eficiência.

A segunda alternativa propõe a superação dos tradicionais limites da criação jurídica diante do mundo natural. O poder inventivo da juridicidade ultrapassaria os limites naturais, dando vazão a interesses políticos, econômicos, utilidades filosóficas e teleológicas. Seria a mudança das fronteiras entre o real-verdadeiro e o real-construído, com o alargamento do campo de regência da cultura em detrimento do campo de regência da natureza.

Wittgenstein coloca bem que "as diferentes redes correspondem a diferentes sistemas de descrição do mundo" e que a mecânica newtoniana oferece "uma forma unitária à descrição do mundo".[1031] Essa unidade tem cobertura ampla da realidade dos fenômenos e certa independência em relação aos diversos parâmetros culturais de cada sociedade, em razão da coerência de cânones e uniformidade de enunciados. Isso também torna as leis físicas e naturais uma sistematização de rigor, apta a servir de referencial para os critérios de imputação da dogmática jurídico-penal.

[1030] Nesse sentido, as leis naturais são igualmente verdadeiras no passado, presente e futuro (Kirchmann, *Wertlosigkeit der Jurisprudenz*, p. 14).

[1031] Wittgenstein, *Tractatus logico-philosophicus*, número 6.341, p. 78-79.

2.2.2.2. O fenômeno descrito nas leis da mecânica

A Primeira Lei da Mecânica (Lei da Inércia) teve o seu conteúdo fenomenológico observado por Galileu Galilei e, posteriormente, por Isaac Newton, responsável pela formulação atual.[1032] A constatação baseia-se no fato de que os corpos caem atraídos para terra, com "movimento uniformemente acelerado" e constância da "mesma aceleração",[1033] nas situações em que possa ser desprezada alguma influência do ar.

Newton avançou no conhecimento e ampliou a abrangência dos fenômenos cobertos pela explicação de Galileu,[1034] a partir do postulado de que toda matéria compreende uma "propriedade fundamental" capaz da "resistência à alteração do movimento" e "atração entre os corpos".[1035] A generalidade e a constância das propriedades observadas possibilitaram a formulação sintética da lei da inércia que segue um dos pilares da física contemporânea.[1036]

A compreensão da realidade pela física contemporânea nem se encerra na aplicação ampla e absoluta dos postulados da *principia* de Isaac Newton do séc. XVII, nem supera totalmente essas leis por teorias complexas e indeterminadas. Há diferentes âmbitos de explicação dos fenômenos que se manifestam e interagem em níveis,[1037] no mesmo espaço ou em espaços contíguos. A primeira e a segunda lei da mecânica descrevem "como os corpos se movem sob a ação de forças externas",[1038] seguindo

[1032] RODRIGUES, "Comentário do tradutor", p. 891, nota ii.

[1033] RODRIGUES, "Comentário do tradutor", p. 891, nota ii.

[1034] VUILLE; SERMAY; FAUGHN, *College Physics*, p. 85; WOLFSON, *Physics with modern physics*, p. 93; COSTA; ALMEIDA, *Fundamentos da física*, p. 103.

[1035] RODRIGUES, "Comentário do tradutor", p. 891, nota ii.

[1036] Os limites da explicação da mecânica newtoniana foram demonstrados pelas teorias da relatividade restrita, apresentada por Albert Einstein, em 1905, da relatividade generalizada, terminada por Einstein, em 1916 e pela mecânica quântica, desenvolvida por vários físicos, a partir de 1920. Identificou-se que seriam teorias necessárias para explicar "grandes velocidades, campos de gravitação muito intensos e objectos muito pequenos" (RODRIGUES, "Comentário do tradutor", p. 891-892, nota ii e 904, nota xxi).

[1037] Peter Coles entende ser plausível que a estrutura causal não se mantenha em todos os níveis de manifestação fenomenológica no espaço-tempo (COLES, *From cosmos to chaos*, p. 134).

[1038] BENESON; HARRIS; STOCKER; LUTZ, *Handbook of physics*, p. 37; ALONSO; FINN, *Física*, p. 79.

como explicação científica da dinâmica do movimento do agir humano.[1039] A indefinição científica sobre a adequação da explicação causal para determinados fenômenos em espaços de microfísica, intensa velocidade e gravitação não é justificativa para opor a forma de compreender e julgar os fenômenos humanos submetidos à apreciação jurídica.[1040]

Newton descreveu que "todo corpo mantém o seu estado de repouso ou de movimento uniforme segundo uma linha reta, se não for compelido a mudar o seu estado por forças nele impressas" no *Philosophiae naturalis principia mathematica.*[1041] A ação de uma força é fundamental para a mudança de estado: da inércia para o movimento, do movimento retilíneo e uniforme para outra forma de movimento ou para a inércia. Newton exemplifica com a hipótese dos projéteis que tendem a continuar o seu movimento, caso não sejam "retardados pela resistência do ar ou impelidos para baixo pela força da gravidade".[1042]

O aprofundamento do conhecimento descrito na Primeira Lei da Mecânica permitiu constar o fenômeno descrito na Segunda Lei da Mecânica: "a mudança no movimento é proporcional à força motora impressa e faz-se na direção da linha reta segundo a qual a força motora é impressa".[1043] Os dois elementos principais a serem considerados são a proporção entre a força empreendida e a sua contribuição para o resultado e a direção de empreendimento da força, permitindo traçar o vetor que tende a gerar o movimento.

Newton é claro na explicação da proporção entre o vetor de força e o movimento dela decorrente, uma vez que, "se uma força gera um

[1039] VUILLE; SERMAY; FAUGHN, *College Physics*, p. 83-84; BENESON; HARRIS; STOCKER; LUTZ, *Handbook of physics*, p. 37; WOLFSON, *Physics with modern physics*, p. 94-98; COSTA; ALMEIDA, *Fundamentos da física*, p. 103-104; ALONSO; FINN, *Física*, p. 28.

[1040] Em sentido semelhante, por exemplo, FIERRO, *Causalidad e imputación*, p. 95.

[1041] NEWTON, *Princípios matemáticos da filosofia natural*, p. 41. Na redação latina original, "*Lex I: Corpus omne perseverare in statu suo quiescendi vel movendi uniformiter in directum, nisi quatenus a viribus impressis cogitur statum illum mutare*".

[1042] NEWTON, *Princípios matemáticos da filosofia natural*, p. 41.

[1043] NEWTON, *Princípios matemáticos da filosofia natural*, p. 41. Na redação latina original, "*Lex II: Mutationem motis proportionalem esse vi motrici impressae, et fieri secundum lineam rectam qua vis illa imprimitur*".

movimento, uma força dupla gerará um movimento duplo".[1044] Isso não significa que uma força sempre causa um movimento pois depende da ausência de intervenção de outro vetor de força. A explicação afirma apenas que, se uma força causa um movimento, toda vez que se aumentar a força, também aumentará proporcionalmente o movimento, caso não tenha outra intervenção. O movimento é o vetor de força resultante da interação entre todas as forças que incidem sobre determinado corpo.

2.3. A co-condicionalidade do resultado: a necessária ausência de impedimento do resultado

> "As coisas dependem de muitas circunstâncias,
> e a que triunfa num lugar e em tal ocasião, em outra malogra"
>
> (Baltasar Gracian, *A arte da prudência*, 1647)

A explicação mecânica dos fenômenos tem como foco a força ou a energia dinâmica empreendida em certa intensidade e sentido. O centro da atenção recai sobre o elemento positivo, sem que a elucidação do fenômeno se perfectibilize apenas nisso. O elemento negativo é fundamental para a realização do acontecimento.[1045] Os elementos negativos são os impeditivos do transcurso de uma força e da obtenção do resultado, que têm sua importância realçada pela avaliação social e a frequência de ocorrência, sobretudo em razão da intenção de completude pretendida na explicação.

O reconhecimento da confluência de elementos positivos e negativos co-condicionantes não é uma opção científica ou cultural do transcurso causal, mas advém da própria observação fidedigna à estrutura fundamental causadora do resultado. Mesmo na física, a ausência da força impeditiva tem a sua existência e significado reconhecidos no resultado dos fenômenos. A ausência é imprescindível na compreensão, porque

[1044] Newton, *Princípios matemáticos da filosofia natural*, p. 42.
[1045] Hart; Honoré, *Causation in the law*, p. 447.

é cientificamente inextirpável da mais comezinha até a mais complexa explicação oferecida pela mecânica acerca da realidade.

A aproximação apressada entre os conceitos de "ausência" e de "nada" não é possível sem maior justificação, pois cria o perigo de negar a amplitude de sentido de "ausência", no qual se alicerça a noção de falta. Já por nada entende-se aquilo que não existe: o não ser.

A ausência é muito mais uma observação relacional acerca do ser ou daquilo que não está presente e supostamente poderia estar. A ausência de algo esperado não se resume ao nada, pois há algo que existe como ausência, como falta.[1046] É justamente esse sentido de ausência de força impeditiva que interessa ao fenômeno físico.

Conforme se identifica empiricamente, o enunciado da Primeira Lei da Mecânica afirma que um corpo sempre se manterá em movimento retilíneo e uniforme, caso não tenha a intervenção de outro vetor de força. Em outras palavras, uma força continuará a produzir seus efeitos, se não sofrer alguma intervenção. Igualmente pode-se narrar o fenômeno em sentido inverso: a força motriz não produzirá o mesmo efeito ou qualquer efeito, se sofrer uma significativa intervenção de outra força. Essa é síntese substancial da Segunda Lei da Mecânica.

A investigação da explicação mecânica do movimento ou da causação do resultado reconhece uma co-condicionalidade para a explicação completa do fenômeno. O resultado ocorreu porque determinado vetor de força mecânica atuou livre de significativa interferência de outros vetores, aptos a impedir ou desviar a sua trajetória inicial. Logo, a explicação restrita ao exame de grandezas positivas resulta insuficiente e cientificamente incorreta por uma razão lógica e também material. A condição positiva é tão importante quanto a negativa para a produção do resultado. Assim, a determinação da contribuição da ausência de força impeditiva para a ocorrência de certo resultado é traduzível numericamente, por antonomásia, na exata medida do vetor de força que acarretou o resultado.

[1046] Por exemplo, a ausência do professor na sala de aula, dos pais na educação dos filhos, do médico no hospital, do membro do colegiado decisório na reunião jamais são culturalmente avaliadas a título de nada. Mas sim a manifestação de algo existente.

Essa explicação sobre a doutrina geral da causalidade apresenta alguma ressonância essencial com doutrinas nem sempre devidamente consideradas em estudos contemporâneos do direito penal. Primeiro, o reconhecimento da capacidade causadora da ausência de força impeditiva está em harmonia com o longo e variado percurso de afirmação da dogmática da causalidade negativa[1047] no direito penal.[1048]

Segundo, a situação fenomenológica descrita revela-se pressuposta em grande parte dos estudos sobre o nexo de causalidade do século XIX, ainda que a compreensão integral resulte prejudicada em face da vinculação do conceito essencialista de causa como força cinética. É notável a consciência de Julius Glaser sobre os "pressupostos positivos e negativos" do delito, quando aponta para a necessidade de um "grande número de pressupostos positivos" dever "por si só eliminar múltiplos obstáculos" para causar o crime.[1049]

Mais adiante, Karl Binding afirma que a "causação de uma mudança" é idêntica à "mudança do equilíbrio entre condições impeditivas" e as "condições atuantes", sendo que a mudança na igualdade ocorre "a favor das últimas".[1050] Em uma situação de igualdade entre as condições positivas e negativas, não é possível acontecerem os resultados.

[1047] Por exemplo, Vogel, para quem o omitir trata de "um meio de uma (negativamente formulada) lei causal" (Vogel, *Norm und Pflicht*, p. 158, nota 68).

[1048] Em Robert von Hippel, encontra-se o entendimento de que o "conceito de causalidade" usado na "vida e no direito" abrange tanto o "causar por ação", quanto o "não-evitar por omissão", embora o autor veja a causalidade como uma forma de pensamento, e não uma relação ontológica (Hippel, *Lehrbuch*, p. 101). Para mais detalhes sobre o pensamento de Hippel, ver 2ª Parte Capítulo III, Tópico 3.4.2. Recentemente, destacando que ao jurista interessa também as condições negativas que impedem o resultado, ver Donini, "Il garantismo", p. 921.

[1049] Glaser, "Über Thäterschaft", p. 135.

[1050] Binding, *Die Normen und ihre Übertretung/1*, p. 116. Karl Binding denomina como "condição impeditiva" aquilo que a ausência considera aqui como causa do resultado, pois, para ele, segundo o paradigma natural-essencialista de causa, as "causas são as condições positivas na sua preponderância sobre as negativas" (Binding, *Die Normen und ihre Übertretung/2*, p. 116). Mais adiante, no segundo volume do seu *Normas e sua violação*, conceitua a "causação" como sendo o "efeito (*Herbeiführung*) da preponderância das condições positivas sobre as negativas do resultado por meio da vontade humana" (Binding, *Die Normen und ihre Übertretung/2*, p. 492).

Terceiro, a doutrina da "condição conforme a lei" (*gesetzmäßige Bedingung*) acolhe corretamente a explicação de que "causar algo não significa: produzir modificações mediante forças reais" positiva, mas antes "estar as manifestações temporalmente sucessivas em relações de legalidade".[1051] A doutrina da condição conforme a lei é seguida por Puppe,[1052] Hilgendorf[1053] e Roxin.[1054]

2.4. O reconhecimento da ontologia causal na incriminação de condutas

O reconhecimento seletivo de partes da realidade para a incriminação de condutas é evidenciado no estudo do fenômeno causal. A causalidade dos crimes omissivos é necessariamente co-causal por depender da força positiva na causação do resultado.[1055] A causalidade dos crimes comissivos pressupõe a coexistência da energia em movimento e do seu não impedimento. Em verdade, a força propulsiva do movimento e a ausência de impedimento do movimento não causam por si só o resultado, pois ambas carecem da coexistência da outra.

A intervenção do direito penal apenas seleciona o elemento – positivo ou negativo – da lei causal que lhe interessa para descrever a conduta como sendo o comportamento proibido causador do resultado desvalioso.[1056] Essa seleção não é arbitrária, mas sempre fragmentária e valorativa

[1051] Engisch, *Kausalität als Merkmal*, p. 31 e, depois, Engisch, "Das Problem", p. 264 e s.

[1052] Puppe, "Erfolg und seine kausale Erklärung", p. 895, 899, 909 e 911.

[1053] Hilgendorf, Fragen der Kausalität bei Gremienentscheidungen, p. 564.

[1054] Roxin, *Strafrecht/2*, § 31, p. 641, nm. 42.

[1055] Essa percepção já se encontra expressa na observação de Feuerbach, na parte especial da primeira edição do seu manual, no sentido de que o homicídio "pode ser cometido tanto por meio de conduta positiva, quanto por meio de conduta negativa", sendo que "a última exige uma conduta positiva para a responsabilidade, cuja omissão tornou-se a causa necessária da morte do outro" (*deren Unterlassung zur nothwendigen Ursache des Todes des anderen geworden ist*) (Feuerbach, *Lehrbuch/1801*, §244, p. 192).

[1056] Essa compreensão fenomenológica tem clara expressão, por exemplo, na descrição legal do *caput* do artigo 13 do Código Penal brasileiro: "Art. 13 - O resultado, de que depende a existência do crime, somente é imputável a quem lhe deu causa. Considera-se causa a ação ou omissão sem a qual o resultado não teria ocorrido".

que toma por base o desvalor da conduta penalmente relevante que se julga necessário reprimir,[1057] como se verá adiante. Nesse sentido, Kindhäuser sublinha que a pontual intervenção penal, diante totalidade do fenômeno causador, tem como finalidade saber se haveria como evitar a causação, mediante a orientação de comportamentos de destinatários com o uso de "normas de conduta".[1058]

Os crimes por ação são fundados no conteúdo positivo da lei causal, tomando como base da conduta proibida a parcela da cadeia causal de manifestação exterior da energia cinética. A dinâmica causal flui ilimitada e constantemente, sendo axiologicamente neutra. É o observador que delimita espacial e temporalmente fragmentos dessa cadeia infinita, permitindo a sua identificação e valoração cultural. A observação do empreendimento de energia traduz-se em conduta ativa. A delimitação da ação (conduta ativa) prévia ao reconhecimento jurídico depende da seleção valorativa daquilo que mais importa na integralidade da cadeia causal. Portanto, o conceito de ação também é valorativo, fundado na leitura normativa da dimensão ontológica prévia ao direito. O conceito de ação jurídico-penal é ainda mais restritivo axiologicamente sem substituir a sua base ontológica que antecede a intervenção jurídica.[1059]

A conduta de deixar de impedir uma força não acarreta sempre juízo negativo de desvalor ou falta ética, conforme anteriormente demonstrado. Somente com o juízo valorativo da conduta de deixar de fazer algo devido é que a ausência de conduta se torna uma falta: conduta omissiva. As qualificações ontológica e axiológica feitas pela cultura aproveitam o seu substrato fundado na parte negativa da lei causal natural. A passagem

[1057] Liszt afirmava ser a causa do resultado o conjunto formado pela totalidade dos antecedentes, mas que nada impediaria ao observador de identificar apenas um deles entre os demais (Liszt, *Lehrbuch/1884*, p. 115).

[1058] Kindhäuser, "Aumento do risco", p. 16. Semelhante, no essencial, Kaufmann, *Die Dogmatik der Unterlassungsdelikte*, p. 61.

[1059] Esse pressuposto está em várias doutrinas da conduta penal, que rejeitam a abrangência de determinados comportamentos pelo conceito de ação penalmente relevante – *v.g.*, atos somáticos – e em várias doutrinas do ilícito que excluem da incriminação comportamentos pouco ofensivos, irrelevantes ou bagatelares.

de conduta omissiva genérica para conduta omissiva penal segue critérios mais rigorosos para qualificar a dimensão ontológica natural do fenômeno. Por conseguinte, os crimes omissivos têm conteúdo ontológico na ausência de impedimento da força dinâmica: elemento negativo da lei causal.

4ª PARTE

O FUNDAMENTO E A EXISTÊNCIA JURÍDICA DA OMISSÃO IMPRÓPRIA

> "Por muito tempo achei que a ausência é falta.
> E lastimava, ignorante, a falta.
> Hoje não a lastimo.
> Não há falta na ausência"
>
> (Carlos Drummond de Andrade, *Ausência*, 1984)

A relevância penal da omissão tem os seus fundamentos dependentes do reconhecimento causal. A elucidação da omissão imprópria está atrelada ao problema da causalidade, razão pela qual a descrição do modelo causal não se completa sem o enfrentamento de pontos essenciais. É necessário responder às perguntas sobre o que é, porquê e quando o omitir adquire relevância penal, tendo em vista que o reconhecimento do desvalor jurídico da conduta é fundamental para a responsabilidade penal do omitente.

Suponha-se três pessoas diante do afogamento de um aluno de natação: o professor de natação, o exímio nadador e o péssimo nadador. O professor de natação e o exímio nadador nada fazem e o péssimo nadador atira-se na água sem a mínima condição de salvamento. A contribuição causal de todos é igual para o não impedimento da morte por afogamento. Todavia, o resultado morte não é atribuível aos três, devido aos fundamentos do ilícito omissivo e aos critérios de imputação penais.

Uma compreensão doutrinal excessivamente normativa tem mitigado a imprescindibilidade do estudo do problema da causalidade e pretendido a sua superação por meio da definição dos limites do dever de garante.[1060] Aqui se pretende identificar os componentes do fato desvalioso

[1060] Sobre isso ver 2ª Parte, Capítulo IV.

pressuposto na descrição legal, consciente dos limites ontológicos do dever que antecedem a análise da técnica de tutela penal.

Trata-se do estudo do fundamento e da existência jurídica da omissão imprópria.

1.
A NECESSIDADE DE IDENTIFICAÇÃO DO FATO EXISTENTE (*EXISTENTIA FACTI*): FENÔMENO PRESSUPOSTO À DESCRIÇÃO LEGAL

A identificação do funcionamento causal e da conceituação da conduta omissiva exige a melhor compreensão dos seus elementos. A conduta omissiva carrega sempre juízo axiológico de desvalor, que não necessariamente deve ser desvalor jurídico. Existe um conceito genérico de omitir, que antecede e transcende o reconhecimento e a conceituação legal,[1061] servindo de fundamento fenomenológico e referencial axiológico na orientação da intervenção jurídica.

A existência do conceito genérico de omitir afasta-se das orientações legalistas que partem do conceito legal de omitir e acabam por ver prejudicada a compreensão integral do fenômeno omissivo na experiência social.[1062] Essas tendem a considerar que o mandamento jurídico teria capacidade de transformar um "'nada' no reino da experiência" em "'algo' no sentido jurídico".[1063] A constatação de que a existência da conduta

[1061] O destaque ao reconhecimento dos "fenômenos pré-jurídicos" captados pelo direito para a definição dos conceitos de ação e omissão penais pode ser lido em: Roxin,"An der Grenze", p. 380; Langer, *Das Sonderverbrechen,* p. 499 e, igualmente na versão retrabalhada, Langer, *Die Sonderstraftat,* p. 444; Schöne, *Unterlassene Erfolgsabwendungen,* p. 7; Maurach; Gössel; Zipf, *Strafrecht/*2, §45, nm. 10, p. 169.

[1062] Assim, se busca intencionalmente evitar repetir o equívoco metodológico denunciado como sendo a "tentativa de instrumentalizar a concepção de omissão" para "responder aos anseios do sistema jurídico-penal vigente" (D'Avila, *Ofensividade e crimes,* p. 183).

[1063] Gallas, *Studien zum Unterlassungsdelikt,* p. 4 e, antes, Sauer, "Kants Einfluß", p. 6. As orientações meramente legalistas de omitir partem do conceito legal de omissão e

omissiva depende do prévio reconhecimento da norma de conduta não quer dizer que a omissão inexista experencialmente como fenômeno. Ao contrário, a omissão existe porque decorre de fenômeno que institui norma social de cuidado. A investigação do conceito genérico de omissão tem razão pela fundamentação, crítica e orientação da intervenção no direito positivo.[1064]

A ciência penal contemporânea tem dedicado menos atenção ao estudo do fato ou fenômeno pressuposto ao reconhecimento legal do que em outras épocas.[1065] Há, ao menos, quatro hipóteses das razões dessa conjuntura: (i) a dificuldade de encontrar um conceito de conduta amplamente consensual na dogmática;[1066] (ii) o ponto de partida da reflexão de metodologia jurídica positivista;[1067] (iii) a mitigação do interesse jurídico no estudo dos fundamentos e das filosofias materiais;[1068] e (iv) o pragmatismo do funcionalismo político nos anos 70 do século passado e da proposta normativista de fundamentação estritamente procedimental ou lógico-analítica do direito penal.

Independentemente da identificação exata de uma ou mais razões dessa conjuntura, uma compreensão excessivamente autorreferenciada

acreditam que o conceito geral de omissão não importaria ao direito penal, "porque um tal omitir nunca pode ser fundamento para um julgamento penal de omissão" (Gallas, *Studien zum Unterlassungsdelikt*, p. 3 e 35). Este trabalho atenta aos limites do fenômeno omissivo prévio ao reconhecimento legal.

1064 Wolfgang Schöne destaca o fato de que, se critérios ontológicos forem encontrados, são imprescindíveis para a "determinação do objeto de uma regra jurídica" (Schöne, *Unterlassene Erfolgsabwendungen*, p. 11).

1065 Assim, adverte, por exemplo, Sgubbi, *Il reato come rischio sociale*, p. 52.

1066 Os desafios do conceito de ação penal de pessoas físicas e jurídicas na atualidade impede que o conceito ontológico de conduta penal possa se "circunscrever a ação do homem onto-antropologicamente gizado em moldes, ou segundo os quadros, de uma antropologia de Setecentos ou mesmo Oitocentos" (Costa, "A responsabilidade jurídico-penal da empresa", p. 511, nota 36).

1067 As questões metodológicas não são "derivações extravagantes" ao direito penal, mas antes um elemento "emblemático" e necessário desse "campo operativo" (Bronze, *Pensamento jurídico*, p.14).

1068 Faria Costa destaca tendência ainda mais ampla do pensamento do século XX de tratamento do "sentido da fundamentação" e das "questões últimas" com o "anátema de descrédito" (Costa, "Uma ponte", p. 211-212).

do tipo omissivo coloca em questão o seu próprio sentido e a natureza comunicativa e preventiva de ofensas ao bem jurídico. O tipo descreve abstrata e genericamente fenômenos observados na realidade, que justificam a necessidade de intervenção penal.[1069]

Segundo a perspectiva eminentemente normativista, a tarefa da dogmática de elucidação do ordenamento penal consumar-se-ia na presunção de que o sentido e limites da norma constam estabelecidos na positivação legal, sem exigir o conhecimento dos fenômenos inspiradores e selecionados pelo comando normativo. Todavia, o conteúdo e sentido da incriminação são conferidos por processo hermenêutico do texto legal dentro da tradição de inserção da legislação e do intérprete.[1070]

A atenção à tipologia de acontecimentos reconhecida como omissões reconhece o papel da dogmática na tradição[1071] e a importância da causação do resultado pela conduta no direito penal do Estado Democrático de Direito.[1072] O objetivo fundamental consiste em desvelar os componentes do fenômeno, justificadores da legislação criminal.[1073]

[1069] Mesmo numa compreensão lógico-analítica do ordenamento jurídico, revela-se ponto esclarecedor sobre a origem da positivação da norma legal. A regência da chamada "proposição normativa universal" é estabelecida previamente em relação aos fatos futuros, como proposta de "solução normativa das exigências múltiplas oriundas do mundo social". A base da "proposição normativa universal" é uma série de fatos que a precederam (Vilanova, *As estruturas lógicas*, p. 61).

[1070] Gadamer, "Da palavra ao conceito", p. 25-26. Para uma explicação elucidativa da temporalidade e tradição no círculo hermenêutico do pensamento de Gadamer, ver Almeida, "Hermenêutica e dialética", p. 65 e ss. Especificamente no direito penal, em interessante reflexão sobre o limite que a espiral consensual pode impor ao constante enriquecimento de sentido próprio da espiral hermenêutica, ver Costa, *O perigo*, p. 33, nota 14.

[1071] A tarefa da dogmática do direito penal não se consome na tarefa política criminal. A política criminal tem o encargo de estabelecer as diretrizes políticas da comunidade sobre os conflitos sociais mais significativos. O direito penal pretende não "alterar, senão interpretar" diante dos "aparecimentos" do crime, de modo que "não é sua tarefa lutar contra o crime, senão prestar um pouco de Antropologia" (*sondern ein Stücke Antropologie zu leisten*) (Hall, "Entwicklung des Verbrechensbegriffes", p. 35).

[1072] Em defesa do direito penal do fato e do resultado, Costa, "Omissão", p. 391 e 392 e, depois, Costa, "Ilícito-típico, resultado", p. 13 e 20.

[1073] Fenomenologia é a ciência que estuda os fenômenos (Husserl, *A ideia da fenomenologia*, p. 25). Segundo Jean-Paul Sarte, fenômeno é aquilo onde o "ser se manifesta a todos

Assim, é importante distinguir as categorias do fato pressuposto e do tipo penal,[1074] ganhando em delimitação técnico-dogmática da questão.

O desenvolvimento histórico e o sentido dos conceitos de fato pressuposto e tipo permitem entender melhor a questão na atualidade. A expressão alemã *Tatbestand* ("existência do fato") é amplamente traduzida ao português como tipo, tendo origem no objetivo de transladar a locução latina *existentia facti seu delicti* para o alemão.[1075] A base latina na origem do conceito *Tatbestbestand* está evidente na definição de "*Tatbestand (reatus, Reat)*" como o "contorno do tipo de crime" dada por Ernst Beling.[1076] A intenção da doutrina na versão do conceito ao alemão era desenvolver e autonomizar como categoria de direito material em relação à longa tradição processual latina do conceito de *corpus delicti*.[1077]

A origem da doutrina do *constare de delicto,* na busca dos meios de prova necessários para comprovar um fato criminoso, está no processo inquisitório italiano do século XIII.[1078] Por *constare,* entende-se a busca para fazer certa ou presente a existência de sinais exteriores da conduta do agente no mundo natural.[1079] A locução *corpus delicti* foi cunhada pelo

de algum modo, pois dele podemos falar e dele temos certa compreensão" (Sartre, *O ser e o nada,* p. 19).

[1074] Nesse sentido, acolhe-se a proposta de Sousa e Brito de que a "análise do crime omissivo deve começar pela teoria do facto (*lato sensu*)" (Brito, Estudos para a dogmática do crime omissivo, p. 34-35 e 219-220).

[1075] Encontra-se a avaliação positiva acerca dessa tradução como sendo "literal e apropriada" em Heinrich Luden (Luden, *Abhandlungen/1840,* p. 40 e nota 1).

[1076] Beling, *Die Lehre vom Verbrechen,* p. 110.

[1077] Ernst Klein propôs a tradução de *corpus delicti* como *Tatbestand* (Klein, *Grundsätze/1796,* §68, p. 54), sendo, segundo Heinrich Luden, o primeiro a apresentar a versão da expressão latina ao alemão (Luden, *Abhandlungen/1840,* p. 40 e nota 1). Já a doutrina italiana, presumivelmente mais próxima da cultura do processo penal inquisitório canônico, tem o conceito de *fattispecie* como a tradução da terminologia alemã *Tatbestand* e não como uma evolução ou atualização da noção de *corpus delicti* (Gargani, *Dal corpus delicti,* p. 41). Na doutrina portuguesa, destacando a origem do conceito de tipo no direito processual, ver Ferreira, *A tipicidade na técnica,* p. 49-50.

[1078] Hall, *Die Lehre vom Corpus Delicti,* p. 1-2. Luden apresenta com o mesmo significado e finalidade da expressão *constare de delicto,* também as locuções latinas *veritas deliti* ou *liquidatio delicti* (Luden, *Abhandlungen/1840,* p. 19-20).

[1079] Hall, *Die Lehre vom Corpus Delicti,* p. 1-2.

jurista italiano *Prosper Farinacius* em 1581,[1080] a fim de designar a exigência de sinais exteriores do crime apreensíveis pelos julgadores.[1081]

O processo inquisitório tendia a começar por um acontecimento para chegar ao autor do acontecimento, dividindo-se em duas etapas consecutivas. A primeira era denominada *inquisitio generalis* e tinha a finalidade de averiguar amplamente se havia sido realizado um fato criminoso, com autoria desconhecida.[1082] A segunda era a *inquisitio specialis,* que se iniciava com a verificação da existência do crime, apresentando-se na forma de um processo *contra certam personam* para imputar o crime ao seu autor.[1083]

Esse procedimento escalonado praticava a concepção dicotômica do crime com a separação entre o tipo e ilícito objetivo (*corpus delicti*) na primeira etapa e a culpa subjetiva (*auctor delicti*) na etapa subsequente.[1084] A ideia de *corpus delicti* oferece elemento de garantia na investigação judicial inquisitória, dado que só poderia haver a verificação do crime, caso existisse realmente a exteriorização do movimento corporal no mundo natural.[1085] Portanto, o início do procedimento de investigação pessoal que tinha como fim a obtenção da confissão do autor do fato dependia do prévio diagnóstico probatório.[1086]

[1080] Nesse sentido, a autoria do conceito consta em Luden, *Abhandlungen/1840*, p. 19-20, nota 3; Hall, *Die Lehre vom Corpus Delicti*, p. 1.

[1081] Orlandi, "Inchieste preparatorie nei procedimenti", p. 572-573.

[1082] Hall, *Die Lehre vom Corpus Delicti,* p. 2-3 e, depois, Hall, "Entwicklung des Verbrechensbegriffes", p. 38. Hermann Kantorowicz destaca que a *inquisitio generalis* se direcionava "contra um autor desconhecido em uma específica circunscrição" (*Sprengel*), ao passo que a *inquisitio specialis* atuava "contra um autor tão determinado quanto a circunscrição", na qual decorreria o processo (Kantorowicz, "Studien zum altitalienischen Strafprozeß", p. 100).

[1083] Hall, *Die Lehre vom Corpus Delicti,* p. 3 e, mais adiante, Hall, "Entwicklung des Verbrechensbegriffes", p. 38.

[1084] Hall, *Lehre vom Corpus Delicti,* p. 10-11 e, depois, Hall, "Entwicklung des Verbrechensbegriffes", p. 38. A mesma divisão dicotômica do crime entre elementos objetivos e subjetivos pode-se encontrar no positivismo naturalista de Liszt e Beling. Sobre isso, ver 2ª Parte, Capítulo IV, Tópico 4.3.1.

[1085] Orlandi, "Inchieste preparatorie nei procedimenti", p. 572-573.

[1086] Hall, *Lehre vom Corpus Delicti,* p. 11; Hall, "Entwicklung des Verbrechensbegriffes", p. 38.

As noções de fato pressuposto e a posterior de tipo são advindas da prática do processo penal, desvelando a "estreita simbiose" histórica entre o direito material e processual[1087] e a necessidade de o direito penal atentar à relação mantida com o processo.[1088] A relação entre o direito e o processo penal não funcionaliza as disciplinas do direito penal e do direito processual penal para que uma servisse como mero instrumento da outa, pois há uma relação de "estreita conexão" axiológica entre as disciplinas.[1089]

Os conceitos de fato penalmente pressuposto e de tipo penal são entendidos contemporaneamente como qualificação da mesma base ontológica, pois o fato é elemento imprescindível na constituição do ilícito. Algumas propostas de alteração na forma de concepção e de funcionamento sistemático da doutrina do tipo penal merecem ser destacadas. Uma primeira de incremento das tarefas atribuídas ao tipo na imputação penal e uma segunda de melhor determinação da função do conceito de tipo em relação com o de ilícito na teoria do delito.

A descrição típica tem crescido em importância na dogmática penal contemporânea ao contrário do que acontece com as tarefas da doutrina da ação penal,[1090] de modo que a noção de "realização do tipo" (*Tatbestandsverwirklichung*) vem assumindo o papel anteriormente desempenhado pela doutrina da ação penalmente relevante em algumas orientações.[1091] Isso tende a diminuir o significado da discussão sobre a natureza do nexo de causalidade prévio ao reconhecimento de relevância para o direito

[1087] Gargani, *Dal corpus delicti*, p. 527.

[1088] Hall lembra o que costuma ser esquecido: todo direito material tem o seu lugar e seu tempo processual (Hall, "Entwicklung des Verbrechensbegriffes", p. 37).

[1089] Costa, *Noções fundamentais*, §53, p. 51. No mesmo sentido, anteriormente: Dias, *Direito processual penal*, p. 28. Em sentido diverso: Silva, *Curso de processo penal*, p. 15 e, na doutrina italiana, Tonini, *Manuale di procedura penale*, p. 3-4 e, concebendo como uma relação de "'recíproca instrumentalidade'", Gargani, *Dal corpus delicti*, p. 527-528.

[1090] Em relação à doutrina final da ação e à doutrina da imputação do tipo objetivo, Friederich Schroeder refere a substituição do "significado fundamental" e "observação" necessária daquela doutrina da ação pela doutrina da imputação objetiva na literatura estrangeira (Schroeder, "Lehre von der objektiven Zurechung", p. 651). No mesmo sentido, Kai Ambos adverte acerca da questionável multiplicação dos estudos sobre imputação objetiva na América Latina (Ambos, "100 Jahre Belings „Lehre vom Verbrechen"", p. 470).

[1091] Gallas, *Studien zum Unterlassungsdelikt*, p. 40-49.

penal, dado que a reflexão penal partiria já do parâmetro típico em detrimento da realidade fática, que serviu de base para a redação do tipo. Se a reflexão sobre o conceito de ação penal deixa de ser imprescindível para a solução de uma série de questões pela adoção do referencial puramente normativo, tampouco seria o pesado e custoso estudo da natureza jurídica do vínculo entre a conduta e resultado causado. Assim, evidencia-se tendência da doutrina no sentido de uma causalidade eminentemente normativa, decorrente da natureza normativa do tipo penal.

No momento de julgamento do caso concreto, o importante para a imputação penal é a relevância típica do fato: a relevância típica do curso causal do fato. Isso não quer dizer que a normatividade suplante a realidade prévia, porque a normatividade investigada é aquela que reconhece determinada parcela de realidade natural e cultural prévia ao direito.

A segunda proposta busca a melhor definição da relação mantida entre o tipo e o ilícito penal. A distinção categorial entre tipo e ilícito não é radical e absoluta, pois o tipo consiste na descrição de um ilícito e o ilícito é o conteúdo do tipo.[1092] São conceitos interdependentes que têm o seu sentido compreensível por meio da leitura em conjunto.

Todo conceito ou fenômeno desvalioso prévio à descrição típica recebe a qualificação normativa ao integrar a descrição do tipo penal.[1093] Com base nessa realidade, o caráter normativo da conduta omissiva não decorre da normatividade jurídica como fato tipificado pelo direito penal, senão da normatividade anterior ao direito penal. Caso contrário, a conduta omissiva seria criada pela legislação penal atendendo exclusivamente a fins político-criminais, sem considerar que a relevância penal do agir e do omitir pressupõe o mesmo elemento: o reconhecimento típico da conduta.[1094]

Especificamente os elementos normativos do tipo "referem-se a circunstâncias que só podem ser pensadas e representadas sob pressupos-

[1092] Para um desenvolvimento aprofundado sobre o tema, ver, especialmente, DIAS, *O problema da consciência*, p. 93-97 e COSTA, "Ilícito-típico, resultado", p. 7-23.

[1093] Assim, *v.g.*, em HALL, "Entwicklung des Verbrechensbegriffes", p. 40. No mesmo sentido, utilizando a expressão "fenômeno socialmente desvalioso", ver D'AVILA, *Ofensividade e crimes*, p. 334.

[1094] PULITANÒ, *Diritto penale*, p. 221.

tos lógicos de uma norma".[1095] O sentido típico sobrepõe-se ao sentido original na realização do direito, mas sem renunciar ao referencial ontológico prévio ao reconhecimento jurídico, pois o reconhecimento jurídico é qualificativo do referencial ontológico prévio, que segue sendo fundamento e padrão crítico à qualificação típica.

A precisão da descrição típica da conduta ofensiva ao bem jurídico é diretamente proporcional à capacidade de orientação da atividade das instâncias de persecução penal e de garantia das liberdades individuais e coletivas. Portanto, existe o perigo que descrições típicas imprecisas, sem a devida taxatividade e determinabilidade do princípio da legalidade, desvinculem as instâncias de controle do "parâmetro legal" e a reaproximem do modelo inquisitorial do *corpus delicti*.[1096]

Esse é o fenômeno contemporâneo do incremento do papel do judiciário na verificação da tipicidade objetiva e da crescente dependência do direito penal em relação ao processo penal.[1097] O cumprimento insatisfatório do dever de determinação das condutas proibidas pela doutrina sobrecarrega os juízes e cria insegurança jurídica, na medida em que diminui a certeza sobre o âmbito de proibição da norma e transfere ao processo penal o estabelecimento dos efetivos contornos do crime.

[1095] Engisch, "Die normativen Tatbestandselemente", p. 147.

[1096] Orlandi, "Inchieste preparatorie nei procedimenti", p. 571 e 591. Renzo Orlandi refere-se especificamente à *inquisitio generalis* com propósito de verificação do crime na sua "objetividade palpável" no mundo externo, recondutível ao exame de *corpus delicti* (Orlandi, "Inchieste preparatorie nei procedimenti", p. 572, 587-588).

[1097] Nesse sentido, na Itália, Padovani, "Il problema 'tangentopoli'", p. 452; Gargani, *Dal corpus delicti*, p. 4.

2.
OS CONCEITOS GERAL E PENAL DE OMISSÃO E OS SEUS RESPECTIVOS ELEMENTOS

Todo conceito assenta na seleção de propriedades ontológico-naturais ou ontológico-normativas do objeto, pois "nem tudo do real tem acolhida no universo das proposições".[1098] Esse é o ponto de partida para tentar identificar o conceito de omissão e os seus elementos essenciais,[1099] iniciando pela descrição do conceito geral de omissão para depois analisar o reconhecimento jurídico-penal dessa realidade.

O conceito geral de omissão consiste no descumprimento do conteúdo de determinado mandamento normativo de agir, quando havia concreta capacidade para atuar nesse sentido. A análise do conceito indica, ao menos, seis elementos essenciais autonomamente identificáveis: (i) destinatário da norma, (ii) mandamento de agir previsto em norma preceptiva geral, (iii) concreta capacidade de agir, (iv) hipótese de incidência do dever de agir ou situação em que surge a obrigação em concreto, (v) descumprimento do mandamento de agir quando faticamente possível e normativamente obrigatório, e (vi) resultado desvalioso decorrente da conduta omissiva.

[1098] VILANOVA, *estruturas lógicas*, p. 46. No mesmo sentido no direito penal, entendem Gerald Grünwald, Heinrich Rickert e Bern Schünemann (SCHÜNEMANN, *Grund und Grenzen der unechten Unterlassungsdelikte*, p. 23).

[1099] A identificação de elementos do crime omissivo não precisa seguir a compreensão metodológica do positivismo filosófico, que pretendia entender o todo por meio do estudo analítico das partes (HEIMSOETH, *A filosofia no século XX*, p. 18). O objetivo é apenas alcançar maior precisão no conhecimento dos requisitos jurídico-penais para verificação da omissão e, consequentemente, para avaliação da possibilidade de criminalização de novas condutas omissivas.

Tais elementos carecem de explicações pontuais. Em primeiro lugar, toda omissão requer um destinatário do comando normativo, que se encontra obrigado a agir para cumprir o mandamento. O mandamento de agir sem destinatário determinável na situação concreta não possui fundamento, sentido e eficácia prática.

Em segundo lugar, a omissão tem como seu requisito essencial a existência do mandamento de agir, contido na norma preceptiva de natureza geral. Trata-se da expressão da relação de cuidado, consolidada na forma de mandamento normativo, de acordo com as caraterísticas culturais de determinada comunidade. O mandamento institui o âmbito de proteção do valor e a advertência de que o descumprimento do mandamento recebe desvalor comunitário.

Frequentemente a própria noção formal de norma é tomada como um bem ou interesse protegido, encobrindo o conteúdo axiológico que a justifica. O núcleo da norma preceptiva está na proteção de interesse específico de conservação e melhoramento de certo valor ou interesse por certa pessoa capaz de fazê-lo. Cria-se o mandamento de agir em norma preceptiva de natureza geral que comanda o dever de agir.

A norma preceptiva é entendida em sentido amplo (ética, moral, religião, costumes),[1100] pois o ajuizamento negativo sobre pessoas omissas pode considerar deveres diversos dos deveres jurídicos.[1101] É o caso dos diversificados deveres éticos de solidariedade com amplitude e especificação de acordo com o ambiente cultural de inserção. Parte desses deve-

[1100] FIANDACA, "Omissione", p. 547. Arthur Kaufmann destaca o fato de que "toda comunidade humana" tem normas em sentido geral ("espirituais, éticas, morais e culturais") que permitem avaliar vontades e comportamentos como bons ou maus e, consequentemente, em permitidos ou proibidos (KAUFMANN, "Strafrechtspraxis und sittliche Normen", p. 167). No direito penal inglês, sobre a construção de normas sociais pelos sistema de educação formal e de bem estar, família, religião, pressupostos culturais, ver LACEY; WELLS; OLIVER, *Reconstructing criminal law*, p. 19-22. O reconhecimento da realidade normativa prévia à juridicidade não afasta o direito penal da sua matriz secular, cujas manifestações podem ser colhidas em diversas intensidades e períodos históricos, como é o caso da observação de Francesco Carrara de que as normas religiosas não são o "fundamento do juízo punitivo" (CARRARA, *Programma del corso, Parte especiale/1864/1*, p. 18).

[1101] GALLAS, "Zum Gegenwärtigen Stand", p. 27; BRITO, *Estudos para a dogmática do crime omissivo*, p. 84; D'AVILA, *Ofensividade e crimes*, p. 118.

res éticos não alcança reconhecimento jurídico, *v.g.*, ajudar o deficiente visual a atravessar a rua, doar alimentos e roupas para pessoas necessitadas. Igualmente ocorre com o fiel religioso que se omite de realizar prática obrigatória para a sua religião e irrelevante para a ordem penal.

Portanto, a omissão geral é a conduta de deixar de fazer o devido segundo algum ordenamento social, diferente do ordenamento jurídico. A conduta de deixar de cumprir o mandamento de agir caracteriza a própria natureza da conduta omissiva geral independentemente de qualquer reconhecimento técnico pelo direito penal.

(iii) Existe uma qualidade exigível do destinatário da norma para a configuração da obrigação normativa e, por conseguinte, a hipótese omissiva. Trata-se de argumento de razão prática que veda a qualificação como omissivas de condutas de deixar de fazer em situações nas quais não havia possibilidade de agir. O impedimento de atuar pode ser objetivo (incapacidade de agir) ou subjetivo (desconhecimento do dever de agir).

Esse último aponta não haver sentido aventar a omissão de educação e informação dos filhos por parte dos pais sobre conhecimentos de história, geografia, psicologia, que são desconhecidos pelos genitores. Nessa situação, o desejo e o dever de oferecimento da melhor informação aos filhos[1102] restariam prejudicados pela limitada informação dos pais. Veja-se que ninguém pode ter o dever de ensinar aquilo que não cogita a existência como possível. Somente a pessoa que detém concreta capacidade de ação para realizar o comando normativo está obrigada a agir.

(iv) A caracterização da hipótese de incidência do dever de agir exige a identificação de condição configuradora dessa obrigação. O fenômeno desencadeador do dever de agir assenta-se na existência de situação de risco para a consecução da finalidade pretendida pelo mandamento. Isto é, o dever de agir tem a sua justificação exatamente no perigo de acontecer o resultado que se quer evitar com a intervenção. Não há a justificativa para a investigação da imprescindibilidade da ação quando essa era inútil em relação ao interesse normativo, *v.g.*, (a) não há dever de jogar-se na água para salvar criança em afogamento de quem se encontra muito

[1102] Sobre o dever dos pais em "cultivar os filhos", ver SANDEL, *Contra a perfeição,* p. 63.

distante, tendo pessoas mais próximas e capacitadas em melhores condições de salvamento e (b) não há dever de regar plantas do jardim que já se encontram molhadas.

(v) Ponto central sobre o destinatário da norma é a configuração da inobservância do mandamento de agir, quando a observação era faticamente possível e normativamente obrigatória. Conforme foi dito, a concreta capacidade de agir do obrigado requer o conhecimento do comando normativo para atuar. Portanto, o desconhecedor da norma não se enquadra no conceito de omitente, ainda que não venha a cumprir o dever. Pelo que tudo indica, o sujeito da conduta omissiva é aquele que reconhece a qualidade de destinatário da norma e, mesmo assim, não realiza a ação comandada por dolo ou por culpa. Em outras palavras, o omitente é o destinatário da norma de agir que tem condições concretas para agir, mas que não tem vontade de cumprir o mandamento ou não toma os cuidados objetivos imprescindíveis para realizar atividades sem ofender valores e interesses.

(vi) Por fim, a perfectibilização do conceito geral de omissão demanda a identificação de consequência desvaliosa do descumprimento do dever. A omissão é sempre algo negativo em termos axiológicos.[1103] Todavia, nos fenômenos cotidianos, nem sempre se tem o hábito de distinguir a violação do dever de agir ético, moral, religioso, do decorrente resultado desvalioso, o que pode trazer dificuldade na tarefa de traçar os limites entre os dois elementos.

Por vezes, a prática cotidiana acaba amalgamando o resultado desvalioso na própria violação do comando normativo por não necessitar de rigor na análise. Assim, há a falsa aparência de igualação da conduta com o resultado, sem atentar para a autonomia de cada elemento e para a existência do verdadeiro resultado desvalioso subjacente à violação do dever. Contudo, o conceito geral de conduta omissiva que pode servir de base fenomenológica ao reconhecimento da doutrina penal é somente

[1103] Nesse sentido, Taipa de Carvalho aponta a "negatividade ético-social da omissão" como "pressuposto da atribuição de relevância jurídico-penal à omissão, ou seja, é *condição da eventual criminalização da omissão*" (Carvalho, *Direito Penal*, §970, p. 549).

aquele da reprovabilidade da conduta omissiva causadora do resultado desvalioso.[1104]

Especificamente, os conceitos jurídicos são criados considerando determinada hipótese normativa qualificadora do elemento fático[1105] que torna o conceito normativo dotado de sentido e operativo no ordenamento jurídico. O conceito penal de omissão é superiormente rigoroso ao estabelecer mais elementos necessários, conforme as exigências e especificações próprias da dogmática jurídico-penal para a proposição categorial.[1106] Elementos esses igualmente advindos da própria base fenomenológica do conceito geral de omissão.

Trata-se do reconhecimento jurídico da base fenomenológica e não a substituição normativa da base fenomenológica. As características essenciais do conceito geral de omissão devem estar nos crimes omissivos na legislação e orientar os requisitos mínimos para a criminalização de conduta.

Para atingir tal pretensão, parte-se da caracterização geral oferecida por Armin Kaufmann, completando com a observação da fenomenologia omissiva. Kaufmann apresenta o critério fundamental da omissão como sendo o fato de que "um homem não realizou uma determinada ação, ainda que ele pudesse a executar".[1107] O autor destaca que a possibilidade de ação seria algo "essencial ao conceito pré-jurídico de omissão".[1108] Pelo que tudo indica, é uma característica do conceito geral ou pré-jurídico de omissão, sendo objeto de estudo de acordo com a singularidade do direito penal.

[1104] Em sentido geral, Michael Moore vai mais longe para dizer que "qualquer doutrina legal dependente de tal grau de censurabilidade moral toma corretamente a causação em consideração no marco das suas regras de imputação" (Moore, *Causation and responsibility*, p. viii e 20-33).

[1105] Vilanova, *Estruturas Lógicas*, p. 46.

[1106] Em sentido próximo ao do texto, Schünemann afirma que a verificação da omissão contrária à expectativa social de ação não supõe que seja juridicamente e, menos ainda, penalmente relevante (Schünemann, *Grund und Grenzen der unechten Unterlassungsdelikte*, p. 17).

[1107] Kaufmann, *Die Dogmatik der Unterlassungsdelikte*, p. 28 e ss.; Kaufmann, "Unterlassung und Vorsatz", p. 213.

[1108] Kaufmann, "Unterlassung und Vorsatz", p. 213.

O conceito de Kaufmann igualmente não avança um juízo acerca da não execução da ação sobre eventual valor ou desvalor da conduta. Esse critério deveria ainda ser complementado para atingir elemento distintivo entre a omissão e o simples deixar de fazer. Como se vem afirmando, a omissão possui juízo negativo intrínseco à sua realidade. Para além disso, há certa lacuna na descrição dos componentes da fenomenologia da omissão, carecendo de complementação do sentido e dos limites da conduta omissiva em direito penal.

Entende-se o conceito penal de omissão como sendo a falta de interrupção do curso causal perigoso, causadora do resultado ofensivo ao bem jurídico, quando o legalmente obrigado tinha concreta capacidade de agir. O conceito pontua os componentes essenciais da omissão penal: (i) o destinatário da norma, (ii) o valor tutelado penalmente, (iii) norma penal preceptiva lastreada materialmente em relação de cuidado-de-perigo, (iv) concreta capacidade de conhecer e cumprir o dever de proteção do valor comunitário, (v) pré-existência do risco ou perigo ao bem jurídico, (vi) o resultado ofensivo ao bem jurídico tutelado e, (vii) no plano subjetivo, ajuizamento pessoal do omitente sobre o sentido da norma e o resultado ofensivo causado pela conduta omissiva.

2.1. Destinatário da norma

Os destinatários da norma penal são tanto a pessoa física ou natural, quanto a pessoa jurídica ou coletiva. Isso se deve à razão material e interesse político-criminal[1109] instituinte do dever de proteção. Determinadas pessoas jurídicas têm capacidade concreta de reconhecer o comando e agir de forma protetiva, ganhando eficiência penal na proteção dos bens jurídicos.[1110]

[1109] Sobre a justificativa material da responsabilidade penal das pessoas jurídicas, além de considerações de eficiência, ver Costa, "A responsabilidade jurídico-penal da empresa", p. 507-508. Semelhante é a recusa à adoção de "exigências pragmáticas de política criminal" baseadas no "pensamento analógico" à responsabilidade das pessoas individuais em: Antunes, "A responsabilidade criminal das pessoas colectivas", p. 458-459.

[1110] Faria Costa destaca as "diferenciadas atividades ilícitas" desenvolvidas "em redor" da "empresa" e a "pessoa jurídica" como centro autônomo de imputação desde a noção de "agir comunicacional penalmente relevante" (Costa, "A responsabilidade jurídico-penal da empresa", p. 505, 506 e 513). Na Alemanha, apontando a pessoa jurídica como

Aliás, há relações e espaços nos quais somente as pessoas jurídicas apresentam "alto potencial de perigo" da prática de crimes[1111] e condição para efetivamente interromper cursos causais perigosos. Trata-se da aptidão para assumir deveres em âmbitos de atuação que "não são substancialmente coincidentes com os da pessoa física".[1112] Diante da constatação fática da capacidade de agir da pessoa jurídica,[1113] é reconhecida a ação devida como valiosa, que é o conteúdo e o sentido da norma preceptiva.

A determinação do destinatário da norma requer a constatação da capacidade de intervenção diante do curso causal da fonte de perigo sem se exaurir apenas nesse elemento. Portanto, nem todo aquele que tem capacidade de intervenção para conservar o bem jurídico está obrigado a agir.[1114]

2.2. Valor comunitário tutelado pela norma penal

O reconhecimento antropológico do valor na comunidade possui relevância central na constituição da omissão penal.[1115] O reconhecimento

destinatária da norma e capaz de ação penal, Schroth, *Unternehmen als Normadressaten*, p. 19-20 e 189-190, e, ressaltando a aptidão da decisão do conselho gestor da pessoa jurídica causar resultado penalmente relevante, Knauer, *Die Kollegialentscheidung*, p. 7. Encontra-se proposta de *lege ferenda* de responsabilização penal das pessoas jurídicas com desenvolvimento dogmático além da necessidade político-criminal em Ehrhardt, *Unternehmensdelinquenz*, p. 25.

1111 Ehrhardt, *Unternehmensdelinquenz*, p. 142.

1112 Costa, "A responsabilidade jurídico-penal da empresa", p. 516.

1113 A necessidade fática de constatação da capacidade de agir não supõe que o fundamento, limites e critérios de verificação da ação e culpa da pessoa jurídica sejam pacíficos na doutrina. A responsabilização penal das pessoas jurídicas não pode funcionar mediante critérios estabelecidos puramente por força da criação legal desconsiderando a realidade natural e cultural anterior à intervenção penal. É preciso atentar para as peculiaridades antropológicas dos valores, finalidades, práticas e princípios organizados na pessoa jurídica e nos seus órgãos, mais do que conceitos legais e requisitos normativos de imputação decorrentes de puros interesses políticos.

1114 A imposição do dever penal de agir para a conservação do bem jurídico a todos que tem capacidade para agir é a marca de sistemas totalitários que infligem uma moralidade ao cidadão (Maurach; Gössel; Zipf, *Strafrecht/2*, §45, nm. 34, p. 190).

1115 Mesmo proponentes da teoria das normas reconhecem que "essenciais fenômenos do direito" não são compreensíveis caso se atente exclusivamente aos "imperativos" sem considerar "valores" e "interesses" (Phillips, "Normentheorie", p. 324).

da intenção protetiva da norma preceptiva penal é feito com critérios mais rigorosos. A mera identificação de um dever social não basta, pois o núcleo do ilícito exige um valor comunitário passível de ofensa. A proteção do valor pelo direito penal observa três requisitos, dois de comprovação empírica e um de ajuizamento comparativo: merecimento, carência de tutela e nível de dignidade da tutela penal.[1116]

O reconhecimento da relevância do valor comunitário exige a prévia observação do fenômeno, no qual a relação entre as pessoas é intermediada pelo valor a ser protegido.[1117] O interesse protegido pelo ilícito decorre da relação de cuidado entre os seres – em latim, *inter essere* –, que passa pelo valor reconhecido comunitariamente.

Nesse ponto, o conteúdo do ilícito mais analítico na dogmática do penal romano-germânica encontra a formulação mais abstrata do conteúdo do crime – como *legal interest* – na tradição do *Common law*[1118] e no direito penal internacional. A existência de ponto de consonância mais abstrato entre os sistemas não significa prescindir da identificação do valor originário, capaz de ser verificado na realidade prático-cultural dos dois sistemas jurídicos. O resultado ofensivo ao bem jurídico do crime significa mediatamente a ofensa ao interesse protegido ou a finalidade da norma de proteção, sem que o ponto de consonância mediato justifique o afastamento do critério imediato da ofensa ao bem jurídico, mais preciso e nuclear do ilícito, para acolher o alargamento do âmbito de tutela da norma.

2.3. Norma penal preceptiva lastreada materialmente na relação de cuidado-de-perigo

O âmbito de tutela das normas penais preceptivas é mais restrito que o das normas gerais preceptivas (deveres de agir de normas gerais culturais),

[1116] Ruivo, *Criminalidade Financeira*, p. 43-44.

[1117] O espaço de reconhecimento dos bens jurídicos não é o plano ideal e, sim, o plano concreto das relações humanas, no qual se identifica esses "pedaços de realidade axiologicamente relevantes que sustentam o livre desenvolvimento da personalidade humana" (Costa, "O fim da vida", p. 116).

[1118] A expressão "*legally protected interest*" encontra-se como tradução de "bem jurídico protegido" em Fletcher, *Rethinking criminal law*, p. 405, nota 31.

pois existem requisitos do direito penal para uma intervenção fragmentária[1119] e subsidiária.[1120] A atuação protetiva do destinatário da norma preceptiva em relação ao bem jurídico ocorre na condição de garantidor da integridade axiológica do objeto de tutela. O dever de atuar deve estar claramente estipulado em norma de natureza penal que qualifica a inação como fenômeno omissivo.

O estudo da fenomenologia omissiva deve ser aprofundado, considerando (i) a base material originária da intencionalidade protetiva do dever, (ii) os fundamentos do dever e (iii) os limites materiais do âmbito de cobertura do dever. Esse item tem grande importância na identificação da causação do resultado pela omissão e da capacidade de agir em concreta proteção do valor, bem como da preexistência do risco ou do perigo de perda axiológica do valor.[1121]

A criação penal dos crimes omissivos não surge sem barreiras ou referenciais ontológicos e axiológicos, como produto exclusivo dos desígnios de política criminal. Mesmo os interesses de política-criminal devem observar referenciais ontológicos e axiológicos pré-jurídicos para terem efetivamente sentido e reconhecimento axiológico em âmbito comunitário. A norma penal legítima é fruto do reconhecimento da relevância penal da fenomenologia do dever de mandamento de agir comunitário, contido em norma preceptiva geral. Conforme visto sobre o conceito genérico de omissão, a norma consiste na expressão da relação de cuidado-de-perigo da cultura de cada comunidade.[1122]

A incriminação da conduta exige o aprofundamento da investigação do fenômeno omissivo, vencendo a aparência de satisfação com a mera

[1119] Costa, "O direito, a fragmentaridade", p. 22; Fiandaca; Musco, *Diritto penale,* p. 32-35. Sobre uma recepção vasta da noção de direito penal fragmentário em diferentes culturas jurídicas, ver Vormbaum, "El derecho penal", p. 204.

[1120] Fiandaca; Musco, *Diritto penale,* p. 29-31.

[1121] Sobre isso ver 4ª Parte, Capítulo II, Tópico 2.3.

[1122] Sobre a noção matricial de cuidado-de-perigo, ver Costa, *O perigo,* p. 319-320; Costa, "Uma ponte", p. 223-225; Costa, "Poder e Direito Penal", p. 151-158 e, no Brasil, D'Avila, *Ofensividade e crimes,* p. 159-160; D'Avila, *Ofensividade em direito,* p. 46-50; Moura, *A não--punibilidade,* p. 126-127. A noção de cuidado-de-perigo e a sua perversão como núcleo do ilícito, conforme Faria Costa (Costa, *O perigo,* p. 622), são encontrados em D'Avila, "O *inimigo*", p. 99-102 e, depois, em D'Avila; Machado, "Primeiras linhas", p. 85.

identificação do valor da norma preceptiva geral. Os requisitos de instituição da norma penal preceptiva são mais rigorosos e materialmente orientados, porque o valor protegido no mandamento deve ser um bem jurídico carecedor de tutela. A carência de tutela é um juízo prático que considera empiricamente cursos causais geradores de risco ou de perigo de lesão ao bem jurídico.

A observação do desenvolvimento de cursos causais perigosos torna possível a identificação de quais pessoas seriam efetivamente capazes de intervir protetivamente na relação de causalidade. A determinação do endereçamento da norma assume certa experiência fenomenológica no seu fundamento, como se verá adiante.

2.4. Pessoa capaz de conhecer e cumprir o dever de agir

A linha de fundamentação material seguida deixa antever que o conceito de omissão penal exige a verificação da concreta capacidade de proteção do bem jurídico pelo destinatário da norma. A aptidão de cumprir o dever pode ser a singularidade da pessoa física e as qualidades psicofísicas do grupo de pessoas, que conferem capacidade de ação à determinada pessoa jurídica.[1123]

O dever penal de agir é constituído jurídico-normativamente considerando a ontologia prévia ao direito e sem substitui-la por presunções jurídico-normativas acerca da capacidade de proteção do bem jurídico. O próprio fundamento do dever penal de agir repousa no reconhecimento fenomenológico de elementos ontológicos naturais e culturais.

O destinatário da norma torna-se omitente segundo dois critérios: cognoscibilidade do dever e capacidade concreta de ação. A relevância penal da conduta omissiva só existe quando era possível o reconhecimento e o cumprimento da norma pelo seu destinatário.[1124] Não há como afirmar propriamente uma omissão nos casos em que o destinatário da norma deseja o comportamento conforme o direito e deixou de atuar

[1123] Dias, *Direito Penal,* p. 347, §49. A conduta omissiva da pessoa física e jurídica deve ter incrementado um risco não permitido, além de manter relação causal com o resultado (Dias, *Direito Penal,* p. 347, §49).

[1124] Nesse sentido, Hruschka, *Strukturen der Zurechnung,* p. 61 e 63; Pulitanò, *Diritto penale,* p. 223.

pela impossibilidade de conhecimento do preceito específico. A inação assume a qualidade omissiva quando era perfeitamente possível o conhecimento da norma e da situação de perigo. Não é apropriado considerar omissiva a conduta do destinatário conhecedor da norma preceptiva, que deixou de autuar porque a situação concreta o impedia absolutamente de saber que se tratava de hipótese em que deveria agir.

Depois do conhecimento da existência da norma, o omitente deve deixar de atuar quando era possível porque a conduta devida estava dentro da "esfera de domínio positivo do omitente".[1125] A capacidade concreta de cumprimento do dever pode implicar algum esforço ou sacrifício pessoal do destinatário da norma, uma vez que a salvação do bem jurídico exige enfrentar perigos, *v.g.*, o pai que se atira ao mar para salvar o filho, o bombeiro que entra na casa em chamas, o guarda-costas que se antepõe ao agressor da pessoa protegida.

As duas situações negativas do conceito de omissão pelo desconhecimento do sentido da norma preceptiva ou da configuração da situação fática do dever de agir, bem como a inexistência de condições de salvamento, apresentam rigorosamente a mesma contribuição causal para o resultado. Ambas as hipóteses de inação manifestam a mesma contribuição causal para o resultado ofensivo que os casos típicos de omissão. Portanto, a qualificação do conceito de omissão demanda justificação além da verificação do curso causal no plano objetivo. O elemento subjetivo ínsito à conduta omissiva ajuda a compreender a questão.

2.5. Preexistência do perigo ou do risco de surgimento do perigo ao bem jurídico

A configuração da omissão penal exige algo para além da intervenção beneficiadora, ou seja, não basta que a conduta comandada interesse ou incremente a carga axiológica do bem jurídico. Ao contrário da situação de melhoramento, a clássica hipótese dos crimes omissivos é a tutela do

[1125] Costa, "Omissão", p. 400 e, antes, no mesmo sentido, Engisch, *Kausalität als Merkmal*, p. 31. Sobre a necessidade de um dever especial para além do domínio fático, ver Maurach; Gössel; Zipf, *Strafrecht/2*, §53 e 34, respectivamente, p. 194 e 190. Para maiores detalhes acerca da relação dependência do dever de agir em relação ao poder de agir, ver 4ª Parte, Capítulo VI.

bem diante de perigos da intervenção desvaliosa de fatores externos,[1126] cujo objetivo é a "não-alteração da carga axiológica" ou a "conservação de bens jurídicos no exato estado em que se encontram".[1127] Isso se denomina como sendo a "tutela de dimensões negativas" pelos crimes omissivos próprios.[1128] Exatamente no impedimento de perdas axiológicas ocorre a "absoluta coincidência" material entre o desvalor dos crimes comissivos e dos omissivos,[1129] pois a diferença entre eles está na conduta causadora da ofensa.[1130]

A situação desvaliosa decorre fundamentalmente de dois fenômenos preexistentes: (i) a "exposição de bens a perigo"[1131] e (ii) a situação de risco de surgimento do perigo ao bem jurídico.[1132] A conduta omissiva produz consequências fáticas diversas em cada um dos fenômenos, ou seja, a omissão de intervenção acarreta o "não-impedimento da continuidade da exposição ao perigo", diante do perigo preexistente, e o "não-impedimento da ocorrência do dano ou perigo" ao bem jurídico na preexistência do risco.[1133]

2.6. Resultado ofensivo ao bem jurídico

A conduta omissiva penalmente relevante não alcança o estatuto de crime apenas pela sua manifestação em si, como se eventualmente bastasse a

[1126] Sobre as hipóteses de conservação do bem jurídico diante de ameaças exteriores, o "dever de agir" exigido pela norma "concentra-se na evitação ou supressão da interferência jurídica desvaliosa provocada pelos referidos fatores externos" (D'Avila, *Ofensividade e crimes*, p. 322).

[1127] D'Avila, *Ofensividade e crimes*, p. 332 e 333. Sobre a intervenção para a "conservação do bem jurídico", ver Maurach; Gössel; Zipf, *Strafrecht/2*, §53, p. 194.

[1128] Sobre a tutela de dimensões negativas, ver D'Avila, *Ofensividade e crimes*, p. 324 e 333-364.

[1129] D'Avila, *Ofensividade e crimes*, p. 333.

[1130] Muito semelhante é a lição de D'Avila para a omissão própria, já que a "única diferença" entre os crimes comissivos e omissivos está "na relação entre o resultado (dano ou perigo) desvalioso e a conduta normativamente exigida" (D'Avila, *Ofensividade e crimes*, p. 334).

[1131] D'Avila, *Ofensividade e crimes*, p. 334.

[1132] D'Avila, *Ofensividade e crimes*, p. 355. D'Avila afirma que a "grande maioria" dos delitos omissivos próprios "não requer, para o surgimento do dever de agir, uma qualquer situação de perigo" (D'Avila, *Ofensividade e crimes*, p. 355).

[1133] D'Avila, *Ofensividade e crimes*, p. 334 e 355.

violação do dever de agir. A omissão não se resume à mera desobediência legal ou ao resultado de violação do dever normativo, porque a fenomenologia e o conceito de crime como ofensa a bens jurídicos apontam para algo mais.[1134] A omissão penal exige a verificação do resultado ofensivo ao valor tutelado (bem jurídico) causado pela conduta omissiva.[1135]

A conduta omissiva é desvaliosa, como violação do dever penal de agir que causa o resultado, distinguindo-se o desvalor da conduta do desvalor do resultado ofensivo causado. Em outras palavras, a omissão penal não se satisfaz com a mera indicação do desvalor da violação do dever da norma preceptiva, mas com a confirmação de que a conduta omissiva desvaliosa causou o resultado ofensivo desvalioso.

2.7. Conhecimento do sentido da norma e o do resultado causável pela conduta omissiva

A caracterização da omissão não se perfectibiliza apenas com a descrição objetiva.[1136] O omitir e o agir apresentam qualidades objetivas e subjetivas comuns a todo gênero de conduta penalmente relevante. Trata-se da relação subjetiva entre o omitente e o resultado advindo do omitir que se inicia na violação do dever de agir. É necessário que o destinatário da norma conheça o sentido normativo, podendo ajuizar acerca do seu conteúdo, das consequências do seu descumprimento e ponderar acerca da oportunidade de cumpri-la.[1137]

1134 Sobre o crime como ofensa a bens jurídicos, ver Costa, *O Perigo*, p. 625, nota 136; D'Avila, *Ofensividade e crimes*, p. 40, 46, 47, 48. Para uma ampla exposição do crime como ofensa a bens jurídicos e do princípio da ofensividade, ver D'Avila, *Ofensividade e crimes*, p. 39-62. Sobre a positividade constitucional do princípio da ofensividade no art. 98, I da Constituição brasileira, ver Ruivo, *Criminalidade financeira*, p. 72, nota 220.

1135 A exigência do resultado ofensivo para a consumação do crime decorre do conceito de crime e da concepção material do ilícito-típico com o centro no desvalor de resultado. Assim, Costa, "Ilícito-típico, resultado", p. 23; D'Avila, *Ofensividade e crimes*, p. 46.

1136 A violação do dever de garante não significa inexoravelmente responsabilidade penal, sem a verificação dos elementos subjetivos, assim, *v.g.*, já em Mayer, *Der Causalzusammenhang*, p. 131-132.

1137 Basta a consciência irrefletida (*cogito* pré-reflexivo), conforme explica Jean-Paul Sartre, que seria suficiente para dizer que a norma existiria para o sujeito, mas não o bastante para afirmar que a norma existe em si para todos os destinatários (Sartre, *O ser e o nada*, p. 24). É preciso que o "omitente conheça, através da sua consciência intencional, a situação

A identificação da presença do vínculo subjetivo entre a conduta omissiva e o resultado causado, na forma da exigível consciência[1138] do dever e da previsibilidade do resultado da violação da norma, não significa que toda omissão seja dolosa. Há casos frequentes no direito penal empresarial de omissões negligentes, imprudentes e mesmo imperitas.

O destaque ao aspecto subjetivo pretende tornar claro que a definição da omissão não prevê somente elementos objetivos. O omitente é o destinatário da norma penal que sabe estar obrigado a interromper o curso causal perigoso, mas que deixa de agir ora porque quer ou é indiferente com o resultado, ora porque não desconsidera os cuidados necessários para evitar o resultado.

Os casos de omissão dolosa[1139] e culposa – sobretudo inconsciente – podem assumir problemas significativos em relação à certeza e à precisão do tipo penal em alguns âmbitos de atividade.

típica" e "omita a ação imposta com vontade de que se preencha o tipo objetivo" (Dias, *Direito Penal*, p. 955, §57).

[1138] A "consciência" é percebida como "representação de algo" (Lampe, "Zur Entwicklung von Rechtsbewußtsein", p. 8). No mesmo sentido de Edmund Husserl, reconhecendo que a "toda consciência" é sempre "consciência de alguma coisa" (Sartre, *O ser e o nada*, p. 22). A representação ou consciência de algo que interessa é aquela com relevância jurídico-penal.

[1139] Figueiredo Dias indica duas dificuldades do dolo omissivo atinentes ao momento de tomada da decisão pelo omitente e ao conhecimento da posição de garante em concreto (Dias, *Direito Penal*, p. 955, § 57).

3.
A TÉCNICA DE TUTELA DA OMISSÃO IMPRÓPRIA ESTRUTURADA NA ASSOCIAÇÃO DE DUAS DESCRIÇÕES TÍPICAS: A CAUSAÇÃO COMISSIVA COMPLEMENTADA PELO COMANDO DE AGIR

É inquestionável na doutrina que as condutas proibidas são descritas mais frequentemente na forma de crimes comissivos, ao menos desde os comentários de Antonius Matthaeus aos livros XLVII e XLVIII do Digesto.[1140] O desvalor da conduta ativa tende a ser identificado pela comunidade mais facilmente do que o da conduta omissiva, em razão da manifestação de energia no mundo natural. Trata-se de maior facilidade para a verificação do desvalor do ilícito comissivo e não que o desvalor do ilícito omissivo seja sempre menor.[1141]

[1140] Antonius Matthaeus reconhece que a maioria dos crimes são comissões, o que não justifica o esquecimento das omissões na "*divisionibus criminum*" (MATTHAEUS, *De criminibus, caput* IV, p. 33). No direito penal escandinavo, sobre a superioridade quantitativa das comissões, ver WAABEN, "La théorie générale de l'infraction", p. 30.

[1141] Sobre a igualdade do desvalor entre o ilícito comissivo por ação e por omissão, ver FIANDACA, *Il reato*, p. 74 e, depois, FIANDACA, "Omissione", p. 554. Antes, Jürgen Baumann indicava que o agir e o omitir podem assumir o mesmo significado (BAUMANN, *Grundbegriffe und System des Strafrechts*, p. 101). Ainda, percebendo uma igualdade em relação às condições para ocorrência do resultado entre "quem causar o resultado" e quem "não evitar o resultado", ver STOOß, *Lehrbuch/1913*, p. 111 e, depois, RITTLER, *Lehrbuch/1954*, p. 113. Na filosofia, em perfeita adequação ao seu entendimento da causalidade, Stuart Mill reconhece que "uma pessoa pode causar mal aos outros não apenas por suas ações, mas também pelas suas inações" (MILL, "On liberty", p.15).

A proteção penal de bens jurídicos em diversos âmbitos e formas de ofensa não consegue ser efetivada somente por meio de condutas ativas.[1142] O omitir é tomado como conduta principal para autônomas descrições criminalizadoras (crimes omissivos próprios) e para associação com os crimes comissivos (crimes omissivos impróprios). Nesse espaço, há uma série de questões em aberto a serem determinadas pela doutrina, *v.g.*, quais elementos típicos dos crimes comissivos são transmitidos aos crimes omissivos impróprios.[1143]

As visões acerca da estrutura da norma da omissão imprópria apresentaram distintas orientações nas diversas tradições do conceito de omissão,[1144] o que torna impossível a reprodução exaustiva de todas as noções sem desviar da proposta desta investigação. A título exemplificativo, apresentam-se quatro hipóteses explicativas, selecionadas pelo que aportam ao esclarecimento da questão.

Primeiro, uma compreensão da omissão imprópria acredita que há um conjunto formado por "normas de determinação" (mandamento) e por "normas de avaliação".[1145] A tentativa da eliminação da eventual incompletude do tipo da omissão imprópria estritamente por meio de uma específica concepção de "normas de determinação" ou preceptivas seria artificial.[1146] Além disso, não estaria em análise uma técnica de tutela explicável apenas pelos conceitos de "transgressão da proibição" (*Verbotsübertretung*) e de "delito comissivo" (*Begehungsdelikt*).[1147]

Essa compreensão sublinha a relevância normativa dos crimes comissivos por omissão, destacando que apenas o apontamento do manda-

[1142] No início do século passado, Meyer e Allfeld mostravam-se conscientes da capacidade da conduta omissiva de causar lesão ou do perigo de lesão ao bem jurídico (MEYER; ALLFELD, *Lehrbuch*, p. 101 e 102). O fundamento legitimador do comando de agir tem sido indicado por parte da doutrina penal como oriundo de um dever de solidariedade, *v.g.*, na Itália, sobre a"exigência de solidariedade e de cooperação" do artigo 2º da Constituição italiana, ver PULITANÒ, *Diritto penale*, p. 222.

[1143] STRATENWERTH, *Schweizerisches Strafrecht*, p. 423, nm. 8.

[1144] Essa riqueza e variedade doutrinal já foi reconhecida como exigente de um amplo estudo em FIANDACA, *Il reato*, p. 78, nota 18.

[1145] PHILLIPS, "Normentheorie", p. 324.

[1146] PHILLIPS, "Normentheorie", p. 326.

[1147] PHILLIPS, "Normentheorie", p. 326.

mento de agir seria imperfeito na descrição do tipo da conduta. Philipps ressalta a relevância do dever de agir para o aperfeiçoamento do crime. A norma mandamental como toda norma jurídica reconhece axiologicamente a realidade fática determinando o sentido normativo, que é a finalidade da norma.

O reconhecimento do fenômeno e determinação da finalidade normativa não se consumam sem a avaliação jurídica do fato. A norma, mesmo quando intencionalmente conceitual, manifesta a sua dimensão valorativa já na seleção de fração da realidade dos fenômenos. É por isso que o mandamento de agir carrega ínsito na sua essência a avaliação de desvalor do curso causal, do resultado ofensivo e da falta da interrupção do curso causal.

Ademais, esse entendimento da fenomenologia omissiva prévia ao reconhecimento jurídico é incompleto, ocasionando o equivocado afastamento dos conceitos de "transgressão" e de "prática de um delito". Aquele que reconhece ter condições de agir e não o faz transgride o comando normativo de agir. Agora, isso não significa que seja materialmente omitente apenas por violar formalmente a norma de conduta. Resta por investigar se haveria realmente a "realização" ou "perpetração" do crime em sentido causal no crime de omissão imprópria. Mais adiante, ficará elucidado como a norma penal instituidora do dever de agir sustenta-se no reconhecimento da relevância causal da não intervenção no curso causal desvalioso, tendo em vista a explicação integral do curso causal.

Segundo, a compreensão da fenomenologia da omissão e a decorrente leitura técnica do direito penal não justificam o tratamento da conduta omissiva como subalterna ou acessória. É por isso que a proposta a ser apresentada diverge da orientação que pretende reduzir os crimes omissivos impróprios a uma "forma complementar de manifestação da comissão".[1148] Esse entendimento levaria à conclusão de que o comando normativo proibitivo teria preponderância sobre o comando preceptivo, o que não é correto.

[1148] Luna, "A causalidade na omissão", p. 325.

O aproveitamento da redação da conduta comissiva com empreendimento de complementação da descrição do ilícito pela omissão imprópria passa a falsa impressão de que a ação teria superioridade ontológica à omissão.[1149] Agora, se for considerado que toda relação causal é composta pela força e pela ausência de impedimento da força com rigorosa igualdade de valência,[1150] não há como afirmar faticamente que a causação da ofensa ao bem jurídico por ação seja mais relevante do que a por omissão.

Não falta também conceitos e fundamentos dogmáticos para a representação sistemática das peculiaridades do fato omissivo, de modo a demandar o ilegítimo abarcamento de condutas omissivas no conceito de ação. A conduta comissiva indica o resultado ofensivo desvalioso reprimido pelo direito penal originariamente, sendo aproveitado pela técnica da omissão imprópria na ampliação da tutela penal.

Terceiro, a proposta de associação das duas espécies de descrições típicas não é o mesmo que o entendimento de Antolisei sobre "duas violações" causadas pelo crime omissivo impróprio.[1151] Nesse entendimento, o omitente causaria a violação da "proibição de determinar" e da "obrigação de impedir" o resultado com uma única conduta.[1152] Esse seria o diferencial da omissão imprópria em relação à omissão própria e aos crimes comissivos, pois, em cada uma dessas espécies de crime, haveria apenas uma violação normativa, respectivamente do "comando de agir" e da "proibição de realizar uma dada ação".[1153] A orientação de Antolisei aparenta similitude ao apresentado aqui, todavia, não atinge o âmago da questão no reconhecimento da noção de causa da conduta negativa e na elucidação da causação do fenômeno.

A fenomenologia e analítica do curso causal indicam a coexistência de fatores positivos (ação) e negativos (ausência de interrupção), sendo a conduta omissiva tão determinante do resultado quanto a conduta posi-

1149 Fiandaca e Musco ressaltam a autonomia do tipo penal de omissão imprópria pela distinção entre as normas de "proibições" e as normas de "comandos" que possibilitariam a omissão imprópria (Fiandaca; Musco, *Diritto penale*, p. 593 e nota 14).

1150 Ver 3ª Parte, Capítulo II, Tópico 2.3.

1151 Antolisei, *Il rapporto di causalità*, p. 225, nota 26.

1152 Antolisei, *Il rapporto di causalità*, p. 225, nota 26.

1153 Antolisei, *rapporto di causalità*, p. 225, nota 26.

tiva. Não é correto que causar ou determinar o resultado seja algo diverso de não impedir, justificando a justaposição de duas violações. Ao contrário, por rigor na análise, não impedir o resultado também é uma das maneiras de causar o resultado.

Quarto, igualmente não se acompanha a orientação sobre a dualidade implícita e intrínseca no comando normativo, que conceberia a violação da norma quer como proibição, quer como mandamento. A noção fundamental dessa orientação tem antecedentes no livro 50 do Digesto romano de Paulus, com aproveitamento na dogmática dos crimes omissivos de Heinrich Luden. Na primeira proposta da causalidade da omissão imprópria da doutrina da ação contemporânea de Luden, a solução estaria na dualidade normativa da conduta ativa realizada pelo agente enquanto se omitia, considerando que todo mandamento conteria uma proibição e toda proibição, um mandamento.[1154]

A ideia da bivalência do comando normativo está na sustentação da igualação entre o agir e o omitir diante do sentido geral de violação ao preceito normativo. Holger Matt regressa ao referencial da ação e a enunciados da filosofia de Friedrich Hegel, assumindo que a omissão somente alcançaria a "capacidade causadora por meio de uma confiança prática subjetiva".[1155]

Na doutrina "*Doutrina do direito, deveres e da religião para o curso elementar*" de 1810, Hegel afirma enfaticamente que "o direito contém apenas proibições e não mandamentos".[1156] Por exceção, tudo que não é proibido, seria necessariamente permitido, no exato sentido indicado pelo conhecido axioma latino *permittitur quod non prohibetur*. Todavia, isso não impediria a apresentação das proibições jurídicas como mandamentos, a exemplo do comando "'tu deves deixar ilesa a propriedade dos outros".[1157] Hegel ensina que não se trata de "prestar algo positivo" ou "causar uma mudança nas circunstâncias", mas apenas a "omissão de lesão do

[1154] Sobre os argumentos e as críticas a essa concepção denominada de doutrina da ação contemporânea, ver 2ª Parte, Capítulo II, Tópico 2.1.

[1155] Matt, *Kausalität aus Freiheit*, p. 181.

[1156] Hegel, "Rechts-, Pflichten- und Religionslehre", § 7, p. 234 e igualmente, mais adiante, em Hegel, *Grundlinien der Philosophie*, p. 97.

[1157] Hegel, "Rechts-, Pflichten- und Religionslehre", § 7, p. 234.

patrimônio".[1158] Portanto, quando o "direito for expresso como um mandamento positivo", estaria em questão "apenas uma forma de expressão", que basearia igualmente o "seu conteúdo último" na proibição.[1159]

A assertiva de base desse entendimento não pode ser acolhida. Em últimas consequências, se a premissa inicial fosse verdadeira, a redação do crime omissivo impróprio estaria completa na exclusiva descrição do tipo comissivo, vez que dali se derivaria perfeitamente o comando normativo para agir. O complemento típico contido na parte geral do código penal seria supérfluo para a configuração do crime, dado que o seu conteúdo já constaria na genérica proibição de causar o resultado ofensivo ao bem jurídico.

A observação do nexo causador de determinado resultado ofensivo permite a identificação autônoma do elemento positivo e negativo conforme explicado. Os elementos positivo e negativo da lei causal podem ser selecionados pelo direito para fins de criminalização, desde que tenham origem em conduta penal. Um mandamento pode ser narrado na forma de proibição, assim como uma proibição na forma de mandamento, porque a proibição não deixa de ser um mandamento de não fazer algo ofensivo. Já o mandamento é a proibição de deixar de fazer algo que é devido fazer. Essa é a leitura lógica empregada na forma de descrição e de leitura do comando normativo, sem explicar a base material de fundamentação da incriminação, que aponta três críticas à presunção de dualidade implícita da omissão imprópria.

Primeiro, trata-se de proposta que busca a legitimação dos crimes de omissão, retornando ao paradigma dos crimes de ação e deixando de investigar o fundamento autêntico da omissão imprópria. Segundo, a proposta de solução por equiparação das condutas não explica a fenomenologia específica da omissão imprópria –, propondo apenas uma equiparação. Os crimes omissivos seriam legítimos apenas nos casos de a ação do omitente causar decisão que coloca o bem jurídico em perigo. A explicação cuida somente das omissões que têm como fonte do dever de agir a ingerência e a relação contratual, deixando de elucidar as hipóteses

1158 Hegel, "Rechts-, Pflichten- und Religionslehre", § 7, p. 234.

1159 Hegel, "Rechts-, Pflichten- und Religionslehre", § 7, p. 235; HEGEL, *Grundlinien der Philosophie*, p. 97.

da instituição do dever por força de lei. Terceiro, o plano jurídico-normativo estaria sobreposto ao plano fático, confundindo a conduta desvaliosa causadora do resultado ofensivo com a própria norma.

A finalidade da técnica de tutela dos crimes comissivos por omissão é a evitação da repetição das narrativas legais incriminadoras sobre determinados cursos causadores de resultados ofensivos. Se não houvesse a técnica de tutela da omissão imprópria, o mesmo fenômeno causador do resultado apareceria narrado pelo viés da conduta ativa e da conduta omissiva, o que geraria um "dualismo de incriminações desnecessário".[1160] Justamente por essa razão, o autor do anteprojeto do Código Penal português esclareceu que as incriminações por omissão imprópria devem aproveitar a descrição dos crimes comissivos, partindo "dos próprios preceitos que proíbem a produção de certos resultados".[1161] Assim, desde a descrição da causação comissiva dos resultados, torna-se imputável "quer as ações positivas", "quer as omissões".[1162]

O fundamento da técnica de tutela da omissão imprópria reside na constituição fragmentária do direito e da intervenção legislativa. O aumento de descrições legislativas desnecessárias é desaconselhado, preservando a equação de grandezas inversamente proporcionais: quanto menos direito, mais consciência do direito.

A conformação dogmática da técnica legislativa e de proteção do bem jurídico do crime omissivo impróprio tem autonomia em relação à descrição do crime comissivo que é aproveitada.[1163] A correlação entre o plano da técnica jurídica e da realidade fenomenológica descrita na lei

[1160] Correia, *Código penal, Projecto da parte geral,* p. 105.

[1161] Correia, *Código penal, Projecto da parte geral,* p. 105.

[1162] Eduardo Correia, seguindo provavelmente o conceito natural-essencialista de causa, afirma serem os resultados proibidos nos preceitos penais passíveis de imputação tanto às "condutas que os produzem", quanto às "omissões que os deixam ter lugar" (Correia, *Código penal, Projecto da parte geral,* p. 105).

[1163] Kaufmann, *Die Dogmatik der Unterlassungsdelikte,* p. 254, no mesmo sentido, Fiandaca, *Il reato,* p. 73 e, depois, Fiandaca, "Omissione", p. 554; Grasso, *Il reato omissivo improprio,* p. 124 e ss; Cuadrado Ruiz, "La comisión por omisión", p. 405 e 455; Fiandaca; Musco, *Diritto penale,* p. 593. Em sentido crítico à abordagem reducionista da comissão por omissão como "anexo da teoria do tipo" comissivo, Dopico Gómez-Aller, *Omisión y injerencia,* p. 33.

auxilia a compreensão, porque a "aparição" do fenômeno – neste caso específico omissivo – "não é sustentada por nenhum existente diferente dela" mesma.[1164] É preciso atentar que o fenômeno existe por si próprio e a sua aparição efetivamente "tem o seu ser próprio".[1165]

Dessa forma, evita-se o equívoco da compreensão quantitativa do delito – e não qualitativa – que renega a omissão ao capítulo das formas especiais de aparecimento do crime ou da punição de modo acessório. A política-criminal deve privilegiar as condutas ofensivas por ação para a proteção do bem jurídico, sem desconhecer as genuínas qualidades ontológicas da omissão, que carece de dogmática penal adequada às suas características sem a necessidade do recurso à equiparação.[1166]

A denominação de crime comissivo por omissão decorre da configuração da técnica de tutela na associação de tipos penais com comandos normativos diversos. A descrição da ação proibida (comando legal para não fazer algo) é associada à previsão de uma omissão proibida (comando legal para fazer algo). O comando legal para agir em hipóteses taxativas previstas na parte geral do código penal amplia o espaço de proteção do bem jurídico descrito originariamente na forma de conduta ativa na parte especial dos códigos penais e na legislação penal extravagante.

O crime omissivo impróprio aproveita elementos da redação do crime comissivo complementando legalmente também com hipóteses da ofensa ao bem jurídico causadas por condutas omissivas. Essa técnica de proteção é estruturada no compartilhamento da redação de dois dispositivos legais que lhe conferem essência. A descrição textual é a concretização positiva na legislação do mandamento,[1167] mas também é a configuração dogmática de uma determinada técnica de proteção.

[1164] Sartre, *O ser e o nada*, p. 18.

[1165] Sartre, *O ser e o nada*, p. 18.

[1166] Dopico Gómez-Aller refere inexistir qualquer "suposto primado da ação na fundamentação teórica da responsabilidade criminal", o que faz a dogmática dos crimes comissivos por omissão com dignidade suficiente para superar o sentido da mera equiparação (Dopico Gómez-Aller, *Omisión y injerencia*, p. 738-739).

[1167] Nesse sentido, Faria Costa explica a passagem do "texto da lei" ("texto-norma") para a "valoração axiológica e integração sistemática" da norma ("norma-texto") (Costa, *Noções fundamentais*, §29 e 30, p. 137).

A omissão imprópria não é um crime com a violação de duas normas de natureza diversa: a proibição de agir e o dever de agir. É duvidoso como uma única conduta omissiva poderia violar simultaneamente dois comandos com sentidos opostos. Ao fim, a suposição da violação das duas modalidades legislativas acredita que o omitente não apenas causou o resultado por não impedir a força ofensiva ao bem jurídico, mas também o causou pela prática dessa força.

A omissão imprópria prevê apenas o mandamento de impedir o resultado concretizado pela associação dos elementos típicos da descrição legal da comissão com o verbo relativo à causação omissiva. A forma de causação do resultado pelo omitente ocorre pela não interrupção da força e não por empreender a força concretizada no resultado. Logo, só se pode afirmar legitimamente que o omitente violou a norma preceptiva rejeitando o alargamento irrazoável da suposta violação da norma proibitiva do resultado.

A norma mandamental afirma claramente: não cause ofensa ao bem jurídico por deixar transcorrer o curso causal perigoso ao valor protegido. Uma versão sintética dos comandos normativos proibitivo e mandamental com o exemplo do homicídio aponta para a proibição no sentido de "não cause a morte por agir" ou de "não faça algo que mate" e para o mandamento de agir como "cause a intervenção salvadora" ou "faça algo que salve".

No dever do garantidor do bem jurídico, consta a obrigação de não ofender por omissão, além do dever de não o ofender por ação. Isso ocorre por razão lógica e não por interesse político-legislativo na confluência normativa. O dever de agir para salvaguardar o bem impede simultaneamente – em razão da essência do salvamento – de agir ofensivamente em relação ao bem. O comando de agir se sobrepõe à norma proibitiva, de modo que não existe comissão por omissão sem a proibição da comissão simples. Assim, está claro que a intervenção na liberdade individual da norma preceptiva é maior do que a da norma proibitiva.

4.

O FUNDAMENTO DAS FONTES DO DEVER DE AGIR: EXPECTATIVA RAZOÁVEL DE PROTEÇÃO DO BEM JURÍDICO AMEAÇADO PELO CURSO CAUSAL PERIGOSO

Identificação do surgimento do mandamento de agir depende do que se entende pelo fundamento e pelo limite da posição de garante. A determinação do fundamento e dos limites do dever de agir ou do "dever de garante" é fundamental na definição da responsabilidade individual por omissão imprópria,[1168] seja na amplitude da teoria geral dos deveres ou na especificidade do direito penal.[1169]

Grande parte das explicações contemporâneas sobre o tema começa com a apresentação normativa do dever de agir e depois exclui os casos de inexistência do poder de agir considerando a base da fenomenologia. A instituição e a fundamentação do mandamento supostamente independeriam da realidade do fenômeno, que seriam apenas excepcionalmente convocadas na demarcação dos limites normativos do âmbito de cobertura do dever.

[1168] Damião Cunha aponta as dificuldades práticas na determinação do conteúdo e das hipóteses de existência do conceito de posição de garante (CUNHA, "Algumas reflexões", p. 431-539).

[1169] Sobre "o fundamento jurídico do dever de garante das pessoas que dirigem a actividade empresarial" quando não há "norma legal expressa", ver SOUSA, "A responsabilidade criminal do dirigente", p. 1031.

É necessário distinguir o fundamento geral do dever das diversas fontes do dever de agir.[1170] A determinação do fundamento geral do dever de agir tem mais importância nos casos em que a fonte não é a lei ou o contato. O fundamento geral do dever de agir justifica materialmente todas as fontes do dever,[1171] com capacidade de orientação da interpretação das fontes, bem como a legitimação e a crítica da pretensão de criação de novas fontes do dever. O fundamento é a razão do mandamento para intervir na situação de perigo ao bem jurídico ameaçado pelo desenvolvimento do curso causal perigoso.

As fontes do dever de garante são as hipóteses específicas do mandamento de intervir em situações de perigo selecionadas formalmente pela lei, que decorrem de diferentes origens, como a clássica previsão legal e contratual e as recentes fontes do dever oriunda de comunidades de perigo.

Na base da omissão imprópria, há uma noção matricial da "específica relação de confiança"[1172] entre pessoas, segundo a qual algumas pessoas responsabilizam-se por agir em proteção do bem jurídico.[1173] Essa compreensão, lastreada na fenomenologia e na axiologia, encontra consonância na essência da doutrina da ação esperada. A ação protetiva é esperada em razão da existência de mandamento jurídico-penal para agir que limita a liberdade das pessoas em específicas situações.[1174]

O fundamento e os limites formais e materiais da expectativa ainda são incertos, demandando a elucidação: (i) de onde surge o dever jurídico de

[1170] Há tendência na doutrina de apresentação dos requisitos do ilícito omissivo com base nas diversas e fragmentárias fontes do dever de agir, sem a explicação do fundamento comum de todas elas, *v.g.*, Larenz, *Hegels Zurechnungslehre*, p. 88 e nota 1.

[1171] Dias, *Direito Penal*, Cap. 38, p. 938, §25.

[1172] Por exemplo, com atenção na filosofia de Kant, Matt, *Kausalität aus Freiheit*, p. 186 e, com base na divisão social do trabalho e na responsabilidade pela própria conduta, Jakobs, *La imputación objetiva*, p. 105-106.

[1173] Por exemplo, Figueiredo Dias refere as "exigências de solidariedade do homem para com os outros homens dentro da comunidade" como o elemento capaz de complementar materialmente a previsão formal dos deveres de agir, mediante uma doutrina "material-formal" da posição de garante (Dias, *Direito Penal*, Cap. 38, p. 938, §25).

[1174] Sobre a doutrina da ação esperada, ver 2ª Parte, Capítulo IV, Tópico 4.3. Por exemplo, Mayer, *Der Causalzusammenhang*, p. 129 e 133.

agir, (ii) do conteúdo material fundamento do dever e (iii) dos elementos estruturantes da doutrina da posição de garante e do tipo objetivo de omissão imprópria.

A necessidade de delimitação da expectativa legítima evidencia-se no seguinte caso em que a expectativa médica cientificamente conhecedora dos riscos de procedimento se contrapõe à expectativa leiga desconhecedora dos perigos.

Familiares de idoso com idade muito avançada e histórico de entupimento arterial procuraram hospital para a realização do exame cineangiocoronariografia. O médico alerta sobre a complexidade do procedimento e que os benefícios do diagnóstico não superariam o alto risco de deslocamento de coágulo sanguíneo e de entupimento vascular (trombo embolismo). O entupimento vascular poderia causar o Acidente Vascular Cerebral (AVC) e o perigo de morte, já que o paciente provavelmente não resistiria à cirurgia para desobstrução do coágulo. A família desiste da realização do procedimento e o paciente falece meses depois por problemas eventualmente diagnosticáveis no exame. Os parentes enlutados acreditam na omissão do médico.

A pergunta fundamental é se haveria razão para pensar em omissão quando o exame médico poderia gerar mais perigos à saúde do examinado do que os eventuais benefícios do diagnóstico? O alerta médico é atípico segundo o referencial objetivo das ciências que conferem confiabilidade à vida em sociedade. A relação de confiança deve ser objetiva e coletiva, transcendendo a apreensão subjetiva dos indivíduos. O núcleo material do mandamento de agir tem alicerce na relação de confiança que estabelece expectativas objetivas e razoáveis. As expectativas subjetivas de "interpretação psicologicista",[1175] irrazoáveis ou de conteúdo indeterminado não são penalmente legítimas.

Portanto, o fundamento do dever de agir lastreado na experiência social de cuidado do bem jurídico diferencia-se do suposto subjetivismo individual do julgador ou coletivo das vítimas. A experiência social é igualmente diferente da noção de "saudável sensibilidade do povo" (*gesunden Volksempfinden*) do direito penal nacional-socialista alemão.

[1175] Brito, *Estudos para a dogmática do crime omissivo*, p. 82.

A experiência social não se resume ao subjetivismo da apreciação do fato segundo a consciência individual do julgador basicamente por duas razões. Trata-se do reconhecimento social do valor da ação devida para a interrupção do curso causal e não da suposição individual do julgador sobre a responsabilidade pelo crime. O reconhecimento social da capacidade da ação na conservação do bem jurídico é pressuposto pelas instâncias de controle, desde a criminalização da omissão à condenação do acusado.

Segundo, a expectativa social de cuidado do bem jurídico assume dimensão objetiva, transcendendo o limite da individualidade de cada membro da sociedade tomado na sua singularidade pessoal. Portanto, também não se pode fundar numa mera noção de expectativa coletiva caracterizada pelo somatório dos subjetivismos das vítimas. É o existencial de cuidado inerente à ontologia do homem em sociedade, o que apresenta diversas formas de concretização e de reconhecimento, de acordo com as bases antropológicas das respectivas ordens jurídicas.

A origem do mandamento de agir não se aproxima do conceito demasiadamente vago e abstrato de "saudável sensibilidade do povo" alemão do §13 do projeto autoritário de Código Penal nacional-socialista de 1936.[1176] Na fundamentação da omissão no §13, lê-se que o preceito pretende expressar na legislação penal o "reconhecimento ao dever moral de assistência para com um premido compatriota do Terceiro Império Alemão (*bedrängten Volksgenossen*)".[1177] É professado ainda que "o princípio de que o dever moral" e o "dever jurídico" de agir "devem estar de acordo um com o outro".[1178]

A fundamentação afirma ainda que seria uma "consonância" significativa de "mais um importante passo no caminho da penetração do direito penal por meio do pensamento ético".[1179] Assim, o projeto propõe que bastaria a violação de qualquer dever que "obriga um compatriota da

[1176] Literalmente assim disposto "*Wer es pflichtwidrig unterlässt zu handeln, wird wie ein Handelnder bestraft, wenn er nach dem gesunden Volksempfinden als Täter oder Teilnehmer verantwortlich ist*" (*Entwurf eines deutschen Strafgesetzbuchs*, p. 4).

[1177] *Entwurf eines deutschen Strafgesetzbuchs*, p. 21.

[1178] *Entwurf eines deutschen Strafgesetzbuchs*, p. 21.

[1179] *Entwurf eines deutschen Strafgesetzbuchs*, p. 21.

comunidade alemã conforme a sensibilidade moral do povo" para caracterizar a omissão.[1180] Em resposta ao perigo de alargamento injusto da responsabilização por omissão imprópria, o projeto estabelece uma "barreira" indefinida com base no critério de que o omitente só poderia ser responsável caso aparecesse "como autor ou participante", conforme a "saudável sensibilidade do povo".[1181]

A convocação da noção de reconhecimento social da realidade axiológica não deve ser associada ao autoritarismo ou arbitrariedade. Veja-se que o sentido das normas jurídicas e das normas éticas aparecem interpenetradas no cotidiano dos fatos na fenomenologia social, sem que isso signifique um problema.

A proximidade do direito com normas de cultura é favorável ao processo de formação da consciência do direito e ao fortalecimento da eficácia orientadora da norma jurídica. Todavia, a ampla jurisdicização da ética e da moral é capaz de criar o perigo de intervenção injusta e irrazoável nas liberdades individuais. A questão fundamental é a amplitude e a profundidade da intervenção que as sociedades democráticas e pluralistas são capazes de suportar. Georg Jellinek difundiu a compreensão de que todo o direito não seria "nada mais que o mínimo ético".[1182] Especificamente o direito penal, com a natureza fragmentária e subsidiária, exige ainda mais que a cobertura das normas éticas seja mesmo mais mínima.[1183]

O fundamento do mandamento para agir diz respeito à complexa relação de cuidado entre sujeitos, tendo o bem jurídico como elemento intermediário. O interesse político criminal de proteção do valor, fundado em juízo de "consciência coletiva",[1184] somente se concretiza no direito penal, caso observe critérios técnico-dogmáticos. É uma relação de cuidado que só pode ser estruturada, desde que se identifique a capacidade de intervenção no curso causal ofensivo ao bem jurídico. Somente

1180 *Entwurf eines deutschen Strafgesetzbuchs*, p. 21.

1181 *Entwurf eines deutschen Strafgesetzbuchs*, p. 21.

1182 Jellinek, *Die sozialitische Bedeutung von Recht*, p. 45.

1183 No direito penal, "os bens jurídico-penais que se defendem são o patrimônio mínimo ético social" (Costa, "Uma ponte", p. 222, nota 43, e, antes, Costa, *O perigo*, p. 243-244 e, ainda, nota 76). Seguindo essa compreensão de intervenção penal fragmentária e subsidiária, Ruivo, "O fundamento da pena", p. 182.

1184 Costa, "Omissão", p. 399.

a capacidade não é suficiente para obrigar alguém a agir, sendo exigível "relação obrigatória adicional especial" a fim de instituir o dever,[1185] tendo a razoabilidade da expectativa de ação fundada na capacidade de intervenção como limite máximo para a incriminação.

[1185] Sobre equivalência e dever de garante, ver MAURACH; GÖSSEL,; ZIPF, *Strafrecht/2*, §46, nm. 54, p. 194.

5.
A CAUSALIDADE COMO PRESSUPOSTO LÓGICO E FENOMENOLÓGICO DO DEVER DE AGIR

> *"Denn die einen sind im Dunkeln*
> *und die andern sind im Licht.*
> *Um man sieht die im Lichte.*
> *Die im Dunkeln sieht man nicht"*
>
> (Bertold Brecht, *Die Moritat von Mackie Messer, Die Dreigroschenoper*, 1930)

A relevância penal da omissão lastreia-se em dois elementos relacionados entre si: o dever e o poder de agir. O dever de agir é frequentemente posto à luz, restando à sombra os seus elementos materiais de base: o poder de agir e o nexo de causalidade.

O conceito de posição de garante[1186] é amplamente difundido na dogmática dos crimes omissivos impróprios, nem sempre recebendo a análise devida.[1187] O conteúdo material da posição de garante há sido deixado à margem, originando problemas dogmáticos nos crimes omissivos impróprios e na teoria delito em geral. Inicia-se pelo nexo de causalidade e o conteúdo do dever de atuar, retornando às bases do poder de agir deixadas à sombra.

[1186] Roxin observa que mesmo os negadores da causalidade omissiva apresentam outros elementos para legitimação da punibilidade da omissão, como a posição de garante (Roxin, *Strafrecht/2*, § 31, nm. 41, p. 640).
[1187] Roxin, *Strafrecht/2*, § 31, nm. 41, p. 640.

O poder de agir convoca as noções de ofensividade ao valor, fragmentariedade da intervenção penal[1188] e a relação do valor tutelado com o destinatário da norma. O modelo de crime como ofensa a bens jurídicos estabelece que o fato incriminado deve conter conduta ofensiva ao bem jurídico tutelado.[1189] A conduta ofensiva ao bem jurídico é o comportamento causador da ofensa ao bem jurídico. Isso é o que consta sintetizado no nexo causal penal: uma conduta penalmente relevante causadora do resultado ofensivo. Assim, o comportamento inapto a causar resultado ofensivo ao bem jurídico não está sujeito à incriminação, ainda que considerado axiologicamente negativo.

O nexo causador da ofensa é pressuposto lógico[1190] e fenomenológico do princípio da ofensividade com concretização nos crimes comissivos de dano e omissivos impróprios. Nos crimes comissivos, é defeso proibir a ação que não causa o resultado ofensivo. Nos crimes omissivos, a demonstração que a relação de causalidade é requisito do dever de agir assume maior complexidade.

Em primeiro lugar, o nexo de causalidade é requisito da ofensividade da omissão imprópria, nem toda a inação contraria a alguma prescrição tem relevância penal. O direito penal não está autorizado a criar deveres de ação incapazes de proteger o bem jurídico diante do curso causal perigoso. O pressuposto lógico do dever é a relação necessária entre a ação comandada e a evitação do resultado ofensivo. O comportamento socialmente valioso sem capacidade impeditiva do resultado não pode ser exigido penalmente.

Esse argumento encontra corroboração na lógica. O dever de proteção do bem jurídico pressupõe a ofensa resultante da não intervenção no curso perigoso. O dever de agir socialmente valioso é a negação da ofensa desvaliosa. Trata-se da chamada dupla negação em termos lógico-

[1188] Ver 1ª Parte, Capítulo V, Tópico 5.1.

[1189] Ver 4ª Parte, Capítulo II, Tópicos 2.2 e 2.3.

[1190] Sobre a causalidade estritamente em sentido lógico da doutrina da ação esperada de Liszt, Sousa Mendes destacou que a possibilidade de evitar o resultado depende de "um raciocínio casuístico cuja verossimilhança só podia mesmo decorrer do princípio lógico da causalidade" (Mendes, *O torto intrinsecamente culposo*, p. 330).

-formais: a afirmação do positivo por meio da negação do negativo.[1191] O descumprimento do mandamento de agir não deve perder de vista que a própria configuração do mandamento pressupõe que toda "possibilidade da negação está já prejulgada na afirmação".[1192]

Há dedução geral sobre a validade jurídico-normativa e outra particular sobre o dever de agir. Primeiro, a realização do ilícito é a manifestação da conduta inspiradora e justificadora da criação do crime na lei penal. Portanto, não é um acontecimento excepcional na dinâmica do direito penal. A realização da conduta violadora do comando de agir não invalida o sentido normativo, de modo que o direito permanece "sempre válido" no seu conjunto diante do ilícito. Caso contrário, se fosse suprimida a validade do comando de agir, não seria mais possível a responsabilização penal pela prática do crime.

Segundo, o mandamento que institui o dever de salvamento só tem viabilidade lógica diante da necessidade imposta pelo perigo ao bem jurídico. Essa realidade é ainda mais expressiva no plano material.

O destinatário da norma preceptiva de agir só pode ser quem apresenta condições intelectuais e físicas de reconhecimento do perigo, do dever de agir e dos meios disponíveis para o impedimento da ofensa do bem. Esses são limites fenomenológicos da eficácia protetiva da atuação do destinatário da norma de proteção do bem.

A doutrina tem consciência de que a posição de garante não observa apenas elementos formais e materiais.[1193] É necessário a concreta tomada da posição de garantia pelo obrigado na situação específica, não bastando a determinação do dever legal ou contratual.

O cumprimento efetivo do comando normativo só pode ser esperado nas situações em que o garante possui capacidade de obstar o desenvolvimento do curso causal.[1194] É por isso que Schünemann entende que a

[1191] Wittgenstein, *Tractatus logico-philosophicus,* número 5.44, p. 50.

[1192] Wittgenstein, *Tractatus logico-philosophicus,* número 5.44, p. 50.

[1193] Por exemplo, Jescheck; Weigend, *Lehrbuch,* p. 621; Dias, *Direito Penal,* Cap. 38, p. 938, §25.

[1194] Em referência à "capacidade abstrata" para evitar o resultado mediante a realização de uma ação, ver Jakobs, *Strafrecht,* p. 788, nm. 10.

omissão imprópria[1195] requer a existência do "domínio do garante sobre a causa do resultado".[1196] O elemento fundamental para o domínio sobre a causa do resultado[1197] é a capacidade causadora de resultados, quer resultados ofensivos ao bem decorrentes de ações, quer resultados positivo ao bem, decorrentes da interrupção de cursos perigosos.

A determinação precisa do dever de garante com um destinatário específico é fundamental.[1198] Mesmo porque "o agir humano" em sociedade está estruturado na "divisão do trabalho", fazendo com que o destinatário da norma se comporte de acordo com a resultante geral de forças atuantes no caso em concreto.[1199] O destinatário do dever deve atentar para a sua incumbência diante da soma dos comportamentos de vários intervenientes. Isto é, considerando se tem que "agir, em caso necessário,

[1195] Sobre o crime de omissão imprópria, segundo a perspectiva de Schünemann, ver SCHÜNEMANN, *Grund und Grenzen der unrechten Unterlassungsdelikte*, p. 229 e ss.; SCHÜNEMANN, *Unternehmenskriminalität und Strafrecht*, p. 84 e ss.

[1196] SCHÜNEMANN, *Unternehmenskriminalität und Strafrecht*, p. 95.

[1197] A noção de domínio das causas ou, mais amplo, de domínio dos fatos não é livre de oposições fenomenológicas. O destinatário da norma – segundo a filosofia de Kant (KANT, *Die Metaphysik der Sitten*, 1ª Parte, item IV, p. 26-27) e Hegel (HEGEL, *Grundlinien der Philosophie*, §117) – possui o domínio da sua própria vontade de alteração ou de manutenção da realidade e, portanto, justificar-se-ia a imputação objetiva do fato acontecido (assim, por exemplo, em Larenz, *Hegels Zurechnungslehre*, p. 63). O domínio da vontade não autoriza o alargamento excessivo para um suposto domínio das concretas repercussões da vontade no mundo. O número de fatores que interagem e que podem interagir nos fenômenos sociais é imprevisível. É questionável a suposição de que determinado obrigado tem domínio de causas de resultados, que são incertos se efetivamente acontecerão, ou de fatos, que não existem e são apenas representações hipotéticas do que poderia ocorrer. Mesmo a observação retrospectiva que presume ser o causador do resultado o dominador da situação superestima as capacidades cognitivas e as interventivas do autor da conduta. Reconhecer a frequência de determinada dinâmica causal não significa presumir o determinismo absoluto dos fatos e o domínio sobre todos os elementos que podem vir a interagir numa situação concreta intensificando ou impedindo uma ação. Mesmo entre os defensores da doutrina da não diminuição do risco, há a consciência da impossibilidade de um "domínio absoluto sobre o curso de acontecimentos". Assim, STRATENWERTH, "Bemerkungen zum Prinzip der Risikoerhöhung", p. 238 e, em sentido semelhante sobre a impossibilidade determinação rigorosa dos comportamentos humanos *ex ante* – embora não seja um adepto dessa orientação –, GIMBERNAT ORDEIG, "La causalidad en la omisión impropria", p. 71.

[1198] REALE JÚNIOR, *Parte geral*, p. 45.

[1199] PHILLIPS, "Normentheorie", p. 325.

para que, por meio do agir conjunto de vários, uma proibição não seja transgredida", ou, ao contrário, "omitir para que um mandamento seja realizado".[1200] A limitação do âmbito do dever de garante é indicada pelo que compete a cada uma das funções da atividade laboral ou social, como ocorre nas organizações empresariais e médicas.

Por fim, um ponto significativo sobre a relação entre a causalidade omissiva e o dever de agir consiste na localização sistemática da previsão da técnica da omissão imprópria nos códigos penais. O dever de agir, o mandamento de equiparação ou ainda a "cláusula geral de equivalência" entre o agir e o omitir costuma estar positivado de duas formas. Algumas vezes consta em artigo autônomo, logo após a disposição da causalidade dos crimes de ação, de acordo com a frequência de incidência prática das modalidades criminais. Outras vezes integrado como espécie do gênero comissão, de acordo com cada forma de causação do resultado, como nos Códigos Penais de Portugal,[1201] da Itália[1202] e do Brasil.[1203] A positivação dos Código Penais atenta intencionalmente ao conteúdo da cláusula geral de equivalência lastreado no nexo de causalidade.

[1200] PHILLIPS, "Normentheorie", p. 325. A mesma ideia aparece trabalhada inicialmente em PHILIPPS, *Der Handlungsspielraum*, p. 132 e ss.

[1201] "Art. 10.º - Comissão por acção e por omissão – 1 - Quando um tipo legal de crime compreender um certo resultado, o facto abrange não só a acção adequada a produzi-lo como a omissão da acção adequada a evitá-lo, salvo se outra for a intenção da lei."

[1202] "Art. 40. *Rapporto di causalità – Nessuno può essere punito per un fatto preveduto dalla legge come reato, se l'evento dannoso o pericoloso, da cui dipende l'esistenza del reato, non è conseguenza della sua azione od omissione. Non impedire un evento, che si ha l'obbligo giuridico di impedire, equivale a cagionarlo*".

[1203] "Relação de causalidade Art. 13 - O resultado, de que depende a existência do crime, somente é imputável a quem lhe deu causa. Considera-se causa a ação ou omissão sem a qual o resultado não teria ocorrido. (...) § 2º - A omissão é penalmente relevante quando o omitente devia e podia agir para evitar o resultado".

6.
O PODER DE AGIR COMO PRESSUPOSTO LÓGICO-ONTOLÓGICO DO DEVER DE AGIR (ELEMENTO FORMAL E MATERIAL DO ILÍCITO OMISSIVO)

"Impossibilium nulla obligatio est"

(Celsus, 8 Dig., Dig 50.17, L. 185 –*De diversis regulis iuris antiqui*)

O poder de agir é pressuposto lógico-ontológico do dever penal de agir, concretizando no direito a questão filosófica tradicional da ligação entre o poder e o dever. A reflexão filosófica tem-se ocupado sobre relação entre três elementos fundamentais: ser, poder e dever. Essa relação é estruturante da delimitação do dever de garante e dos deveres na teoria da norma penal.

Essa relação de pressuposição pode ser ilustrada por meio de dois grupos de casos da falta de tratamento médico de paciente, que tem semelhanças técnicas com outros casos do direito penal médico,[1204] tradicional[1205] e empresarial.

[1204] Ademais, há o exemplo do tratamento inútil, no qual a intervenção médica apenas prolonga a vida do paciente, sem probabilidade de recuperação da saúde. Trata-se de situação em que o "processo de morte" do doente já foi iniciado, dando mostras inegáveis de estar "irremediavelmente próxima" (Dias, "A 'ajuda à morte'", p. 203). Nesse caso, o conhecimento médico não permite efetivamente a cura, senão apenas impedir o falecimento, por meio da "exasperação ou encarniçamento terapêutico" (Costa, "O fim da vida", p. 151). Interessante é a questão do dever de iniciar intervenção médica quando os especialistas desconhecem o procedimento médico disponível capaz de curar ou melhorar o estado de saúde do paciente, havendo apenas condições de impedir a morte.

[1205] Por exemplo, o pai paralítico que vê o seu filho cair numa piscina, sem ter condições de salvamento e ou de chamada de socorro (Dias, *Direito Penal,* Cap. 38, p. 929, § 6 e Leite, *As "posições de garantia"*, p. 88).

O primeiro grupo trata da não realização dos procedimentos necessários para o salvamento do paciente, pela falta dos meios adequados ao atendimento. São as hipóteses da impossibilidade de execução de cirurgia de urgência em posto de saúde sem equipamento cirúrgico ou de tratamento médico intensivo pela ausência de Centro de Tratamento Intensivo do paciente.

O segundo grupo designa a inexistência de meios e equipe pessoal para atender a demanda episodicamente exigida do serviço médico, o que determina o falecimento do paciente não atendido. São os casos das pandemias, catástrofes naturais, grandes acidentes e acúmulo de trabalho pelo fechamento de outra unidade hospitalar. A situação suscita o denominado conflito de deveres simultâneos de ação,[1206] que recai sobre o destinatário da norma limitado a tratar só um dos pacientes necessitados na situação.

A verificação de eventual responsabilidade penal pelo resultado decorrente da falta de tratamento médico exige o estudo das bases ontológicas e jurídicas do dever de agir, bem como dos elementos da teoria do crime. As compreensões teóricas que rejeitam a causalidade criminal omissiva[1207] ou desconsideram a sua contribuição material para a fundamentação e delimitação do conceito de causalidade[1208] criam o perigo de substituição da ontologia do nexo causal por uma dogmática excessivamente normativa, desvinculada da realidade natural e cultural dos fenômenos.

O neokantismo do sudoeste alemão em diversas compreensões no direito penal[1209] afastou o ser do dever-ser em radical dicotomia de extemos opostos.[1210] Empreendeu-se grande esforço em um "rigoroso formalismo normativo" para evitar o reconhecimento de "toda relação

[1206] Descrição encontrada em WEBER, "Pflichtenkollision", p. 236.

[1207] Por exemplo, omissão como expectativa psicológica ou social de conduta e como infração do dever. Sobre isso, ver 2ª Parte, Capítulo IV, Tópico 4.3 e 4.4.

[1208] Por exemplo, causalidade criada pelo direito. Sobre isso, ver 2ª Parte, Capítulo III, Tópico 3.2.

[1209] Por exemplo, em SAUER, "Kants Einfluß", p.1-9.

[1210] Sobre isso, ver MONCADA, *Filosofia do direito*/1, p. 252-253.

constitutiva" entre os mundos do ser e dever-ser.[1211] Isso fazia ainda mais sentido no contexto de entendimento da realidade com intensa dissociação entre o ser e o valor.[1212] Esse ideal permitiu levar adiante a construção eminentemente jurídica de uma causalidade para a omissão imprópria. A causalidade do crime comissivo diria respeito à observação de leis físicas segundo os princípios das ciências naturais, ao passo que a causalidade da omissão imprópria poderia ser apenas axiologicamente moldada.

Nem mesmo a compreensão ontológica da doutrina final da ação foi capaz de superar as bases herdadas dos paradigmas anteriores acerca da causalidade.[1213] O reconhecimento de leis causais apresentaria significativa importância nos crimes comissivos, sem explicar todas as formas de ocorrência do delito, deixando os crimes omissivos regidos por critérios apenas normativos de imputação.[1214]

O afastamento metodológico da ciência jurídica da ontologia permite três consequências relevantes: a autonomização do dever de agir perante a realidade fática, a construção jurídico-normativa da causalidade e a criação da causalidade pela imposição do dever jurídico. Essas consequências tendem a não apresentar elemento material prévio ao direito no seu fundamento, perdendo a oportunidade de oferecer orientação, legitimidade e crítica à intervenção penal. A instituição jurídica do dever de agir dissociada da necessária conexão com a realidade põe em questão a sua própria operacionalidade e sentido jurídico coercitivo, dado que não responde à questão da viabilidade do atendimento do dever.

Mais especificamente, o problema dogmático trata da determinação do sentido, conteúdo, limites do dever de agir e como esses elementos interagem entre si na delimitação do âmbito legítimo da norma preceptiva. Seria o dever de agir dependente da capacidade fática interventiva do omitente ou a capacidade fática seria presumida pela legislação, exigindo

1211 Baratta, *Positivismo giuridico*, p. 98. Baratta destaca a tendência geral do neokantismo alemão de "transformar a categoria da substância naquela da relação". Ainda mais especificamente, o neokantismo do sudoeste alemão tentou evitar "toda relação constitutiva do conceito e da validade do direito com a ideia ou o valor do direito justo" (Baratta, *Positivismo giuridico*, p. 98).

1212 Para maiores detalhes, ver 2ª Parte, Capítulo III, Tópicos 3.1 e, especialmente, 3.2.3.

1213 Sobre isso, ver 2ª Parte, Capítulo III, Tópicos 3.7.

1214 Sobre isso, ver 2ª Parte, Capítulo III, Tópicos 3.6.

a conduta independente da aptidão para evitar o resultado? A questão remete ao problema fundamental já enunciado do tipo de relação entre o poder de agir e o dever de agir. Apresentam-se duas alternativas a respeito do nexo de causalidade: ou o dever de garante cria a causalidade do omitente, ou o dever de garante tem alicerce na causalidade do omitente.

Há uma compreensão doutrinal do dever de impedir o resultado que o apresenta direta ou indiretamente como criador da causalidade.[1215] Essa compreensão encontra-se equivocada desde o pressuposto de partida. O pressuposto de que a delimitação do ilícito decorre só da identificação do dever de garante esquece que a legitimidade e a efetividade do dever de garante dependem da capacidade do destinatário da norma realizar a conduta impedindo que o bem jurídico seja ofendido. Em outras palavras, a concreta aptidão para impedir o resultado depende da capacidade causal do agente em realizar a conduta obrigada pelo mandamento. Isso é inevitavelmente um pressuposto próprio de uma "dimensão pré-jurídica da omissão".[1216]

Há outra forma de ver o fenômeno omissivo que igualmente prescinde a causalidade e busca critérios meramente jurídicos para legitimação da responsabilidade penal. Essa visão reconhece que o mundo é composto por processos causais em constante movimento, mas afirma que a ausência de determinada intervenção ou a falta de um acontecimento não deveria ser considerada nessas explicações. Esse entendimento considera a existência de várias hipóteses cogitáveis mentalmente que poderiam intervir em curso causal salvador impeditivo do resultado. O dever de agir deveria ser constituído partindo de critérios não físicos, senão jurídico-culturais independentes do plano de realidade natural.

Essa orientação falha em termos ontológicos e práticos-jurídicos. Primeiro, na observação do fenômeno, não se devem cogitar todas as eventuais hipóteses possíveis de intervenção que eventualmente poderiam obstruir o curso causal perigoso. A questão está em saber especificamente se a ausência de impedimento propiciou a resultante dos vetores de força que acarretou o resultado. Segundo, a pergunta é se o garante

1215 Michael Moore discute essa hipótese no direito anglo-americano em Moore, *Causation and responsibility*, p. 130.

1216 Cadoppi, *Il reato omissivo próprio/1*, p. 181.

tinha poder para impedir o curso do acontecimento. São perguntas específicas que decorrem do conhecimento de leis causais, não sendo infinitamente cogitadas em abstrato.

A leitura dos dois grupos de casos será diferente dependendo do ponto de partida. Se dever de agir puder ser criado normativamente, independe da capacidade fática do suposto destinatário do dever, a verificação do curso causal será desnecessária em concreto, sendo irremediável a imputação objetiva do resultado ao médico nos dois casos. A imputabilidade objetiva será a mesma se houver atenção ao curso causal não interrompido, mas o fundamento e limite do dever de agir seguirem puramente normativos.

Neste ponto, o fundamento do dever de agir e a diferenciação entre a responsabilidade pelo resultado e a impossibilidade de responsabilização com base em elementos materiais ficam mais claros. Não há dever legítimo de agir para quem nem mesmo apresenta mínima capacidade de ação protetiva do bem jurídico, como é patente no primeiro grupo. A equipe médica realiza a melhor medicina disponível sem conseguir impedir o resultado indesejado. Portanto, a exigência jurídica de algo que não pode ser cumprido, para além de contrariar a noção comunitária de responsabilidade e justiça, não faz sentido em termos de eficácia jurídica.[1217]

No segundo grupo de casos, a equipe médica encontra-se em situação semelhante pela limitação dos meios de atendimento. Não basta conhecer o dever de salvamento e desejar oferecer tratamento, a equipe está obrigada a optar por quais pacientes serão atendidos. É justamente o reconhecimento da necessidade de tratamento diante do demasiado número de pacientes que impõe a imperiosa seleção dos que receberão tratamento.[1218] Seleção que não decorre de escolha pessoal ou aleatória de quem detém o poder de salvamento, mas decorre de critérios jurídicos.[1219]

1217 Para mais detalhes, ver 1ª Parte, Capítulo V, Tópico 5.1.

1218 Ferreira da Cunha destaca o reconhecimento da "impossibilidade objetiva de 'salvação global'" (CUNHA, *Vida contra vida*, p. 188).

1219 Os critérios orientadores da decisão médica observam ponderações qualitativa e quantitativa. Primeiro, identifica-se o bem jurídico mais importante; depois, caso se trate do mesmo bem jurídico, aquele que corre perigo mais grave; terceiro, caso seja o mesmo

A observação dos critérios é essencial para a hierarquização dos deveres prioritários na situação. Poderá haver vários objetos jurídicos de tutela do mesmo bem jurídico – *v.g.*, mais de um paciente correndo perigo de morte –, como também bens jurídicos diferentes – *v.g.*, pacientes com perigo de morte e outros de ofensa à integridade física. É possível igualmente que os bem jurídicos sejam idênticos, com grande semelhança da exposição ao perigo e da probabilidade de salvamento, dificultando a identificação de qual deverá ser priorizado. É justamente o cumprimento do dever em relação a alguns pacientes que inviabiliza o atendimento simultâneo dos demais.[1220] Nessa situação, é manifestamente impossível que a equipe médica faça mais.

A questão jurídico-penal em aberto está na legitimidade da imputação à equipe médica dos resultados da ausência de tratamento, como se fossem decorrentes de omissões penalmente relevantes. Não há dúvida que a ausência de intervenção no curso causal perigoso acarretou o resultado e que a conduta omissiva se fundamenta materialmente no desenvolvimento de cursos causais perigosos sem impedimento.

A solução situa-se no fundamento e limites para a instituição do dever, o que possibilita duas dúvidas de valor prático e teórico-filosófico: (i) Seria lídimo tomar a ausência de condutas de salvamento como crime de omissão – sem analisar a viabilidade objetiva de ação e o dolo ou culpa omissiva?; e (ii) Qual o fundamento para instituição de deveres impossíveis de serem cumpridos?

Helmuth von Weber apresenta resposta para as questões em estudo especialmente dedicado à colisão de deveres em "circunstâncias" em

bem jurídico submetido à situação de perigo semelhante, aquele com maior oportunidade de salvamento; quarto, caso se trate do mesmo bem jurídico em semelhante situação de perigo e com mesmas condições de salvamento, a decisão do dilema é de livre deliberação do médico. Maior desenvolvimento em Cunha, *Vida contra vida*, p. 259-270 e 271-280 e, mais sintético, em Cunha, "Das omissões lícitas", p. 120-123. Outros exemplos de diversas espécies, nos quais o ordenamento jurídico não indica critério de solução, são apresentados por Weber, "Pflichtenkollision", p. 247 e 250.

[1220] Nesse sentido, Weber destaca que a lesão do dever jurídico em relação a um caso "deve ser o único meio de outro ser realizado", ou seja, para que o cumprimento de um dever jurídico avance, um outro será nessa exata medida cancelado (Weber, "Pflichtenkollision", p. 242 e 245).

que "os dois não podem ser realizados" em simultâneo, quer por colisão de deveres de ação, quer por inação.[1221] O autor percebe corretamente que a "impossibilidade no caso concreto conduz também para a negação do dever".[1222] Contudo, entende que se trata de uma negação afeita ao âmbito do poder de ação e não ao dever ação, dizendo respeito "não à existência da norma, mas à responsabilidade pela sua observância".[1223]

A argumentação de Weber indica a sua preocupação em afirmar a integridade da norma mesmo diante da impossibilidade de agir, o que justifica a constatação de uma violação injustificada. Essa situação ensejaria a incidência da causa de desculpa ou exclusão da culpa penal do imputado apenas posteriormente.[1224] Portanto, a não realização do dever mesmo quando impossível continuaria como uma "conduta ameaçada com pena", de forma a concluir que o ordenamento jurídico "comanda e reprova ao mesmo tempo a ação ordenada".[1225] A impossibilidade de agir concederia apenas hipótese de não reprovação penal pelo fato, que seguiria desvalioso e ameaçado com pena.

Esse entendimento merece críticas. Primeiro, falta sentido para a exigência de eventual comando para praticar conduta impossível. A falta da conduta impossível não viola a vigência ou axiologia do ordenamento jurídico-penal.

A prática judicial não está autorizada a assumir conceitos filosóficos puramente idealistas em contrariedade às características fáticas na realização da justiça. Ao fim, a verificação da eficácia orientadora de condutas da norma penal não pode ser feita por meio de critérios puramente normativos ou de raciocínios lógico-sistemáticos. Trata-se de constatação empírica.

O impossível não está contido no âmbito de proteção do dever de ação. É um limite lógico-ontológico à construção axiológica, pois o "'poder' é uma condição necessária para o 'dever'", já que a instituição de qualquer

1221 Weber, "Pflichtenkollision", p. 235.
1222 Weber, "Pflichtenkollision", p. 235.
1223 Weber, "Pflichtenkollision", p. 235.
1224 Weber, "Pflichtenkollision", p. 235.
1225 Weber, "Pflichtenkollision", p. 235.

dever pressupõe a viabilidade do seu descumprimento.[1226] A instituição do dever só faz sentido quando há liberdade para a sua observância e, portanto, diante do impossível, não há liberdade de escolha e a conduta não pode ser exigível.[1227] Igualmente não há utilidade na instituição de um dever jurídico, quando o seu atendimento é um imperativo inexorável da natureza das coisas, não permanecendo espaço de liberdade para o descumprimento, *v.g.*, os homens tem o dever de envelhecer.

6.1. O limite lógico-ontológico do dever (*ad impossibilita nemo tenetur*)

A pressuposição fática do poder para a instituição do dever tem fundamento em princípio de que todo "sistema ético normativo"[1228] é lastreado na dimensão lógico-ontológica ou "lógico-semântica"[1229] inerente aos conceitos de poder e de dever.

Esse princípio está sintetizado no axioma latino de Celsus "*impossibilium nulla obligatio est*", contido na linha 185 do livro 50 do Digesto *De diversis regulis iuris antiqui*.[1230] Há igualmente variações de expressão com o mesmo sentido de "*ad impossibilita nemo tenetur*",[1231] "*ultra posse nemo obligatur*"[1232] e "*nemo ad impossibilia tenetur*" no pensamento de penalis-

[1226] Hruschka, "Zwei Axiome des Rechtsdenkens", p. 459.

[1227] Joerden, *Logik im Recht*, p. 212.

[1228] Hruschka, "Zwei Axiome des Rechtsdenkens", p. 459 e 462.

[1229] Hruschka, "Zwei Axiome des Rechtsdenkens", p. 459 e 462.

[1230] Referindo o princípio, no direito penal, ver Hruschka, *Strafrecht nach logisch-analytischer Methode*, p. 58 e nota 78; Leite, *As "posições de garantia"*, p. 88; Cunha, *Vida contra vida*, p. 289; na lógica jurídica, Joerden, *Logik im Recht*, p. 209; no direito civil português, Varela, *Das obrigações em geral/2*, p. 64, nota 1; e, no direito civil francês, em Carbonnier, *Droit civil/4*, p. 107.

[1231] Cadoppi, *Il reato omissivo próprio/1*, p. 151; Dias, *Direito Penal*, Cap. 38º, p. 928, §5; Reale Júnior, *Parte geral*, p. 50; Cunha, "Das omissões lícitas", p. 119; Pulitanò, *Diritto penale*, p. 223. No direito civil italiano, Torrente, *Manuale di diritto privato*, §225, p. 328 e, no espanhol, Díez-Picazo, *Fundamentos del derecho civil*, p. 135.

[1232] Mezger, *Strafrecht/1949*, p. 137; Dias, *Direito Penal*, Cap. 38º, p. 928, §5. A importância do princípio *ultra posse nemo obligatur* na estrutura lógica das normas jurídicas (Joerden, *Logik im Recht*, p. 209) e na estrutura do crime (Kindhäuser, "Zur Logik des Verbrechensaufbaus", p. 91 e, mais adiante, Kindhäuser, "Zum sog. „unerlaubten" Risiko", p. 401-402); igualmente, os funcionalistas radicais, Lesch, *Der Verbrechensbegriff*, p. 251, nota 1232.

tas e civilistas, bem como especificações no ordenamento penal português[1233] e brasileiro.[1234]

A incidência da máxima *impossibilium nulla obligatio est* no direito privado permite visualizar melhor o fenômeno comum ao direito penal e sua contribuição na elucidação do problema proposto. O direito civil enfrenta os pressupostos de exigibilidade da execução dos deveres de prestar na disciplina do direito de obrigações,[1235] cuja ordenação destaca: os requisitos do objeto obrigacional[1236] e as causas de inadimplemento não imputáveis ao devedor.[1237] Há previsão expressa das exigências e limites do objeto obrigacional, *v.g.*, no Código Civil português,[1238] Código Civil brasileiro,[1239] Código Civil italiano[1240] e Código Civil espanhol.[1241]

[1233] No Código Penal português, Figueiredo Dias indica o princípio no artigo 10.º2 (Dias, *Direito Penal,* Cap. 38º, p. 928, §5) e Ferreira da Cunha, no artigo 36.º1, acerca do conflito de deveres (Cunha, "Das omissões lícitas", p. 120). Também se refere o artigo 35º.1, que disciplina o estado de necessidade desculpante.

[1234] No Código Penal brasileiro, o artigo 13, §2º estabelece os requisitos para a relevância penal da omissão (Dotti, *Curso de direito penal,* p. 392 e 393).

[1235] Sobre o dever de prestar e a "inserção sistemática das obrigações nos quadros do direito civil", ver, respectivamente, Varela, *Das obrigações em geral/1,* p. 15 e ss. e 33 e ss.

[1236] No direito civil português, Costa, *Direito das obrigações,* p. 247; Lima; Varela, *Código Civil anotado/1,* p. 258. No direito brasileiro, Amaral Neto, *Direito civil brasileiro,* p. 424; Viana, *Curso de direito civil,* p. 189. No mesmo sentido, no direito civil francês, Weill; Terré, *Droit civil,* p. 274, nm. 237; Carbonnier, *Droit civil/4,* p. 107; Voirin; Goubeaux, *Manuel de droit civil,* p. 343 e 555, nm. 728 e 1135; e,no direito civil espanhol, Díez-Picazo, *Fundamentos del derecho civil,* nm. 135, p. 134-135.

[1237] No direito civil português, Costa, *Direito das obrigações,* p. 497 e ss.; Lima; Varela, *Código Civil anotado/2,* p. 42-53; Varela, *Das obrigações em geral/2,* p. 63 e ss. No mesmo sentido, no direito civil francês, Weill; Terré, *Droit civil,* p. 1122, nm. 1091; Carbonnier, *Droit civil/4,* p. 281; no direito civil espanhol, Díez-Picazo, *Fundamentos del derecho civil,* nm. 1033, p. 850-851; e, no direito civil italiano, Inzitari, "I modi di estenzione dell'obligazione diversi dall'adempimento", p. 477.

[1238] "Artigo 280.º (Requisitos do objecto negocial) 1. É nulo o negócio jurídico cujo objecto seja física ou legalmente impossível, contrário à lei ou indeterminável. (...)" e "Artigo 401.º (Impossibilidade originária da prestação) 1. A impossibilidade originária da prestação produz a nulidade do negócio jurídico. 2. O negócio é, porém, válido, se a obrigação for assumida para o caso de a prestação se tornar possível, ou se, estando o negócio dependente de condição suspensiva ou de termo inicial, a prestação se tornar possível até à verificação da condição ou até ao vencimento do termo. 3. Só se considera impossível a prestação que o seja relativamente ao objecto, e não apenas em relação à pessoa do devedor."

As lições sobre a classificação das espécies de impossibilidade no direito civil oferecem mais nitidez à discussão penal. A natureza da impossibilidade é ora física, ora jurídico-legal. A impossibilidade física do objeto obrigacional assinala pela prestação do negócio jurídico ser naturalmente impossível de acordo com a natureza dos fatos.[1242] É o caso do dever de "transportar uma pessoa" em velocidade "que os meios de transporte estejam longe de ter atingido na alta da execução do contrato".[1243] Já a impossibilidade jurídico-legal expressa negócio com objeto que o "direito não consente" como a "promessa de venda de coisa de domínio público".[1244] Em ambas as circunstâncias, a norma civil é categórica e clara na afirmação da nulidade do negócio jurídico tanto no direito português, quanto no brasileiro.[1245]

1239 No Código Civil brasileiro, nos artigos 104, 123 e 166, respectivamente direcionados à validade, invalidade e nulidade do negócio jurídico, com as seguintes redações "Art. 104. A validade do negócio jurídico requer: II - objeto lícito, possível, determinado ou determinável", "Art. 123. Invalidam os negócios jurídicos que lhes são subordinados: I - as condições física ou juridicamente impossíveis, quando suspensivas; (...)" e "Art. 166. É nulo o negócio jurídico quando: (...); II - for ilícito, impossível ou indeterminável o seu objeto; (...)".

1240 No Código Civil italiano, especificamente no Livro IV "das obrigações", Título II "dos contratos em geral", Capítulo II "dos requisitos do contrato", Secção III "do objeto do contrato", pode-se ler, nos artigos 1346 e 1347, claras prescrições quanto à possibilidade do objeto obrigacional. Veja-se: "Art. 1346. *Requisiti. L'oggetto del contratto deve essere possibile, lecito, determinato o determinabile*" e "Art. 1347. *Possibilità sopravvenuta dell'oggetto. Il contratto sottoposto a condizione sospensiva o a termine è valido, se la prestazione inizialmente impossibile diviene possibile prima dell'avveramento della condizione o della scadenza del termine*".

1241 No Código Civil espanhol, nomeadamente no Livro IV "das obrigações e contratos", Título II "dos contratos", Capítulo II "Dos requisitos essenciais para a validade dos contratos", Secção II "Do objeto dos contratos", o "Art. 1272. *No podrán ser objeto de contrato las cosas o servicios imposibles*".

1242 Lima; Varela, *Código Civil anotado/1*, p. 258.

1243 Lima; Varela, *Código Civil anotado/1*, p. 258.

1244 Lima; Varela, *Código Civil anotado/1*, p. 258. O mesmo exemplo encontra-se, no direito civil italiano, em Torrente, *Manuale di diritto privato*, §225, p. 328

1245 Especificamente nos artigos 280º, 1, do Código Civil português e 166, II, do Código Civil brasileiro.

As causas de inadimplemento não imputáveis ao obrigado também apresentam previsão, *v.g.*, no Código Civil português,[1246] Código Civil brasileiro,[1247] Código Civil italiano,[1248] Código Civil alemão,[1249] Código

[1246] O Código Civil português apresenta, na secção de número II, destinada à disciplina do não cumprimento obrigacional, especificamente na subsecção de número I, diferentes hipóteses de caracterização da impossibilidade do cumprimento e da mora não imputáveis ao devedor da obrigação. São os artigos 790, 791, 792, 793 e seguintes: "Artigo 790.º (Impossibilidade objectiva) 1. A obrigação extingue-se quando a prestação se torna impossível por causa não imputável ao devedor. 2. Quando o negócio do qual a obrigação procede houver sido feito sob condição ou a termo, e a prestação for possível na data da conclusão do negócio, mas se tornar impossível antes da verificação da condição ou do vencimento do termo, é a impossibilidade considerada superveniente e não afecta a validade do negócio"; "Artigo 791.º (Impossibilidade subjectiva) A impossibilidade relativa à pessoa do devedor importa igualmente a extinção da obrigação, se o devedor, no cumprimento desta, não puder fazer-se substituir por terceiro."; "Artigo 792.º (Impossibilidade temporária) 1. Se a impossibilidade for temporária, o devedor não responde pela mora no cumprimento. 2. A impossibilidade só se considera temporária enquanto, atenta a finalidade da obrigação, se mantiver o interesse do credor."; e "Artigo 793.º (Impossibilidade parcial) 1. Se a prestação se tornar parcialmente impossível, o devedor exonera-se mediante a prestação do que for possível, devendo, neste caso, ser proporcionalmente reduzida a contraprestação a que a outra parte estiver vinculada. 2. Porém, o credor que não tiver, justificadamente, interesse no cumprimento parcial da obrigação pode resolver o negócio."

[1247] No Código Civil brasileiro, nos artigos 248, 250 e 393, nomeadamente sobre a resolução, extinção e irresponsabilidade do devedor pelo inadimplemento de obrigação numa hipótese de caso fortuito ou força maior, de acordo as redação subsequentes: "Art. 248. Se a prestação do fato tornar-se impossível sem culpa do devedor, resolver-se-á a obrigação; se por culpa dele, responderá por perdas e danos", "Art. 250. Extingue-se a obrigação de não fazer, desde que, sem culpa do devedor, se lhe torne impossível abster-se do ato, que se obrigou a não praticar" e, no Capítulo IX "Da remissão das dívidas", Título IV "Do inadimplemento das obrigações", encontra-se o "Art. 393. O devedor não responde pelos prejuízos resultantes de caso fortuito ou força maior, se expressamente não se houver por eles responsabilizado. Parágrafo único. O caso fortuito ou de força maior verifica-se no fato necessário, cujos efeitos não era possível evitar ou impedir".

[1248] No Livro IV "Das obrigações", Título I "Das obrigações em geral", Capítulo III "Do inadimplemento das obrigações", encontra-se a responsabilidade do devedor no "Art. 1218. *Il debitore che non esegue esattamente la prestazione dovuta è tenuto al risarcimento del danno, se non prova che l'inadempimento o il ritardo è stato determinato da impossibilità della prestazione derivante da causa a lui non imputabile*", e, mais adiante, no Capítulo IV "Dos modos de extinção da obrigação diversos do adimplemento", Secção V "Da impossibilidade superveninente por causa não imputável ao devedor", lê-se, no artigo 1256, a disciplina das impossibili-

de Obrigações Suíço de 1911,[1250] Código Civil francês[1251] e Código Civil espanhol.[1252]

dades definitivas e das impossibilidades temporárias com a seguinte redação: "Art. 1256. *L'obbligazione si estingue quando, per una causa non imputabile al debitore, la prestazione diventa impossibile. Se l'impossibilità è solo temporanea, il debitore, finché essa perdura, non è responsabile del ritardo nell'adempimento. Tuttavia l'obbligazione si estingue se l'impossibilità perdura fino a quando, in relazione al titolo dell'obbligazione o alla natura dell'oggetto il debitore non può più essere ritenuto obbligato a eseguire la prestazione ovvero il creditore non ha più interesse a conseguirla*". No mesmo livro, no Título II "Dos contratos em geral", Capítulo II "Dos requisitos do contrato", a Secção III é dedicada ao objeto do contrato, onde se pode ler, nos artigos 1346 e 1347, claras prescrições quanto à exigência de possibilidade do objeto na seguinte expressão: "Art. 1346. Requisiti. *L'oggetto del contratto deve essere possibile, lecito, determinato o determinabile*", "Art. 1347. Possibilità sopravvenuta dell'oggetto. *Il contratto sottoposto a condizione sospensiva o a termine è valido, se la prestazione inizialmente impossibile diviene possibile prima dell'avveramento della condizione o della scadenza del termine*". Também no Capítulo XIV "Da resolução do contrato", Secção II "Da impossibilidade superveniente", distingue o Código Civil italiano duas modalidades: a impossibilidade total no "Art. 1463. *Impossibilità totale. Nei contratti con prestazioni corrispettive, la parte liberata per la sopravvenuta impossibilità della prestazione dovuta non può chiedere la controprestazione, e deve restituire quella che abbia già ricevuta, secondo le norme relative alla ripetizione dell'indebito*", e a impossibilidade parcial no "Art. 1464. *Impossibilità parziale. Quando la prestazione di una parte è divenuta solo parzialmente impossibile, l'altra parte ha diritto a una corrispondente riduzione della prestazione da essa dovuta, e può anche recedere dal contratto qualora non abbia un interesse apprezzabile all'adempimento parziale*".

[1249] No Código Civil alemão (BGB), identifica-se a previsão do § 275 – sob o título "exclusão do dever de dever de cumprimento" (*Ausschluss der Leistungspflicht*) – com o seguinte texto "(1) *Der Anspruch auf Leistung ist ausgeschlossen, soweit diese für den Schuldner oder für jedermann unmöglich ist. (2) Der Schuldner kann die Leistung verweigern, soweit diese einen Aufwand erfordert, der unter Beachtung des Inhalts des Schuldverhältnisses und der Gebote von Treu und Glauben in einem groben Missverhältnis zu dem Leistungsinteresse des Gläubigers steht. Bei der Bestimmung der dem Schuldner zuzumutenden Anstrengungen ist auch zu berücksichtigen, ob der Schuldner das Leistungshindernis zu vertreten hat. (3) Der Schuldner kann die Leistung ferner verweigern, wenn er die Leistung persönlich zu erbringen hat und sie ihm unter Abwägung des seiner Leistung entgegenstehenden Hindernisses mit dem Leistungsinteresse des Gläubigers nicht zugemutet werden kann. (4) Die Rechte des Gläubigers bestimmen sich nach den §§ 280, 283 bis 285, 311a und 326*". Maiores explicações em Larenz, *Lehrbuch des Schuldrechts*, §211, 1, a, p. 305.

[1250] O artigo 119 do Código das Obrigações suíço – complementar ao Código Civil –, sob o título "Impossibilidade de adimplemento", disciplina a matéria com a seguinte redação: "*1 L'obbligazione si ritiene estinta se ne sia divenuto impossibile l'adempimento per circostanze non imputabili al debitore*".

[1251] No livro III "Diferentes maneiras em que se adquire a propriedade", Título III "Dos contratos e das obrigações convencionais em geral", Capítulo III "Do efeito das obrigações",

A amplitude da impossibilidade de cumprimento da obrigação divide-se em objetiva e subjetiva.[1253] Impossibilidade objetiva consiste no impedimento para qualquer pessoa cumprir a obrigação: o objeto é completamente irrealizável.[1254] Por exemplo, o contrato para erguer estrutura no fundo do mar em profundidade além das capacidades operacionais em águas muito profundas ou de entregar coisa que foi destruída.[1255] A impossibilidade subjetiva remete às específicas capacidades pessoais do devedor, o que impede o obrigado da execução do dever de prestar.[1256] É a hipótese de um pequeno empreiteiro que não dispõe nem da mão-

Secção 4 "Dos danos e interesses resultantes da inexecução da obrigação", encontram-se os artigos 1147 e 1148 – dedicados, respectivamente, à desobrigação por intervenção de causa externa e por força maior e caso fortuito. Apresentam as seguintes redações: "Article 1147 *Le débiteur est condamné, s'il y a lieu, au paiement de dommages et intérêts soit à raison de l'inexécution de l'obligation, soit à raison du retard dans l'exécution, toutes les fois qu'il ne justifie pas que l'inexécution provient d'une cause étrangère qui ne peut lui être imputée, encore qu'il n'y ait aucune mauvaise foi de sa part*" e "*Article 1148 Il n'y a lieu à aucuns dommages et intérêts lorsque, par suite d'une force majeure ou d'un cas fortuit, le débiteur a été empêché de donner ou de faire ce à quoi il était obligé, ou a fait ce qui lui était interdit*".

1252 No Código Civil espanhol, nomeadamente no Livro IV "Das obrigações e contratos", Título I "Das obrigações", Capítulo III "Das diversas espécies de obrigações", Secção I "Das obrigações puras e das condições", o "Art.1124 – *La facultad de resolver las obligaciones se entiende implícita en las recíprocas, para el caso de que uno de los obligados no cumpliere lo que le incumbe. El perjudicado podrá escoger entre exigir el cumplimiento o la resolución de la obligación, con el resarcimiento de daños y abono de intereses en ambos casos. También podrá pedir la resolución, aun después de haber optado por el cumplimiento, cuando éste resultare imposible* (...)".

1253 A divisão segudos os conceitos de *Unmöglichkeit* e *Unvermögens* não se identifica com a impossibilidade absoluta e a relativa (Varela, *Das obrigações em geral/2*, p. 69-70, nota 1). A explicação dos conceitos alemães "*objevtive Unmöglichkeit*" (impossibilidade objetiva) e "*Unvermögens des Schuldners*" (impossibilidade do devedor ou "impossibilidade subjetiva") encontra-se em Larenz, *Lehrbuch des Schuldrechts*, §21, I, a, p. 305.

1254 Varela, *Das obrigações em geral/2*, p. 66. No mesmo sentido, apenas denominando como impossibilidade absoluta, no direito civil brasileiro, Amaral Neto, *Direito civil brasileiro*, p. 424; no direito civil francês, Weill; Terré, *Droit civil*, p. 275, nm. 237; Carbonnier, *Droit civil/4*, p. 107.

1255 Varela, *Das obrigações em geral/2*, p. 66.

1256 Varela, *Das obrigações em geral/2*, p. 66. No mesmo sentido, apenas denominando como impossibilidade relativa, no direito civil brasileiro, Amaral Neto, *Direito civil brasileiro*, p. 424; no direito civil francês, Weill; Terré, *Droit civil*, p. 275, nm. 237; Carbonnier, *Droit civil/4*, p. 107.

-de-obra, nem dos materiais necessários para a realização da construção no prazo acertado.

A extinção da obrigação depende da caracterização da real impossibilidade da execução da obrigação, mas "não basta que a prestação se tenha tornado extraordinariamente onerosa ou excessivamente difícil para o devedor" (*difficultas praestendi*).[1257] O excesso do que é exigido ao devedor "deve ser equiparado" à impossibilidade da prestação para desonerar o obrigado conforme o princípio da boa-fé. A possibilidade de extinção da obrigação pelo excesso exigível do devedor não retira o seu direito de cumprir a obrigação de modo muito oneroso.

Não há sentido na instituição de uma obrigação impossível de ser executada, pois o "contrato só pode ser eficaz se tais prestações são possíveis".[1258] O requisito essencial da possibilidade do objeto do contrato ou da obrigação tem fundamento na razão prática, sendo reconhecido entre as formalidades jurídicas de validade da obrigação civil.

6.2. O limite fático do comando típico do dever de agir

Há quatro orientações que rejeitam a responsabilização penal de quem não realiza a ação salvadora quando não possuía poder de ação.

(i) Pequena parte da doutrina entende que seria uma omissão ilícita e não culpável.[1259] A impossibilidade de agir autorizaria apenas o reconhecimento da ausência de reprovação penal do fato desvalioso e ameaçado com pena. Conforme as razões apresentadas, não cabe à ordem jurídica instituir dever jurídico irrealizável, menos ainda caberia considerar a não realização de uma conduta impossível como desvaliosa. Mais correto do que excluir a culpa (desculpa) de quem não intervém por incapacidade de agir, seria reconhecer a inexistência de ilicitude da conduta impossível.

(ii) Outra parte da doutrina nega a ilicitude da omissão.[1260] O fato causado por quem não agiu devido à impossibilidade de agir caracterizaria uma omissão lícita. Em outras palavras, estaria presente o dever de

[1257] Varela, *Das obrigações em geral/2*, p. 66.

[1258] Díez-Picazo, *Fundamentos del derecho civil*, nm. 135, p. 135.

[1259] Weber, "Pflichtenkollision", p. 235; Gallas, "Pflichtenkollision", p. 323-324.

[1260] Cunha, "Das omissões lícitas", p. 122-123.

agir, que é essencial para a configuração da omissão, mas não haveria o juízo de contrariedade à ordem jurídica, próprio da ilicitude.

O resultado ofensivo ao bem jurídico manifestaria desvalor e a ausência de intervenção seria causa do resultado ofensivo. Contudo, isso não seria suficiente para constituir o dever de agir e a consequente ilicitude penal. O reconhecimento do desvalor de cursos causais perigosos ao bem jurídico não obriga a construção de ilícito penal. A ordem jurídica não pode considerar ilícita a conduta que não poderia ser diferente na prática.

(iii) Uma terceira orientação indica a noção de imputação como capaz de resolver o problema da não responsabilização do impossibilitado de agir. O resultado não seria atribuível à conduta, pois não cumpriria os requisitos do primeiro grau de imputação. A conduta teria a qualidade de omissão não imputável.

Ademais, o omitir sempre "requer a correspondente possibilidade de ação"[1261] diante da regra de conduta.[1262] Desse modo, não seria adequado haver omissão quando não há consciência da não realização da regra.[1263]

A solução proposta seria igualmente apenas normativa. A imputação consiste na atribuição por meio de uma ligação normativa que poderá se desvincular do reconhecimento do curso causal. Não há dúvida de que a imputação é uma categoria tão valorativa e normativamente constituída, quanto é o ilícito. Prova disso é que o afastamento da responsabilidade ocorre por meio de um juízo de valor que não se torna menos normativo.

(iv) A orientação crescente na doutrina contemporânea é no sentido de que a possibilidade de realização da ação devida é um pressuposto do dever de agir,[1264] fazendo parte da estrutura do crime omissivo impróprio. O comando típico do dever de agir incide somente nas situações em que há um destinatário com poder de realizá-lo – portanto, nas situações em que não exista o dever de agir, também não estará presente a tipicidade da conduta.

1261 Hruschka, *Strukturen der Zurechnung*, p. 62 e, depois, Hruschka, *Strafrecht nach logisch-analytischer Methode*, p. 58.

1262 Hruschka, *Strukturen der Zurechnung*, p. 62 e, depois, Hruschka, *Strafrecht nach logisch-analytischer Methode*, p. 58.

1263 Hruschka, *Strukturen der Zurechnung*, p. 61 e 63.

1264 Dias, *Direito Penal*, Cap. 38, p. 928, §5.

A origem dessa ideia já constava latente na doutrina da ação esperada, ainda que os seus autores tenham defendido algo diverso ou, até mesmo, o contrário.[1265] O conceito de omissão como "a inatividade em consideração a uma totalmente determinada ação esperada"[1266] pressupõe a irrazoabilidade do cumprimento do que ultrapassa a capacidade de intervenção do omitente.[1267] O omitir é "não fazer algo" que era "esperado" e "que era devido".[1268] Em verdade, o ponto central na doutrina da ação esperada está no poder agir, já que o impossível evidentemente não pode ser esperado.[1269]

Algumas doutrinas penais clássicas do dever de agir narraram fielmente o fenômeno omissivo, propondo refinamento dogmático. Para Adolf Merkel, a posição de garante só existe se o agente tinha o poder de evitar o resultado. Ou seja, o dever pressupõe a eficácia causal da conduta devida com o resultado a ser evitado.[1270] Eberhard Schmidt entendeu a questão do mesmo modo no direito penal médico, destacando a incapacidade de evitar o resultado a partir dos meios disponíveis. Schmidt reforça a compreensão de que a inutilidade da ação faz com que a conduta não seja coberta pelo tipo de omissão imprópria.[1271]

Essa explicação encontra fundamento legal na norma que institui o dever de agir para proteger o bem jurídico no ordenamento penal português[1272] e brasileiro.[1273] O artigo 10º.2, do Código Penal português faz referência direta à necessidade de adequação do dever à individualidade do obrigado, conforme a seguinte passagem: a "comissão de um resultado por omissão só é punível quando sobre o omitente recair um dever jurí-

[1265] Ver 2ª Parte, Capítulo IV, Tópico 4.3.

[1266] Liszt, *Lehrbuch/1884*, p. 116.

[1267] Assim já se reconheceu em Leite, *As "posições de garantia"*, p. 86-87.

[1268] Liszt, *Lehrbuch/1884*, p. 116.

[1269] Sobre isso e a falta de objetividade da expectativa, ver Kaufmann, *Die Dogmatik der Unterlassungsdelikte*, p. 57, nota 142, 143 e 144.

[1270] Merkel, *Lehrbuch/1889*, p. 114. No mesmo sentido, Bar, para quem "onde não existe o poder, certamente também não pode viger algum dever" (Bar, *Gesetz und Schuld*, § 140, p. 264).

[1271] Schmidt, *Der Arzt im Strafrecht*, p. 84-85.

[1272] Nesse sentido, Dias, *Direito Penal*, Cap. 38º, p. 928, §5.

[1273] Dotti, *Curso de direito penal*, p. 392-393.

dico que pessoalmente o obrigue a evitar esse resultado".[1274] O artigo 13, §2º, do Código Penal brasileiro estabelece requisitos para a constatação dos casos em que a conduta omissiva importa ao direito, identificando expressamente a capacidade de agir: "omissão é penalmente relevante quando o omitente devia e podia agir para evitar o resultado".[1275]

A importância da verificação empírica e da produção probatória é aumentada no processo penal, diante da impossibilidade de presunção – genérica e abstrata – do poder de cumprir o mandamento legal. O dever de provar a integralidade dos elementos do tipo penal cabe à atividade acusatória do Ministério Público.

A verificação do poder de impedir o resultado é pressuposto essencial para a instituição do dever, que é elemento fundamental da técnica de tutela da omissão imprópria. O acusado sempre deve ter preservado o seu direito de contraprova de que conduta comandada seria ineficaz para evitar o resultado.[1276]

[1274] Nesse sentido, DIAS, *Direito Penal*, Cap. 38º, p. 928, §5.

[1275] "Art. 13, (...) § 2º - A omissão é penalmente relevante quando o omitente devia e podia agir para evitar o resultado".

[1276] TAVARES, *Teoria dos crimes omissivos*, p. 45.

5ª PARTE

O MÉTODO DE VERIFICAÇÃO DA CAUSALIDADE DA OMISSÃO IMPRÓPRIA

1.

O PROBLEMA DA PROVA DA CAUSALIDADE NO DIREITO E NO PROCESSO PENAL

O problema da prova é um dos grandes desafios teóricos e práticos do direito penal e processual penal, sobretudo em matéria de provas que demandam conhecimento de ciências naturais.[1277] Os fundamentos e finalidades da teoria da prova evidenciam a "estreita conexão" axiológica entre o direito e o processo penal para além de uma relação meramente instrumental.[1278] A qualidade probatória é determinada pelo procedimento de produção e avaliação da prova empírica sobre os elementos da teoria analítica do crime na instrução processual reconstrutiva dos fatos.[1279]

A teoria do crime indica os elementos objetivos e subjetivos que precisam ser empiricamente verificados pela polícia, Ministério Público e poder judiciário para que haja indícios de crime.[1280] São basicamente três elementos objetivos: a conduta, o nexo causal e o resultado causado. A dificuldade na prova da causalidade tem provocado debate longo e profundo na teoria do delito e da prova científica, encontrando-se sugestões de alteração do conceito de crime e de redução da importância do nexo causal descrito no tipo legal.[1281]

[1277] Pacelli, *Curso de direito penal*, 16 ed., São Paulo: Atlas, 2012, p. 317; Lopes, *Direito processual penal*, 10 ed., São Paulo: Ed. Saraiva, 2013, p. 534-537, 611-612; Badaró, *Processo penal*, 3 ed., São Paulo: Ed. Revista dos Tribunais, 2015, p. 377.

[1278] Costa, *Noções fundamentais*, §53, p. 51; Dias, *Direito processual penal*, p. 28.

[1279] Lopes, Aury, *Direito processual penal*, 10 ed., São Paulo: Ed. Saraiva, 2013, p. 536-537.

[1280] Giacomolli, *O devido processo*, p. 393.

[1281] Dopico Gómez-Aller, *Omisión y injerencia*, 2006, p. 35.

Os crimes comissivos de dano possuem maior estabilidade a respeito do método de verificação e das provas necessárias para imputação do resultado. Já os crimes omissivos impróprios de dano não possuem o mesmo consenso na ciência jurídica, causando insegurança jurisdicional sob risco de influência da política-criminal preventiva. O estudo da causalidade oferece capacidade de diferenciação entre as omissões causadoras de resultados ofensivos ao bem jurídico e as omissões ética ou moralmente criticáveis, que potencializam riscos e não causam o resultado. Ao fim, há mais de dois séculos já se sabe que "proibir um número sem de ações indiferentes não é prevenir os delitos que possam acontecer, mas é criar novos delitos".[1282]

A explicação do método de verificação da causalidade é essencial para evitar a imputação injusta de responsabilidade penal à conduta que não foi condição necessária do resultado. O perigo é que a imprecisão do método acabe por produzir provas equivocadas, criando artificialmente a causalidade penal.[1283]

1282 Beccaria, *Dos delitos e das penas*, p. 154.

1283 Equívoco frequente na história da dogmática penal, *v.g.*, Edmund Mezger refere apenas quais elementos estariam conectados na omissão e qual a pergunta que deveria ser formulada – sem dizer a natureza da causalidade em questão (Mezger, *Strafrecht/1949*, p. 136).

2.
A RELAÇÃO ENTRE A CAUSALIDADE E OS SEUS MÉTODOS DE VERIFICAÇÃO NOS CRIMES COMISSIVOS E OMISSIVOS

Alguns entendimentos reputam o estudo da natureza da causalidade da omissão sem resultado prático[1284] e iniciam a explicação pelo método para dele deduzir a identificação da natureza da causalidade.[1285] Os problemas jurídicos frequentemente identificados por esses entendimentos exigem respostas que pressupõem a definição de elementos materiais. Vejam-se duas questões: (i) a causalidade da omissão é verdadeiramente "hipotética" ("não real") ou hipotético é apenas o método de verificação da causalidade entre o omitir e o resultado; e (ii) a necessidade de comprovação da evitação do resultado ou a suficiência da prova da diminuição do risco.[1286] São problemas que necessitam do reconhecimento fenomenológico do curso causal perigoso entre o omitir e o resultado para a sua solução.

A compreensão da causalidade da omissão como lógica, hipotética, normativa ou irreal tem criado incertezas ao supostamente se opor à causalidade mecânico-natural, entendida como causalidade real. Algumas orientações apresentam a explicação do método em substituição à elucidação e à fundamentação da natureza causal.[1287] Todavia, a legitimidade da imputação exige referencial externo que dá sentido e validade ao pro-

[1284] LISZT, *Lehrbuch/1888*, §29, p. 124; JAKOBS, *Strafrecht*, 29/15, p. 791; ROXIN, *Strafrecht/2*, § 31, nm. 37, p. 639.

[1285] Assim, VOGEL, *Norm und Pflicht*, p. 146-147 e 157-158.

[1286] VOGEL, *Norm und Pflicht*, p. 146-147.

[1287] Nesse sentido, é emblemática a afirmação de Mantovani que, parte da "irredutível diversidade de essência" das causalidades do agir e do omitir, e acaba por concluir ser a causalidade omissiva "duplamente hipotética" (MANTOVANI, *Diritto penale*, nm. 58, p. 155).

cedimento de imputação. Caso contrário, a imputação se tornaria o próprio procedimento normativo de atribuição da responsabilidade penal, sem algum conteúdo prático-material.

O estudo do método de verificação da causalidade em geral é fundamental para que o objeto investigado não seja artificialmente produzido pelo método, criando vínculo causal onde não existe. Trata-se do perigo de negação do fundamento do método e de deslegitimação da imputação do resultado à conduta. Isto é, não seria a natureza da causalidade que validaria a sua fórmula de verificação, mas a fórmula de verificação e as regras de imputação que determinariam o sentido do que seria a causa penal.[1288]

A diferenciação entre a natureza do nexo causal e a metodologia utilizada na sua verificação é necessária, tendo como finalidade superar críticas, definições circulares do conceito de causa e de manipulação do conceito causa pelo método.[1289] É sabido que toda "técnica é co-determinante do nosso conhecer" a realidade[1290] e, portanto, a técnica de abordagem do problema causal carrega em si "qualquer coisa de um traço de conhecimento"[1291] decorrente de experiências anteriores.

A capacidade de resolução dos casos pelo método é resultado da síntese reflexiva sobre características fenomenológicas comuns aos casos. Não basta a convocação de razão transcendental lógico-formal para a sua validação, sendo essencial a elucidação do fundamento material para avaliação da qualidade do método. A operação lógico-formal conforme a fór-

Na verdade, a dimensão duplamente hipotética é do método de verificação da causalidade da omissão, e não da natureza ontológica da causalidade da omissão.

1288 Por exemplo, Edmund Mezger indica apenas os elementos conectados na omissão e o questionamento para a investigação – sem dizer a natureza da causalidade em questão (Mezger, *Strafrecht/1949*, p. 136).

1289 Puppe, "Vorbemerkungen zu §§13ff", p. 453, nm. 80.

1290 Heidegger, *Língua de tradição*, p. 23. Heidegger discorda da concepção dominante de que seria a "ciência da natureza a base da técnica", pois é incompatível com a realidade em que "a técnica moderna seria a estrutura fundamental de sustentação da ciência moderna da natureza" (Heidegger, *Língua de tradição*, p. 24 e 26).

1291 Heidegger, *Língua de tradição*, p. 23.

mula e as diretrizes do método testa o reconhecimento fenomenológico da noção de causalidade real ou material.[1292]

A metodologia pretende apresentar o método, o fundamento do método e o procedimento prático.[1293] A observação dos pressupostos de utilização da metodologia é o que garante a segurança do método, pois o sentido dos fenômenos desvela-se dentro da tradição na qual estão inseridos. Esse é o "horizonte hermenêutico"[1294] de utilização da fórmula e de produção de provas, interpretando o caso em julgamento, a norma penal e a lei causal.

O método é fruto da reconstrução e aperfeiçoamento dogmático diante de novos casos,[1295] por meio do percurso interpretativo da espiral hermenêutica.[1296] A imputação penal não pode adotar apenas a racionalidade procedimental, legitimada a *posteriori,* mediante consenso lastreado em *topoi* argumentativos.[1297] É necessária uma ordem normativa expressa na dogmática penal, como meio de possibilitar "racionalidade de fundamentação (não apenas processual) e material (não simplesmente formal)".[1298] Portanto, o estudo do método de verificação da causalidade

1292 Hurtado Pozo destaca os mal-entendidos advindos da incompreensão da diferença entre a causalidade hipotética de apelo lógico-formal e da causalidade real ou material (Pozo, *Droit pénal/2,* p. 42, nm. 122).

1293 Jakobs, "Strafrecht als wissenschaftliche Dizisplin", p. 109.

1294 Costa, *O perigo,* p. 277, nota 9 e, depois, Costa, "Construção e interpretação", p. 355, 357 e 364; Costa, "Uma ponte", p. 206. Castanheira Neves destaca que a metodologia jurídica atenta para a "natureza histórica do objeto de regulação" e a "natureza histórica da própria intenção regulamentadora" (Neves, *Metodologia jurídica,* p. 225).

1295 Pinto Bronze afirma que a "reflexão metodonomológica" sobre o "'problema jurídico concreto'" e sobre "juízo" acerca do problema permite a "assimilação daquele problema", depois de corretamente solucionado, pelo sempre "constituendo *corpus iuris* vigente" (Bronze, "Alguns marcos", p. 172).

1296 Sobre o horizonte hermenêutico conformado na espiral de constituição e interpretação da norma penal, ver Costa, "Construção e interpretação", p. 355.

1297 Sobre a racionalidade tópico-argumentativa, ver Neves, *Metodologia jurídica,* p. 73. O consenso do processo legislativo não é suficiente para a fundamentação da decisão judicial – independentemente dos temas e da dimensão do espaço de consenso –, demandando sempre a noção de verdade (Costa, "Consenso", p. 93 e 95). Em crítica ao procedimentalismo de apelo ao indeterminado consenso do *sensus comunis,* em vez da ordem jurídica de validade, ver Bronze, "Alguns marcos", p. 174.

1298 Neves, *Metodologia jurídica,* p. 74-75.

oferece benefícios de clareza, uniformidade, objetividade e segurança da realização do direito dentro da tradição hermenêutica.[1299]

Este estudo parte da natureza da causalidade para chegar no método e no grau de probabilidade exigido. Assim, se supera o problema lógico de ressaltar a natureza da causalidade e o grau de exigência,[1300] sem antes explicar o método. O grau de probabilidade depende da natureza da causalidade e da capacidade de verificação do método.

[1299] Castanheira neves ensina que a decisão jurídica não "tem de entregar-se" ao "decisionismo (e irracionalismo) jurídico", mas a decisão "cumpre antes uma 'terceira via', o *tertium modus* da mediação judicativa que um adequado modelo metódico deverá definir" (NEVES, *Metodologia jurídica*, p. 33-34).

[1300] WALTER, "Vorbemerkungen §§13ff", p. 751-752, nm. 86 e 87.

3.
O MÉTODO COMUM DE VERIFICAÇÃO DA CAUSALIDADE NA OMISSÃO IMPRÓPRIA E NOS CRIMES COMISSIVOS DE DANO

3.1. Os métodos diferentes

A doutrina majoritária apresenta os métodos de verificação da causalidade dos crimes comissivos de dano e dos omissivos impróprios como sendo diferentes.[1301] A razão decorreria da natureza ontológica supostamente diversa da causalidade de cada uma das formas exigidas para a imputação do resultado à conduta. A imputação do resultado demandaria a verificação do nexo acontecido ou real nos crimes comissivos de dano e se contentaria com nexo hipotético ou irreal nos crimes omissivos impróprios.[1302] Os dois modelos de causalidade teriam em comum apenas a equivalência funcional.

Em verdade, a força e a ausência de impedimento da força fazem parte da cadeia causal, fundamentando, respectivamente, as condutas de agir e de omitir. A diferença ontológica de cada uma das partes da cadeia causal que fundamenta as condutas típicas não indica a menor ontologia ou realidade da conduta omissiva. A base ontológica dos crimes comissivos está na ação de força e a dos crimes omissivos, na ausência do impedimento da ação de força, sendo ambas construções típicas fundamentadas em partes da mesma lei causal.

O entendimento da forma como cada uma das condutas apoia-se em partes do curso causal possibilita a identificação de semelhanças entre

[1301] Por exemplo, na Alemanha, HIPPEL, *Lehrbuch,* p. 101, seguido, na Áustria, por RITTLER, *Lehrbuch/1933,* p. 113, nota 5, e, na Itália, por ROMANO, *Commentario sistemático/1,* p. 375, nm. 36.

[1302] HIPPEL, *Lehrbuch,* p. 101; ROMANO, *Commentario sistemático/1,* p. 375, nm. 36; com particularidades, BLAIOTTA, *Causalità giuridica,* p. 255-257.

elas. Essas semelhanças estão reunidas no método comum que unifica a doutrina da imputação penal, superando a bipartição dos sistemas explicativos da causalidade da comissão e omissão.[1303]

3.2. O método comum à omissão imprópria e à comissão danosa baseado em partes distintas da cadeia causal

O método comum para a ação e omissão[1304] não significa que as condutas tenham a mesma natureza ou contribuição na cadeia causal. A unidade do processo explicativo apoia-se em elementos comuns entre os tipos de conduta, a exemplo da fórmula de verificação da causalidade entre a conduta e o resultado. Veja-se, esquematicamente, alguns esclarecimentos.

Primeiro, a verificação da causalidade ativa e omissiva exige testes mediante pensamento imaginado ou hipotético, segundo a fórmula *conditio sine qua non.*[1305] Ademais, o raciocínio hipotético de comprovação dos casos de interrupção do curso salvador pressupõe a adição mental da ação salvadora que foi interrompida,[1306] *v.g.*, o não desligamento dos aparelhos respiratórios manteria o paciente vivo. A introdução hipotética da continuidade da ação interrompida é essencial para descobrir se o bem jurídico estaria preservado sem a interrupção do curso que se acredita salvador. O procedimento hipotético de adição mental da ação salvadora é o exigido na segunda fase do método duplamente hipotético da causalidade omissiva.

Segundo, a conduta omissiva é igualmente causa do resultado, ainda que não empreenda energia cinética, pois os resultados estão baseados

[1303] A explicação comum da comissão penal, realizada por ação ou omissão, também se encontra na visão intensamente normativista que desconsidera o referencial da causalidade, em DOPICO GÓMEZ-ALLER, *Omisión y injerencia*, p. 35.

[1304] Por exemplo, na Itália, sobre uma "solução verdadeiramente unitária", ANTOLISEI, *rapporto di causalità*, p. 225 e, semelhantemente, PAGLIARO, *Principi di diritto penale*, p. 386. Em Portugal, BRITO, *Estudos para a dogmática do crime omissivo*, p. 155-156, sendo seguido por NEGRÃO, "Sobre a omissão impura", p. 27. Na Alemanha, ENGISCH, *Kausalität als Merkmal*, p. 29; ENGISCH, "Das Problem", p. 264; MEZGER, *Strafrecht/1949*, p. 136; MEZGER; BLEI, *Strafrecht/1970*, p. 85; PUPPE, "Erfolg und seine kausale Erklärung", p. 899.

[1305] WALTER, "Vorbemerkungen zu den §§13ff", p. 752, nm 86; POZO, *Droit pénal/2*, p. 41, nm. 120.

[1306] WALTER, "Vorbemerkungen zu den §§13ff", p. 752, nm 87.

em leis causais que possuem uma parte ativa e uma parte não impeditiva. A energia é suficiente para a obtenção do resultado quando se desenvolve livre de impedimento. A ação não é capaz por si só de causar o resultado. O fenômeno descrito na primeira lei da mecânica expressa a necessidade de coexistência de fatores positivos (ativos) e negativos (não impeditivos) para o resultado.[1307] A conduta omissiva baseia-se no desvalor sobre a ausência de impedimento da ação de força e, portanto, é tão real quanto a ação de força não impedida.

Terceiro, a lei causal que rege os crimes comissivos e omissivos é a mesma. A conduta omissiva é um fenômeno reconhecível ontologicamente na realidade axiológica com efeitos causais negativos. O resultado da conduta omissiva assegura o prosseguimento do curso causal perigoso ao bem jurídico. As condutas ativa e omissiva causam o resultado exatamente por se basearem em elementos da mesma lei causal que as rege. O ponto de distinção entre as condutas está no componente da lei causal de base de cada uma delas.

1307 Para mais detalhes, ver 3ª Parte, Capítulo II, Tópicos 2.2 e 2.3.

4.
OS MÉTODOS DE VERIFICAÇÃO E DE PROVA DA CAUSALIDADE

4.1. A fórmula da *conditio sine qua non*

O espaço geográfico de utilização da fórmula da *conditio sine qua non* estende-se desde a ampla difusão nos países do sistema romano-germânico[1308] até o modelo análogo empregado nos países do *Common law*.[1309] O modelo do *Common Law* denomina-se teste do *but for*, sendo a expressão reduzida da frase "*an antecedent but for wich the result in cause would not have occured*". Essa frase encontra-se prevista no parágrafo §2.03 (1) (a) *Model Penal Code* (*Proposed Official Draft* 1962) do *American Law Institut*.[1310]

4.1.1. A compreensão causal na origem da fórmula da *conditio sine qua non* (Stübel, Glaser e Buri)

A fórmula da *conditio sine qua non* tem na sua origem a compreensão da causalidade da "teoria da condição" ou teoria da equivalência das condições do austríaco Julius Glaser em 1858. A denominação "teoria da condição" (*Bedingungstheorie*) é mais difundida no direito penal de língua

[1308] No Brasil, Bitencourt, *Código Penal comentado*, 2009, p. 32-33; Pierangeli, *Código penal: comentado artigo por artigo*, 2013, p. 45-46. Na jurisprudência, STJ, Resp 6436/SP, 5ª T, Rel. Min. Assis Toledo, julgado em 03/12/1990, DJ 17/12/1990; STJ, RHC 29894/SP, 5ª T, Rel. Min. Jorge Scartezzini, Julgado em 04/04/2000, DJ 05/06/2000; STJ, HC 29894/SP, 5ª T, Rel. Min. Jorge Scartezzini, julgado em 01/04/2004, DJe 24/05/2004.
[1309] Simester; Spencer; Sullivan; Virgo, *Simester and Sullivan's criminal law*, p. 84; Allen, *Textbook on criminal law*, p. 35. Assim, por exemplo, sobre o direito penal anglo-americano, Moore, *Causation and responsibility*, p. 371.
[1310] Proposta do parágrafo §2.03(1)(a) do *Model Penal Code (Proposed Official Draft 1962)*.

alemã,[1311] tendo sido traduzida ao inglês "*theory of conditions*".[1312] Há também referências à "teoria da equivalência"[1313] e, no direito penal italiano, à "doutrina condicionalística".[1314]

A consciência sobre a impossibilidade de isolamento de apenas uma condição como causa do resultado já constava em Christoph Stübel e na orientação da "equivalência das condições" (*Gleichwertigkeit der Bedingungen*) das doutrinas hegelianas do direito penal alemão.[1315] Stübel é expressivo na sua doutrina das "causas concorrentes colaborativas" (*mitwirkende Ursachen*).[1316] Não se pode tomar uma única condição como causa do resultado, levando em consideração que as condições sempre contribuem "mais ou menos para o surgimento do evento".[1317] A razão para isso decorre de que a "relação causal da ação para o resultado não depende de mais ou de menos contribuição", pois "as várias ações como causas concorrentes não se deixam pensar em separado".[1318]

Ao jurista restaria uma das duas opções reciprocamente excludentes: ou "admitir várias ações, as quais são efetivas causas do resultado", como a verdadeira causa de "todo resultado", ou reconhecer que "nenhuma delas" teria eficácia causadora.[1319] As causas consistem em um conjunto inseparável nesse entendimento.

Julius Glaser vai mais longe com interesse de oferecer clareza e segurança na realização do direito. O penalista austríaco diferencia-se de muitos dos seus contemporâneos alemães adeptos à filosofia hegeliana, por ser um "eclético racionalista" com a visão "humanista-liberal do ilu-

[1311] Por exemplo, ENGISCH, *Die Kausalität als Merkmal*, p. 7; JESCHECK; WEIGEND, *Lehrbuch*, nm. 1, p. 279; TRECHSEL; NOLL, *Schweizerisches Strafrecht*, p. 88; STRATENWERTH, *Schweizerisches Strafrecht*, p. 153, nm. 20.

[1312] Por exemplo, HART; HONORÉ, *Causation in the law*, p. 431, 442 e 445.

[1313] Por exemplo, TRECHSEL; NOLL, *Schweizerisches Strafrecht*, p. 88; STRATENWERTH, *Schweizerisches Strafrecht*, p. 153, nm. 20; ROXIN, *Strafrecht/1*, p. 351, nm. 6; KÜHL, *Strafrecht*, §4, p. 19, nm. 7.

[1314] Por exemplo, PAGLIARO, *Principi di diritto penale*, p. 354, nota 16; MARINUCCI; DOLCINI, *Manuale*, p. 159, nm. 4.2.

[1315] KNOCHE, *Die Entwicklung der Lehre*, p. 64 e 81.

[1316] STÜBEL, *Ueber die Theilnahme*/1828, §29, p. 43.

[1317] STÜBEL, *Ueber die Theilnahme*/1828, §29, p. 43.

[1318] STÜBEL, *Ueber die Theilnahme*/1828, §29, p. 43.

[1319] STÜBEL, *Ueber die Theilnahme*/1828, §29, p. 43.

minismo penal".[1320] O resultado do crime e, consequentemente, o nexo de causalidade entre a conduta e o resultado são centrais na visão do direito penal de Glaser.[1321] A preocupação fundamental é propor categorias de garantia da liberdade, o que é constatável neste ponto e em outros da obra. Glaser propõe o reconhecimento de dados da realidade aptos a reduzir a incerteza na realização do direito penal, independente do recurso axiológico próprio do juízo de culpabilidade.[1322]

O sentido do teste da chamada "eliminação mental" da ação humana, eventual causa do resultado criminal investigado, encontra-se no pensamento de Glaser. Em 1858, explica que o "exame da relação de causalidade" teria "seguro ponto de referência" situado na pergunta pela possibilidade de "eliminar mentalmente por completo da soma dos acontecimentos o suposto autor"[1323] ou, mais especificamente, a ação do suposto autor.

As possíveis respostas ao exame são apenas duas. Caso persistisse a "mesma sequência das causas intermediárias" diante da retirada total de determinada ação humana do conjunto dos antecedentes do resultado, não poderia ser atribuído "o fato e o seu resultado à ação desse homem".[1324] Ao contrário, caso o resultado "de forma alguma poderia ocorrer" ou deveria ter ocorrido com "outro percurso totalmente diferente", diante da retirada do homem desse cenário, seria o resultado atribuível a esse homem como "efeito de sua atividade".[1325]

Vale notar que Theodor Geßler apresenta entendimento em harmonia com a compreensão de Glaser no seu livro "*Sobre o conceito e as formas do dolus*" no mesmo ano da publicação da doutrina da participação de Buri em 1860. Geßler afirma que, para o "acontecimento externo" ser

1320 Landberg, *Geschichte der deutschen Rechtswissenschaft*, p. 954. Ernst Landberg destaca a proximidade de Glaser ao pensamento de Cesare Beccaria, de quem traduziu a obra "Dos Delitos e das Penas" e acrescentou um "bem conseguido prefácio histórico" em 1851 (Landberg, *Geschichte der deutschen Rechtswissenschaft*, p. 954).

1321 Especificamente sobre a doutrina da causalidade da omissão imprópria de Julius Glaser, ver 2ª Parte, Capítulo II, Tópico 2.

1322 Glaser, *Abhandlungen*, p. 294 e 300.

1323 Glaser, *Abhandlungen*, p. 298.

1324 Glaser, *Abhandlungen*, p. 298.

1325 Glaser, *Abhandlungen*, p. 298.

atribuído à "atividade de um homem como causa", não é necessário que a atividade seja a "única causa" do evento, pois é suficiente a verificação que "sem essa atividade o resultado jamais teria ocorrido".[1326]

Glaser retoma o tema em artigo sobre a autoria e a participação, renovando o entendimento anterior abordado no seu tratado.[1327] Além de manter o procedimento da eliminação mental, destaca que se trata de abstração imaginar que a mudança no mundo exterior decorre exclusivamente de uma ação humana, pois o homem está sempre limitado a concorrer para os fenômenos.[1328] Por isso, o sentido e a relevância axiológica da ação dependem certamente do seu contexto de inserção, de modo que a conduta não apresentará o mesmo valor se enxergada isolada.[1329]

A compreensão do nexo de causalidade e do respectivo procedimento de explicação proposto por Julius Glaser foi desenvolvido, melhor fundamentado e introduzido na jurisprudência do Tribunal do Império alemão por Maximilian von Buri.[1330] Buri segue a orientação de Glaser de que o nexo de causalidade deve ser observado objetivamente, independente da vontade consciente ou da inimputabilidade do agente que serve apenas de critério limitador da imputação.[1331] Esse é um ponto de confronto de ideias com Carl von Bar.[1332]

Segundo Bar, a imputação penal não considera apenas a "existência da natureza", mas também a "existência do homem" que aproveita e altera os cursos naturais.[1333] Os limites de legitimidade para a consideração do homem como causador do acontecimento fundam-se na alteração pro-

[1326] Gessler, Ueber den Begriff, §4, p. 97-98.

[1327] Glaser, "Über Thäterschaft", p. 135.

[1328] Glaser, "Über Thäterschaft", p. 135.

[1329] Glaser, "Über Thäterschaft", p. 135-136.

[1330] Buri atuou como Procurador-Geral do Estado (*Oberstaatsanwalt*) (Buri, "Über Theilnahme am Verbrechen mit Beurtheilung", p. 1) e, posteriormente, integrou o primeiro senado do Tribunal do Império alemão entre 1879 e 1896. O fato de Buri ter pertencido ao Tribunal é destacado em Spendel, *Die Kausalitätformel der Bedigungstheorie*, p. 16; Jescheck; Weigend, *Lehrbuch*, p. 279-280.

[1331] Buri, *Über Causalität und deren Verantwortung*, p. 1-2.

[1332] Para mais detalhes sobre a doutrina da causalidade da omissão de Bar, ver 2ª Parte, Capítulo III, Tópico 3.2.1.

[1333] Bar, *Die Lehre vom Causalzusammenhange*, p. 11.

vocada pela conduta humana no "regularmente pensado curso causal do acontecimento", segundo as "regras da vida".[1334]

Em contraposição a essa ideia, Buri observa que o nexo causal, entendido como o encadeamento de acontecimentos, "não pode ser jurídica ou moralmente investigado".[1335] Logo, a diferenciação entre condições e causas deveria ser feita com independência do "método" e da "finalidade" da investigação, assim como "de uma via processual subjetiva".[1336] O relevante seria averiguar a pura "eficácia objetiva", tomando em atenção se a condição "em nada contribui para o acontecimento" ou se a "sua eficácia é absolutamente diferente daquela da causa".[1337] Trata-se da investigação do "surgimento de um acontecimento concreto",[1338] conforme sublinha Buri.

O percurso de Buri acompanha a doutrina da causalidade de Glaser sem fazer expressão nesse sentido. Buri elogiou os trabalhos de Albert Berner, Hugo Hälschner e Reinhold Köstlin, quem considera seus precursores na sistematização da compreensão de que "todas as forças que constam no resultado criminal" são "essencialmente iguais" para a sua ocorrência.[1339] Isto é, nenhuma das forças específicas poderia ser retirada sem que se colocasse em questão a "concreta existência" do resultado.[1340]

[1334] BAR, *Die Lehre vom Causalzusammenhange*, p. 11-13.

[1335] BURI, *Über Causalität und deren Verantwortung*, p. 2-3.

[1336] BURI, *Über Causalität und deren Verantwortung*, p. 3. Em sentido contrário, Kindhauser destaca que a distinção entre causa e condição ou o reconhecimento da causa penalmente relevante deve atentar a finalidade da investigação (KINDHÄUSER, "Aumento do risco", p. 15-16).

[1337] BURI, *Über Causalität und deren Verantwortung*, p. 3.

[1338] BURI, *Über Causalität und deren Verantwortung*, p. 3.

[1339] BURI, "Zur Kausalitätsfrage", p. 69. Ludwig von Bar, analisando a doutrina de Köstlin, entende que o autor não reconheceu especificamente o problema do curso causal (BAR, *Gesetz und Schuld*, p. 162; no mesmo sentido com mais detalhes, SPENDEL, *Die Kausalitätformel der Bedigungstheorie*, p. 18-19). Bar manifesta igualmente que Berner teria sugerido a desnecessidade de consideração do problema do nexo de causalidade ao lado do problema da culpa. Para Bar, o primeiro a colocar o devido destaque no problema causal teria sido realmente Julius Glaser (BAR, *Gesetz und Schuld*, p. 163).

[1340] BURI, "Zur Kausalitätsfrage", p. 69.

Daí se chega à conclusão de que a causação do resultado decorre de "todo efeito concorrente".[1341]

A "causa do acontecimento" criminoso deve ser vista na "soma total dessas forças" que concorrem conjuntamente para ele.[1342] Sem que exista qualquer diferenciação em termos objetivos em relação à natureza da força física ou intelectual, sendo ambas igualmente importantes para o resultado.[1343] Afinal, o homem precisa contar com "a concorrência de causas intermediárias" em todas suas ações, cuja importância é essencial para a sequência de causas efetivas que culmina no resultado.[1344] Buri destaca que a concorrência de condições é essencial para o resultado, mesmo quando elas não são conhecidas e controladas pelo agente.[1345] Portanto, é preciso delimitar o que interessa ao direito penal diante dessa amplitude das condições que concorrem para a ocorrência de qualquer resultado. O direito penal ocupa-se especificamente da relação entre a "eficácia do autor" e a ocorrência do "resultado pretendido".[1346]

A proposição da formulação *condito sine qua non* como modo de investigar o nexo de causalidade é contribuição à doutrina da equivalência das condições dada por Buri em artigo sobre o crime de homicídio em 1863.[1347] A fórmula latina refere-se à "particular atividade" sem a qual o "resultado pretendido não teria ocorrido", o que tem expressão positiva como que será a "causação do resultado pretendido" uma "particular atividade de forças exteriores" que fez possível o surgimento do acontecimento.[1348] A compreensão de Buri não é bem uma doutrina genuinamente das condições positivas e negativas necessárias do resultado, melhor seria a qualificação como uma doutrina de forças causais.

[1341] BURI, "Zur Kausalitätsfrage", p. 69.

[1342] BURI, "Theilnahme am Verbrechen mit Beurtheilung", p. 1-2; BURI, *Über Causalität und deren Verantwortung*, p. 13.

[1343] BURI, "Die Mitthätherschaft", p. 238; BURI, "Zur Kausalitätsfrage", p. 69; BURI, "I. Willensfreiheit", p. 450.

[1344] BURI, "Zur Lehre von der Tödtung"/1863, p. 757.

[1345] BURI, "Zur Lehre von der Tödtung"/1863, p. 757.

[1346] BURI, "Zur Lehre von der Tödtung"/1863, p. 757.

[1347] BURI, "Zur Lehre von der Tödtung"/1863, p. 757.

[1348] BURI, "Zur Lehre von der Tödtung"/1863, p. 757.

Se não é correta a atribuição da criação da doutrina da equivalência das condições a Buri feita por parte da doutrina penal[1349] e civil, ao menos se deve reconhecer a proposição da fórmula em máxima sintética com ampla orientação nas decisões do Tribunal do Império alemão.[1350] Vejam-se quatro exemplos.

Na primeira decisão penal sobre o problema da causalidade em 12 de abril 1880, verificam-se expressões como a observação do "efeito concorrente" (*Mitwirksamkeit*) e "causalidade plena" (*volle Ursachlichkeit*),[1351] que comprovam a influência de Buri na jurisprudência. A questão era a apreciação da responsabilidade por homicídio negligente da esposa que colocou e deixou ficar uma garrafa de arsênico ao alcance do seu "marido viciado em bebidas".[1352] O marido tomou o conteúdo e veio a falecer "poucas horas depois por efeito do arsênico".[1353]

O Tribunal identificou que a conduta da esposa não pode ser deixada de fora da explicação da "causalidade plena" naquela específica circunstância, pois a "ocorrência do resultado total" dependeu da conduta da acusada que possibilitou a participação autolesiva do marido.[1354] A decisão indica que, mesmo os "cursos excepcionais da própria causalidade" e o "aparecimento de casualidades", não eliminam o curso causal que conecta o autor ao resultado.[1355]

Também, na decisão de 25 de outubro de 1881, a doutrina de Buri aparece em nítidas passagens conceituais.[1356] O Tribunal define o conceito de "causal" como sendo "toda ação que tenha sido comparticipante para

[1349] Por exemplo, contemporaneamente, MANTOVANI, *Diritto penale*, p. 140, nm. 54.

[1350] Sobre os equívocos acerca da autoria da doutrina das condições e a receptividade do pensamento de Buri na jurisprudência, ver, respectivamente, KNOCHE, *Die Entwicklung der Lehre*, p. 82, notas 274 e 275 e p. 276-278. Sobre a influência jurisprudencial de Buri, ver SPENDEL, *Die Kausalitätformel der Bedigungstheorie*, p. 16; ROXIN, *Strafrecht/1*, nm. 8-10, p. 352-353.

[1351] RGSt 12.04.1880, p. 579 e 580.

[1352] RGSt 12.04.1880, p. 579 e 580.

[1353] RGSt 12.04.1880, p. 579.

[1354] RGSt 12.04.1880, p. 579.

[1355] RGSt 12.04.1880, p. 580.

[1356] RGSt 25.10.1881, p. 642.

a produção de um determinado resultado".[1357] Destaque-se que a causação do resultado pela ação não deveria ser de modo exclusivo e direto pela ação, o que é uma marca característica da doutrina das condições.[1358] A doutrina das condições demonstra-se límpida no esclarecimento que se entende por "causa comparticipante" (*mitwirkende Ursache*) aquelas "sem as quais o resultado ocorrido não teria emergido na realidade".[1359]

A jurisprudência manteve-se orientada pela doutrina das condições e pelo método da eliminação mental da condição investigada, com o advento do Tribunal Federal de Justiça alemão. Na decisão de 28 de setembro de 1951 do Segundo Senado Criminal, encontra-se a expressiva epígrafe "o problema se uma lesão corporal causou a morte do lesado é para decidir conforme a teoria das condições".[1360] O Tribunal afirmou que "a causa de um resultado penalmente significativo" é "toda condição, que não possa ser eliminada mentalmente sem que o resultado não tenha lugar".[1361] Assim foi rejeitado textualmente o "cálculo de probabilidade" próprio da "teoria da adequação"[1362] normativa da causalidade.

Na decisão de 27 de novembro de 1951, o Primeiro Senado Criminal declara, em nome da "permanente e consolidada jurisprudência de todos tribunais alemães", que é "para olhar toda condição como causa fundamentadora de responsabilidade de um resultado penalmente significativo, que não possa ser eliminada mentalmente sem que o resultado não tenha lugar".[1363] Daí em diante segue uma ampla série de julgados a formar a jurisprudência alemã acerca do método de verificação da causalidade,[1364] o que é corroborado amplamente na literatura penal.[1365]

[1357] RGSt 25.10.1881, p. 642.
[1358] RGSt 25.10.1881, p. 642.
[1359] RGSt 25.10.1881, p. 642.
[1360] BGHSt 28.09.1951, p. 332.
[1361] BGHSt 28.09.1951, p. 332.
[1362] BGHSt 28.09.1951, p. 333.
[1363] BGHSt 27.11.1951, p. 24.
[1364] Por exemplo, BGHSt 25.01.1955, p. 114; BGHSt 26.11.1970, p. 34; BGHSt 30.06.1982, p. 98.
[1365] Jescheck; Weigend, *Lehrbuch*, p. 280; Roxin, *Strafrecht/1*, p. 353, nm. 11; Fischer, *Strafgesetzbuch*, p. 78, nm. 21.

Não é raro encontrar referências a eventual influência filosófica do pensamento de John Stuart Mill na proposta de Buri, aparecem com variadas intensidades na doutrina da causalidade em geral[1366] e na doutrina jurídico-penal.[1367] Algumas vezes, as alusões são articuladas para indicar a suposta preocupação estritamente lógica ou utilitarista de uma compreensão da realidade marcada pelo positivismo utilitarista.

Em 1899, o próprio Buri defendeu-se da qualificação de "principal representante da doutrina da causalidade de Mill", imputada por Arnold Horn.[1368] Buri nega enfaticamente que conhecia algo do pensamento de Stuart Mill no direito penal quando apresentou suas ideias sobre a causalidade.[1369] O penalista alemão complementa que, "de qualquer forma, eu não o conheci", e que teria passado a conhecer "apenas mediatamente" por intermédio dos estudos penais que se "têm ocupado" da sua filosofia.[1370]

Buri tenta traçar a diferenciação entre a sua doutrina e o que depreende da crítica de Horn como sendo o pensamento do filósofo. Buri indica que a sua proposta pretende ser fiel à necessária "interação das forças como requisito para a causação", ao passo que, para Mill, "apenas um antecedente não se torna causa", devendo a causa ser vista na "totalidade dos antecedentes".[1371] Ambas acertam ao destacar a interação necessária de diversas condições para a ocorrência de qualquer resultado. A afirmação categórica se Buri foi influenciado na sua fórmula pelo pensamento de Stuart Mill não parece ser possível.

A verdade é que a noção de que diversas condições contribuem igualmente para a causação do resultado já estava presente em diversos penalistas anteriores a Buri. A concepção de Buri parece não ser absolu-

[1366] Miranda Barbosa salienta não haver "importação literal do pensamento de Stuart Mill" na orientação de Buri, "já que não é a soma das condições que determina a relevância da causa" (Barbosa, *Do nexo de causalidade ao nexo de imputação/1*, respectivamente p. 77 e 78, nota 136).

[1367] Por exemplo, Mezger, *Strafrecht/1949*, p. 113.

[1368] Horn, "Causalitäts- und Wirkensbegriff", p. 326.

[1369] Buri, "I. Willensfreiheit", p. 450.

[1370] Buri, "I. Willensfreiheit", p. 450.

[1371] Buri, "I. Willensfreiheit", p. 450.

tamente de acordo com o conceito de Stuart Mill,[1372] dado que entende a causa do crime não como um conjunto axiologicamente indiferenciado de antecedentes estáticos e móveis, materiais e imateriais. Buri refere-se a efeitos concorrentes (*Mitwirken*) e forças,[1373] deixando de abranger a contribuição de conduta humana e realidade imateriais entre os antecedentes necessários do resultado. É uma orientação eminentemente preocupada com as forças, tendendo a rejeitar a relevância causal da inexistência de impedimento do transcurso da força, que fora expressamente salientada como imprescindível por Stuart Mill.[1374]

Por essa razão, as noções de causa e de causação na doutrina da equivalência das condições de Buri não explica a causalidade da omissão. É tão marcante o limite imposto pelo conceito de causa como força mecânica nesse pensamento, que Buri chega a negar a possibilidade de falar dogmaticamente em "interrupção da relação causal", uma vez que o fenômeno do nexo causal só teria duas opções existenciais: "ser ou não ser".[1375]

Trata-se da incompreensão do fenômeno da interrupção do curso causal e do reconhecimento parcial da ontologia causal. A causa do resultado não é apenas o conjunto formado pelas forças ativas. Mais amplo do que isso, a causa é a soma das condições ativas (forças) e da ausência de condições negativas (falta do respectivo impedimento), que permitiram as primeiras incidirem no resultado. A razão da denominação de interrupção do curso causal salienta a relevância do transcurso causal de uma força e como a sua permanência só pode resultar de impedimento. A verificação do nexo de causalidade pela fórmula da *conditio sine qua non* não está vinculada à compreensão do conceito de causa e de causalidade de Buri,

[1372] Buri, "I. Willensfreiheit", p. 450. Sobre o significado do pensamento causal de Stübel para a doutrina das condições e não propriamente a filosofia de Stuart Mill, ver, com pormenores, Knoche, *Die Entwicklung der Lehre*, p. 23-25, 43, 64-65 e notas 222 e 223.

[1373] Por exemplo, Buri, "Zur Lehre von der Tödtung"/1863, p. 757; Buri, *Über Causalität und deren Verantwortung*, 1873, p. 3; Buri, "Die Mitthätherschaft"/1873, p. 238; BURI, "Zur Kausalitätsfrage"/1878, p. 69 e 71. Essa constatação fora bem salientada, à época, por Horn (Horn, "Causalitäts- und Wirkensbegriff", p. 326).

[1374] Mill, *A system of logic*, Livro III, Cap. V, §3, p. 382.

[1375] Buri, "Über Theilnahme am Verbrechen", p. 91.

assim como a compreensão de leis científicas não deve ficar mecanicismo do séc. XIX.[1376]

4.1.2. A aplicação da fórmula da *conditio sine qua non*

A fórmula da *conditio sine qua non* apresenta duas versões (positiva e negativa) para a comprovação da necessidade da condição para o resultado. A formulação positiva afirma que a ação deve ser vista como causa do resultado se não puder ser eliminada mentalmente (imaginada como inexistente) sem que o resultado concreto desapareça mentalmente.[1377] É a explicação contida na síntese da máxima latina *sublata causa, tollitur effectus.*[1378] A ação é causal quando o resultado concreto não teria ocorrido sem ela, o que possibilita a pergunta: ocorreria o concreto resultado sem a ação investigada?[1379]

Se a conduta não puder ser imaginada inexistente, sem que o resultado também deixe de existir, ter-se-á comprovado que a conduta foi condição necessária para o resultado. É a comprovação da relação de causalidade entre a conduta e o acontecimento criminal. Por outro lado, se a conduta puder ser pensada inexistente e o resultado seguir existindo na forma concreta ocorrida, identificar-se-á que a ação não é condição necessária do resultado. Logo, não há o nexo de causalidade entre a conduta e o resultado.

Vejam-se dois exemplos. Primeiro, uma pessoa desfere tapa no rosto de um portador de grave problema cardíaco, que sofre infarto fatal decorrente do susto.[1380] O tapa, o susto e a doença cardíaca são igualmente condições necessárias para a ocorrência do evento morte.[1381] Segundo, um atirador vai de táxi até a casa da vítima que morre em decorrência do

[1376] Fischer, *Strafgesetzbuch,* p. 78, nm. 21.

[1377] Spendel, *Die Kausalitätformel der Bedigungstheorie,* p. 14; Jescheck; Weigend, *Lehrbuch,* p. 279 e 280, nm. 1 e 3; Pozo, *Droit pénal/2,* p. 41, nm. 120; Fischer, *Strafgesetzbuch,* p. 78, nm. 21; Stratenwerth, *Schweizerisches Strafrecht,* p. 153, nm. 20; Marinucci; Dolcini, *Manuale,* p. 159, nm. 4.2.1; Kindhäuser, "Zurechnung bei alternativer Kausalität", p. 134.

[1378] Mantovani, *Diritto penale,* p. 140, nm. 54.

[1379] Spendel, *Die Kausalitätformel der Bedigungstheorie,* p. 14; Dias, *Direito penal,* p. 324, § 5.

[1380] Marinucci; Dolcini, *Manuale,* p. 159, nm. 4.2.1.

[1381] Marinucci; Dolcini, *Manuale,* p. 159, nm. 4.2.1.

disparo do revólver.[1382] Nessa hipótese, a fabricação e a posse da arma, o transporte realizado pelo taxista e os disparos são condições necessárias para a morte.[1383]

A versão negativa da fórmula da *conditio sine qua* realça a negação da causação do resultado pela condição investigada. A ação não é causal, se for verificado que ocorreria igualmente o resultado jurídico concreto, mesmo sem a sua intervenção.

A doutrina da *conditio sine qua non* apresenta reconhecimento jurisprudencial no cotidiano dos tribunais de vários países, sendo a doutrina dominante como limite máximo de responsabilização do autor da conduta pelo resultado.[1384] A abrangência da explicação cobre ora os crimes comissivos e omissivos, ora apenas os comissivos, *v.g.*, em Portugal,[1385] Itália,[1386] Alemanha[1387] e Suíça.[1388] O acolhimento amplo da *conditio sine*

1382 Dias, *Direito penal*, p. 324, §5.

1383 Dias, *Direito penal*, p. 324, §5.

1384 Roxin, *Strafrecht/1*, p. 354, nm. 11. Nesse sentido, encontra-se a denominação questionável de "causalidade natural" ou "causa natural" (Stratenwerth, *Schweizerisches Strafrecht*, p. 153, nm. 20; Dias, *Direito Penal*, p. 323-324, §6; Carvalho, *Direito Penal*, p. 302, nm. 553; Mantovani, *Diritto penale*, p. 140, nm. 54) para referir à espécie de relação causal que poderia ser averiguada pela fórmula da *condito sine qua non*. Em verdade, a melhor qualificação seria da verificação ontológica ou fenomenológica do nexo de causalidade, abarcando a realidade dos crimes omissivos impróprios.

1385 Em relação aos crimes comissivos, ver Dias, *Direito Penal*, p. 323-324, § 4; Carvalho, *Direito Penal*, p. 302, nm. 553; Mendes; Carmo, "Um modelo semântico", p. 76.

1386 Apontando a fórmula da *conditio sine qua non* nos crimes comissivos e omissivos, ver Pagliaro, *Principi di diritto penale*, p. 386. Em relação aos crimes comissivos, ver Marinucci; Dolcini, *Manuale*, p. 165-166, nm. 4.6.1 e 4.6.2.

1387 Amplamente defendido para os crimes comissivos (Jescheck; Weigend, *Lehrbuch*, p. 280; Fischer, *Strafgesetzbuch*, p. 78, nm. 21). Especificamente, sobre a doutrina dominante em relação aos crimes omissivos, ver Baumann, *Grundbegriffe und System des Strafrechts*, p. 105; Vogel, *Unterlassungsdelikten*, p. 146; Prittwitz, *Strafrecht und Risiko*, p. 327; Weigend, "§13 Begehen durch Unterlassen", nm. 70, p. 855; Kühl, "Vorbemerkung §13", nm. 12, p. 73. A jurisprudência orienta-se pela doutrina das condições nos crimes comissivos e omissivos, assim, Roxin, *Strafrecht/2*, § 31, nm. 44, p. 641; Wessels; Beulke, *Strafrecht*, p. 57 e 283, nm. 156 e nm. 711.

1388 Em relação aos crimes comissivos, com grandes referências a julgados e à literatura suíça, ver Pozo, *Droit pénal/2*, p. 41-42, nm. 121; Stratenwerth, *Schweizerisches Strafrecht*,

qua non pela jurisprudência e doutrina não significa que esteja livre de críticas mesmo nos crimes comissivos.

4.1.3. Críticas ao método da *conditio sine qua non*

4.1.3.1. O suposto defeito do *regressus in infinitum*

A amplitude do conceito de causa da doutrina da equivalência das condições tem sido objeto de contestação doutrinal, desde o fim do século XIX até o presente.[1389] Não haveria limitação temporal à investigação dos elementos anteriores da cadeia causal, de modo a atingir e possibilitar a responsabilização penal mesmo pelas mais remotas condições do resultado.[1390] Em síntese, seria uma decorrência de uma interpretação da noção de que a causa da causa é igualmente a causa do causado (*causa causae est causa causati*).

Já se afirmou que todos os antecedentes deveriam ser obrigatoriamente causais para o direito penal, mediante a equivocada associação da doutrina da equivalência das condições com a compreensão da causalidade de Stuart Mill.[1391] Arnold Horn atacou a fórmula com o juízo de que levaria à "imprevisível cadeia de condições num passado ilimitado".[1392] Horn propõe exemplos extremos com a pergunta se deveria ser considerado causa do resultado "o nascimento do assassinado como condição da sua morte" e a "criação da pólvora como condição de um assassinato".[1393]

p. 153, nm. 20 e notas 11 e 12; SEELMANN, *Strafrecht*, p.35; TRECHSEL; NOLL, *Schweizerisches Strafrecht*, p. 88.

[1389] Por exemplo, em Portugal, DIAS, *Direito penal*, p. 324, § 5; CARVALHO, *Direito Penal*, p. 303, nm. 554; na Alemanha, JESCHECK; WEIGEND, *Lehrbuch*, p. 279, nm.1; ROXIN, *Strafrecht/1*, p. 354, nm. 11; na Itália, MANTOVANI, *Diritto penale*, p. 140, nm. 54.

[1390] CARVALHO, *Direito Penal*, p. 302, nm. 552; MANTOVANI, *Diritto penale*, p. 140, nm. 54.

[1391] HORN, "Causalitäts- und Wirkensbegriff", p. 324-326. Anteriormente, sobre a discussão das condições na doutrina da causalidade de Stuart Mill, ver BAR, *Lehre vom Causalzusammenhange*, p. 12-13.

[1392] HORN, "Causalitäts- und Wirkensbegriff", p. 325.

[1393] HORN, "Causalitäts- und Wirkensbegriff", p. 325.

O fato de a relação de causalidade ser infinita não coloca significativo problema para o direito penal,[1394] uma vez que nem toda a sua totalidade apresenta relevância jurídica.[1395] Já em 1897, o próprio Horn reconheceu que, para a "finalidade da construção de um crime, a partir do mundo dos acontecimentos", deve-se ter clara a necessidade de recortar o tipo de modo "temporal e espacialmente fechado".[1396]

Buri considera a proposta de Horn desnecessária e a crítica equivocada, já que a sua doutrina havia apontado o critério da previsibilidade do efeito da conduta do agente para a seleção da relevância do curso causal. [1397] Isto é, o efeito da conduta humana sobre o curso causal só poderia ser imputado ao agente na exata medida em que "ele tivesse sido antevisto".[1398] Buri complementa com o exemplo extremo de que o "homem pré-histórico" só poderia ser punido por causar homicídio no presente, caso os efeitos decorrentes da sua conduta já fossem reconhecidos por ele na época da ação.[1399]

Como foi bem observado posteriormente, a relevância jurídico-penal da causalidade "inicia com a conduta do autor e termina com a ocorrência do resultado".[1400] A dificuldade consiste em descrever esse *iter criminis* de forma lógica e metodicamente concreta.[1401] A correta descrição do *iter criminis* entre a conduta e o resultado certamente depende do que se entende por conduta e resultado. O sentido de cada um dos dois conceitos impõe mudanças na percepção da relação mantida entre eles.

Ademais, há dois grandes problemas conceituais e sistemáticos que devem ser evitados na teoria do crime. Em primeiro lugar, a doutrina da

[1394] Nesse sentido, destacam Hart e Honoré que as condições de um evento são ilimitadas, ao menos, se forem consideradas as condições negativas (Hart; Honoré, *Causation in the law*, p. 446).

[1395] Hart; Honoré, *Causation in the law*, p. 447; Marinucci; Dolcini, *Manuale*, p. 167, nm. 4.6.3; Puppe, "Vorbemerkungen zu §§13ff", p. 453, nm. 80; Costa, "Causality", p. 58.

[1396] Horn, "Causalitäts- und Wirkensbegriff", p. 325.

[1397] Buri, "I. Willensfreiheit", p. 451.

[1398] Buri, "I. Willensfreiheit", p. 451.

[1399] Buri, "I. Willensfreiheit", p. 451.

[1400] Por exemplo, Puppe, "Vorbemerkungen zu §§13ff", p. 453, nm. 80.

[1401] Assim, Kindhäuser, "Aumento do risco", p. 15; Puppe, "Vorbemerkungen zu §§13ff", nm. 80, p. 453.

causalidade não é nem a doutrina da imputação, nem a doutrina do ilícito-típico penal.[1402] A constatação da existência de vínculo causal entre a conduta e o resultado não significa concluir no sentido do juízo positivo de tipicidade objetiva.[1403] A imputação do tipo objetivo não se reduz à verificação normativa da existência fenomenológica do nexo de causalidade entre a conduta e o resultado.[1404] Menos ainda a verificação de responsabilidade penal do autor da conduta efetiva-se estritamente em elementos objetivos.[1405]

Em segundo lugar, a doutrina da causalidade penal diferencia-se da doutrina do ilícito-típico, não permitindo a intromissão de elementos alheios ao nexo de causalidade no juízo de verificação causal. A confusão conceitual entre causalidade e imputação, entre causalidade e desvalor da conduta causal, entre causalidade e representação causal encobre os limites entre os elementos objetivo e subjetivo do tipo e dificulta a analítica do crime. A proposta de negação da fenomenologia causal do fato para a substituição por um conceito eminentemente jurídico de causalidade também é problemático, pelo perigo de pensar um sistema jurídico sem aderência à realidade.

Em verdade, o suposto problema do *regressus in infinitum* não é frequente na realidade dos tribunais, pois o problema prático se dá em relação a um "comportamento do qual se suspeita que seja ilícito e culpável".[1406] Portanto, aquilo que não é causal, não poderá ser ilícito e culpável. Nesse contexto, a precompreensão de leis científicas orienta a

1402 Mendes e Carmo destacam que o nexo causal "é um elemento necessário, mas não suficiente para a responsabilização do agente por um crime consumado" (Mendes; Carmo, "Um modelo semântico", p. 76).

1403 Jescheck e Weigend enfatizam que não se carece da "intervenção corretora da doutrina da imputação objetiva" em alguns casos. Basta a devida interpretação do tipo penal conforme o seu sentido (Jescheck; Weigend, *Lehrbuch*, p. 280).

1404 Jescheck; Weigend, *Lehrbuch*, p. 280; Roxin, *Strafrecht/1*, p. 354, nm. 11; Dias, *Direito penal*, p. 324, § 6.

1405 Dias, *Direito penal*, p. 324, §6; Jakobs, *Strafrecht*, p. 195, nm. 29. Prova disso é encontrada no papel histórico de dois elementos subjetivos na filtragem dos nexos causais penalmente relevantes, *v.g.*, a importância da análise da culpa no sistema clássico de crime e do dolo no finalismo penal.

1406 Marinucci; Dolcini, *Manuale*, p. 167, nm. 4.6.3.

experiência de quem investiga as causas penalmente relevantes de um resultado.

4.1.3.2. O perigo de definição circular

A crítica talvez mais forte à fórmula da *conditio sine qua non* ataca a sua aparente simplicidade do conceito de causa que é buscado.[1407] Segundo a crítica, o procedimento lógico de verificação da causalidade indica que a fórmula por si só não tem meios autônomos para encontrar a causa exclusivamente a partir do conhecimento do resultado.

A fórmula da *conditio sine qua non* possuiria somente valor explicativo da causa previamente identificada, sem aptidão de investigação, verificação ou comprovação da relação causal entre um elemento e o resultado.[1408] O recurso adotado partiria de "generalizações, que são já sabidas ou aceitas como verdade e mesmo consensuais" para particulares casos concretos.[1409] Nesse sentido, juristas e historiadores teriam atividade semelhante, buscando "conexões entre tipos de eventos" a fim de obter informações sobre o ocorrido.[1410]

Daí decorreria o chamado vício da circularidade probatória denominado *petitio principii* ou *circulus vitiosus*. Petição de princípio ou círculo vicioso é a fundamentação circular que inclui a conclusão entre as premissas previamente estabelecidas, de modo que a argumentação chega a um desfecho que já pertencia às premissas.[1411] A petição de princípio aumenta a sua dificuldade de identificação na proporção em que aumenta a lista de premissas prévias.[1412]

O círculo vicioso é a argumentação circular entre a premissa e a conclusão que deturpa o "círculo ontológico"[1413] ou a espiral hermenêutica, sem acrescentar informação que não era sabida. Tal operação é incapaz

[1407] Engisch, *Die Kausalität als Merkmal*, p. 8-9; Barbosa, *Do nexo de causalidade ao nexo de imputação/1*, p. 79.

[1408] Engisch, *Kausalität als Merkmal*, p. 16; Vogel, *Unterlassungsdelikten*, p. 147.

[1409] Hart; Honoré, *Causation in the law*, p. 10.

[1410] Hart; Honoré, *Causation in the law*, p. 10.

[1411] Joerden, *Logik im Recht*, p. 364.

[1412] Joerden, *Logik im Recht*, p. 364.

[1413] Heidegger, *Sein und Zeit*, p. 153. Para Heidegger, o círculo vicioso deve ser evitado justamente por contrariar as "regras da lógica" (Heidegger, *Sein und Zeit*, p. 152). Já Jan

de comprovar tanto a premissa, quanto a conclusão,[1414] fazendo com que continue sempre o movimento circular da questão para a conclusão e da conclusão para a questão.

Especificamente na fórmula da *conditio sine qua non*, o ponto de partida seria a ocorrência do resultado e o ponto de chegada, a eventual causa do resultado, que é igualmente outra informação conhecida.[1415] Tal limitação do método não permitiria comprovar situações em que o modo de atuar da causa é desconhecido.[1416] Esse ponto será melhor estudado na explicação da fórmula da *conditio sine qua non* limitada ao conhecimento de leis causais.[1417] O recurso à experiência geral ou às leis científicas é necessário para a identificação de hipóteses de causas do resultado.[1418] Somente a partir de hipóteses de causas do resultado é que se consegue verificar logicamente a persistência do resultado diante da eliminação de uma das condições.

O perigo do círculo vicioso decorre do uso que se faz da fórmula, e não da fórmula da *conditio sine qua non* em si. O objeto do teste é a verificação se todas as hipóteses de causa efetivamente são causas do resultado. O ganho informacional qualitativo está na possibilidade de rejeitar hipóteses que aparentavam ser causais. Trata-se de espiral hermenêutica de compreensão dos fenômenos que melhor se desenvolve à medida que melhor se conhece as características do fenômeno em julgamento e das suas respectivas regras científicas de regência.

4.1.3.3. Supostos limites de utilização da fórmula da *condito sine qua non*

Os limites de emprego da fórmula da *conditio sine qua non* apresentam alguns grupos de casos objeto de discussão científica: (i) causalidade

Joerden adere à explicação de Ulrich Klug no sentido de que não seria um erro lógico (Joerden, *Logik im Recht*, p. 364).

1414 Joerden, *Logik im Recht*, p. 364-365.

1415 Jescheck; Weigend, *Lehrbuch*, p. 281; Stratenwerth, *Schweizerisches Strafrecht*, p. 153, nm. 21; Roxin, *Strafrecht/1*, p. 354, nm. 12; Dias, *Direito Penal*, p. 325, §7; Sousa, *responsabilidade penal pelo produto*, p. 364.

1416 Jescheck; Weigend, *Lehrbuch*, p. 281.

1417 Ver 5ª Parte, Capítulo IV, Tópico 4.3.

1418 Especificamente sobre a omissão, ver Kindhäuser, *Strafrecht*, p. 296, nm. 16.

cumulativa, (ii) causalidade alternativa ou adicional, (iii) causalidade "antecipadora",[1419] hipotética,[1420] virtual de substituição[1421] ou "causas hipotéticas de reserva".[1422] A viabilidade de superação dos desafios de cada um dos grupos de casos é discutível, assim como a sua denominação exata.

4.1.3.3.1. Causalidade cumulativa

Causalidade cumulativa é a denominação dada aos casos em que a contribuição causal do autor de cada conduta é, por si só, insuficiente para a causação do resultado. Exemplo frequente na literatura é o dos envenenadores que – um independente do outro – adicionam à comida da vítima doses de veneno incapazes de causar a morte individualmente e fatais cumulativamente.

Nesses casos, pode variar a intenção do agente em relação à intensidade do resultado obtido – *v.g.*, desejar a morte ou apenas a lesão corporal da vítima – todavia, não há grandes dificuldades no plano causal para o método da *conditio sine qua non*.[1423] Cada um dos envenenamentos potencializou a sua capacidade ofensiva ao produzir efeitos no contexto da soma dos venenos. A eliminação mental de qualquer uma das condutas indica claramente que os dois envenenamentos foram essenciais para somar a quantidade causadora da morte e, portanto, são causadores do homicídio.

A terminologia "causalidade cumulativa"[1424] também é usada na doutrina para designar uma outra hipótese causal. Jescheck e Weigend apresentam o caso do assassinato do imperador Julio Cesar, mediante vinte e três golpes de punhal no Senado Romano como ilustração.[1425] Joachim Vogel refere o caso da jurisprudência alemã do agente que coloca fogo em parte intacta de prédio em chamas, que certamente viria a ser consu-

1419 JESCHECK; WEIGEND, *Lehrbuch*, p. 283; VOGEL, *Unterlassungsdelikten*, p. 147.

1420 JESCHECK; WEIGEND, *Lehrbuch*, p. 282; KINDHÄUSER, "Aumento do risco", p. 19.

1421 KÜHL, *Strafrecht*, §4º, nm. 11 a 18.

1422 HOYER, "*Kausalität und/oder Risikoerhöhung*", p. 100.

1423 Por exemplo, SEELMANN, *Strafrecht*, p. 35.

1424 JESCHECK; WEIGEND, *Lehrbuch*, p. 282; VOGEL, *Unterlassungsdelikten*, p. 147.

1425 JESCHECK; WEIGEND, *Lehrbuch*, p. 282.

mido por inteiro pelo incêndio.[1426] Segundo a maior parte da doutrina, o nexo causal evidenciado nesses exemplos seria melhor percebido como a concorrência de causas alternativas suficientes do que como a cumulação de causas individualmente insuficientes para o resultado.

4.1.3.3.2. Causalidade alternativa ou adicional

O fenômeno da sobredeterminação causal[1427] encontra várias denominações como causalidade alternativa ou "adicional",[1428] "concurso de causas paralelas",[1429] "causas de reposição"[1430] ou causas "múltiplas suficientes". O fenômeno caracteriza-se pela existência de mais de uma causa igualmente suficiente para praticar um resultado ofensivo ao bem jurídico. Na literatura de língua alemã, há também a expressão "causalidade dupla",[1431] designando indistintamente casos de dupla ou "múltipla causalidade".[1432]

A causalidade alternativa diferencia-se da causalidade cumulativa. Vejam-se os exemplos dos dois envenenadores que colocam doses em quantidade mortal na comida da vítima, sem um saber da conduta do outro,[1433] e dos dois atiradores que um atinge a cabeça e o outro o coração da vítima simultaneamente.[1434]

O método da eliminação mental levaria supostamente à conclusão de que o resultado ocorreria igualmente se fosse retirada qualquer uma

[1426] VOGEL, *Unterlassungsdelikten*, p. 147.

[1427] HART; HONORÉ, *Causation in the law*, p. 235, nota 53.

[1428] HART; HONORÉ, *Causation in the law*, p. 455; MARINUCCI; DOLCINI, *Manuale*, p. 160, nm. 4.2.2.

[1429] CARVALHO, *Direito Penal*, p. 302, nm. 553.

[1430] PUPPE, "Erfolg und seine kausale Erklärung", p. 870.

[1431] SEELMANN, *Strafrecht*, p. 36; KÜHL, *Strafrecht*, §4º nm. 19, p. 25.

[1432] KÜHL, *Strafrecht*, §4º nm. 20b, p. 26.

[1433] MARINUCCI; DOLCINI, *Manuale*, p. 160, nm. 4.2.2; DIAS, *Direito penal*, p. 325, §7; MENDES; CARMO, "Um modelo semântico", p. 103. Mendes e Carmo destacam que "a fórmula da *conditio* não consegue, porém, resolver satisfatoriamente os casos de preempção e sobredeterminação causais do resultado por força da acção de vários agentes, quando tiverem actuado independentemente uns dos outros" (MENDES; CARMO, "Um modelo semântico", p. 103).

[1434] HART; HONORÉ, *Causation in the law*, p. 455.

das condutas.[1435] Haveria o eventual paradoxo de que nenhum dos envenenamentos seria condição sem a qual não aconteceria o resultado ou de que ambos seriam causadores do resultado.[1436] O problema seria de imputar o resultado do crime de homicídio consumado aos dois envenenadores, embora, na situação concreta, eventualmente apenas um deles teria causado a morte, caso tivesse alguma diferença temporal, ao passo que o outro poderia ter tentado o homicídio.[1437]

O eventual paradoxo não é consequência inexorável da utilização do critério da supressão mental, desde que se observe a ocorrência do resultado concreto.[1438] Os fenômenos da causalidade alternativa são distintos se causados simultaneamente e se causados em tempo diferente.

Ademais, existe tendência à incompreensão do significado exato do conceito de condição necessária do resultado por meio da visualização ideal do acontecimento e de um conceito essencialista de causa, que presume genericamente a suficiência de uma causa para ocorrência abstrata do fato.[1439] O resultado deve ser tomado em concreto com as suas circunstâncias delimitadas, o que indica os elementos concretos que incidiram no acontecimento e exclui o aventar de outras hipóteses.[1440]

1435 Carvalho, *Direito Penal*, p. 302-303, nm. 553.

1436 Pozo, *Droit pénal/2*, p. 43, nm. 126; Carvalho, *Direito Penal*, p. 303, nm. 553.

1437 Carvalho, *Direito Penal*, p. 303, nm. 553. Taipa de Carvalho coloca o problema da utilização da fórmula, ora como não sendo imputável a qualquer uma das condutas, ora como sendo imputável duas. O autor apresenta o exemplo da vítima envenenada como dose mortal por um agente e que acaba falecendo pelo disparo de um tiro desferido por outro agente, antes mesmo que o veneno viesse a produzir o efeito morte (Carvalho, *Direito Penal*, p. 302-303, nm. 553). Nesse caso, basta a efetiva verificação da conduta causadora do resultado concreto para a solução da questão, em razão da diferença temporal dos efeitos das condutas. O atirador causou o homicídio, ao passo que o envenenador apenas tentou a morte, utilizando meio letal mais lento. A vida foi lesada pelo tiro e colocada em perigo de lesão pelo envenenamento. Logo, corresponde à imputação por homicídio e por tentativa de homicídio.

1438 Tarnowski, *Die systematische Bedeutung*, p. 45; Puppe, "Erfolg und seine kausale Erklärung", p. 870. Na jurisprudência italiana recente, Casssazione, Sezioni Unite Penali, 12 luglio 2005, Mannino (*Foro Italiano*, 2006, v. II, p. 98).

1439 Tarnowski, *Die systematische Bedeutung*, p. 47.

1440 Tarnowski, *Die systematische Bedeutung*, p. 46.

Marinucci e Dolcini estão corretos na indicação de que a solução do problema está na melhor percepção do fenômeno, e não na criação de critérios normativos em substituição. Portanto, no primeiro exemplo, a pergunta pela causa da morte teria como resposta a quantidade total de veneno encontrada no corpo da vítima[1441] e, sendo assim, a eliminação mental de qualquer uma das condutas dos envenenadores sempre altera o resultado concreto do acontecimento.[1442]

4.1.3.3.3. Causalidade hipotética ou virtual

O conjunto de casos denominados como causalidade hipotética ou virtual descreve um resultado causado por uma conduta conhecida, mas que, muito provavelmente, teria acontecido de modo semelhante sem a prática dessa conduta. Figueiredo Dias indica o exemplo do "A dispara um tiro mortal sobre B, no preciso momento em que este é afectado por um enfarte do miocárdio mortal".[1443]

Na Inglaterra, em 1910, foi julgado um caso muito semelhante com a presença da causalidade virtual.[1444] O filho foi acusado do assassinato da mãe por envenenamento, considerando que a mãe fora encontrada morta com a bebida na qual ele adicionara veneno. Na instrução processual, a perícia constatou que a causa da morte foi um ataque cardíaco, e não o suposto envenenamento.[1445] A doutrina inglesa aponta que o filho não pode ser condenado pelo homicídio, porque o envenenamento não foi *condito sine qua non* para a ocorrência do resultado.[1446]

A causalidade hipotética ganhou importância dogmática em razão do direito penal médico, considerando casos de administração de injeção

[1441] Marinucci; Dolcini, *Manuale*, p. 160-161, nm. 4.2.2.

[1442] Marinucci; Dolcini, *Manuale*, p. 161, nm. 4.2.2.

[1443] Dias, *Direito penal*, p. 325, §7. O exemplo não impõe maiores dificuldades no plano estritamente causal, uma vez que "A" não é causador do enfarte. Saber se o homicídio consumado deverá ser imputado ao agente, ainda quando a sua conduta causou apenas o perigo de dano à vida é outra questão. Se a verificação da causalidade for o primeiro requisito para a imputação do resultado, deverá ser rejeitada a imputação por homicídio qualificado.

[1444] White [1910] 2 KB 124 D.

[1445] Allen, *Textbook on criminal law*, p. 35.

[1446] Allen, *Textbook on criminal law*, p. 35.

letal e outros procedimentos de eutanásia em pacientes terminais muito próximos da morte.[1447] Alega-se que o falecimento não deixaria de acontecer, caso não houvesse a injeção letal, trazendo maior sofrimento ao paciente. A suposta falha do método da *conditio sine qua non* seria de que o resultado morte, mesmo se fosse mentalmente eliminada a injeção letal, provavelmente persistiria em razão do avançado processo degenerativo da doença.

A análise da causalidade está orientada pela causação do resultado concreto delimitado no tempo e espaço,[1448] e não do resultado hipotético. O eventual resultado hipotético ou virtual, que poderia decorrer de um também hipotético ou virtual curso causal futuro, não exime a necessidade de verificação da causação do resultado em concreto. Aliás, a utilidade da administração da injeção letal para encurtar a vida e o sofrimento do paciente decorre da incerteza temporal de quando ocorrerá a morte causada pela doença.

A presunção de que a morte causada pela doença é um dado inevitável não determina exatamente se ocorrerá em dias, meses ou anos. Portanto, a aplicação da injeção cria um curso causal antecipador do resultado morte.[1449] Para a verificação da causação do resultado, não se coloca em questão a existência de juízos axiológicos próprios da imputação, justificação ou desculpação do ilícito-típico.

O resultado penalmente relevante é apenas aquele que concretamente existiu, razão pela qual o único nexo causal a ser investigado é o causador do resultado. A apreciação de cursos causais hipotéticos não exclui ou substitui o curso que efetivamente causou a ofensa ao bem jurídico.[1450]

A pergunta necessária deve ser: caso inexistisse a aplicação da injeção, subsistirá o resultado morte naquela específica concretização de tempo e

[1447] Marinucci; Dolcini, *Manuale*, p. 160, nm. 4.2.2.

[1448] Pozo, *Droit pénal/2*, p. 42, nm. 123; Marinucci; Dolcini, *Manuale*, p. 160, nm. 4.2.2; Kindhäuser, "Aumento do risco", p. 18-19.

[1449] Sobre a antecipação do resultado, ver Kindhäuser, "Aumento do risco", p. 15.

[1450] Kindhäuser, "Aumento do risco", p. 19-20.

espaço? Isso é o mesmo que atentar para o que realmente causou o resultado e não ao que virtualmente poderia o ter causado.[1451]

O Superior Tribunal Alemão (BGH) condenou por contribuição ao homicídio os médicos que colaboram na elaboração de listas com indicações de doentes mentais para serem levados à morte.[1452] A alegação de que a lista poderia ser feita por qualquer outra pessoa, caso o médico se negasse, não muda a causalidade dos fatos.[1453] O pensamento por hipótese é uma técnica de raciocínio que não tem força de invalidar a efetiva causação no caso concreto.[1454] A decisão do BGH é correta por reconhecer a contribuição causal do médicos nos homicídios e não pelo argumento político-criminal de evitar que crimes graves fiquem sem punição.

4.2. A fórmula da "condição conforme a lei" em substituição da *conditio sine qua non*

Karl Engisch foi provavelmente o mais exitoso penalista no apontamento dos limites da doutrina das condições e da fórmula da *conditio sine qua non*, bem como da necessidade do reconhecimento de leis causais para a correta aplicação da fórmula. Engisch afirma que a fórmula da *conditio sine qua non* pressuporia como causador exatamente "aquilo que deveria ser primeiramente demonstrado como causal".[1455] Essa característica da fórmula impediria a correta identificação da causa do resultado, porque a descoberta da condição necessária para a ocorrência do resultado demanda o prévio reconhecimento de leis causais ou leis naturais.[1456]

[1451] Nesse sentido, MARINUCCI; DOLCINI, *Manuale*, p. 160, nm. 4.2.2; KINDHÄUSER, "Aumento do risco", p. 35-36.

[1452] BGH 1, 321, p. 300.

[1453] BGH 1, 321, p. 300.

[1454] BGH 1, 321, p. 300.

[1455] ENGISCH, *Kausalität als Merkmal*, p. 16.

[1456] ENGISCH, *Kausalität als Merkmal*, p. 16 e 20-21. Stella destaca que Engisch teria recuperado o "conteúdo natural" da causalidade ao afirmar a indispensabilidade do conhecimento de leis causais para a verificação da causalidade (STELLA, *Leggi scientifiche e spiegazione causale*, p. 2 e 11). Em sentido semelhante, GIMBERNAT ORDEIG, "La causalidad en la omisión impropria", p. 46; KORIATH, *Kausalität und objektive Zurechnung*, p. 81.

A proposta de Engisch é a substituição da doutrina das condições pela doutrina da condição conforme a lei.[1457] O "conteúdo da condição conforme a lei" seria dado pelas "leis da natureza" que ligam condutas humanas, acontecimentos posteriores e resultados, segundo as quais determinados elementos precedem a existência de outros.[1458] A definição do conceito de "lei da natureza em sentido mais amplo" é fundamental nessa orientação.[1459] Engisch não define se as leis da natureza são "leis de necessidade ou de probabilidade", mas destaca que devem ser aplicadas com a "maior precisão e rigor possível", considerando o conhecimento existente no momento da apreciação.[1460]

O reconhecimento da causalidade da conduta omissiva ocorre tranquilamente, segundo a compreensão de Engisch.[1461] Para o autor, a existência da causalidade omissiva estaria presente mesmo para os defensores da fórmula lógica da *conditio sine qua non*. Todavia, a explicação demandaria a introdução de uma "noção de força no conceito causal".[1462] Engisch entende corretamente que o conceito de causação excede o parâmetro físico-ativo próprio das "forças reais" e tem fundamento na noção de pertencimento à lei causal.[1463] Toda vez que a conduta omissiva situa-se na reconhecida relação de condicionalidade de resultados conforme a prescrição de uma lei causal, haverá relação de causalidade entre o omitir e o resultado.

A fórmula da condição conforme a lei de Engisch frutifica na ciência jurídica contemporânea, ainda que receba críticas que impedem o seu acolhimento integral.

[1457] ENGISCH, *Kausalität als Merkmal*, p. 13. O pensamento de Engisch é apresentado na doutrina italiana pelo nome "subsunção abaixo das leis", *v.g.*, STELLA, *Leggi scientifiche e spiegazione causale*, p. 1; STELLA, *Giustizia e modernità*, p. 208-210.

[1458] ENGISCH, *Kausalität als Merkmal*, p. 21.

[1459] ENGISCH, *Kausalität als Merkmal*, p. 23.

[1460] ENGISCH, *Kausalität als Merkmal*, p. 23. A necessidade de utilização do melhor conhecimento disponível no momento da realização do direito não autoriza a suposição de que o omitente já sabia algo que se tornou lei científica posteriomente ao fato. A suposição sobre o eventual conhecimento do omitente exige base empírica na forma de indícios.

[1461] ENGISCH, *Kausalität als Merkmal*, p. 29.

[1462] ENGISCH, *Kausalität als Merkmal*, p. 31.

[1463] ENGISCH, *Kausalität als Merkmal*, p. 31 e, depois, ENGISCH, "Das Problem", p. 264 e s.

A primeira crítica diz respeito à natureza da causalidade omissiva que teria contribuição causal diferente da ação. A conduta ativa coloca "em marcha uma energia" que se concretizou no resultado e a conduta omissiva "poderia haver evitado o resultado".[1464] Essa orientação baseada no conceito de causa como força mecânica privilegia a ação de força (parte positiva da lei causal), deixando de compreender a integralidade dos fenômenos causadores e das particularidades da conduta omissiva. O entendimento atinge apenas o reconhecimento da equivalência das partes positiva e negativa da lei causal.

Uma segunda crítica ao método de verificação aponta que a proposta de Engisch pressupõe o conceito de causa como *conditio sine qua non* do resultado.[1465] O procedimento de verificação da condição conforme a lei seria apenas um meio de orientação do juiz na avaliação se a conduta é condição necessária do resultado.[1466] O critério da condição *sine qua non* e o procedimento da condição conforme a lei seriam partes diversas do mesmo fenômeno.[1467]

4.3. A fórmula da *conditio sine qua non* limitada ao conhecimento de leis causais

A fórmula da *conditio sine qua non* busca identificar com rigor lógico se a condição é causa do resultado. É por isso que alguns afirmam se tratar de uma fórmula "vazia"[1468] de substância material, requerendo complementação de conteúdo mediante a verificação empírica do processo de desenvolvimento de fenômenos. A fórmula deve operar com base em leis científicas[1469] ou, ao menos, em "regras de experiência"[1470] para que consiga afirmar o curso de um acontecimento ou a ocorrência da mutação dos estados de determinado fenômeno.

[1464] GIMBERNAT ORDEIG, "La causalidad en la omisión impropria", p. 46.
[1465] STELLA, *Leggi scientifiche e spiegazione causale,* p. 111 e 112.
[1466] STELLA, *Leggi scientifiche e spiegazione causale,* p. 112.
[1467] Stella denomina como as "duas faces da mesma moeda" (STELLA, *Leggi scientifiche e spiegazione causale,* p. 112).
[1468] DONINI, "La causalità omissiva", p. 47.
[1469] KINDHÄUSER, *Strafrecht,* p. 296, nm. 16; MANTOVANI, *Diritto penale,* nm. 58, p. 156-157.
[1470] ENGISCH, *Vom Weltbild,* p. 130; STELLA, *Leggi scientifiche,* p. 127.

Federico Stella conclui, em estudo sobre a proposta substitutiva da fórmula da *conditio sine qua non* pela fórmula da causalidade, conforme a lei feita por Engisch, que ambas as fórmulas apresentam em si visão incompleta da verificação da causalidade. Günther Spendel atacou a proposta de Engisch,[1471] sem atingir efeito cabal, pois Spendel não atentou para a relevância da regularidade das leis causais na delimitação das hipóteses de condições do resultado a serem investigadas.[1472]

O critério da *conditio sine qua non* desempenha papel essencial na avaliação[1473] se a conduta teria sido "contingentemente necessária" para o resultado concreto mesmo na doutrina de Engisch.[1474] A recusa da fórmula da *conditio sine qua non* não é possível, sob pena da perda do direcionamento lógico da pergunta se a conduta é condição necessária para o resultado em concreto. Essas razões levam ao aproveitamento da elucidação da necessidade do conhecimento de leis causais de Engisch, a fim de propor metodologia que reúna a fórmula da *conditio sine qua non* com o conhecimento de leis causais, universais e probabilísticas.[1475] A proposta de verificação da causalidade segundo a fórmula da *conditio sine qua non* limitada ao conhecimento de leis causais atende às peculiaridades das condutas comissivas e omissivas causadoras do resultado.

1471 Spendel, *Die Kausalitätformel der Bedigungstheorie*, p. 89-90.

1472 Stella, *Leggi scientifiche e spiegazione causale*, p. 114-115.

1473 Stella, "La vitalità del modello della sussuzione", p. 68.

1474 Stella, *Leggi scientifiche e spiegazione causale*, p. 112.

1475 Stella, *Leggi scientifiche e spiegazione causale*, p. 107 e 111-112; Stella, *Giustizia e modernità*, p. 208; Stella, "La vitalità del modello della sussuzione", p. 69. No mesmo sentido, especificamente sobre a verificação da causalidade nos crimes omissivos, Kindhäuser, *Strafrecht*, p. 296, nm. 16; Cadoppi; Veneziani, *Elementi di diritto penale*, p. 222; Marinucci; Dolcini, *Codice penale commentato*, p. 396; Mantovani, *Diritto penale*, nm. 58, p. 156-157.

5.

A FÓRMULA DA *CONDITIO SINE QUA NON* LIMITADA AO CONHECIMENTO DE LEIS CAUSAIS NOS CRIMES OMISSIVOS

Há entendimentos que os crimes omissivos impróprios exigiriam a adaptação, "reformulação",[1476] modificação[1477] ou "inversão"[1478] da fórmula da *conditio sine qua non*.[1479] A verdade é que a fórmula não carece de alteração, conforme já apresentado, sendo necessária apenas a superação dos limites compreensivos do paradigma mecânico-essencialista de conduta criminal e do conceito de causa vigente no momento de elaboração da doutrina da equivalência das condições.

O sentido e a utilidade atuais do teste da *conditio sine qua non* superaram o entendimento original de condição como força. A compreensão atual dos fenômenos causais reconhece que as condições dos resultados não se limitam apenas ao desempenho de ações de força.[1480] A fórmula pode ser aplicada a outro contexto fenomenológico para o qual o método segue com as mesmas capacidades explicativas. A fenomenologia do não impedimento da ação como condição do resultado já constava entre os casos para o quais foi proposto o método da eliminação mental.

1476 Marxen, *Kompaktkurs Strafrecht*, p. 220.

1477 Jescheck; Weigend, *Lehrbuch*, nm. 3, p. 619; Kindhäuser, *Strafrecht*, p. 296, nm. 16; Hoyer, "Kausalität und/oder Risikoerhöhung", p. 100.

1478 Foltin, *Grundzüge/1936*, p. 48; Vogel, *Norm und Pflicht*, p. 147. Vogel ainda ressalta com indicação jurisprudencial que a "opinião totalmente dominante" é de que a causação por omissão é apreensível pela fórmula da *conditio sine qua non* (Vogel, *Norm und Pflicht*, p. 147).

1479 Beulke; Bachmann, "Die 'Lederspray Entscheidung'", p. 744.

1480 Engisch, *Kausalität als Merkmal*, p. 31; Engisch, "Das Problem", p. 264 e s.; Puppe, "Erfolg und seine kausale Erklärung", p. 895, 899, 909 e 911; Hilgendorf, "Fragen der Kausalität", p. 564; Roxin, *Strafrecht/2*, § 31, p. 641, nm. 42.

A verificação da causalidade nos crimes omissivos impróprios exige duas fases sucessivas,[1481] que atentam para as duas partes da lei causal: a positiva e a negativa. A primeira fase, voltada à parte positiva, é igual ao procedimento nos crimes comissivos. A eliminação mental da ação busca descobrir se a ação de força foi realmente condição necessária para a ocorrência da ofensa ao bem jurídico. As hipóteses de ações que devem ser testadas pela fórmula como supostamente causadores do resultado não são infinitas, sendo previamente delimitadas pelo conhecimento de leis causais. A etapa subsequente somente se inicia caso seja confirmado que a ação fora necessária para a causação do resultado.

A segunda fase, direcionada à dimensão negativa da lei causal, é própria dos crimes omissivos. A finalidade é descobrir se uma hipótese de ação interventiva não praticada teria impedido o resultado e salvaguardado o bem jurídico. A suposta adaptação da fórmula da *conditio sine qua non* ocorreria nesta fase.

O teste funciona por meio da adição mental de uma ação hipoteticamente capaz de impedir o resultado na descrição do fenômeno causal em concreto.[1482] A ação hipoteticamente devida para evitar o acontecimento concreto decorreria igualmente do prévio conhecimento de leis causais.[1483] Trata-se dos procedimentos de retirada mental da ação que se concretizou no resultado na primeira fase e de adição mental da ação devida que teria impedido o transcurso dessa ação e evitado o resultado na segunda.

5.1. A probabilidade próxima à certeza exigida para a comprovação da causação do resultado

O método de verificação causal dos crimes comissivos requer a certeza de que o resultado não teria ocorrido caso a ação não fosse realizada. Certeza é o coeficiente máximo de probabilidade que é traduzida numericamente como igual a 1 ou 100%.[1484]

[1481] MANTOVANI, *Diritto penale,* nm. 58, p. 156-157.

[1482] FOLTIN, *Grundzüge/1936,* p. 48.

[1483] Por exemplo, em FOLTIN, *Grundzüge/1936,* p. 48.

[1484] WITTGENSTEIN, *Tractatus logico-philosophicus,* número 5.152, p. 49.

O reconhecimento da ontologia da causalidade omissiva poderia aparentar que a exigência de certeza seria igual nos crimes comissivos e omissivos. Assim, a imputação do resultado ao omitente exigira a comprovação de que a conduta devida teria certamente impedido o resultado.[1485]

Todavia, a exigência de probabilidade de 100% (certeza) para comprovação da causalidade da omissão sofre oposições fundadas nas características do fenômeno do omissivo em determinados âmbitos, *v.g.*, o direito penal médico.[1486] Nesse âmbito, alguns destacam a importância dos interesses político-criminais de prevenção da lesão ao bem jurídico e de repressão penal por meio dos crimes omissivos.[1487] A proposta político-criminal seria o alargamento do âmbito de imputação para penalizar condutas seguindo critérios de probabilidade aquém da exigência de certeza.

Trata-se de entendimentos fundados na negativa da ontologia da causalidade omissiva, que reputam a sua natureza apenas como lógica, hipotética, normativa ou irreal. Ao mesmo tempo, a jurisprudência e a ciência penal dominantes em diversos países não aceitam a imputação do crime consumado alicerçada em simples análises de risco em razão do desrespeito à legalidade.[1488]

A questão em aberto é por que os fenômenos ativo e omissivo não seriam verificados com o mesmo rigor se ambos teriam causalidade ontológica. A ocorrência de qualquer resultado natural depende igualmente da ação de uma força e do não impedimento do seu transcurso. A descrição típica das condutas ativa e omissiva está fundada em partes diferentes

1485 Por exemplo, na Alemanha, SCHMIDHÄUSER, *Strafrecht*, p. 236, nm. 76 e, na Itália, AZZALI, "Il problema della causalità", p. 271-272.

1486 Vários autores indicam que não há segurança e, sim, apenas probabilidades no âmbito médico – entre eles, VIGANÒ, "Riflessioni sulla c.d. 'causalità omissiva'", p. 1680. Antes, ressaltando a prevalência de leis estatísticas na biologia, STELLA, *Leggi scientifiche e spiegazione causale*, p. 32.

1487 Por exemplo, GIMBERNAT ORDEIG, "La causalidad en la omisión impropria", p. 71; DIAS, *Direito Penal*, 38º Cap., p. 931, §10.

1488 KAHLO, *Das Problem des Pflichtwidrigkeitszusammenhanges*, p. 306, n. 2; PRITTWITZ, *Strafrecht und Risiko*, p. 327 e ss. e 385 e ss.; BRETTEL; SCHNEIDER, *Wirtschaftsstrafrecht*, 2014, p. 97, nm. 76; DONINI, "La causalità omissiva", p. 39; ROMANO, *Commentario sistemático/1*, p. 377, nm. 42.

da cadeia causal, sendo o agir baseado em uma força e o omitir, no não impedimento do transcurso dessa força.

A resposta da questão não está na natureza da causalidade omissiva e, sim, nos limites de utilização da fórmula da *conditio sine qua non* para verificação da causalidade omissiva. A apuração que a ausência de impedimento permitiu que a ação desembocasse no dano ao bem jurídico é segura depois da ocorrência do resultado. Agora, a afirmação de que a ação disponível ao imputado teria afastado o perigo ao bem jurídico acrescenta uma variável que não permite a mesma segurança.

A pergunta sobre a causação do resultado pela conduta ativa refere-se ao fenômeno ocorrido, tendo apenas uma análise hipotética. A pergunta pela causação do resultado pela conduta omissiva é a verificação da eventual evitabilidade do resultado, incluindo duas análises hipotéticas no teste. A comprovação da omissão inclui duas variáveis: a ação perigosa e a capacidade interventiva do imputado. A introdução da ação hipotética não permite afirmar categoricamente como seria o desenvolvimento do fenômeno perigoso ao bem jurídico. Isto é, qual seria o vetor de força resultante, se seria ainda perigoso ou se estaria afastado do âmbito de tutela do bem jurídico.

O coeficiente de incerteza decorre da impossibilidade de afirmar categoricamente qual será o efeito da aplicação de energia em sistemas altamente complexos. Há atividades nas quais frequentemente falta a cobertura universal das leis científicas capazes de orientar o procedimento de verificação da fórmula da *conditio sine qua non*. Por exemplo, um observador desarmado vê um agressor, acompanhado, agredir fisicamente a vítima. A intervenção do observador eventualmente poderia impedir a continuidade da agressão, todavia não há certeza se a tentativa de salvamento não seria repelida pelos companheiros do agressor.

O método de investigação da causalidade do agir e do omitir convoca igualmente a análise hipotética. A causação por ação tem a delimitação espaço-temporal nas dimensões da energia de força empreendida, portanto, há apenas uma variável que demanda raciocínio hipotético. O resultado não ocorreria na sua concreta forma, caso fosse retirada mentalmente a ação.

Já a causação por omissão tem a mesma delimitação espaço-temporal da ação, sem que a verificação permita atingir sempre a certeza, pois o procedimento de supressão mental do omitir inclui duas variáveis.[1489] A ação que importa investigar é a que teria impedido o resultado ofensivo no contexto concreto. Primeiramente, é necessário averiguar qual ação culminou no resultado ofensivo e, depois, qual ação possível ao imputado o teria evitado. Há duas variáveis que demandam dois raciocínios hipotéticos, por isso se fala em método duplamente hipotético.

A necessidade do raciocínio duplamente hipotético e a incerteza da efetiva proteção do bem jurídico com a conduta disponível ao imputado impede a obtenção do juízo de certeza probatória. É por isso que a comprovação da causalidade deve alcançar o patamar de alta probabilidade próxima à certeza ou de coeficiente numérico próximo de 100%, conforme a jurisprudência e a ciência penal na Alemanha,[1490] Áustria,[1491] Itália,[1492] Portugal[1493] e Brasil.[1494]

[1489] Mantovani, *Diritto penale*, nm. 58, p. 156-157.

[1490] Por exemplo, Jescheck; Weigend, *Lehrbuch*, nm. 4, p. 619; Naucke, *Strafrecht*, §7º, p. 292, nm. 267; Marxen, *Kompaktkurs Strafrecht*, p. 220; Kühl, *Strafrecht*, p. 583, nm. 36; Kindhäuser, *Strafrecht*, p. 296, nm. 14 e 17; Walter, "Vorbemerkungen zu den §§13ff", p. 752, nm. 86; KÜHL, "Vorbemerkung §13", p. 73; Fischer, *Strafgesetzbuch*, p. 91, nm. 4.

[1491] Fabrizy, *Strafgesetzbuch*, p. 32-33, nm. 10.

[1492] A jurisprudência utiliza a expressão "alto grau de credibilidade racional" (Crespi; Forti; Zuccalà, *Commentario breve*, p. 207). A doutrina denomina como "grau elevado de credibilidade racional" (Stella, *Leggi scientifiche e spiegazione causale*, p. 315), "alto grau de probabilidade nos limites da certeza" (Marinucci; Dolcini, *Manuale*, p. 184, nm. 10.5.2, Marinucci; Dolcini, *Codice penale commentato*, p. 401), "probabilidade próxima à certeza" (Cadoppi; Veneziani, *Elementi di diritto penale*, p. 222; Nisco, *Controlli sul mercato finanziario*, p. 307; Summerer, *Causalità ed evitabilità*, p. 131), "doutrina da certeza atenuada" (Blaiotta, *Causalità giuridica*, p. 259) e "elevada probabilidade" (Mantovani, *Diritto penale*, nm. 58, p. 155 e 157), Stella, *Leggi scientifiche e spiegazione causale*, p. 315.

[1493] Veloso, *Apontamentos sobre omissão*, p. 9. Reconhecendo ser essa doutrina e a jurisprudência dominante em diversos países, Leite, *As "posições de garantia"*, p. 102. Em sentido contrário, defendendo uma análise da simples diminuição do risco por um "ponto de vista político-criminal preventivo", Dias, *Direito Penal*, 38º Cap., p. 931, §10.

[1494] D'Avila, *Ofensividade e crimes*, p. 335; Santos, *Direito penal*, p. 202; Tavares, *Teoria dos crimes omissivos*, p. 45.

6.

A FÓRMULA DA *CONDITIO SINE QUA NON* NA INTERRUPÇÃO DO CURSO CAUSAL SALVADOR

O problema da interrupção do curso causal salvador do bem jurídico pode ser resolvido igualmente pela fórmula da *conditio sine qua non*. A solução da questão está no melhor entendimento do fenômeno exemplificável com três casos: (i) o enfermeiro que desliga o aparelho de respiração artificial deixando que o paciente morra, (ii) o diretor que retira os recursos financeiros necessários e urgentes do serviço de manutenção da represa deixando que se rompa, e (iii) o gerente que determina a alteração do procedimento correto de elaboração das notas fiscais para que se diminua pela metade a receita declarada.

Os casos indicam que a proteção do bem jurídico estava em curso antes da interrupção do salvamento causado pela ação do autor, *v.g.*, funcionamento do aparelho de respiração artificial, conservação da barragem, correta elaboração das notas fiscais. O resultado da ação interruptiva do salvamento é o desamparo do bem jurídico diante da fonte de perigo. A frustração da intenção de proteção do bem jurídico ocorre por força da intervenção ativa de terceiro, que permite a ofensa do bem em situação que muito provavelmente não seria caso continuasse o curso salvador.

Igualmente se trata de conduta ativa que interrompe o curso causal, caso seja a mesma pessoa que inicia e interrompe o curso causal, *v.g.*, desligar o aparelho de respiração artificial que ligou, retirar os recursos que havia destinado à conservação da barragem e alterar o correto procedimento de lançamento de notas fiscais que implementou. Ao contrário, a omissão ocorre quando falta a prática da conduta ativa devida em situação que o bem jurídico está em perigo, *v.g.*, não colocar o aparelho de respiração, não destinar os recursos para a conservação, não treinar funcionário para a correta elaboração das notas.

A verificação da causação desses resultados pela *conditio sine qua non* desenvolve-se em duas fases. A primeira é o questionamento se a ação que estava transcorrente teria efetivamente salvado o bem jurídico, por meio do procedimento de adição mental da conduta interrompida. Se adição mental da conduta interrompida indica que o resultado não teria ocorrido em probabilidade muito próxima à certeza,[1495] deve-se afirmar que se estava diante de curso salvador do bem jurídico. A segunda fase é a retirada mental da ação imaginada interruptiva do curso salvador. Se a retirada mental da suposta ação interruptiva impede o acontecimento da interrupção do curso causal na forma que aconteceu, então a ação é efetivamente interruptiva da preservação do bem jurídico. Caso a retirada mental da suposta ação interruptiva não elimina mentalmente a interrupção do curso causal, não se está diante de um caso de interrupção do curso causal.

Conclusões

O estudo sobre o fenômeno causal e os crimes omissivos impróprios permite traçar algumas conclusões sintéticas.

(1) A relevância político-criminal e dogmática do nexo de causalidade tende a ser questionada diante de interesses preventivos ou excessivamente normativizadores da dogmática penal. Mesmo assim, a relação de causalidade permanece fundamental na estruturação e na delimitação do direito penal democrático e justo, fundado no desvalor do resultado, quer se entenda a legitimação do ordenamento penal desde o crime, quer desde a consequência do crime: a pena.

O princípio da ofensividade tem a sua capacidade analítica fortalecida, caso se reconheça a ontologia do liame entre a conduta ofensiva e o resultado ofensivo, prévio à intervenção jurídica. Renunciar ao referencial ontológico cria o perigo da alteração do conceito de crime do art. 13 do CP brasileiro, com a unificação normativa da conduta ao resultado. Por essa razão, a causalidade é um pressuposto da ofensividade (*nulla iuira sine causa*) e orientadora da fragmentariedade penal.

[1495] DIAS, *Direito Penal*, 38º Cap., p. 930, §10.

Igualmente, inexiste justificativa para a punição de uma conduta que não causou o resultado ofensivo, independente da concepção do fundamento ou das finalidades da pena. É injusto atribuir a alguém aquilo para o qual não contribuiu ou fez parte (*nulla imputatio poenali iusta sine causa*), de modo que não há sentido em lhe retribuir algo que não causou. Semelhante situação ocorre em relação às finalidades preventivas da pena, pois a eficiência da prevenção refere-se à realidade fenomênica de algo a ser causado.

O estudo da causalidade penal é necessário por ser característica dos fenômenos criminais, frequentemente utilizada na descrição fática da conduta e dos resultados penalmente proibidos.

(2) A proposta inicial de limitação e de fundamentação da responsabilidade por omissão imprópria ocorreu mediante a exigência de um dever jurídico específico de evitar o resultado com as doutrinas de Westphal, Winckler, Stübel e Feuerbach, entre o final do século XVIII e o início do século XIX. Trata-se da prescrição de determinadas hipóteses penalmente relevantes, sem o aprofundamento e especificação dos elementos de constituição do dever e da forma de imputação do resultado ao omitir.

(3) A necessidade de verificação do nexo de causalidade entre o omitir e o resultado teve lugar apenas nos anos trinta do século XIX, por meio de orientações diversas agrupadas como doutrinas etiológicas da força ativa da causalidade da omissão imprópria. É comum a elas a indicação de um nexo causal oriundo de uma força ativa exterior e imprópria ao omitir. A contribuição categorial oferecida pela causalidade buscava a fundamentação e a orientação do juízo de imputação, concedendo maior racionalidade, garantia e certeza à realização do direito penal diante do perigo de arbítrio judicial.

Esse período deixa, ao menos, dois ganhos compreensivos substanciais. Primeiro, a causalidade é autônoma à existência do dever de agir, podendo-se afirmar, conforme Adolf Merkel, que a instituição do dever de agir reconhece o fenômeno causal, e não que o dever cria o nexo causal. Segundo, o liame causal do fenômeno social pressuposto à incriminação pertence à parte objetiva da descrição do crime. Os elementos subjetivos da conduta são descritos em referência à relevância da causação, sem que se confunda a atitude intelectual e psíquica do autor sobre o nexo causal (elemento objetivo) com ele mesmo.

(4) As doutrinas eminentemente normativas da causalidade apresentam variadas hipóteses igualmente céticas em relação à identificação ontológica do nexo causal da omissão imprópria. Essas orientações utilizam o conceito de causalidade ou apenas de "quase-causalidade" da omissão, baseando-se em elementos diversos com o propósito de criação do vínculo entre o omitir e o resultado para fins de aplicação do direito. Essas doutrinas contribuem com, ao menos, dois ganhos para a compreensão da omissão. Friedrich Haupt esclareceu que as causas penalmente relevantes não são apenas forças mecânicas e, assim, com fundamento na filosofia de Schopenhauer, desvincula o conceito de causa da concepção ativo-essencialista. Para além disso, Sigwart, Haupt, Antolisei destacaram que o poder do omitente sobre o acontecimento também é demonstrado quando ele não faz algo para impedir o resultado.

(5) Entre os primeiros entendimentos que rejeitam a causalidade da omissão imprópria, encontra-se a doutrina da ação esperada, proposta na segunda compreensão de Liszt. Na primeira orientação, constante na edição do seu Manual de 1884, Liszt ensinava que os resultados são sempre causados por uma soma de antecedentes de igual importância, o que não impede a seleção pelo observador de apenas algum deles conforme os seus interesses e as suas finalidades. Nesse período, Mezger explicou o juízo axiológico de desvalor da conduta omissiva, existente socialmente mesmo antes da instituição do ilícito pelo direito.

Depois, seguiram-se orientações ainda mais normativas, a exemplo da doutrina da diminuição do risco de Roxin e de Stratenwerth e a da imputação de Jakobs.

(6) A análise da lei causal mecânica manifesta a existência de três elementos: a força, a ausência da força impeditiva e o resultado produzido. Todos os componentes são ontológica e logicamente capitais na descrição integral do fenômeno causador. A causalidade do agir e do omitir se referem à mesma lei causal, sendo apenas contribuições diferentes de cada conduta para o resultado.

A descrição da causação do resultado no tipo penal pode tanto proibir a conduta ativa (empreendimento de força), quanto a omissiva falta de empreendimento da força impeditiva do resultado. A atenção estritamente no elemento ativo não permite compreender a integralidade do fenômeno causal e acaba por confundir a natureza ontológica do nexo causal omissivo com a metodologia hipotética de verificação da causalidade omissiva.

(7) A conduta omissiva geral é fundada em um juízo de desvalor da violação de mandamento cultural de agir – *v.g.*, moral, ético, religioso – que antecede o reconhecimento jurídico-penal. O conteúdo do mandamento cultural de agir sustenta-se na observação da causação de resultado desvalioso, devido à inação quando era necessário agir. Especificamente a conduta omissiva penal caracteriza-se por seis elementos: (i) pessoa destinatária da norma, (ii) mandamento de agir previsto em norma preceptiva de natureza geral, (iii) concreta capacidade de agir do destinatário, (iv) hipótese de incidência do dever de agir ou situação em que surge a obrigação em concreto, (v) inobservância do mandamento de agir, quando faticamente possível e normativamente obrigatório, e (vi) resultado ofensivo decorrente da conduta omissiva.

(8) A investigação da causalidade mediante a fórmula da *conditio sine qua non* limitada pelo conhecimento de leis científicas oferece unidade e maior harmonia à doutrina da imputação penal, por meio de um método comum à comissão e à omissão penais. Cada uma das condutas está apoiada em uma parcela da lei causal, quer na força ativa, quer na ausência de impedimento da força ativa. O método de verificação causal de ambas as condutas convoca um juízo de natureza hipotética. O procedimento de verificação do crime comissivo é hipotético, ao passo que o dos crimes omissivos é duplamente hipotético, envolvendo duas perguntas sequenciais: (i) se um curso causal ativo perigoso acarretou o resultado, e (ii) se a ação omitida poderia ter interrompido o curso causal perigoso.

A exigência mínima para a imputação do resultado à conduta omissiva deve ser de altíssima probabilidade próxima à certeza, pois o método não permite sempre obter segurança absoluta na resposta à pergunta se a ação hipotética teria evitado o resultado.

REFERÊNCIAS

1. ALLEN, Michael J., *Textbook on criminal law*, 11º ed., Oxford: Oxford University Press, 2011.
2. ALMEIDA, Custódio Luís Silva de, "Hermenêutica e dialética, Hegel na perspectiva de Gadamer", *Hermenêutica filosófica: nas trilhas de Hans-Georg Gadamer*, Porto Alegre: Edipucrs, 2000, p. 61-116.
3. ALMENDINGEN, Ludwig Harscher, *Darstellung der rechtlichen Imputation*, Giesen: Tasché und Müller, 1803.
4. ALONSO, Marcelo; FINN, Edward, *Física*, Trad. Maria Alice Gomes da Costa, Maria de Jesus Vaz de Carvalho, Madrid: Pearson Educación, 1999.
5. AMARAL NETO, Francisco dos Santos, *Direito civil brasileiro: introdução*, Rio de Janeiro: Forense, 1991.
6. AMBOS, Kai, "100 Jahre Belings „Lehre vom Verbrechen": Renaissance des kausalen Verbrechensbegriffs auf internationaler Ebene?", *Zeitschrift für Internationale Strafrechtsdogmatik*, 2006, v. 10, p. 464-471.
7. ______, *Internationales Strafrecht, Strafanwendungsrecht, Völkerstrafrecht, europäisches Strafrecht; ein Studienbuch*, 2ºed., München: Beck, 2008.
8. ANDRADE, Manuel da Costa, "A 'dignidade penal' e a 'carência de tutela penal' como referências de uma doutrina teleológico-racional do crime", *Revista Portuguesa de Ciência Criminal*, Lisboa: Editorial Aequitas, 1992. a. 2, f. 2, p. 173-205.
9. ______, "A fraude fiscal – dez anos depois – ainda um 'crime de resultado cortado'", *Direito penal económico e europeu, Textos doutrinários*, Coimbra: Coimbra Editora, 2009. v. 3. p. 255-291.
10. ANTOLISEI, Francesco, *L' azione e l'evento nel reato*, Milano: Ed. Scientifico, 1928.
11. ______, *L' offesa e il danno nel reato*, Bergamo: Ist. Ital. d'Arti Grafiche, 1930.
12. ______, *Manuale di diritto penale, Parte generale*, Milano: Giuffrè, 1947.
13. ______, *Il rapporto di causalità nel diritto penale*, Torino: G. Giappichelli editore, 1960.

14. ANTUNES, Maria João, "A responsabilidade criminal das pessoas colectivas entre o direito penal e o novo direito penal", *Direito penal económico e europeu, textos doutrinários,* Coimbra: Coimbra Editora, 2009, v. 3, p. 457-459.
15. AQUINO, Tomás de, *La Somma Teologica, Primeira parte, La dottrina sacra, Dio uno e trino, La creazione, Gli esseri corporei, L'uomo, Il governo divino,* Trad. da redação da Edizioni Studio Domenicano, Bologna: Edizioni Studio Domenicano, 1996, v. 1.
16. ______, *Summa contra los gentiles,* edição bilíngue dirigida por Laureano Roles Carcedo, Madrid: Biblioteca de autores cristianos, 2007, v.1.
17. ASCENÇÃO, José de Oliveira, *Acção finalista e nexo causal,* Lisboa: Faculdade de Direito, 1956.
18. ASHWORTH, Andrew, *Principles of criminal law,* 6º Ed., Oxford: University Press, 2009.
19. ÁVILA, Humberto, *Teoria dos princípios, da definição à aplicação dos princípios jurídicos,* 16º ed., São Paulo: Malheiros, 2015.
20. AZZALI, Giampiero, "Il problema della causalità nel diritto penale", *L'indice penale,* Padova: Cedam, 1993, a. 27, n. 2, p. 249-272.
21. BACIGALUPO, Enrique, *Delitos impropios de omisión,* Madrid: Dykinson, 2005.
22. BACON, Francis, *Novum Organum Scientiarum,* Venetiis: Typis Gasparis Girardi, 1762.
23. BAR, Carl Ludwig, *Die Lehre vom Causalzusammenhange im Rechte, besonders im Strafrechte,* Leipzig: Tauchnitz, 1871.
24. ______, *Gesetz und Schuld im Strafrecht, Fragen des geltenden deutschen Strafrechts und seiner Reform, Die Schuld nach dem Strafgesetze,* Berlin, 1907, v. 2.
25. BARATTA, Alessandro, *Positivismo giuridico e scienza del diritto penale: aspetti teoretici e ideologici dello sviluppo della scienza penalistica tedesca dall'inizio del secolo,* (Reimpressão edição de 1933), Milano: Giuffrè, 1966.
26. BARBOSA, Ana Mafalda Castanheira Neves de Miranda, *Do nexo de causalidade ao nexo de imputação, contributo para a compreensão da natureza binária e personalística do requisito causal ao nível da responsabilidade civil extracontratual,* Cascais: Principia editora, 2013, v.1.
27. BAUMANN, Jürgen, *Derecho penal, conceptos fundamentales y sistema,* Trad. Conrado Finzi (4º ed. Alemã de 1972) Buenos Aires: Depalma, 1973.
28. ______, *Grundbegriffe und System des Strafrechts, eine Einführung in die Systematik an Hand von Fällen,* 5º ed., Stuttgart: W. Kohlhammer, 1979.
29. BAUMANN, Jürgen; WEBER, Ulrich; MITSCH, Wolfgang, *Strafrecht, Allgemeiner Teil, Lehrbuch,* 11ºed., Bielefeld: Gieseking, 2003.

30. BECCARIA, Cesare, *Dos delitos e das penas*, Trad. José de Faria Costa, 3ºed, Lisboa: Fundação Calouste Gulbenkian, 2009.
31. BELING, Ernst von, *Die Lehre vom Verbrechen*, Tübingen: Mohr, 1906.
32. BENESON, Walter; HARRIS, John; STOCKER, Horst; LUTZ, Holger, *Handbook of physics*, Springer: New York, 2001.
33. BERNER, Albert Friedrich, *Lehrbuch des deutschen Strafrechtes*, 16º ed., Leipzig: Tauchnitz, 1891.
34. BETTIOL, Giuseppe, *Diritto penale, Parte generale*, 11º ed., Padova: CEDAM, 1982.
35. BEULKE, Werner; BACHMANN, Gregor, "Die'Lederspray Entscheidung' BGHSt 37, 106", *Juristische Schulung, Zeitschrift für Studium und Ausbildung*, München: Beck Verlag, 1992, p. 737-744.
36. BINDING, Karl, *Die Normen und ihre Übertretung, eine Untersuchung über die rechtmäßige Handlung und die Arten des Deliktes, Normen und Strafgesetze*, Leipzig: Engelmann, 1916, v. 1.
37. ______, *Die Normen und ihre Übertretung, eine Untersuchung über die rechtmäßige Handlung und die Arten des Deliktes, Zurechnungsfähigkeit, Schuld, Vorsatz, Irrtum*, Leipzig: Engelmann, 1914, v. 2, 1º parte.
38. BINNS, Martin, *Inus-Bedingung und strafrechtlicher Kausalbegriff, J. L. Mackies Kausalanalyse und ihre Übertragung auf das Strafrecht*, Baden-Baden: Nomos Verlag Gesellschaft, 2001.
39. BLAIOTTA, Rocco, *Causalità Giuridica*, Torino: G. Giappichelli editore, 2010.
40. BONUCCI, Alessandro, "Volontarietà e causalità nell'omissione colposa", *Rivista Penale*, Torino: Editrice torinense, 1919, p. 193-216.
41. BOYÉ, Adolf, *Über das Commissivdelikt durch Unterlassung*, Erlangen: dissertação universitária, 1893.
42. BRETTEL, Hauke; SCHNEIDER, Hendrik, *Wirtschaftsstrafrecht*, Baden-Baden: Nomos, 2014.
43. BRITO, José Inácio Climaco de Souza e, *Estudos para a dogmática do crime omissivo*, Lisboa: Policopiado, 1965.
44. BRONZE, Fernando José, *Pensamento jurídico (teoria da argumentação), Relatório com a justificação, o sentido, " [...]o programa, os conteúdos e os métodos do ensino [...] da disciplina [...]"*, Coimbra: s.e., 2003.
45. ______, "Alguns marcos do século na história do pensamento metodológico-jurídico", *Boletim da Faculdade de Direito, Volume comemorativo*, Coimbra: Coimbra editora, 2003, p. 151-177.
46. ______, *Lições de Introdução ao Direito*, 2º ed., Coimbra: Coimbra Editora, 2006.

47. BURI, Maximilian, "Zur Lehre von der Tödtung", *Archiv für gemeines deutsches und für preußisches Strafrecht*, Berlin: Decker, 1863, v. 11, p. 753-765 e 797-806.
48. ______, "Zur Lehre von der Tödtung", *Archiv für gemeines deutsches und für preußisches Strafrecht*, Berlin: Decker, 1864, v. 12, p. 1-10.
49. ______, "Ueber die Begehung der Verbrechen durch Unterlassung", *Der Gerichtssaal*, Erlangen: Verlag von Ferdinand Enke, 1869, v. 21, p. 189-218.
50. ______, "Über Theilnahme am Verbrechen mit Beurtheilung von Th. R. Schüze Prof. d. R. zu Kiel: die nothewendige Theilnahme am Verbrechen Leipzig 1869", *Der Gerichtssaal*, Erlangen: Verlag von Ferdinand Enke, 1870, v. 22, p. 1-53, 81-123, 221-244, 275-288.
51. ______, "Die Mitthätherschaft im Sinne des deutschen Strafgesetzbuchs", *Der Gerichtssaal*, Erlangen: Verlag von Ferdinand Enke, 1873, v. 25, p. 237-255.
52. ______, *Über Causalität und deren Verantwortung*, Leipzig: Gebhardt, 1873.
53. ______, "Ueber Begehung von Verbrechen durch Unterlassung", *Der Gerichtssaal*, Stuttgart: Verlag von Ferdinand Enke, 1875, v. 27, p. 25-33.
54. ______, "Zur Lehre von der Theilnahme am Verbrechen", *Archiv für gemeines deutsches und für preußisches Strafrecht*, Berlin: Decker, 1876, v. 24, p. 89-92.
55. ______, "Über die Kausalität der Unterlassung", *Zeitschrift für die gesamte Strafrechtwissenschaft*, Berlim: Verlag von J. Guttentag, 1881, v.1, p. 400-413.
56. ______, "Zur Kausalitätsfrage" In: BURI, Maximilian, *Beiträge zur Theorie des Strafrechts und zum Strafgesetzbuche, Gesammelt Abhandlungen*, 1894, p. 69-89.
57. ______, "I. Willensfreiheit. II. Unterlassung. III. Causalität und Theilnahme", *Der Gerichtssaal*, Erlangen: Verlag von Ferdinand Enke, 1899, v. 56, p. 418-472.
58. CADOPPI, Alberto, *Il reato omissivo próprio, Profili dogmatici, comparatistici e de legge ferenda*, Padova: Cedam, 1988, v.1.
59. CADOPPI, Alberto; VENEZIANI, Paolo, *Elementi di diritto penale, parte generale*, 3º ed., Padova: Cedam, 2007.
60. CAEIRO, Pedro, "Comentários ao crime de sabotagem" In: DIAS, Jorge de Figueiredo, *Comentários conimbricense do código penal*, Coimbra: Coimbra Editora, 1999, t. 3, p. 232-238.
61. CANOTILHO, José Joaquim Gomes, "Teoria da legislação geral e teoria da legislação penal", *Boletim da Faculdade de Direito de Coimbra*, Coimbra: Coimbra Editora, 1984, p. 827-858.
62. ______, "Os impulsos modernos para uma teoria da legislação", *Legislação, Cadernos de ciência da legislação*, Oeiras, 2001, n.1, p. 7-14.

63. CARBONNIER, Jean, *Droit civil, Les obligations*, Paris: Presses Universistaires de France, 1982, v. 4.
64. CARNELUTTI, Francesco, *Lezioni di diritto penale, Il reato*, Milano: Giuffré, 1943, v.1.
65. ______, *Teoria generale del diritto*, 3º ed, Roma: Foro italiano, 1951.
66. CARRARA, Francesco, *Programma del corso di diritto criminale, Parte especiale*, (reimpressão pela *Nabu public domains reprint*), Lucca: Tipografia di B. Canovetti, 1864, v.1.
67. ______, *Programma del corso di diritto criminale, Parte generale*, 11º ed., Firenze: Fratelli Cammelli, 1924.
68. CARVALHO, Américo Taipa de, *Direito Penal, Parte Geral, Questões fundamentais, Teoria geral do crime*, 2º ed., Coimbra: Coimbra editora, 2008.
69. CLEMENS, Otto, *Die Unterlassungsdelikte im deutschen Strafrecht von Feuerbach bis zum Reichsstrafgesetzbuch*, Breslau: Schletter, 1912.
70. COLES, Peter, *From cosmos to chaos, The science of unpredictability*, Oxford: Oxford University Press, 2006.
71. CORREIA, Eduardo, *A teoria do concurso em direito criminal, unidade e pluralidade de infrações*, Coimbra: Livraria atlântica, 1945.
72. ______, *Código penal, Projecto da parte geral, Actas das sessões da comissão revisora do código penal I-II*, Separata do boletim do ministério da justiça, 1963.
73. ______, "A influência de franz v. liszt sobre a reforma penal portuguesa", *Boletim da Faculdade de Direito da Universidade de Coimbra*, Coimbra: Coimbra editora, 1971, v. 46, p. 5-38.
74. COSTA, José de Faria, *A caução de bem viver, um subsídio para o estudo da evolução da prevenção criminal*, Coimbra: Coimbra editora, 1980.
75. ______, *O perigo em Direito Penal*, Coimbra: Coimbra Editora, 1992.
76. ______, "Omissão (reflexões em redor da omissão imprópria)", *Boletim da Faculdade de Direito*, Coimbra: Coimbra editora, 1996, v. 72, p. 391-402.
77. ______, "A responsabilidade jurídico-penal da empresa e dos seus órgãos (ou uma reflexão sobre a alteridade nas pessoas colectivas, à luz do direito penal)", *Direito penal económico e europeu, Textos doutrinários*, Coimbra: Coimbra Editora, 1998, v.1, p. 501-517.
78. ______, "Construção e interpretação do tipo legal de crime à luz do princípio da legalidade duas questões ou um só problema?", *Revista de legislação e jurisprudência*, Coimbra: Coimbra editora, 2002, nº. 3933, p. 354-364.

79. ______, "Ilícito-típico, resultado e hermenêutica (ou o retorno a limpidez do essencial)", *Revista Portuguesa de Ciência Criminal*, Coimbra: Coimbra Editora, 2002, a. 12, f. 1, p. 7-23.

80. ______, "O direito, a fragmentaridade e o nosso tempo" In: COSTA, José de Faria, *Linhas de direito penal e de filosofia, Alguns cruzamentos reflexivos*, Coimbra: Coimbra editora, 2005, p. 9-26.

81. ______, "Um olhar doloroso sobre o direito penal (ou o encontro inescapável do homo dolens, enquanto corpo-próprio, com o direito penal)" In: COSTA, José de Faria, *Linhas de direito penal e de filosofia, alguns cruzamentos reflexivos*, Coimbra: Coimbra editora, 2005, p. 69-91.

82. ______, "Consenso, verdade e direito penal" In: COSTA, José de Faria, *Linhas de direito penal e de filosofia, alguns cruzamentos reflexivos*, Coimbra: Coimbra editora, 2005, p. 93-104.

83. ______, "O fim da vida e o direito penal" In: COSTA, José de Faria, *Linhas de direito penal e de filosofia, Alguns cruzamentos reflexivos*, Coimbra: Coimbra editora, 2005, p. 105-161.

84. ______, "Uma ponte entre o direito penal e a filosofia penal: um lugar de encontro sobre o sentido da pena" In: COSTA, José de Faria, *Linhas de Direito Penal e de Filosofia, Alguns Cruzamentos Reflexivos*, Coimbra: Coimbra editora, 2005, p. 205-235.

85. ______, "Poder e Direito Penal (atribulações em torno da liberdade e da segurança)", *Revista de legislação e jurisprudência*, Coimbra: Coimbra editora, 2007, nº 3942, p. 151-158.

86. ______, "Ler Beccaria hoje" In: BECCARIA, Cesare, *Dos delitos e das penas*, Trad. José de Faria Costa, 3ºed, Lisboa: Fundação Calouste Gulbenkian, 2009, p. 5-27.

87. ______, "Bioética e direito penal. Reflexões possíveis em tempos de incerteza" In: ANDRADE, Manuel da Costa, *Estudos em homenagem ao Prof. Doutor Jorge de Figueiredo Dias*, Coimbra: Coimbra Ed., 2010, p. 109-125.

88. ______, "O direito penal, a linguagem e o mundo globalizado. Babel ou esperanto universal?", In: D'AVILA, Fabio, *Direito penal e política criminal no terceiro milênio: perspectivas e tendências*, Porto Alegre: Edipucrs, 2011, p. 11-24.

89. ______, *Noções fundamentais de direito penal, Fragmenta iuris poenalis*, 3º ed., Coimbra: Coimbra Editora, 2012.

90. ______, "Causality and reasoning", *Boletim da faculdade de direito*, Coimbra: Universidade de Coimbra, 2012, v. 88, t. 1, p. 55-64.

91. COSTA, Maria Margarida Ramalho; ALMEIDA, Maria José Marques de, *Fundamentos da física*, Coimbra: Almedina, 1993.
92. COSTA, Mário Júlio de Almeida, *Direito das obrigações*, 2º ed., Coimbra: Atlântida Editora, 1975.
93. ______, *História do direito português*, 5º ed., Coimbra: Almedina, 2012.
94. COSTA JÚNIOR, Paulo José da, *Nexo causal*, 2.ed., São Paulo: Malheiros, 1996.
95. COSTA E SILVA, Antonio José da, *Código penal dos estados unidos do Brasil commentado (reimpressão da versão fac-similiar de 1930)*, Brasília: Senado Federal, 2004.
96. CUADRADO RUIZ, María Ángeles, "La comisión por omisión como problema dogmático", *Anuario de derecho penal y ciencias penales*, Madrid: Publicaciones del Instituto Nacional de Estudios Juridicos, 1997, v. 50, p. 387-456.
97. CUNHA, Damião da, "Algumas reflexões críticas sobre a omissão imprópria no sistema penal português" In: ANDRADE, Manoel da Costa; COSTA, José de Faria; RODRIGUES, Anabela de Miranda; ANTUNES, Maria João, *Lieber discipulorum para Jorge de Figueiredo Dias*, Coimbra: Coimbra Editora, 2003, p. 431-539.
98. CUNHA, Maria Conceição Ferreira da, *Vida contra vida: conflitos existenciais e limites do direito penal*, Coimbra: Coimbra Editora, 2009.
99. ______, "Das omissões lícitas no exercício da medicina (tratamento inútil)" In: COSTA, José de Faria; GODINHO, Inês, *As novas questões em torno da vida e da morte em direito penal, Uma perspectiva integrada*, Coimbra: Coimbra Editora, 2010, p. 79-123.
100. CRESPI, Alberto; FORTI, Gabrio; ZUCCALÀ, Giuseppe, *Commentario breve al Codice penale, complemento giurisprudenziale*, 14º ed., Padova: Cedam, 2013.
101. D'AVILA, Fabio Roberto, *Ofensividade e crimes omissivos próprios (contributo à compreensão do crime como ofensa ao bem jurídico)*, Coimbra: Coimbra Editora, 2005.
102. _____, "O inimigo no direito penal contemporâneo, algumas reflexões sobre o contributo crítico de um direito penal de base onto-antropológica" In: GAUER, Ruth Maria Chittó, *Sistema penal e Violência*, Rio de Janeiro: Lumen Juris, 2006, p. 95-108.
103. _____, "Aproximações à teoria da exclusiva proteção de bens jurídicos no direito penal contemporâneo", *Revista Brasileira de Ciências Criminais*, São Paulo: Revista dos Tribunais, 2009, v. 80, p. 7-34.
104. _____, *Ofensividade em direito penal, escritos sobre a teoria do crime como ofensa a bens jurídicos*, Porto Alegre: Livraria do Advogado, 2009.

105. D'AVILA, Fabio Roberto; MACHADO, Tomás Grings, "Primeiras linhas sobre o fundamento onto-antropológico do direito penal e sua ressonância em âmbito normativo", *Revista de Estudos Criminais*, Sapucaia do Sul: Iob Síntese, 2012, v. 37, p. 83-98.

106. DELITALA, Giacomo, *Il "fatto" nella teoria generale del reato*, Padova: Cedam. 1930.

107. DESPORTES, Frédéric; LE GUNEHEC, Francis, *Droit pénal général*, 16º ed., Paris: Economica, 2009.

108. DEZZA, Ettore; SEMINARA, Sergio; VORMBAUM, Thomas, *Moderne italienische Strafrechtsdenker*, Berlin: Springer-Verlag, 2012.

109. DIAMANTI, Francesco, "Nota a Corte di Cassazione, Sezioni Unite Penali, Udienza 22 novembre 2011 (DEP, 28 maggio 2012), Mortola/De Genaro", *Cassazione Penale, Rivista mensile di giurisprudenza*, Milano: Giuffrè editore, 2011, v. 13, p. 3449-3472.

110. DI GIOVINE, Ombretta, "Lo epistemologico della causalità penale tra cause sufficiente e condizioni necessarie", *Rivista italiana di diritto e procedura penale*, Milano: Dott. A. Giuffrè editore, 2002, p. 634-688.

111. DIAS, Augusto Silva, *"Delicta in se" e "Delicta mere prohibita", uma análise das descontinuidades do ilícito penal moderno à luz da reconstrução de uma distinção clássica*, Coimbra: Coimbra Ed., 2008.

112. DIAS, Jorge de Figueiredo, *O problema da consciência da ilicitude em direito penal*, 5º ed., Coimbra: Coimbra editora, 2000.

113. ______, *Direito processual penal*, Coimbra: Coimbra Editora, 2004.

114. ______, *Direito Penal, Parte Geral, Questões fundamentais da doutrina do crime*, 2º ed., Coimbra: Coimbra editora, 2007, t. I.

115. ______, "A 'ajuda à morte': uma consideração jurídico-penal", *Revista de Legislação e Jurisprudência*, Coimbra: Coimbra editora, 2008, n. 3949, p. 202-215.

116. DIAS, Jorge de Figueiredo; ANDRADE, Manuel da Costa, *Criminologia, O homem delinqüente e a sociedade criminógena*, Coimbra: Coimbra editora, 1997.

117. DÍEZ-PICAZO, Luis, *Fundamentos del derecho civil patrimonial, Introducción, teoria del contrato, las relaciones obligatorias*, Madrid: Ed. Civitas, 1979, v, 1.

118. DOMINIONI, Oreste, "Imputazione (diritto processuale penale)" In: *Enciclopedia del diritto*, v. XX, Milano: Giuffrè editore, 1970, p. 818-838.

119. DONINI, Massimo, *Illecito e colpevolezza nell' imputazione del reato*, Milano: Giuffrè, 1991.

120. ______, "La causalità omissiva e l'imputazione 'per l'aumento del rischio': significato teórico e pratico delle tendenze attuali in tema di accertamenti eziologici probabbilistici e decorsi causali ipotetici", *Rivista italiana di diritto e procedura penale*, Milano: Giuffrré editore, 1999, a. 42, n.1, p. 32-85.

121. ______, *Imputazione oggettiva dell'evento, 'nesso di rischio' e responsabilità per fatto proprio*, Torino: G. Giappichelli editore, 2006.

122. ______, "Il garantismo della 'conditio sine qua non' e il prezzo del suo abbandono contributo all'analisi dei rapporti tra causalità e imputazione" In: *Studi in onore di Mario Romano*, Napoli: Jovene, 2011, v. 2, p. 917-962.

123. DONNA, Edgardo Alberto, "Prólogo" In: GIMBERNAT ORDEIG, Enrique, *La causalidad en la omisión impropia y la llamada "omisión por comisión"*, Buenos Aires: Rubinzal – Culzoni, 2003.

124. DOPICO GÓMEZ-ALLER, Jacobo, *Omisión y injerencia en derecho penal*, Valencia: Tirant lo blanch, 2006.

125. DOTTI, René Ariel, *Curso de direito penal, parte geral*, 4º ed., São Paulo: Revista dos Tribunais, 2012.

126. ELLIOTT, Catherine; QUINN, Frances, *Criminal Law*, 7º ed., Malaysia: Longman, 2008.

127. ENGAU, Johann Rudolph, *Elementa iuris criminalis germanico-carolini*, Ienae: Sumtibus vidvae Chroekerianae, 1738.

128. ENGISCH, Karl, *Die Kausalität als Merkmal der strafrechtlichen Tatbestände*, Tübingen: J.C.B. Mohr (Paul Siebeck), 1931.

129. ______, "Der Artz im Strafrecht. (Bemerkungen zu dem gleichnamigen Buche von Dr. Eberhard Schmidt)", *Monatsschrift für Kriminalbiologie und Strafrechtsreform*, Nendeln: Kraus reprint, 1939, a. 30, p. 414-429.

130. ______, *Vom Weltbild des Juristen*, Heidelberg: Winter, 1950.

131. ______, "Die normativen Tatbestandselemente im Strafrecht" In: ENGISCH, Karl; MAURACH, Reinhart, *Festschrift für Edmund Mezger zum 70. Geburtstag, 15. 10. 1953*, München: Beck, 1954, p. 127-163.

132. ______, "Das Problem der psychischen Kausalität beim Betrug" In: WELZEL, Hans, *Festschrift für Hellmuth von Weber*, Bonn: Ludwig Rohrscheid Verlag, 1963, p. 247-270.

133. ______, *Introdução ao pensamento jurídico*, Trad. João Baptista Machado, 10º ed., Lisboa: Fundação Calouste Gulbenkian, 2008.

134. *Entwurf eines deutschen Strafgesetzbuchs mit Begründung*, Berlin-Tegel: Strafgefängnis, 1936.

135. EHRHARDT, Anne, *Unternehmensdelinquenz und Unternehmensstrafe, Sanktionen gegen juristische Personen nach deutschem und US-amerikanischem Recht*, Berlin: Duncker und Humblot, 1994.
136. FEINBERG, Joel, *Harm to others, The moral limits of the criminal law*, New York: Oxford University Press, 1984.
137. FERREIRA, Manuel Cavaleiro de, *Da participação criminosa*, Lisboa: Oficinas gráficas, 1934.
138. _____, *A tipicidade na técnica do direito penal*, Lisboa: Imprensa Lucas, 1935.
139. _____, *Lições de direito penal*, Publicadas por Carmindo Ferreira e Henrique Lacerda, 2º ed. Lisboa: Oficinas gráficas da ribeira de pera, 1945.
140. _____, *Lições de direito penal português, Parte geral*, 4º ed., Lisboa: Ed. Verbo, 1992, v. 1.
141. FEUERBACH, Paul Johann Anselm, *Lehrbuch des gemeinen in Deutschland geltenden peinlichen Rechts*, Giessen: Heyer, 1801.
142. _____, *Lehrbuch des gemeinen in Deutschland gültigen Peinlichen Rechts*, 3ºed., Giessen: Heyer, 1805.
143. _____, *Lehrbuch des gemeinen in Deutschland gültigen peinlichen Rechts*, 4.ed. Giessen: Heyer, 1808.
144. FIANDACA, Giovanni, *Il reato commissivo mediante omissione*, Milano: Giuffrè, 1979.
145. _____, "Omissione (Diritto Penale)" In: SACCO, Rodolfo, *Digesto delle discipline penalistiche*, 4º ed., Torino: UTET, 1994, v. 8, p. 546-557.
146. _____, "Riflessioni problematische tra causalità e imputazione obiettiva", *L' indice penale*, Padova: Cedam, 2006, p. 945-963.
147. FIANDACA, Giovanni; MUSCO, Enzo, *Diritto penale, Parte generale*, Bologna: Zanichelli, 6º ed., 2014.
148. FIERRO, Guillermo Julio, *Causalidad e imputación, Caso fortuito, imputación objetiva, tentativa, delito de omisión culposos y preterintencionales*, Buenos Aires: Ed. Astrea, 2002.
149. FINGER, August, *Lehrbuch des Deutschen Strafrechts*, Berlin: Heymann, 1904.
150. FISCHER, Thomas, *Strafgesetzbuch und Nebengesetze (Auflage des von Otto Schwarz begründeten, in der 23. bis 37. Auflage von Eduard Dreher und in der 38. bis 49. Auflage von Herbert Tröndle bearbeiteten Werks)*, 59º ed., München: Beck, 2012.
151. FLETCHER, George P., *Basic concepts of criminal law*, New York: Oxford University Press, 1998.
152. _____, *Rethinking criminal law*, Oxford: Oxford University Press, 2000.

153. FLÓSCULO DA NÓBREGA, J., *Introdução ao direito*, Rio de Janeiro: José Konfino Editor, 1954.

154. FOLTIN, Edgar, *Grundzüge des tschechoslowakischen Strafrechtes, Allgemeiner Teil*, Praga: Calve, 1936.

155. FABRIZY, Ernst Eugen, *Strafgesetzbuch, StGB samt ausgewählten Nebengesetzen; Kurzkommentar; mit einer Einführung und Anmerkungen unter Berücksichtigung der Rechtsprechung des Obersten Gerichtshofes und des Schrifttums*, 10ºed (aufgrund der von Egmont Foregger mitgestalteten 1. bis 7. Aufl.), Wien: Manz, 2010.

156. FREUND, George, *Erfolgsdelikt und Unterlassen: zu den Legitimationsbedingungen von Schuldspruch und Strafe*, Bonn: Heymann, 1992.

157. ______, *Strafrecht, Allgemeiner Teil, Personale Straftatlehre*, 2º ed. Berlin: Springer Verlag, 2009.

158. GADAMER, Hans-Georg, "Da palavra ao conceito" In: ALMEIDA, Custódio Luís Silva de, *Hermenêutica filosófica: nas trilhas de Hans-Georg Gadamer*, Porto Alegre: Edipucrs, 2000, p. 13-26.

159. GALLAS, Wilhelm, "Pflichtenkollision als Schuldausschließungsgrund", In: ENGISCH, Karl; MAURACH, Reinhart, *Festschrift für Edmund Mezger zum 70. Geburtstag, 15. 10. 1953*, München: Beck, 1954, p. 311-334.

160. ______, "Zum gegenwärtigen Stand der Lehre vom Verbrechen", *Zeitschrift für die gesamte Strafrechtswissenschaft*, Berlin: De Gruyter, 1955, v. 67, p. 1-47.

161. ______, *Studien zum Unterlassungsdelikt*, Heidelberg: v. Decker u. Müller, 1989.

162. GALLO, Marcello, *La teoria dell'azione 'finalistica', nella più recente dottrina tedesca*, Milano: Dott. A. Giuffrè editore, 1950.

163. ______, *Appunti di diritto penale, Il reato, La fattispecie oggettiva*, Torino: Giappichelli, 2007.

164. GAND, Maurice, *Du délit de commission par omission, Essai de théorie pénale*, Paris: Arthur Rousseau éditeur, 1900.

165. GARGANI, Alberto, *Dal corpus delicti al tatbestand, Le origini della tipicità penale*, Milano: Giuffrè, 1997.

166. GAUER, Ruth Maria Chittó, *A modernidade portuguesa e a reforma pombalina de 1772*, Porto Alegre: Edipucrs, 1996.

167. GEORGAKIS, Jannis, *Hilfspflicht und Erfolgsabwendungspflicht im Strafrecht*, Leipzig: Weicher, 1938.

168. GEYER, August, *Erörterungen über den allgemeinen Thatbestand der Verbrechen nach österreichischem Recht*, Innsbruck: Wagner, 1862.

169. ______, *Grundriss zu Vorlesungen über gemeines deutsches Strafrecht. Einleitung und allgemeiner Theil*, Ackerman: Keip, 1884. v. 1.

170. ______, "A. Aldosser, Inwiefern können durch Unterlassung strafbare handlungen begangen werde?", *Kritische Vierteljahresschrift für Gesetzgebung und Rechtswissenschaft*, Baden-Baden: Nomos, 1882, v. 5, p. 237-244.

171. GEßLER, Theodor, *Ueber den Begriff und die Arten des Dolus (Unveränderter Nachdrück der Originalausgabe Tübingen 1860)*, Leipzig: Zentralantiquariat der DDR, 1970.

172. GIACOMOLLI, Nereu, *O devido processo penal, abordagem conforme a constituição federal e o pacto de São José da Costa Rica; cases da Corte Interamericana, do Tribunal Europeu e do STF*, São Paulo: Ed. Atlas, 2014.

173. GIMBERNAT ORDEIG, Enrique, "La causalidad en la omisión impropria y la llamada 'omisión por comisión'", *Anuario de Derecho Penal y Ciencias Penales*, Madrid: Publicaciones del Instituto Nacional de Estudios Juridicos, 2000, v. 53, p. 29-132.

174. GLASER, Julius, *Abhandlungen aus dem oesterreichen Strafrecht*, Wien: Tendler, 1858.

175. ______, "Über Thäterschaft und Beihilfe" In: GLASER, Julius, *Gesammelte kleinere Schriften über Strafrecht, Civil- und Strafprocess*, Wien: Verlag von Lendler, 1868, v. 1, p. 129-156.

176. GOTTLIEB, Heschel, *Schopenhauers Einfluß auf die Strafrechtswissenschaft*, Berlin: Rothschild, 1917.

177. GRAF ZU DOHNA, Alexander, *Der Aufbau der Verbrechenslehre*, 2º ed., Bonn: Roehrscheid, 1941.

178. GRASSO, Giovanni, *Il reato omissivo improprio, la struttura obiettiva della fattispecie*, Milano: Giuffrè, 1983.

179. GRÄSEL, Rudolf, *Die Unterlassungsdelikte im ausländischen Strafrecht*, Breslau: Schletter, 1909.

180. GRECO, Luis, "Kausalitäts- und Zurechnungsfragen bei unechten Unterlassungsdelikten", *Zeitschrift für Internationale Strafrechtsdogmatik*, 2011, n. 8-9, p. 674-691.

181. GRISPIGNI, Filippo, *Diritto penale italiano. La struttura della fattispecie legale oggettiva*, Milano: Giuffré, 1952, v.2.

182. GROPP, Walter, *Strafrecht, Allgemeiner Teil*, 3º ed., Berlin: Heidelberg: Springer, 2005.

183. GUARAGNI, Fábio André, *As teorias da conduta em direito penal: um estudo da conduta humana do pré-causalismo ao funcionalismo pós-finalista*, São Paulo: Revista dos Tribunais, 2005.
184. HALL, Karl Alfred, *Die Lehre vom Corpus Delicti, eine dogmatatische Quellenexegese zur Theorie des gemeinen deutschen Inquisitionsprozesses*, Stuttgart: Kohlhammer, 1933.
185. _____, "Entwicklung des Verbrechensbegriffes aus dem Geist des Prozesses" In: GEERDS, Friederich; NAUCKE, Wolfgang, *Beiträge zur gesamten Strafrechtswissenschaft, Festschrift für Hellmuth Mayer zum 70. Geburtstag am 1. Mai 1965*, Berlin: Duncker & Humblot, 1966, p. 35-43
186. HART, Herbert Lionel Adolphus; HONORÉ, Tony, *Causation in the law*, 2º ed., Oxford: Oxford University Press, 2002.
187. HASSEMER, Winfried, *Theorie und Soziologie des Verbrechens, Ansätze su einer praxisorientieren Rechtgutslehere*, Frankfurt: Fischer Atenäum Verlag, 1973.
188. _____, "Neurociências e culpabilidade em direito penal", *Revista Brasileira de Ciências Criminais*, São Paulo: Revista dos Tribunais, 2013, v. 100, p. 211-225.
189. HAUPT, Friedrich, "Zur Lehre von den Unterlassungsdelikten", *Zeitschrift für die gesamte Strafrechtswissenschaft*, Berlin: Verlag von J. Guttentag, 1882, n. 2, p. 533-550.
190. HEGEL, Georg Wilhelm Friedrich, "Rechts-, Pflichten- und Religionslehre für die Unterklasse" In: HEGEL, Georg Wilhelm Friedrich, *Nürnberger und Heidelberger Schriften (1808 - 1817)*, Frankfurt: Suhrkamp, 1970, p. 204-274.
191. _____, *Grundlinien der Philosophie des Rechts oder Naturrecht und Staatswissenschaft im Grundrisse, Mit Hegels eingentliche Notizen und den mündlichen Zusätzen*, Frankfurt: Suhrkamp Verlag, 1986.
192. HEIDEGGER, Martin, *Sein und Zeit*, 19º ed., Tübingen: Max Niemeyer Verlag, 1953.
193. _____, *Língua de tradição e língua técnica*, Tradução do francês Mario Botas, Lisboa: Vega, 1995.
194. _____, *A essência do fundamento*, Edição bilingue, Lisboa: edições 70, 2007.
195. HEIMSOETH, Heinz, *A filosofia no século XX*, Trad. L. Cabral Moncada, 5º ed., Coimbra: Arménio Amado, 1982.
196. HENNAU, Christiane; VERHAEGEN, Jacques, *Droit pénal général*, 2ºed., Bruxelas: Bruylant, 1995.
197. HERZBERG, Rolf Dietrich, "Die Kausalität beim unechten Unterlassungsdelikt", *Monatsschrift für deutsches Recht*, Hamburg: 1971, a. 25, v. 11, p. 881-883.

198. HESPANHA, António Manuel, *O caleidoscópio do direito, o direito e a justiça nos dias e no mundo de hoje*, 2ºed., Coimbra: Almedina, 2009.

199. HEYDE, Johannes Erich, *Entwertung der Kausalität? Für und wider den positivismus*, Stuttgart: Kohlhammer, 1957.

200. HILGENDORF, Eric, "Fragen der Kausalität bei Gremienentscheidungen am Beispiel des des Lederspray – Urteils", *Neue Zeitschrift für Strafrecht*, München: Beck, 1994, caderno 14, p. 563-566.

201. HIPPEL, Robert, "Unterlassungsdelikte und Strafrechtkommission", *Zeitschrift für die gesamte Strafrechtswissenschaft*, Berlin: Verlag von J. Guttentag, 1915, v. 36, p. 501-521.

202. ______, *Lehrbuch des Strafrechts*, Berlin: Springer, 1932.

203. HÖPFNER, Wilhelm, "Zur Lehre vom Unterlassungsdelikte", *Zeitschrift für die gesamte Strafrechtswissenschaft*, Berlin: Verlag von J. Guttentag, 1915, v. 36 p. 103-132.

204. HÖRNLE, Tatjana, "Gegenwärtige Strafbegrundüngstheorien: die herkömmliche deustche Diskussion" In: HIRSCH, Andrew von, *Strafe – Warum? gegenwärtige Strafbegründungen im Lichte von Hegels Straftheorie*, Baden-Baden: Nomos, 2011, p. 11-30.

205. HORN, Arnold, "Causalitäts- und Wirkensbegriff, dessen empirische Festellung und criminalistische Bedeutung", *Der Gerichtssaal*, Erlangen: Verlag von Ferdinand Enke, 1897, v. 54, p. 321-385.

206. HOYER, Andreas, "Kausalität und/oder Risikoerhöhung" In: ROGALL, Klaus; PUPPE, Ingeborg; STEIN, Ultich; WOLTER, Jürgen, *Festschrift für Hans-Joachim Rudolphi zum 70. Geburtstag*, Neuwied: Luchterhand, 2004, p. 95-105.

207. HRUSCHKA, Joachim, *Strukturen der Zurechnung*, Berlin: de Gruyter, 1976. (citado: *Strukturen der Zurechnung*)

208. ______, "Zwei Axiome des Rechtsdenkens" In: ACKERMANN, Heinrich, *Aus dem Hamburger Rechtsleben: Walter Reimers zum 65. Geburtstag*, Berlin: Duncker & Humblot, 1979, p. 459-475.

209. ______, *Strafrecht nach logisch-analytischer Methode, systematisch entwickelte Fälle mit Lösungen zum Allgemeinen Teil*, 2ºed., Berlin: de Gruyter, 1988.

210. HUERTA TOCILDO, Susana, *Problemas fundamentales de los delitos de omisión*, Madrid: Ministerio de Justicia, 1987.

211. HUME, David, *Tratado da natureza humana*, 2º ed., (Trad. Serafim da Silva da edição da Oxford University Press, 1888), 2010.

212. HÜNERFELD, Peter, *Strafrechtsdogmatik in Deutschland und Portugal, Ein rechtsvergleichender Beitrag zur Verbrechenslehre und ihrer Entwicklung in einem europäischen Zusammenhang*, Baden-Baden: Nomos Verlagsgesellschaft, 1981.

213. HUNGRIA, Nélson, "As concausas e a causalidade por omissão perante o novo código penal", Revista Forense, Rio de Janeiro: Forense, 1942, v. 89, p. 851-854.

214. ______, "Causalidade na omissão", *Ciclo de conferências sôbre o anteprojeto do código penal brasileiro,* São Paulo: Imprensa oficial do estado, 1965, p. 324-343.

215. HUSSERL, Edmund, *A ideia da fenomenologia,* Lisboa: Edição 70, 2008.

216. INZITARI, Bruno, "I modi di estenzione dell'obligazione diversi dall'adempimento" In: BESSONE, Mario, *Instituzioni di diritto privato,* 13ºed., Torino: Giampichelli, 2006, p. 471-477.

217. JAKOBS, Günther, *Strafrecht, Allgemeiner Teil, Die Grundlagen und die Zurechnungslehre,* 2º ed., Berlin: Walter de Gruyter, 1991.

218. ______, "Strafrechtliche Haftung durch Mitwirkung an Abstimmungen" In: KÜHNE, Hans-Heiner, *Festschrift für Koichi Miyazawa, Dem Wegbereiter des japanisch-deutschen Strafrechtsdiskurses,* Baden-Banden: Nomos Verlag, 1995, p. 419-436.

219. ______, *La imputación objetiva en derecho penal,* Trad. Manuel Cancio Meliá, Madrid: Civitas editoriales, 1996.

220. ______, "Strafrecht als wissenschaftliche Dizisplin" In: ENGEL, Christoph; SCHÖN, Wolfgang, *Das Proprium der Rechtswissenschaft,* Tübingen: Mohr Siebeck, 2007, p. 103-135.

221. JANAWAY, Christopher, "Introduction" In: JANAWAY, Christopher, *The Cambridge companion to Schopenhauer,* Cambridge: Cambridge University Press, 1999, p. 1-17.

222. JELLINEK, Georg, *Die sozialitische Bedeutung von Recht, Unrecht und Strafe,* 2º ed., Berlin: Verlag von O. Häring, 1908.

223. JESCHECK, Hans-Heinrich; WEIGEND, Thomas, *Lehrbuch des Strafrechts, Allgemeiner Teil,* 5ºed., Berlin: Duncker & Humblot, 1996.

224. JOERDEN, Jan C., *Logik im Recht, Grundlagen und Anwendungsbeispiele,* 2º ed., Berlin: Springer, 2010.

225. KAHLO, Michael, *Das Problem des Pflichtwidrigkeitszusammenhanges bei den unechten Unterlassungsdelikten. Eine strafrechtlich-rechtsphilosophische Untersuchung zur Kausalität menschlichen Handelns und deren strafrechtlichem Begriff,* Berlin: Duncker und Humblot, 1990.

226. KANT, Immanuel, "Der einzig mögliche Beweisgrund zu einer Demonstration des Daseyns Gottes", In: KANT, Immanuel, *Werke*, Herausgegeben von Wilhelm Weischedel, Frankfurt: Suhrkamp, 1977, v. 2.
227. ______, *Die Metaphysik der Sitten*, Herausgegeben von Wilhelm Weischedel, Frankfurt: Suhrkamp Verlag, 1977, v. 8.
228. ______, *Prolegomena zu einer jeden künftigen Metaphysik, die als Wissenschaft wird auftreten können*, Stuttgart: Reclam, 1995.
229. ______, Kritik der reinen Vernunft In: KANT, Immanuel, *Die Drei Kritiken*, Köln: Anaconda Verlag, 2011.
230. KANTOROWICZ, Hermann, "Studien zum altitalienischen Strafprozeß", *Zeitschrift für die gesamte Strafrechtwissenschaft*, Berlim: Verlag von J. Guttentag, 1924, v. 44, p. 97-129.
231. KAUFMANN, Armin, "Unterlassung und Vorsatz", In: WELZEL, Hans, *Festschrift für Hellmuth von Weber zum 70. Geburtstag*, Bonn: Röhrscheid, 1963, p. 207-232.
232. ______, *Die Dogmatik der Unterlassungsdelikte*, 2º ed., Göttingen: Schwartz, 1988.
233. KAUFMANN, Arthur, "Die ontologische Struktur der Handlung, Skizze einer personalen Handlungslehre" In: GEERDS, Friedrich; NAUCKE, Wolfgang, *Beiträge zur gesamten Strafrechtswissenschaft, Festschrift für Hellmuth Mayer zum 70. Geburtstag am 1. Mai 1965*, Berlin: Duncker & Humblot, 1966, p. 79-117.
234. ______, "Strafrechtspraxis und sittliche Normen" In: KAUFMANN, Arthur, *Strafrecht zwischen Gestern und Morgen, ausgewählte Aufsätze und Vorträge von Arthur Kaufmann*, Köln: Heymann, 1983, p. 167-185.
235. ______, *Filosofia do direito*, Trad. António Ulisses Cortês, 3ºed., Lisboa: Fundação Calouste Gulbenkian, 2009.
236. KELSEN, Hans, *Vergeltung und Kausalität, mit einer einleitung von Enst Toptisch* (Neudruck der Ausgabe, Hague: W.P. van Stockum & Zoon, 1941), Wien: Hermann Böhlau, 1982.
237. ______, *Teoria pura do direito*, (Trad. João Baptista Machado da Reine Rechtslehre, Wien: Verlag Franz Deuticke, 1960), 6º ed., São Paulo: Martins Fontes, 1998
238. KILLIAS, Martin, *Grundriss der Kriminologie, eine europäische Perspektive*, Bern: Stämpfli, 2002.
239. KINDHÄUSER, Urs, "*Zur Logik des Verbrechensaufbaus*", In: KOCH, Harald, Herausforderungen an das Recht, Alte Antworten auf neue Fragen?, Berlin: Berlin Verlag Spitz, 1997, p. 77-94.

240. ______, *Strafrecht, Allgemeiner Teil*, 4ºed., Baden-Baden: Nomos-Verlag-Gesselschaft, 2009.

241. ______, "Zum sog. „unerlaubten" Risiko" In: BLOY, René, *Gerechte Strafe und legitimes Strafrecht, Festschrift für Manfred Maiwald zum 75. Geburtstag*, Berlin: Duncker & Humblot, 2010. p. 397-416.

242. ______, "Aumento do risco e diminuição do risco", Trad. Inês Fernandes Godinho e revisão José de Faria Costa, *Revista Portuguesa de Ciência Criminal*, Coimbra: Coimbra editora, 2010, v. 20, p. 11-39.

243. ______, "Zurechnung bei alternativer Kausalität", *Goltdammer's Archiv für Strafrecht*, Heidelberg: Decker, 2012, v. 10, p. 134-148.

244. KIRCHMANN, Julius, *Wertlosigkeit der Jurisprudenz als Wissenschaft*, Dornbirn: BSA Verlag, 1848.

245. KLEIN, Ernst Ferdinand, *Grundsätze des gemeinen deutschen und preussischen peinlichen Rechts* (Nachdrück der Ausg. Halle, Hemmerde und Schwetschke, 1796), Goldbach: Keip, 1996.

246. KNAUER, Christoph, *Die Kollegialentscheidung im Strafrecht, Zugleich ein Beitrag zum Verhältnis von Kausalität und Mittäterschaft*, München: Beck, 2001.

247. KNOCHE, Wolfgang, *Die Entwicklung der Lehre vom Kausalzusammenhang im Zivil- und Strafrecht, (Inaugural-Dissertation zur Erlagung der juristischen Doktorwürde)*, Marburg, 1959.

248. KOCH, Johann Christoph, *Institutiones iuris criminalis*, 9º ed., Ienae: Melchior Haeredes, 1791.

249. KOHLER, Josef, *Studien aus dem Strafrecht*, Mannheim: Bensheimer, 1890.

250. KOLLMANN, Horst, *Die Stellung des Handlungsbegriffes im Strafrechtssystem*, Breslau: Schletter, 1908.

251. KORIATH, Heinz, *Kausalität und objektive Zurechnung*, Baden-Baden: Nomos Verlag Gesellschaft, 2007.

252. KRAUS, Oskar, "Rechtsphilosophie und Jurisprudenz", *Zeitschrift für die gesamte Strafrechtwissenschaft*, Berlim: Verlag von J. Guttentag, 1903, v. 23, p. 762-794.

253. KRUG, August Otto, *Commentar zu dem Strafgesetzbuche für das Königreich Sachsen vom 11. August 1855 und den damit in Verbindung stehenden Gesetzen. Vierte Abhandlung. Allgemeiner Theil.* Leipzig: Voigt & Günther, 1855.

254. KÜHL, Kristian, *Strafrecht, Allgemeine Teil*, 5ºed., München: Verlag Franz Vahlen, 2005.

255. _____, "Vorbemerkung §13" In: LACKNER, Karl; KÜHL, Kristian, *Strafgesetzbuch: Kommentar, Strafgesetzbuch, Kommentar*, 27º ed., München: Beck, 2011, p. 61-87.

256. LACEY, Nicola; WELLS, Celia; OLIVER, Quick, *Reconstructing criminal law: text and materials*, 4º. ed., Cambridge: Cambridge University Press, 2010.

257. LAMMASCH, Heinrich, *Grundriss des österreichischen Strafrechts, (neu bearbeitet von Theodor Rittler)*, 5ºed., Wien: Österreiche Staatsdruckerei, 1926.

258. LAMPE, "Zur Entwicklung von Rechtsbewußtsein. Einleitung" In: LAMPE, Ernst-Joachim, *Zur Entwicklung von Rechtsbewußtsein*, Frankfurt: Suhrkamp, 1997, p. 7-47.

259. LANDBERG, Ernst, *Geschichte der deutschen Rechtswissenschaft, (Unverändert Nachdruck 1957)*, München: Oldenbourg, 1910, 3º Abteilung, 2º Halbband.

260. LANGER, Winrich, *Das Sonderverbrechen, eine dogmatische Untersuchung zum Allgemeinen Teil des Strafrechts*, Berlin: Duncker & Humblot, 1972.

261. _____, *Die Sonderstraftat, eine gesamtsystematische Grundlegung der Lehre vom Verbrechen*, 2º vollstandig neu bearbeitet Auflage des Werks „Das Sonderverbrechen", Berlin: Duncker & Humblot, 2007.

262. LARENZ, Karl, *Hegels Zurechnungslehre und der Begriff der objektiven Zurechnung – Ein Beitrag zur Rechtsphilosophie des kritischen Idealismus und zur Lehre von der 'juristischen Kausalität'*, Leipzig: A. Deichertsche Verlagsbuchandlung Dr. Werner Scholl, 1927.

263. _____, "Tatzurechnung und 'Unterbrechung des Kausalzusammenhanges'", *Neue Juristische Wochenschrift*, München: C. H. Beck Verlag, 1955, p. 1009-1013.

264. _____, *Lehrbuch des Schuldrechts, Allgemeiner Teil*, 14º ed., München: Beck, 1986, v.1.

265. _____, "Zum heutigen Stand der Lehre von der objektiven Zurechnung im Schadensersatzrecht" In: In: BARTH, Eberhard: *Festschrift für Richard M. Honig: zum 80. Geburtstag, 3. Januar 1970*, Göttingen: Schwartz, 1970, p. 79-90.

266. _____, *Metodologia da ciência do direito*, Trad. José Lamego. 5ºed. Lisboa: Fundação Calouste Gulbenkian, 2009.

267. LEITE, André Lamas, *As "posições de garantia" na omissão impura, em especial, a questão da determinabilidade penal*, Coimbra: Coimbra Editora, 2007.

268. LENCKNER, Theodor; EISELE, Jörg, "Vorbemerkung zu dem §13 Begehung durch Unterlassen" In: SCHÖNKE, Adolf; SCHRÖDER, Horst, *Strafgesetzbuch, Kommentar*, 28º ed., München: Beck, 2010, p.130-199.

269. LESCH, Heiko Hartmut, *Der Verbrechensbegriff, Grundlinien einer funktionalen Revision*, Köln: Heymann, 1999.

270. LICCI, Giorgio, *Teorie causali e rapporto di imputazione*, Napoli: Jovene, 1996.

271. LIEPMANN, Moritz, *Einleitung in das Strafrecht, eine Kritik der kriminalistischen Grundbegriffe*, Berlin: Häring, 1900.

272. LIMA, Fernando Andrade Pires de; VARELA, João de Matos Antunes, *Código Civil, anotado (Artigos 1.0 a 761.0)*, Coimbra: Coimbra Editora, 4º ed., 1987, v.1.

273. ______; ______, *Código Civil, anotado (Artigos 762º a 1250º)*, Coimbra: Coimbra Editora, 4º ed., 1987, v. 2.

274. LING, Michael, *Die Unterbrechung des Kausalzusammenhanges durch willentliches Dazwischentreten eines Dritten: eine dogmengeschichtliche Untersuchung*, Berlin: Duncker & Humblot, 1996.

275. LISZT, Franz, *Das deutsche Reichsstrafrecht, auf Grund des Reichsstrafgesetzbuchs und der übrigen strafrechtlichen Reichsgesetze unter Berücksichtigung der Rechtsprechung des Reichsgerichts systematisch dargestellt*, Berlin: Guttentag, 1881.

276. ______, *Lehrbuch des Deutschen Strafrechts*, 2º ed., Berlin: Guttentag, 1884.

277. ______, *Lehrbuch des Deutschen Strafrechts*, 3º ed., Berlin: Guttentag, 1888.

278. ______, *Tratado de direito penal alemão*, Trad. da 7º edição de 1895 por José Hygino Duarte Pereira, Rio de Janeiro: Briguiet, 1899, v.1.

279. _____, "Ueber den Einfluss der soziologischen und anthropologischen Forschungen auf die Grundbegriffe des Strafrechts. Strafrechtliche", *Aufsätze und Vorträge (1892-1904)*, Berlim: J. Guttentag, 1905, v. II, p. 75-93.

280. ______, *Tratado de derecho penal*, Trad. de la 20º ed. alemana, 3º ed., Madrid: Reus, 1925, v. 2.

281. ______, *Der Zweckgedanke im Strafrecht*, Frankfurt: Vittorio Klostermann, 1943.

282. LISZT, Franz; SCHMIDT, Eberhard, *Lehrbuch des deutschen Strafrechts*, 24º ed., Berlin: de Gruyter, 1922.

283. ______, *Lehrbuch des deutschen Strafrechts*, 25º ed., Berlin: de Gruyter, 1927.

284. _____, *Lehrbuch des deutschen Strafrechts*, 26ºed., Berlin: de Gruyter, 1932.

285. LÖNING, Richard, *Die strafrechtliche Haftung des verantwortlichen Redakteurs*, Jena: Fischer, 1889.

286. ______, *Die Zurechnungslehre des Aristoteles*, Jena: Fischer, 1903.

287. LUNDSTEDT, Anders Vilhelm, *Die Unwissenschaftlichkeit der Rechtswissenschaft*, Berlin: Rothschild, 1936, v.2.

288. LUDEN, Heinrich, *Abhandlungen aus dem gemeinen teutschen Strafrechte, Ueber den Versuch des Verbrechens nach gemeinem teutschen Rechte,* Göttingen: Vandenhoeck und Ruprecht, 1836, v. 1.

289. _____, *Abhandlungen aus dem gemeinen teutschen Strafrechte, Ueber den Thatbestand des Vebrechens nach gemeinem teutschen Rechte,* Göttingen: Vandenhoeck und Ruprecht, 1840, v. 2.

290. _____, *Handbuch des teutschen gemeinen und partikularen Strafrechts (Nachdruck der Ausgabe Jena, 1842),* Goldbach: Antiquariat und Verlag Keip, 1996.

291. LUNA, Everardo da Cunha, "O crime de omissão e a responsabilidade penal por omissão", *Revista de direito penal e criminologia,* Rio de Janeiro: Forense, 1982, v. 33, p. 48-59.

292. _____, "A causalidade na omissão, no anteprojeto de código penal" In: HUNGRIA, Nelson, *Ciclo de conferências sôbre o anteprojeto do código penal brasileiro,* São Paulo: Imprensa oficial do estado, 1965, p. 324-343.

293. MACHADO NETO, A. L., *Introdução à ciência do direito, Preliminar epistemológico,* São Paulo: Saraiva, 1960, v.1.

294. MACKIE, John, "*Causes and conditions*" In: SOSA, Ernest, *Causation and conditionals,* Oxford: Oxford University Press, 1975, p. 15-38.

295. MAIWALD, Manfred, "Risikoerhöhung oder an Sicherheit grenzende Wahrscheinlichkeit? – Rechtsvergleichende Bemerkungen zur 'Kausalität' des Unterlassens" In: HETTINGER, Michael, *Festschrift für Wilfried Küper zum 70. Geburtstag,* Heidelberg: Müller, 2007, p. 329-346.

296. _____, "Diritto e potere", *Rivista Italiana di diritto e procedura penale,* Milano: Dott. A. Giuffrè editore, 2004, p. 3-22.

297. MANTOVANI, Ferrando, "Il Principio di offensività nel codice penale peruviano", *Rivista Italiana di diritto e procedura penale,* Milano: Dott. A. Giuffrè editore, 2002, v. 45, p. 393-414.

298. _____, *Diritto penale, Parte generale,* 7º ed., Padova: Cedam, 2011.

299. MARINUCCI, Giorgio, "Causalità reale e causalità hipotética nell'omissione impropria", *Rivista italiana di diritto e procedura penale,* Milano: Dott. A. Giuffrè editore, 2009, Fasc. 2, p. 523-535.

300. MARINUCCI, Giogio; DOLCINI, Emilio, *Manuale di diritto penale, parte generale,* 2º ed., Milano: Giuffrè, 2006.

301. _____; _____, *Codice penale commentato, Artt. 1 – 240,* 3º ed., Milano: Ipsoa, 2011, v.3.

302. MARTIN, Christoph, *Lehrbuch des Teutschen gemeinen Criminal-Rechts mit besonderer Rücksicht auf das neue Strafgesetzbuch für das Königreich Baiern (Nachdruck der Ausgabe. Heidelberg, 1825)*, Frankfurt: Keip, 1985.

303. MARTINS, Rui Cunha, "Das fronteiras da Europa às fronteiras da ideia de Europa (o argumento paradigmático e o argumento integrador)", *Idéias de Europa: que fronteiras?*, Coimbra: Quarteto, 2004, p. 35-42.

304. MARTÍNEZ-BUJÁN PÉREZ, Carlos, *Derecho penal económico y de la empresa, Parte general*, 3º ed., Valencia: Tirant lo Blanch, 2011.

305. MASSARI, Eduardo, *Le dottrine generali del diritto penale*, Napoli: Jovene, 1930.

306. MATT, Holger, *Kausalität aus Freiheit, eine rechtsphilosophische Grundlegung zum Bewirken durch Tun und Unterlassen im (Straf-)Recht*, Baden-Baden: Nomos Verlag, 1994.

307. MATTHAEUS, Antonius, *De criminibus ad libri XLVII et XLVIII digesto commentaries, 5ºed., 1761. On crimes, A commentary on books XLVII and XLVIII of the Digest*, Edição bilingue, Tradução Margareth Hewett, Cape Town: Juta, 1987.

308. MAURACH, Reinhart, *Grundriss des Strafrechts, Allgemeiner Teil*, Wolfenbuettel: Wolfenbuetteler Verlagsanst., 1948.

309. ______, *Deutsches Strafrecht, Allgemeiner Teil, ein Lehrbuch*, 3º ed., Karlsruhe: Müller, 1965.

310. ______, *Deutsches Strafrecht, Allgemeiner Teil, ein Lehrbuch*, 4º ed., Karlsruhe: Müller, 1971.

311. MAURACH, Reinhart; GÖSSEL, Karl Heinz; ZIPF, Heinz, *Strafrecht, ein Lehrbuch, Erscheinungsformen des Verbrechens und Rechtsfolgen der Tat*, 7º ed., Heidelberg: C. F. Müller, 1989, v. 2.

312. MAYER, Max Ernest, *Der Causalzusammenhang zwischen Handlung und Erfolg im Strafrecht, Eine rechtsphilosophische Untersuchung*, Freiburg: Mohr, 1899.

313. ______, *Der allgemeine Teil des deutschen Strafrechts, Lehrbuch*, 2º ed., Heidelberg: Winter, 1923.

314. MARXEN, Klaus, *Kompaktkurs Strafrecht Allgemeiner Teil, Fälle zur Einführung, Wiederholung und Vertiefung*, München: Beck, 2003.

315. MAZZACUVA, Nicola, *Il disvalore di evento nell'illecito penale: l'illecito commissivo doloso e colposo*, Milano: Giuffrè, 1983.

316. MEYER, Hugo; ALLFELD, Phillip, *Lehrbuch des deutschen Strafrecht, Allgemeiner Teil*, 9º ed., Leipzig, 1934.

317. MENDES, Paulo de Sousa, "Crítica à idéia de 'diminuição do risco' de Roxin", *Revista Brasileira de Ciências Criminais*, São Paulo: Revista dos Tribunais, 1996. n. 14, p. 102-118.

318. _____, "A causalidade como critério heurístico – uma demonstração através do exemplo da manipulação de cotações no mercado financeiro", *Revista Portuguesa de Ciência Criminal*, Coimbra: Coimbra editora, 2005, a. 15, n.2, p.167-208.

319. _____, *O torto intrinsecamente culposo como condição necessária da imputação da pena*, Coimbra: Coimbra editora, 2007.

320. MENDES, Paulo de Sousa; CARMO, José, "Um modelo semântico de representação da causalidade e a necessidade de critérios lógico-jurídicos na atribuição da causalidade", *Revista Liberdades*, São Paulo: Instituto Brasileiro de Ciências Criminais, 2014, n. 15, p. 73-103.

321. MERKEL, Adolf, *Kriminalistische Abhandlungen*, Leipzig: Breitkopf und Härtel, 1867, v.1.

322. _____, *Lehrbuch des deutschen Strafrechts*, Stuttgart: Enke-Verlag, 1889.

323. _____, *Juristische Enzyklopädie*, 7º ed., Berlin: de Gruyter, 1922.

324. MERKEL, Paul, *Begehung durch Unterlassung*, Göttingen: Dissertação universitária, 1895.

325. MERLE, Roger; VITU, André, *Traité de droit criminel, Problèmes généraux de la science criminelle, Droit pénal général*, 3º ed., Paris: Cujas, 1978, t.1.

326. MEZGER, Edmund, *Sein und Sollen im Recht*, Tübingen: Mohr, 1920.

327. MEZGER, Edmund, "Die materielle Rechtswidrigkeit im kommenden Strafrecht", *Zeitschrift für die gesamte Strafrechtswissenschaft*, Berlin, De Gruyter, 1936. n. 55. p. 1-17.

328. _____, "Vergeltung und Schutz im neuen Deustchen Strafrecht", *Monatsschrift für Kriminologie und Strafrechtsreform*, Nendeln: Kraus reprint, 1940, a. 31, f. 4-5, p. 105-110.

329. _____, *Deutsches Strafrecht, ein Grundriß*, Berlin: Junker & Dünnhaupt, 1938.

330. _____, "Kriegsstrafrecht und Kriegsstrafverfahrensrecht", *Zeitschrift der Akademie des deutschen Rechts*, 1940, p. 59-62.

331. _____, *Deutsches Strafrecht, ein Grundriß*, 3º ed., Berlin: Junker & Dünnhaupt, 1943.

332. _____, *Strafrecht, ein Lehrbuch*, 3º ed., Berlin: Duncker & Humblot, 1949.

333. MEZGER, Edmund; BLEI, Hermann, *Strafrecht, ein Studienbuch, Allgemeiner Teil*, München: Beck Verlag, 1970, v.1.

334. MILL, John Stuart, *A system of logic, ratiocinative and inductive: being a connected view of the principles of evidence and the methods of scientific investigation*, 8º ed., London: Longmans, Green, Reader and Dyer, 1872, v. 1.
335. _____, "*On Liberty*" In: MILL, John Stuart, *On Liberty and other essays*, Oxford: Oxford University Press, 2008.
336. MIR PUIG, Santiago, *Función de la pena y teoria del delito en el estado social y democratico de derecho*, 2º ed., Barcelona: Bosch, 1982.
337. MONCADA, Luiz Cabral de, "Existencialismo e direito" In: MONCADA, Luiz Cabral de, *Estudos filosóficos e históricos. Artigos, discursos, conferências e recensões críticas*, Coimbra: Universidade de Coimbra, 1959, v. II., p. 409-420.
338. _____, *Subsídios para uma história da filosofia do direito em Portugal (1772-1911)*, 2ºed., Coimbra: Coimbra editora, 1938.
339. _____, *Filosofia do direito e do estado, Parte histórica*, 2ºed. de 1955, Reimpressão, Coimbra: Coimbra Editora, 2006, v. 1.
340. MONIZ, Helena, "Aspectos do resultado no Direito Penal" In: ANDRADE, Manoel da Costa; COSTA, José de Faria; RODRIGUES, Anabela de Miranda; ANTUNES, Maria João, *Lieber discipulorum para Jorge de Figueiredo Dias*, Coimbra: Coimbra Editora, 2003, p. 541-572.
341. _____, *Agravação pelo resultado? contributo para uma autonomização dogmática do crime agravado pelo resultado*, Coimbra: Coimbra Ed., 2009.
342. MONTESQUIEU, *Do espírito das leis*, Trad. Miguel Morgado, Lisboa: Edições 70, 2011.
343. MOORE, Michael S., *Causation and responsibility, an essay in law, morals, and metaphysics*, Oxford: Oxford University Press, 2009.
344. MOURA, Bruno de Oliveira, *A não-punibilidade do excesso na legítima defesa*, Coimbra: Coimbra editora, 2013.
345. NAUCKE, Wolfgang, *Strafrecht, eine Einführung*, 9º ed., Neuwied: Luchterhand, 2000.
346. _____, "„Schulenstreit"?", In: HERZOG, Felix; NEUMANN, Ulfrid, *Festschrift für Winfried Hassemer, zum 70. Geburtstag am 17. Februar 2010*, Heidelberg: Müller, 2010, p. 559-572.
347. NAUCKE, Wolfgang; HARZER, Regina, *Rechtsphilosophische Grundbegriffe*, 5ºed., 2005.
348. NEGRÃO, Maria do Céu Rueff de Saro, "Sobre a omissão impura no actual código penal português e em especial sobre a fonte do dever que obriga evitar

o resultado", *Separata da Revista do Ministério Público*, Lisboa: 1986, v. 25 e 26, p. 3-68.

349. NEVES, António Castanheira, *Questão-de-facto – questão-de-direito ou o problema metodológico da juridicidade, ensaio de uma reposição crítica – a crise*, Coimbra: Almedina, 1967, v. 1.
350. _____, *Metodologia jurídica, problemas fundamentais, Studia Iuridica*, Coimbra: Coimbra editora, 1993.
351. _____, "A unidade do sistema jurídico: o seu problema e o seu sentido" In: NEVES, Castanheira Antonio, *Digesta, Escritos acerca do direito, do pensamento jurídico, da sua metodologia e outros*, Coimbra: Coimbra Editora, 1995, v. 2, p. 95-180.
352. _____, "Jurisprudência dos interesses" In: NEVES, Castanheira Antonio, *Digesta, Escritos acerca do direito, do pensamento jurídico, da sua metodologia e outros*, Coimbra: Coimbra Editora, 1995, v. 2, p. 215-248
353. NEUMANN, Ulfrid, "Juristische Logik" In: KAUFMANN, Arthur; HASSEMER, Winfried, *Einführung in Rechtsphilosophie und Rechtstheorie der Gegenwart*, 4º ed., Heidelberg: Mueller, 1985, p. 237-261.
354. NEWTON, Isaac, *Princípios matemáticos da filosofia natural (Philosophiae naturalis principia mathematica, 1687)*, Trad. João Resina Rodrigues, Lisboa: Fundação Calouste Gulbenkian, 2010.
355. NISCO, Attilio, *Controlli sul mercato finanziario e responsabilità penale, Posizioni di garanzia e tutela del risparmio*, Bologna: Bononia Univ. Press, 2009.
356. _____, *"Controle das escolhas de incriminação e eclipse do bem jurídico: o caso do incesto no direito alemão"*, Revista de Estudos Criminais, Trad. Marcelo Almeida Ruivo, São Paulo: Iob Síntese, 2013, v. 51, p. 9-30.
357. NOWAKOWSKI, Friedrich, *Das österreichische Strafrecht in seinen Grundzügen*, Graz: Verlag Styria, 1955.
358. NUVOLONE, Pietro, "Osservazioni in tema di causalità nel diritto penale" In: NUVOLONE, Pietro, *Trent'anni di diritto e procedura penale*, Padova: Cedam, 1969, v. 1. p. 716-724.
359. _____, *Il sistema del diritto penale*, 2º ed., Padova: Cedam, 1975.
360. ORLANDI, Renzo, "Inchieste preparatorie nei procedimenti di criminalità organizzata: una riedizione dell'inquisitio generalis?", *Rivista italiana di diritto e procedura penale*, Milano: Dott. A. Giuffrè editore, 1996, p. 568-592.
361. ORMEROD, David, *Smith and Hogan Criminal Law*, 12º ed., Oxford: Oxford University Press, 2008.

362. PADOVANI, Tulio, "Il problema 'tangentopoli' tra normalità dell'emergenza ed emergenza della normalità", *Rivista italiana di diritto e procedura penale*, Milano: Dott. A. Giuffrè editore, 1996, p. 448-462.

363. PAGLIARO, Antonio, *Principi di diritto penale, parte generale*, 8º ed., Milano: Giuffrè, 2003.

364. PALMA, Maria Fernanda, "Do sentido histórico do ensino do direito penal na Universidade portuguesa à questão metodológica", *Revista portuguesa de ciência criminal*, Coimbra: Coimbra editora, 1999, p. 351-447.

365. PÉREZ BARBERÁ, Gabriel, *Causalidad, resultado y determinación, el problema de presupuesto ontológico de los delitos de resultado en ámbitos estadísticos o probabilísticos; in dubio pro reo y "certeza" en la determinación probabilística*, Buenos Aires: AdHoc, 2006.

366. PÉREZ CEPEDA, Ana Isabel, *La responsabilidad de los administradores de sociedades, criterios de atribución*, Barcelona: Cedecs Ed., 1997.

367. PHILIPPS, Lothar, *Der Handlungsspielraum, Untersuchungen über das Verhältnis von Norm und Handlung im Strafrecht*, Frankfurt: Klostermann, 1974.

368. ______, "Normentheorie" In: KAUFMANN, Arthur; HASSEMER, Winfried; NEUMANN, Ulfrid, *Einführung in Rechtsphilosophie und Rechtstheorie der Gegenwart*, 8ºed., Heidelberg: Müller, 2011, p. 320-332.

369. PLATE, Hartwig, *Ernst Beling als Strafrechtsdogmatiker, seine Lehren zur Begriffs- und Systembildung*, Berlin: Duncker und Humblot, 1966.

370. POZO, José Hurtado, *Droit pénal, Partie générale*, Zurich: Schulthess, 2002, v. 2.

371. PRADEL, Jean, *Droit pénal général*, 17º ed., Paris: Cujas, 2008.)

372. PULITANÒ, Domenico, *Diritto penale*, 5º ed., Torino: Giappichelli, 2013.

373. PUPPE, Ingeborg, "Erfolg und seine kausale Erklärung im Strafrecht", *Zeitschrift für die gesamte Strafrechtswissenschaft*, Berlin: De Gruyter, 1980, n. 92, p. 863-911.

374. ______, "Vorbemerkungen zu §§13ff" In: KINDHÄUSER, Urs; NEUMANN, Ulfrid; PAEFFGEN, Hans-Ullrich, *Strafgesetzbuch, [§§ 1-145d]*, 3ºed., Baden-Baden: Nomos, 2010, v.1, p. 415-528.

375. PRITTWITZ, Cornelius, *Strafrecht und Risiko, Untersuchungen zur Krise von Strafrecht und Kriminalpolitik in der Risikogesellschaft*, Frankfurt: Klostermann, 1993.

376. RADBRUCH, Gustav, *Der Handlungsbegriff in seiner Bedeutung für das Strafrechtssystem, zugleich ein Beitrag zur Lehre von der rechtswissenschaftlichen Systematik*, Berlin: J. Guttentag Verlangsbuchhandlung, 1904.

377. ______, "*Zur Systematik der Verbrechen*" In: HEGLER, August, *Festgabe für Reinhard von Frank zum 70. Geburtstag*, Tübingen: Mohr, 1930, p. 158-173.

378. ______, *Rechtsphilosophie, Nach dem Tode des Verfassers besorgt und biographisch eingeleitet von Erik Wolf*, 6º ed., Stuttgart: Koehler, 1963.

379. REALE, Miguel, *Filosofia do Direito*, 17º ed., São Paulo: Saraiva, 1996.

380. REALE JÚNIOR, Miguel, *Parte geral do código penal, nova interpretação*, São Paulo: Revista dos tribunais, 1988.

381. ______, *Instituições de direito penal, parte geral*, 2º ed., Rio de Janeiro: Forense, 2004, v.1.

382. REDSLOB, Robert, *Die Kriminelle Unterlassung*, Breslau: Schletter, 1906.

383. RESWEBER, Jean-Paul, *A filosofia dos valores*, Coimbra: Almedina, 2002, p. 103-104.

384. RICKERT, Heinrich, *Ciencia cultural y ciencia natural*, Madrid: Espasa-Calpe, 1943.

385. RITTLER, Theodor, *Lehrbuch des österreichischen Strafrechts, Allgemeiner Teil*, Wien: Springer, 1933, v.1.

386. ______, *Lehrbuch des österreichischen Strafrechts, Allgemeiner Teil*, 2º ed., Wien: Springer, 1954, v.1.

387. RODRIGUES, João Resina, "Comentário do tradutor" In: NEWTON, Isaac, *Princípios matemáticos da filosofia natural (Philosophiae naturalis principia mathematica, 1687)*, Trad. J. Resina Rodrigues, Lisboa: Fundação Calouste Gulbenkian, 2010, p. 891-959

388. RODRIGUEZ DEVESA, José Maria, *Derecho penal español, Parte general*, 8º ed., Madrid: Artes Gráficas Carasa, 1981.

389. RODRÍGUEZ MOURULLO, Gonzalo, *La omisión de socorro en el codigo penal*, Madrid: Ed. Tecnos, 1966.

390. ROHLAND, Woldemar, *Die strafbare Unterlassung, Erste Abtheilung*, Dorpat: Mattiesen, 1887.

391. ______, *Die Kausallehre des Strafrechts, Ein Beitrag zur praktischen Kausallehre*, Leipzig: Duncker & Humblot, 1903.

392. ROMANO, Mario, *Commentario sistematico del Codice penale, Art. 1 – 84*, 3º ed., Milano: Giuffrè, 2004, v.1.

393. ROSENBERG, Alexander, "Hume and the philosophy of science" In: NORTON, David Fate, *The cambridge companion to hume*, Cambridge: Cambridge University Press, 2005, p. 64-89.

394. ROUSSEAU, Jean-Jacques, *Du contrat social*, Paris: GF Flammarion, 2001.

395. ROXIN, Claus, "An der Grenze von Begehung und Unterlassung" In: BOCKELMANN, Paul; KAUFMANN, Arthur; KLUG, Ulrich, *Festschrift für Karl Engisch zum 70. Geburtstag*, Frankfurt: Klostermann, 1969, p. 380-405.

396. ______, "Gedanken zur Problematik der Zurechnung im Strafrecht" In: BARTH, Eberhard, *Festschrift für Richard M. Honig: zum 80. Geburtstag, 3. Januar 1970*, Göttingen: Schwartz, 1970, p. 133-150.

397. ______, "Normativismus, Kriminalpolitik und Empirie in der Strafrechtsdogmatik" In: DÖLLING, Dieter, *Jus humanum. Grundlagen des Rechts und Strafrecht. Festschrift für Ernst-Joachim Lampe zum 70. Geburtstag*, Berlin: Duncker & Humblot, 2003, p. 423-437.

398. ______, *Strafrecht, Allgemeiner Teil, Grundlagen, Besondere Erscheinungsformen der Straftat*, 3ºed. München: Beck Verlag, 2003, v. 2.

399. ______, *Strafrecht, Allgemeiner Teil, Grundlagen, Der Aufbau der Verbrechenlehre*, 4ºed., München: CH. Beck Verlag, 2006, v. 1.

400. RUDOLPHI, Hans-Joachim; STEIN, Ulrich, "Vorbemerkungen zu §13" In: RUDOLPHI, Hans-Joachim, *Systematischer Kommentar zum Strafgesetzbuch*, 7ºed., Köln: Heymann, 2009, p. 1-67.

401. RUIVO, Marcelo Almeida, *Criminalidade financeira, contribuição à compreensão da gestão fraudulenta*, Porto Alegre: Livraria do Advogado Ed., 2011.

402. ______, "O fundamento da pena criminal: para além da classificação dicotômica das finalidades", *Revista Portuguesa de Ciência Criminal*, Coimbra: Coimbra editora, 2012, v. 22, p. 175-199.

403. RÜMELIN, Max, *Die Verwendung der Causalbegriffe in Straf- und Civilrecht*, Tübingen: Mohr, 1900.

404. SACHSSE, Hans, *Kausalität – Gesetzlichkeit – Wahrscheinlichkeit, Die Geschichte von Grundkategorien zur auseinandersetzung des Menschen mit der Welt*, Darmstadt: Wissenschaft Buchgesselschaft, 1979.

405. ______, "Inus-Bedingung und strafrechtlicher Kausalbegriff" In: WELZEL, Hans, *Festschrift für Hans-Joachim Rudolphi zum 70. Geburtstag*, Neuwied: Luchterhand, 2004. p. 259-266.

406. SANDEL, Michael, *Contra a perfeição, ética na engenharia genética*, Trad. Ana Carolina Mesquita, Rio de Janeiro: Civilização brasileira, 2013.

407. SANTOS, Boaventura de Sousa, *Introdução a uma ciência pós-moderna*, Rio de Janeiro: Graal, 1989.

408. ______, *Um discurso sobre as ciências*, 13ª ed. Porto: Afrontamento, 2002.

409. SANTOS, José Beleza dos, *Direito criminal, prelecções do José Beleza dos Santos, aos cursos de 4. e 5. ano juridico de 1935 – 1936, coligadas por Hernani Marques*, Coimbra: Coimbra Ed., 1936.
410. SANTOS, Juarez Cirino, *Direito penal, Parte geral*, Curitiba: Lumen Juris, 2006.
411. SARTRE, Jean-Paul, *O ser e o nada, ensaio de ontologia fenomenológica*, Trad. Paulo Perdigão, 21ºed., Petrópolis Alegre: Editora Vozes, 2012.
412. SAUER, Wilhelm, *Grundlagen des Strafrechts: nebst Umriß einer Rechts- und Sozialphilosophie*, Berlin: de Gruyter, 1921.
413. ______, "Kants Einfluß auf das Straf- und Prozeßrecht", *Zeitschrift für die gesamte Strafrechtwissenschaft*, Berlim: Walter de Gruyter & Co., 1925, v. 45, p. 1-9.
414. SCHAFFSTEIN, Friedrich, "Die Risikoerhöhungs als objectives Zurechnungsprinzip im Strafrecht", In: BARTH, Eberhard, *Festschrift für Richard M. Honig, zum 80. Geburtstag, 3. Januar 1970*, Göttingen: Schwartz, 1970, p. 169-174.
415. SCHICK, Peter J., "Strafrecht und Strafprozessrecht" In: POSCH, Willibald, *Einführung in das österreichische Recht, Darmstadt: Wissenschaftlieche Buchgesellschaft*, 1985, p. 214-240.
416. SCHMIDHÄUSER, Eberhard, *Strafrecht, Allgemeiner Teil*, 2ºed., Tübingen: Mohr, 1975.
417. SCHMIDT, Eberhard, *Der Arzt im Strafrecht*, Leipzig: Weicher, 1939.
418. SCHNEIDER, Egon, *Logik für Juristen, die Grundlagen der Denklehre und der Rechtsanwendung*, 5ºed., München: Vahlen, 1999.
419. SCHÖNE, Wolfgang, *Unterlassene Erfolgsabwendungen und Strafgesetz: zur gesetzlichen Regelung 'unechter' Unterlassungsdelikte*, Köln: Heymann, 1974.
420. SCHOPENHAUER, Arthur, *Über die vierfache Wurzel des Satzes vom zureichenden Grunde, Ueber den Willen in der Natur, Kleinere Schriften I (Dissertation 1813), Arthur Schopenhauer, Zürcher Ausgabe, Werke in zehn Bänden*, Zürich: Diogenes Verlag, 1977, v. 4.
421. ______, *Die Welt als Wille und Vorstellung, Vollständige Ausgabe nach der dritten, verbesserten und beträchtlich vermehrten Auflage von 1859*, Köln: Anaconda Verlag, 2009.
422. SCHREIBER, Rupert, *Logik des Rechts*, Berlin: Springer, 1962.
423. SCHROEDER, Friederich-Christian, "Die Genesis der Lehre von der objektiven Zurechung" In: KARRAS, Argyrios, Festschrift für Nikolaos K. Androulakis, Atenas: Sakkoula, 2003, p. 651-689.
424. SCHROTH, Hans-Jürgen, *Unternehmen als Normadressaten und Sanktionssubjekte, eine Studie zum Unternehmensstrafrecht*, Gießen: Brühlscher Verlag, 1993.

425. SCHÜNEMANN, Bernd, *Grund und Grenzen der unechten Unterlassungsdelikte, Zugleich ein Beitrag zur strafrechtlichen Methodenlehre*, Göttingen: Schwartz, 1971.

426. _____, *Unternehmenskriminalität und Strafrecht, eine Untersuchung der Verantwortlichkeit der Unternehmen und ihrer Führungskräfte nach geltendem und geplantem Straf- und Ordnungswidrigkeitenrecht*, Köln: Heymann, 1979.

427. _____, "Strafrechtdogmatische und kriminalpolitische Grundfragen der Unternehmenskriminalität", *Zeitschrift für Wirtschaft, Steuer, Strafrecht*, Heidelberg: C. F. Müller, Juristischer Verlag, 1982, caderno 2, p. 41-50.

428. _____, "Strafrechtsdogmatik als Wissenschaft" In: SCHÜNEMANN, Bernd; ACHENBACH, Hans; BOTTKE, Wilfried; HAFFKE, Bernhard; RUDOLPHI, Hans-Joachim, *Festschrift für Claus Roxin zum 70. Geburtstag: am 15. Mai 2001*, Berlin: de Gruyter, 2001, p. 1-32.

429. SCHWALBACH, "Zur Lehre von der 'echten' Unterlassungsdelicten", *Der Gerichtssaal*, Stuttgart: Verlag von Ferdinand Enke, 1879, v. 31, 603-615.

430. SCHWARZ, Joachim, *Die Unterscheidung zwischen echten und unechten Unterlassungsdelikten*, Muenchen: Schoen, 1967.

431. SCHWARZ, Wilhelm, *Die Kausalität bei den sogennanten Begehungsdelikten durch Unterlassung*, Breslau: Franck & Weigert, 1929.

432. SEELMANN, Kurt, "Hegels Straftheorie in seinen 'Grundlinien der Philosophie des Rechts'", *Juristiche Schulung, Zeitschrift für Studium und Ausbildung*, München: Verlag C.H.Beck, 1979, caderno 10, n. 19, 1979, p. 687-691.

433. _____, *Strafrecht, Allgemeiner Teil*, 4º ed., Basel: Helbing Lichtenhahn, 2009.

434. SERENI, Andrea, *Causalità e responsabilità penale: dai rischi d'impresa ai crimini internazionali*, Torino: G. Giappichelli, 2008.

435. SGUBBI, Filippo, *Il reato come rischio sociale, ricerche sulle scelte di allocazione dell'illegalità penale*, Bologna: Il Mulino, 1990.

436. SIGWART, Christoph, "Der Begriff des Wollens und sein Verhältnis zum Begriff der Ursache" In: SIGWART, Christoph, *Kleine Schriften*, Freiburg: Mohr, 1881, v. 2, p. 155-121.

437. SILVA, Germano Marques da, *Curso de processo penal*, 5ºed., Lisboa: Editora verbo, 2008.

438. SILVA SÁNCHEZ, Jesús-María, *El delito de omisión concepto y sistema*, Barcelona: Bosch, 1986.

439. SIMESTER, A. P.; SPENCER, J. R.; SULLIVAN, G. R.; VIRGO, G. J., *Simester and Sullivan's criminal law, theory and doctrine*, 4º ed., Oxford: Hart, 2010.

440. SOFOS, Themistoklis I., *Mehrfachkausalität beim Tun und Unterlassen*, Berlin: Duncker & Humblot, 1999.

441. SOUZA, Ricardo Timm de, "O nervo exposto. Por uma crítica da ideia de razão desde a racionalidade ética" In: D'AVILA, Fabio Roberto, *Direito penal e política criminal no terceiro milênio: perspectivas e tendências*, Porto Alegre: Edipucrs, 2011, p. 25-32.

442. SOUSA, Susana Aires de, "A responsabilidade criminal do dirigente: algumas considerações acerca da autoria e comparticipação no contexto empresarial", In: ANDRADE, Manoel da Costa; ANTUNES, Maria João; SOUSA, Susana Aires de; *Estudos em homenagem ao prof. doutor jorge de figueiredo dias*, Coimbra: Coimbra editora, 2009, v. II, p. 1005-1037.

443. ______, *A responsabilidade criminal pelo produto e topos causal em direito penal, contributo para uma proteção penal de interesses do consumidor*, Coimbra: Coimbra editora, 2014.

444. SPENDEL, Günther, *Die Kausalitätformel der Bedigungstheorie für die Handlungsdelikte, Eine kritische Untersuchung der Conditio-sine-qua-non-Formel im Strafrecht*, Herborn: J. M. Beck, 1948.

445. STELLA, Federico, *Leggi scientifiche e spiegazione causale nel diritto penale, il nesso di condizionamento fra azione ed evento*, Milano: Giuffrè, 1975.

446. ______, *Giustizia e modernità, la protezione dell'innocente e la tutela delle vittime*. 2ºed., Milano: Giuffrè, 2002.

447. ______, "La vitalità del modello della sussuzione sotto leggi a confronto il pensiero di wright e di mackie", In: STELLA, Federico, *I saperi del giudice. La causalità e il ragionevole dubbio*, Milano: Giuffrè, 2004, p. 1-70.

448. STOFFERS, Kristian F., *Die Formel "Schwerpunkt der Vorwerfbarkeit" bei der Abgrenzung von Tun und Unterlassen?*, Berlin: Duncker und Humblot, 1992.

449. STOOß, Carl, *Lehrbuch des österreichischen Strafrechts*, 2º ed., Wien: Deuticke, 1913.

450. STRATENWERTH, "Bemerkungen zum Prinzip der Risikoerhöhung" In: LACKNER, Karl; LAFERENZ, Heinz; SCHMIDT, Eberhard; WELP, Jürgen; WOLFF, Ernst Amadeus, *Festschrift für Wilhelm Gallas zum 70. Geburtstag am 22. Juli 1973*, Berlin: de Gruyter, 1973, p. 227-239.

451. ______, *Schweizerisches Strafrecht, Allgemeiner Teil, Straftat*, 3ºed., Bern: Stämpfli Verlag, 2005, v. 1.

452. STRATENWERTH, Günter; KÜHLEN, Lothar, *Strafrecht, Allgemeiner Teil, Die Straftat*, 5 ed., Köln: Heymanns, 2004.

453. STREE, Walter; BOSCH, Nikolaus, "§13 Begehung durch Unterlassen" In: SCHÖNKE, Adolf; SCHRÖDER, Horst, *Strafgesetzbuch, Kommentar*, 28ºed., München: Beck, 2010, p. 199-223.

454. STÜBEL, Christoph Carl, *Ueber den Thatbestand der Verbrechen, die Urheber derselben und die zu einem verdammenden Endurtheile erforderliche Gewißheit des erstern besonders in Ruecksicht der Toedtung nach gemeinen in Deutschland geltenden und Chursaechsischen Rechten*, Wittenberg: Zimmermann, 1805.

455. ______, *Ueber die Theilnahme mehrerer Personen an einem Verbrechen, ein Beitrag zur Criminalgesetzgebung und zur Berichtigung der in den Criminalgerichten geltenden Grundsätze*, Dresden: Hilscher, 1828.

456. SUÁREZ GONZÁLEZ, Carlos; CANCIO MELIÁ, Manuel, "La reformulación de la tipicidad a traves de la imputación objetiva" In: JAKOBS, Günther, *La imputación objetiva en derecho penal*, Trad. Manuel Cancio Meliá, Madrid: Civitas editoriales, 1996, p. 21-88.

457. SUMMERER, Kolis, *Causalità ed evitabilità, formula della condicio sine qua non e rilevanza dei decorsi causali ipotetici nel diritto penale*, Pisa: EdIzioni ETS, 2013.

458. TARNOWSKI, Hans, *Die systematische Bedeutung der adaequaten Kausalitätstheorie für den Aufbau des Verbrechensbegriffs*, Berlin: de Gruyter, 1927.

459. TAVARES, Juarez, *Teoria dos crimes omissivos*, São Paulo: Marcial Pons, 2012.

460. TIEDEMANN, Klaus, *Wirtschaftsstrafrecht, Einführung und Allgemeiner Teil mit wichtigen Rechtstexten*, 4ºed., München: Vahlen, 2014.

461. TONINI, Paolo, *Manuale di procedura penale*, 2ºed., Milano: Dott. A. Giuffrè editore, 2000.

462. TORRENTE, Andrea, *Manuale di diritto privato*, 4º ed., Milano: Giuffrè editore, 1960.

463. TRAEGER, Ludwig, *Das Problem der Unterlassungsdelikte im Straf- und Zivilrecht*, Marburg: Elwert, 1913.

464. TRECHSEL, Stefan; NOLL, Peter, *Schweizerisches Strafrecht, Allgemeine Voraussetzungen der Strafbarkeit*, 5º ed., Zürich: Schulthess, 1998.

465. TROLLER, Alois, *Die Begegnung von Philosophie, Rechtsphilosophie und Rechtswissenschaft*, Darmstadt: Wissenschaftliche Buchgesselschaft, 1971.

466. TULKENS, Françoise; VAN DE KERCHOVE, Michel, *Introduction au droit penal, aspects juridiques et criminologiques*, 6º ed., Bruxelles: Kluwer, 2003.

467. VANCOURT, Raymond, *Kant*, Trad. António Pinto Ribeiro, Lisboa: Edição 70, 1991.

468. VANINI, Ottorino, "Omissione causale (breve nota)", *Rivista italiana di diritto penale*, Padova: Cedam, 1931, p. 36-43.

469. VARELA, João de Matos Antunes, *Das obrigações em geral*, 6º ed., Coimbra: Almedina, 1989, v.1.

470. _____, *Das obrigações em geral*, 4º ed., Coimbra: Almedina, 1990, v. 2.

471. VELOSO, José Antonio, *Apontamentos sobre omissão, Direito Penal*, Lisboa: Associação acadêmica da Faculdade de Lisboa, 1993, v.1.

472. VIANA, Marco Aurélio, *Curso de direito civil, Parte geral*, Belo Horizonte: Del Rey, 1993.

473. VIGANÒ, Francesco, "Riflessioni sulla c.d. 'causalità omissiva' in materia di responsabilità medica", *Rivista italiana di diritto e procedura penale*, Milano: Dott. A. Giuffrè editore, 2009, n.3, p. 1679-1725.

474. VILANOVA, Lourival, *As estruturas lógicas e o sistema do direito positivo*, São Paulo: EDUC, 1977.

475. VIVES ANTÓN, Tomás Salvador, *Fundamentos del sistema penal: acción significativa y derechos constitucionales*, 2º ed., Valencia: Tirant lo Blanch, 2011.

476. VOGEL, Joachim, *Norm und Pflicht bei unechten Unterlassungsdelikten*, Berlin: Berlin: Duncker und Humbolt, 1993.

477. VOGEL, Joachim, *Einflüsse des Nationalsozialismus auf das Strafrecht*, Berlin: BWV Berliner Wissenschafts-Verlag, 2004. (

478. VOGT, Alfons, "Das Pflichtproblem der kommissiven Unterlassung", *Zeitschrift für die gesamte Strafrechtswissenschaft*, Berlin: Verlag von J. Guttentag, 1951, v. 63, p. 381-411.

479. VOIRIN, Pierre; GOUBEAUX, Gilles, *Manuel de droit civil*, 23º ed., Paris: Libraire Générale de Droit et de Jurisprudence, 1991, v.1.

480. VORMBAUM, Thomas, "El derecho penal fragmentário en la historia y en la dogmática" *Revista penal*, n. 29, p. 204-222.

481. VUILLE, Chris; SERMAY, Raymond; FAUGHN, Jerry, *College Physics*, 8º ed., Brooks/Cole: Belmont, 2009.

482. WAABEN, Knud, "La théorie générale de l'infraction" In: ANCEL, Marc (Org.), *Le droit pénal des pays scandinaves*, Paris: Éditions de l'Épargne, 1969, p. 25-68.

483. WALTER, Tonio, "Vorbemerkungen zu den §§13ff" In: LAUFHÜTTE, Heinrich Wilhelm; RISSING-VAN SAAN, Ruth; TIEDEMANN, Klaus, *Strafgesetzbuch, Leipziger Kommentar, Großkommentar [§§1 bis 31]*, 12ºed, Berlin: De Gruyter, 2007, v.1, p. 703-814.

484. WEBER, Helmuth, "Die Pflichtenkollision im Strafrecht", *Festschrift für Wilhelm Kiesselbach zu seinem 80. Geburtstag*, Hamburg: Gesetz und Recht Verlag, 1947, p. 233-250.
485. WEIGEND, Thomas, "§13 Begehen durch Unterlassen" In: LAUFHÜTTE, Heinrich Wilhelm; RISSING-VAN SAAN, Ruth; TIEDEMANN, Klaus, *Strafgesetzbuch, Leipziger Kommentar, Großkommentar [§§1 bis 31]*, 12ºed, Berlin: De Gruyter, 2007, v.1, p. 815-873
486. WEILL, Alex; TERRÉ, François, *Droit civil, Les obligations*, Paris: Dalloz, 1980.
487. WELZEL, Hans, "Kausalität und Handlung", *Zeitschrift für die gesamte Strafrechtswissenschaft*, Berlin: De Gruyter, 1931, v. 51, p. 703-720.
488. ______, *Naturalismus und Wertphilosophie im Strafrecht, Untersuchungen über die ideologischen Grundlagen der Strafrechtswissenschaft*, Mannheim: Deutsches Druck- und Verlaghaus, 1935.
489. ______, "Studien zum System des Strafrechts", *Zeitschrift für die gesamte Strafrechtswissenschaft*, Berlin: De Gruyter, 1939, v. 58, p. 491-566.
490. ______, *Das Deutsche Strafrecht, eine systematische Darstellung*, 11ºed., Berlin: De Gruyter, 1969.
491. WESSELS, Johannes; BEULKE, Werner, *Strafrecht, Allgemeiner Teil, Die Straftat und ihr Aufbau*, 41º ed., Heidelberg: C.F. Müller, 2011.
492. WESTPHAL, Ernst Christian, *Criminalrecht, (Nachdruck der Ausgabe Leipzig: Weygand, 1785)*, Goldbach: Keip, 1996.
493. WILSON, William, *Criminal law, Doctrine and theory*, 2º ed., Malaysia: Longman, 2003.
494. WINDELBAND, Wilhelm, "Normen und Naturgesetze" In: WINDELBAND, Wilhelm, *Präludien, Aufsätze und Reden zur Philosophie und ihrer Geschichte*, Tübingen: Mohr, 1882, v. 2, p. 211 e ss.
495. WITTGENSTEIN, Ludwig, *Tractatus logico-philosophicus* In: WITTGENSTEIN, Ludwig, *Tractatus logico-philosophicus, Tagebücher 1914-1916, Philosophische Untersuchungen*, Frankfurt: Suhrkamp Verlag, 2006, p. 7-85.
496. ______, *Tagebücher 1914-1916* In: WITTGENSTEIN, Ludwig, *Tractatus logico-philosophicus, Tagebücher 1914-1916, Philosophische Untersuchungen*, Frankfurt: Suhrkamp Verlag, 2006, p. 87-223.
497. ______, *Philosophische Untersuchungen* In: WITTGENSTEIN, Ludwig, *Tractatus logico-philosophicus, Tagebücher 1914-1916, Philosophische Untersuchungen*, Frankfurt: Suhrkamp Verlag, 2006, p. 225-579.

498. WOLF, Ernst, "Naturrecht und Gerechtigkeit, Zum Problem des Naturrechts" In: MAIHOFER, Werner, *Naturrecht oder Rechtspositivismus?*, Darmstadt: Wissenschaftliche Buchgesselschaft, 1972, p. 52-72.

499. WOLFF, Ernst Amadeus, *Kausalität von Tun und Unterlassen. Eine strafrechtliche Untersuchung*, Heidelberg: Carl Winter Universitätsverlag, 1965.

500. WOLFSON, Richard, *Physics with modern physics for scientists and engineers*, 3º ed., 1999.

501. ZDRAVOMÍSLOV; SCHNEIDER; KÉLINA; RASHKÓVSKAIA, *Derecho penal soviético, Parte geral*, Trad. Nina de la Mora e Jorge Guerrero, Bogotá: Editorial Themis, 1970.

502. ZIMMERL, Leopold, *Zur Lehre vom Tatbestand, Übersehene und vernachlässigte Probleme*, Breslau: Schletter, 1928.

Decisões judiciais citadas

1. Corte Costituzionale, Sentenza 5-8 luglio 2010, n.º 249, Pres. Amirante – Rel. Silvestri (*Cassazione Penale, Rivista mensile di giurisprudenza*, Milano: Giuffrè, 2010, v. 11, p. 3741-3748).

2. Corte di Cassazione, Sezioni Unite Penali, 12 luglio 2005, Manino (*Foro Italiano*, Roma: Società editrice de Il Foro Italiano, 2006, v. II, p. 79-103)

3. RGSt 1. Strafsenat, 12. April 1880 (*Rechtsprechung des Deutschen Reichsgerichts in Strafsachen herausgegeben von den Mitgliedern der Reichsanwaltschaft*, München: Druck und Verlag von R. Oldenbourg, 1879, v.1, p. 578-580)

4. RGSt 2. Strafsenat, 25. Oktober 1881(*Rechtsprechung des Deutschen Reichsgerichts in Strafsachen herausgegeben von den Mitgliedern der Reichsanwaltschaft*, München: Druck und Verlag von R. Oldenbourg, 1881, v.3, p. 641-642)

5. BGH 2. Strafsenat, 28. September 1951 (*Entscheidung des Bundesgerichtshofes in Strafsachen herausgegeben von den Mitgliedern des Bundesgerichtshofes un der Bundesanwaltschaft*, Köln: Carl Heymanns Verlag, 1951, v. 1, p. 332-334)

6. BGH 1. Strafsenat, 27. November 1951 (*Entscheidung des Bundesgerichtshofes in Strafsachen herausgegeben von den Mitgliedern des Bundesgerichtshofes un der Bundesanwaltschaft*, Köln: Carl Heymanns Verlag, 1952, v. 2, p. 20-25)

7. BGH 2. Strafsenat, 25. Januar 1955 (*Entscheidung des Bundesgerichtshofes in Strafsachen herausgegeben von den Mitgliedern des Bundesgerichtshofes un der Bundesanwaltschaft*, Köln: Carl Heymanns Verlag, 1955, v. 7, p. 114-118)

8. BGH 4. Strafsenat, 26. November 1970 (*Entscheidung des Bundesgerichtshofes in Strafsachen herausgegeben von den Mitgliedern des Bundesgerichtshofes un der Bundesanwaltschaft*, Köln: Carl Heymanns Verlag, 1972, v. 24, p. 31-37)

9. BGH 2. Strafsenat, 30. Juni 1982 (*Entscheidung des Bundesgerichtshofes in Strafsachen herausgegeben von den Mitgliedern des Bundesgerichtshofes un der Bundesanwaltschaft*, Köln: Carl Heymanns Verlag, 1983, v. 31, p. 96-101)

10. BGH 2. Strafsenat, 6. Juli 1990 (*Entscheidung des Bundesgerichtshofes in Strafsachen herausgegeben von den Mitgliedern des Bundesgerichtshofes un der Bundesanwaltschaft*, Köln: Carl Heymanns Verlag, 1992, v. 37, p. 106-135)

11. BGH 2. Strafsenat, 2. August 1995 (*Entscheidung des Bundesgerichtshofes in Strafsachen herausgegeben von den Mitgliedern des Bundesgerichtshofes un der Bundesanwaltschaft*, Köln: Carl Heymanns Verlag, 1996, v. 41, p. 206-219

12. STF, ROHC nº 81.057-8, Rel. Min. Sepúlveda Pertence, DJ 29.04.2005, Ementário 2189-2.

13. STF, HC nº 93820, Rel. Min. Celso de Mello, DJ nº 155, 09.08.2013.